Andreas Englisch

Der Kämpfer im Vatikan

Papst Franziskus und sein mutiger Weg

W0072821

 PENGUIN VERLAG

Der Verlag weist ausdrücklich darauf hin, dass im Text enthaltene externe Links vom Verlag nur bis zum Zeitpunkt der Buchveröffentlichung eingesehen werden konnten. Auf spätere Veränderungen hat der Verlag keinerlei Einfluss. Eine Haftung des Verlags ist daher ausgeschlossen.

Verlagsgruppe Random House FSC® N001967

PENGUIN und das Penguin Logo sind Markenzeichen
von Penguin Books Limited und werden
hier unter Lizenz benutzt.

1. Auflage 2017
Copyright © 2015 by C. Bertelsmann Verlag, München,
in der Verlagsgruppe Random House GmbH,
Neumarkter Straße 28, 81673 München
Umschlag: Sabine Kwauka, München,
nach der Vorlage von buxdesign, München
Satz: Uhl + Massopust, Aalen
Druck und Bindung: GGP Media GmbH, Pößneck
Printed in Germany
ISBN 978-3-328-10149-9
www.penguin-verlag.de

Dieses Buch ist auch als E-Book erhältlich.

Inhalt

Prolog

Im März des Jahres 2013 geht ein 76-jähriger Mann aus Argentinien durch die nächtliche römische Innenstadt zum Priesterheim in der Via della Scrofa. Es ist ungewöhnlich kalt in Rom in diesem März. So kalt, dass die Zitronenbäume der Römer hoch oben auf den Dachterrassen noch unter Schutzfolien auf den Frühling warten. Der Wind fegt durch die Gassen, sodass die nächtlichen Spaziergänger den Kragen hochziehen müssen.

Auf dem Weg in das Priesterheim, vorbei an der menschenleeren, im Sommer von tausenden Touristen überrannten Piazza Navona trifft der Mann aus Argentinien einen Priester aus Kanada, der ihm zuwinkt. Das Gespräch der beiden Männer ist kurz: »Bete für mich!«, bittet der Mann aus Argentinien, und verwundert fragt der kanadische Priester: »Warum? Machst du dir Sorgen?«

Ja, dieser Argentinier macht sich Sorgen. Er war gerade dabei, in Rente zu gehen, und er hat nur noch einen Lungenflügel, und er weiß, dass sie ihn dorthin schicken wollen. In jenen Palast neben der riesigen Kuppel des Petersdoms, die man in der Nacht auch in entlegenen Gassen Roms erahnen kann, weil das Streulicht den Himmel über ihr erstrahlen lässt, in den Vatikan, als nächsten Papst.

Dabei hatte dieser Mann aus Buenos Aires eigentlich keine Chance gehabt, jemals das Oberhaupt der größten Kirche der Welt zu werden. Genau das nahmen seine Feinde in der Kurie ihm ungemein übel, und genau das machte ihn für seine Unterstützer so wertvoll: Er hatte nie eine einzige Chance gehabt. Dass es Jorge Mario Bergoglio jemals auf den Thron des Papstes schaffen könnte, war eine völlig abwegige Vorstellung. Genauso gut hätte irgendein hergelaufener Freizeitsportler Boxweltmeister aller Klassen werden können.

Er hatte keine Chance gehabt. Sie hatten ihn nach einer kurzen Karriere als Chef der Jesuiten in Argentinien abgeschoben als Beichtvater in ein Erholungsheim. Er stand in einem ärmlich eingerichteten Aufenthaltsraum am Ende der Welt und sah auf einem flimmernden Schwarzweiß-Fernseher zu, wie am anderen Ende der Welt der Sohn des erfolgreichen italienischen Parlamentariers und Zeitungsverlegers Giorgio Montini, jener Giovanni Battista Montini, zu Papst Paul VI. aufstieg. Es war so wie immer; eine weitere der einflussreichen italienischen Familien hatte einen Papst gestellt, wie die Colonna, die Borghese, die Pacelli zuvor.

Aber wie sollte der Sohn des Eisenbahners Bergoglio, der Beichtvater eines Heims in Buenos Aires, sich auch nur vorstellen, dass er es schaffen könnte, das Unmögliche zu erreichen? Er war ein Mann, der nach vatikanischen Maßstäben eine absolute Null war. Dass dieser Pater es schaffen könnte, in die engere Wahl für das Amt des nächsten Papstes zu gelangen, schien unmöglich. Das war nicht vorgesehen. Er war ein Jesuiten-Pater, und noch nie war ein Jesuit Papst geworden.

Er hatte auf das Amt des Papstes nie eine Chance gehabt – und das war es, was seine Unterstützer so schätzten. Sie wollten einen Außenseiter, einen absoluten Außenseiter, der das Unglaubliche schaffen könnte. Er sollte den Kreislauf durchbrechen, der es unmöglich gemacht hatte, dass ein Mann von unten und von sehr weit her es schaffte, den Thron Petri zu erreichen.

Aber diesmal konnte ein solcher totaler Außenseiter das entscheidendste aller Kräftemessen im Vatikan gewinnen und das Amt des Papstes erobern, um das zu tun, was sie von ihm erwarteten: aufzuräumen. Jetzt kam es nur noch darauf an, ob sie wirklich wussten, wie hart sein Kampf gegen die Kurie gewesen war, ob er tatsächlich der Außenseiter war, den sie wollten, zumindest viele von ihnen, sehr viele.

Die alles entscheidende Frage war, wie viel sie wussten. Die Kardinäle, die möglicherweise daran dachten, ihn zu wählen, wie sie es schon einmal versucht hatten im Jahr 2005. Wie viel wussten sie über die Demütigungen, die er erlitten hatte, über die Erniedrigungen und Beleidigungen, die immer wieder aus dem Vatikan auf ihn, den argentinischen Bischof, eingeprasselt waren? Wussten sie, wie oft man ihm, diesem Jorge Bergoglio aus Buenos Aires, nicht einmal einen Termin gegeben hatte in der Kurie? Wussten sie davon, dass die Kurie ihn immer wieder lächerlich gemacht hatte, dass sie hinter seinem Rücken Bischöfe und Universitätsrektoren ernannt hatte, ohne ihn, der eigentlich zuständig gewesen wäre, auch nur anzuhören? Die Kurie hatte ihn zum Narren gemacht, jahrzehntelang.

Der Wind zerrt in dieser Nacht an seinem billigen Priesterrock. In seiner Heimat ist es jetzt Herbst und nicht so bitterkalt wie in diesem römischen Frühjahr. Er kommt langsam voran. Er weiß, dass seine Probleme mit Füßen und Beinen ihn zu einem watschelnden Gang zwingen; er weiß, dass er von Weitem wirkt wie ein schaukelndes Schiff, ein altes Schiff, das sich durch die frostige Nacht in Rom kämpft.

Wie viel wussten sie? Das war die Frage, um die sich alles drehte. Konnte ihnen verborgen geblieben sein, dass kein anderer Bischof auf der Welt so viel Ärger mit der Kurie gehabt hatte wie er? Wussten sie, dass Ettore Ballestero aus dem Staatssekretariat im Vatikan schon alles hatte vorbereiten sollen, um ihn abzuservieren, um ihn endgültig abzuschieben? Die Kardinäle hatten überall ihre Ohren, das wusste er. Aber selbst wenn nicht, wenn sie nicht ihre Spitzel im Staatssekretariat hatten, wäre es überhaupt möglich, dass den Kardinälen verborgen geblieben war, was ein Jahrzehnt lang in Buenos Aires passiert war?

Er kennt die Antwort auf diese Fragen, während er über das holperige Kopfsteinpflaster der römischen Innenstadt geht, vorbei an den Brunnen, die eisiges Wasser ausspeien, das die Plätze der Stadt noch feuchter wirken lässt. Natürlich wussten sie Bescheid. Er hätte vorsichtiger sein müssen. Aber es war nun einmal geschehen. Er hatte dem Nuntius, dem Botschafter des Vatikans, der ihn hintergangen und hereingelegt hatte, wieder und wieder sogar den Gruß verweigert, er hatte ihm nicht einmal die Hand gegeben. Er wusste, dass sie in seinem erzbischöflichen Ordinariat hinter seinem Rücken darüber getuschelt hatten: Er gibt dem Nuntius nicht einmal mehr die Hand, so groß ist der Krach mit der Kurie im weit entfernten Rom. Gegen diese Gerüchte gab es kein Mittel. Überall in Lateinamerika wussten die Bischöfe mittlerweile, dass Bergoglio einen bitterbösen Streit mit der Kurie austrug und erhebliche Prügel bezog. Und mit Sicherheit erzählten sie es weiter, nach Europa, nach Nordamerika. Leugnen half nichts. Es gab Fotos, auf denen jeder sehen konnte, wie er voller Abscheu dem Nuntius den Rücken zukehrte. Wenn die Kardinäle jetzt einen Mann zum Papst machen wollten, der einen regelrechten Krieg gegen die Kurie vom Zaun brechen würde, der nach all diesen Skandalen unter der Regentschaft des hilflos wirkenden deutschen Papstes Benedikt XVI. keine Gnade kennen würde, dann war er die beste Lösung, das war ihm klar.

Schon einmal war ein Mann in diesen Palast eingezogen, um alles zu verändern. Er hatte 33 Tage lang regiert und war dann so überraschend gestorben, dass noch heute viele Menschen glauben, sein Tod sei kein natürlicher gewesen. Aber jetzt geht es nicht um einen Italiener mit dem Namen Papst Johannes Paul I., der die Gefahr in dem Palast der Päpste wenigstens hatte ahnen können. Diesmal geht es um einen Mann von weit her, um ihn, der nur einen zerschlissenen Koffer aus Buenos Aires mitgebracht hatte.

Zu oft hatte er die eleganten Herren kennengelernt, die in dem Palast unter der Kuppel den Ton angaben. Es wäre Wahnsinn, dort hineinzugehen, so alt wie er schon ist. Er hat keinen einzigen Freund in dieser Stadt. Jeder Schritt, den er an den abgebröckelten Fassaden vorbeigeht, die nur im Glanz der Sommersonne so warm und ockerfarben leuchten, jetzt aber feucht und abweisend wirken, zeigt ihm, wie einsam er hier ist. Denn er dürfte hier gar nicht sein, dürfte diesen Weg Richtung Via della Scrofa im schneidenden Wind, der durch die Gassen wie durch Schluchten fegt, gar nicht gehen. Ein paar Dutzend Augen am Abendbrottisch im Hauptquartier seines Jesuiten-Ordens würden die Plätze absuchen, an denen der grimmige Erzbischof von Buenos Aires eigentlich sitzen müsste; aber er wird nicht da sein. Nicht nur die Kurie hatte ihn tief gedemütigt, auch sein eigener Orden. Sie hatten ihn in die Wüste geschickt, als Beichtvater in ein bedeutungsloses Haus, nach einem sehr heftigen Streit. Er will sie nicht sehen, nicht mit ihnen an einem Tisch sitzen, nicht mit ihnen unter einem

Dach schlafen. Er zieht es vor, allein durch diese in der Kälte so abweisende Stadt zu einem anonymen Priesterheim zu gehen, wo sein Koffer in einem schmalen Zimmer steht.

Sollte es so weit kommen, sollten sie ihn zum Papst wählen, wie konnte er dann verhindern, dass alles herauskommen würde, dass sie entdecken würden, wie man ihn in Lateinamerika sieht? Als einen Revoluzzer, einen Linken! Wie könnte ein Papst die römisch-katholische Kirche regieren, der im Ruf steht, ein Kommunist zu sein? Wieder und wieder hatte er betont, dass er nur ein Mann des Evangeliums sei, dass die Armen ihm am Herzen liegen, weil sie Christus am Herzen lagen. Aber genutzt hatte es nichts; sie sehen in ihm einen politischen Revoluzzer und wollen ihn so sehen. Genau diese Bewunderer könnten ihm viel gefährlicher werden als alle Feinde, sollte er zum Papst gewählt werden.

Aber wichtiger als alles andere scheint ihm eines: Er muss verschwinden. Dieser grimmige Mann aus Argentinien, er selbst, er muss aufhören zu existieren. Ein neuer Jorge Mario Bergoglio muss entstehen. Ein strahlender, ein lachender Mann. Ein Mann, dessen Gesicht die Freude des Glaubens widerspiegelt. Aber einen solchen Jorge Mario Bergoglio hatte es nie gegeben. Er muss sich neu erfinden; ein strahlender Papst für die Massen, der in dieser Rolle immer so lange durchhalten muss, so lange Freude verbreiten muss, bis er wieder hinter den schützenden Mauern des Vatikans sein würde. Erst dort darf der nachdenkliche Jorge Bergoglio aus Argentinien wieder sein trauriges Gesicht aufsetzen. Aber für die Menschen auf dem Petersplatz und für die über eine Milliarde Christen vor den Fernsehschirmen zu Weihnachten und Ostern wird ein anderer Mann gebraucht.

An diesem Abend, als er mit tief in den Manteltaschen vergrabenen Händen gegen den beißenden Wind anschreitet, bleibt die entscheidende Frage: Er selbst, was will er selbst dort in dem Palast am vatikanischen Hügel? Wenn er frei wählen könnte, was würde er dann im Vatikan tun und was würde er wollen? Er würde ein bisschen Geld erbitten für die Landstreicher, die er in den Kolonnaden an der Via della Conciliazione gesehen hat, an den Hausnummern 50 bis 54, wo sie immer schlafen, nur ein paar hundert Meter vom Eingang des Petersdomes entfernt. Aber er weiß, dass es der Kaste der Männer, die seit Jahrhunderten diesen Palast regieren, nicht um ein paar hundert Euro geht. Sie hatten in undurchsichtigen Bankgeschäften eine Milliarde Dollar verbrannt. Einer ihrer eigenen Banker wurde unter einer Brücke in London erhängt aufgefunden, ein anderer im Hochsicherheitsgefängnis in Voghera hingerichtet, und eine der Sekretärinnen der Bank sprang in den Tod, ohne dass je geklärt werden konnte, warum. Es gibt nur einen Grund, es zu wagen und dort in diesen Moloch, in die Zentrale von einer Milliarde Christen zu ziehen, und dieser Grund ist der seltsame Rabbiner aus Nazareth und sein Vertreter, dieser Shimon bar Jona, den die Welt Petrus nennt. Auch er war ein Fremder gewesen, war von weit her, aus einem Kaff in Galiläa, nach Rom gekommen – und auch er hatte Angst gehabt. Eines ist dem Mann aus Argentinien in dieser Nacht klar: Wenn er dort hineingeht, in den Palast der Männer, die seit Jahrhunderten die Kirche kontrollieren, dann ist er dort nicht willkommen. Aber dieser Shimon bar Jona war auch nicht willkommen. Als der alte Mann aus Argentinien in dem Priesterheim in der Via della Scrofa ankommt, weiß er, das er jetzt darüber nachdenken muss, ob er im Namen des Zimmermannssohnes Jesus von Nazareth gegen eine uralte Macht antreten will, und er kommt in dieser Nacht zu dem Schluss, dass er, wenn er gerufen wird, gehorchen muss.

Auftakt

Hatte Gott diesen rebellischen Papst Franziskus tatsächlich in den Vatikan geschickt, um alles umzukrempeln, was sie, die Kurienkardinäle, in jahrhundertelanger Arbeit aufgebaut hatten?

Konnte das sein?

Oder war die Wahl von Franziskus ein Unfall gewesen, was viele Kardinäle annahmen? Also ein Fehler im System, kein göttlicher Wille, sondern ein menschlicher Fehler, der diesen seltsamen Bischof aus Buenos Aires auf den Thron Petri geschickt hatte?

Hatte Gott mit der Ernennung dieses Jorge Mario Bergoglio vielleicht gar nichts zu tun, und musste man folglich in dieser Wahl gar nicht Gottes Wunsch nach Änderungen in der Kirche erkennen? Hätte dieser Aufstieg des Argentiniers zum Nachfolger des heiligen Petrus schlicht und einfach nicht geschehen dürfen? War etwas schiefgelaufen in dem seit Jahrhunderten erprobten System der Papstwahl?

Die Mehrheit der rund dreißig Kurienkardinäle, die ein Viertel der Wahlberechtigten des Konklave ausmachen, glaubte genau das: Dass die Wahl von Jorge Mario Bergoglio ein vermeidbarer Fehler gewesen war, ein Unfall, ein Unglück.

Von der ersten Sekunde an hatte der neue Papst aus Argentinien ihnen in der Kurie, der Kirchenregierung, den Krieg erklärt. Der Papst polarisierte vom ersten Augenblick an und spaltete die Kurie in zwei Teile, den großen Teil gegen und den kleinen Teil für sich. Es gab keine Fraktion, die den Papst mehr oder weniger schätzte; es gab nur Ja oder Nein, Bewunderung oder totale Ablehnung bis zum Hass. Diesen Papst und die römische Kurie verband vor allem eins: Streit, und der wurde so erbittert ausgetragen, dass die Anhänger von Papst Franziskus um sein Leben fürchteten.

Ich persönlich wurde ein paar Wochen nach der Wahl von Papst Franziskus in den Streit hineingezogen, denn ich hatte noch eine alte Rechnung offen: Ich hatte mich vor über 25 Jahren ein wenig zu genau für die Verbrechen der Vatikanbank interessiert.

Du hast uns dein Lächeln verwehrt

Vatikanstadt, 13. März 2013: Es ist kalt an diesem Abend. Auf dem Petersplatz frieren Hunderttausende, als plötzlich weißer Rauch aus dem Schornstein über der Sixtinischen Kapelle aufsteigt. Der Argentinier Jorge Mario Bergoglio ist soeben zum ersten Papst der Geschichte gewählt worden, der vom amerikanischen Kontinent kommt. Ihm steht an diesem Abend eine einfache Möglichkeit offen, um ein beruhigendes Zeichen an die Kurie zu senden; ein Zeichen, das besagt, dass alles beim Alten bleiben wird, auch mit dem neuen Papst. Er muss nichts weiter tun als das, was seit Jahrhunderten Päpste nach der Wahl tun: Sich auf den Balkon des Petersdoms stellen, zusammen mit dem Generalvikar seiner neuen Diözese Rom, Kardinal Agostino Vallini, und das sagen, was Päpste auf diesem Balkon nun einmal sagen. »Sia laudato Gesu Cristo« (Gelobt sei Jesus Christus). Doch nichts dergleichen wird er tun. Und die Kurie wird schlagartig wissen, dass nun neue Zeiten anbrechen und dass es einen Kampf geben wird zwischen diesem neuen Papst und der Kurie.

Erste Unruhe macht sich bereits unter den Kurienkardinälen breit, als sich abzeichnet, dass der neue Papst sofort, im ersten Augenblick nach seiner Wahl, eine seltsame Neuerung beschlossen hat: Er will nicht allein auf den Balkon treten, wo die Welt ihn erwartet. Mehr als eine halbe Milliarde Menschen verfolgen weltweit vor den Fernsehschirmen den Augenblick, wenn der neue Papst zum ersten Mal die wartende Menge segnen wird. Was mag es da zu bedeuten haben, dass der Papst einen von ihnen, einen von 115 Kardinälen, ausgewählt hat, um sich begleiten zu lassen? Es gibt erste Befürchtungen, und die Kurie rechnet mit einem beunruhigenden Signal, aber sie rechnet mit nichts, was auch nur annähernd so schlimm für sie ist, wie das, was da kommen wird.

Es wird eine katastrophale Kampfansage an sie sein, denn der Mann, den der Papst ausgewählt hat, um ihn in diesem entscheidenden Moment zu begleiten, zeichnet sich vor allem durch eines aus: Die römische Kurie hat ihn jahrelang fertiggemacht, ebenso wie den Papst selber, wie Jorge Mario Bergoglio.

Die Vorgeschichte dessen, was sich auf dem berühmtesten Balkon der Welt am Petersdom an diesem Abend abspielen sollte, als der 266. Nachfolger des heiligen Petrus ihn betritt, erlebte ich im Herbst des Jahres 2006.

Am 31. Oktober 2006 hatte Papst Benedikt überraschend den brasilianischen Franziskaner-Pater und Erzbischof von São Paulo Kardinal Claudio Hummes zum neuen Chef der Kongregation für den Klerus ernannt. Das war eine erstaunliche Entscheidung, denn Hummes gehört zu der rebellischsten aller Organisationen, mit denen der Vatikan sich seit Jahrzehnten herumschlagen muss, dem Rat der lateinamerikanischen Bischöfe CELAM. Aus der Sicht des Vatikans gehört die CELAM zur wichtigsten antivatikanischen Keimzelle der Welt. Nirgendwo sonst sind so viele Bischöfe und Kardinäle in einer Organisation vereint, die sich mit den Päpsten einen Kampf nach dem anderen liefert. Claudio Hummes war sogar Präsident der CELAM gewesen, und jetzt geschah das Unglaubliche, ausgerechnet einer der Rebellen sollte ins Zentrum der Macht geholt werden. Einer der engsten Freunde des deutschen Papstes, der Regensburger Bischof Gerhard Ludwig Müller, kennt Hummes gut und hatte bei Joseph Ratzinger ein gutes Wort für ihn eingelegt. Jahrzehntelang hatte Joseph Ratzinger als Präfekt der Glaubenskongregation die Lehre der Theologie der Befreiung, die auch Claudio Hummes unterstützt, radikal bekämpft. Jetzt wagte er den Versuch, Claudio Hummes in den Vatikan zu holen. Die Kritiker, vor allem das Staatssekretariat, warnten den Papst, dass dieser Versuch schiefgehen würde – und er ging schief.

Mit seiner Ernennung war Claudio Hummes als Kardinalspräfekt der Chef aller katholischen Priester. Papst Benedikt XVI. hatte Claudio Hummes vor allem deswegen für dieses Amt ausgewählt, weil er in der heftigen Auseinandersetzung um Priester, die sich sexuellen Missbrauchs schuldig gemacht hatten, eine gute Figur abgegeben hatte. Aus Sicht von Papst Benedikt XVI. vereinte Hummes zwei wichtige Eigenschaften: Auf der einen Seite hatte er sich dadurch bewährt, dass er rückhaltlose Aufklärung wollte, ohne Rücksicht auf Verluste. Auf der anderen Seite gehörte er zu den Kardinälen, die immer wieder beteuerten, dass nur eine verschwindend geringe Minderheit der Priester sich jemals einer sexuellen Straftat schuldig gemacht hat.

Damals also, im Jahr 2006, erwartete ich mit meinen Kollegen voller Spannung die Ankunft von Claudio Hummes in Rom. Wir hatten den Kardinal gebeten, uns nach seiner Ankunft ein kurzes Interview zu geben, und er hatte eingewilligt. Wir sollten uns im Haus der heiligen Martha, dem Hotel der Kardinäle, treffen, um mit ihm zu sprechen. Vor dem Abflug aus São Paulo erklärte Hummes überraschend Grundsätzliches zu seinem neuen Job. Die Ehelosigkeit der Priester, der Zölibat, sei kein Dogma der Kirche, sondern eine disziplinarische Norm, die man auch abschaffen könne. Während Claudio Hummes im Flugzeug auf dem Weg nach Rom saß, rätselte ich mit meinen Kollegen darüber, ob der alte Grundsatz auch im Fall Hummes gelten werde: Bisher war es noch immer so gewesen, dass jeder wichtige Kirchenmann, der nur in Erwägung gezogen hatte, Priestern die Ehe und ein Sexualleben zu erlauben, sich an diesem heißen Eisen so schwer verbrannt hatte, als wäre ihm eine Granate in der Hand explodiert. Im Fall Hummes war die Situation noch weit dramatischer, weil nicht irgendein Kardinal, sondern der neue Chef aller Priester gesagt hatte, dass er sich den Priesterstand auch ohne den Zölibat vorstellen könnte. War das die neue Linie der Kirche, würde man sich weltweit fragen.

Als wir im Haus der heiligen Martha ankamen, unmittelbar nachdem Claudio Hummes gelandet war, überraschten uns die Ordensfrauen an der Rezeption mit der Nachricht, dass Claudio Hummes nicht da sei. Er sei sofort nach dem Eintreffen, unmittelbar und mit höchster Dringlichkeit, zu Papst Benedikt XVI. gerufen worden. Sofort wussten wir, dass auch Claudio Hummes sich schwer an dem Thema Zölibat verbrannt hatte. Während wir auf den Kardinal aus Brasilien warteten, wurde ihm vom Papst der Kopf gewaschen, und zwar gründlich. Claudio Hummes musste bitter büßen und für seine Meinungsäußerung teuer bezahlen. Er wurde gezwungen, eine Schrift zu veröffentlichen, in der er das Geschenk der Ehelosigkeit der Priester lobte. Das war eine schallende Ohrfeige. Innerhalb der Kurie galt Claudio Hummes seitdem als erledigt, sein Fehler galt als unverzeihlich. Das Schicksal von Claudio Hummes war besiegelt, von der Kurie wurde er ausgestoßen, behandelt wie ein schwarzes Schaf; während seiner Amtszeit sehnte er sich nur nach Brasilien zurück.

Doch dann wird am 13. März 2013 Papst Franziskus gewählt, und er zeigt in seiner allerersten Amtshandlung, was er von dem abgestraften Mann hält. Er holt ihn – und nur ihn – auf den berühmtesten Balkon der Welt am Petersdom. Als die Kardinäle das Konklave verlassen, wissen sie, dass laut Protokoll der Papst nur mit zwei Begleitern den Balkon betreten wird, um sich der Welt zu zeigen, dem Kardinalvikar von Rom Agostino Vallini und dem Zeremonienchef Guido Marini. Aber plötzlich sagt Papst Franziskus zu Claudio Hummes: »Monsignore Claudio, kommen Sie mit mir, seien Sie bei mir in diesem Moment auf dem Balkon. Rasch! Nehmen Sie Ihr Birett.«

Überrascht greift Hummes zu seinem Kardinalshut und folgt dem Papst.

Aber bevor der neue Papst den Balkon betritt, vollzieht sich etwas Erstaunliches, das vielleicht Rätselhafteste dieses Pontifikats: Papst Franziskus ist auf dem Weg zum Balkon über dem Petersplatz. Er weiß, dass er jetzt handeln muss. Er hat keine Zeit mehr zu verlieren. Der bisherige Jorge Mario Bergoglio muss verschwinden, dieser eigenbrötlerische, mürrische Intellektuelle hat keine andere Wahl, als unterzugehen – und zwar für immer. Nur in Momenten, wenn es gar nicht mehr anders geht, wenn Papst Franziskus dieses Lächeln der Freude des Christen beim besten Willen nicht mehr aufbringt, dann darf der traurig wirkende Jorge Mario Bergoglio zurückkehren. Nur noch im Privaten darf er ihn auftauchen lassen.

Für den Balkon und die Massen muss ein anderer Mann her, ein neuer Mann. Auf dem Platz vor dem Dom von Buenos Aires war nie ein lächelnder Jorge Mario Bergoglio durch die Reihen gefahren, hatte nie ein strahlender Bischof reine Freude vor den Menschen verbreitet, stundenlang. Auf dem Weg zum Balkon muss der Mann aus Argentinien diesen neuen Jorge Mario Bergoglio erfinden. Dieser neue Bergoglio muss stark sein, stark genug, um es mit der Kurie aufzunehmen, mit der Kirche der Bürokraten, die Christus vergessen haben. Die Massen würden einen Papst, den sie wegen seines strahlenden Lächelns lieben und feiern, stark machen, stark genug, um den Kampf im Innern der Kirche aufnehmen zu können. Die Menge auf dem Petersplatz würde sich nicht einmal vorstellen können, dass Jorge Mario Bergoglio je anders gewesen war als dieser strahlende, winkende, segnende, die Massen stets aufs Neue begeisternde Mann, dass dieser Bischof von Rom in seinem alten Bistum in Buenos Aires jahrzehntelang ein mürrischer, als griesgrämig bekannter Mann gewesen war. Dass ein Jesuit es schaffen könnte, sich 76 Jahre nach seiner Geburt zu verwandeln, sich neu zu erfinden, schien undenkbar. Doch Jorge Mario Bergoglio weiß, dass die Verwandlung nötig sein würde, weil er die Menge braucht, um den Krieg im Innern der Kirche gewinnen zu können.

Nur eine Handvoll Menschen kann ermessen, dass Bergoglio in diesen wenigen Minuten einen neuen Mann hervorzaubert. Seine Priester aus Buenos Aires, die ihn seit Jahrzehnten kannten, fragten ihn in einem Brief im Sommer 2015: »Warum hast Du uns zwanzig Jahre lang Dein Lächeln verwehrt?« An diesem ersten Abend hat er geahnt, dass die, die ihn daheim in Argentinien wirklich kannten, mit Fassungslosigkeit den neuen, lachenden, strahlenden Papst Fanziskus würden über den Petersplatz fahren sehen, einen Mann, den sie so noch nie gesehen hatten.

Dann ist es soweit, und ein lächelnder Papst Franziskus tritt auf den Balkon über dem Petersplatz. Jetzt kommt es darauf an, und Franziskus macht alles richtig. Er lässt den eigenbrötlerischen, missmutigen, verschlossenen Intellektuellen Jorge Mario Bergoglio verschwinden und einen lächelnden, gewinnenden Papst Franziskus erstehen, der mit dem Wort »Buonasera« die Welt anrührt. Dieser Mann würde neue Hoffnung bringen. Ein warmherziger, ein positiver, ein lächelnder Mann, der weiß, dass er nicht mehr zurück kann. Jetzt ist er Papst Franziskus, und nur noch hinter verschlossenen Türen darf der enttäuschte, düstere, verbitterte Jorge Mario Bergoglio weiter existieren.

Was an diesem Abend der Wahl von Papst Franziskus nur wenigen auffällt, ist, dass Papst Franziskus mit Claudio Hummes einen der Chefs der Rebellen-Organisation CELAM auf den Balkon des Petersdoms geholt hat. Jahrzehntelang hat die CELAM sich aus Rom demütigen lassen müssen, und nun steht nicht nur ein Papst, der zur CELAM gehörte, auf dem Balkon. Schon an diesem ersten Abend fragen sich die Kurienkardinäle: Wer ist eigentlich dieser Jorge Mario Bergoglio, und was will er? Will er die Kurie, so wie sie existiert, zerschlagen? Will er eine neue Regierung der Kirche? Werden die Kardinäle der Kurie jetzt dafür bezahlen müssen, dass sie Männer wie Hummes und Bergoglio jahrzehntelang schikaniert haben? An diesem Abend fängt es an.

Das neue Zentrum der Macht

Das Pontifikat von Papst Franziskus beginnt, nach den ersten Irritationen unmittelbar nach der Wahl, mit einem Paukenschlag, der seine Beziehung zur Kurie entscheidend prägen wird: Der Papst weigert sich, ins päpstliche Appartement im Apostolischen Palast einzuziehen. Er beschließt, im schlichten Gästehaus der heiligen Martha zu wohnen. Eine nur auf den ersten Blick kleine Geste, denn damit hat er nicht nur gegen den Luxus des Palastes protestiert; er will sich auch nicht isolieren lassen. Bis heute ist er mittendrin, isst in der Mensa, wo die übrigen leitenden Angestellten des Vatikans speisen. Diese Entscheidung trägt wesentlich dazu bei, dass dem Papst nichts mehr verheimlicht werden kann. Er ist immer präsent. Der Papst lebt dort, wo das Herz des Vatikans schlägt, im Gästehaus der heiligen Martha. Jahrzehntelang wurden dort Gerüchte und geheime Informationen ausgetauscht, von denen der Papst im weit entfernten Apostolischen Palast nie etwas mitbekommen hat. Damit ist jetzt Schluss.

Bis zur Übersiedlung von Papst Franziskus in das Gästehaus der heiligen Martha gab es in Rom eine Menge Möglichkeiten, sich äußerst Exklusives zu leisten. Viele Touristen aus den USA zeigen gern sich selbst und der Welt, dass sie es zu etwas gebracht haben, indem sie ein sündhaft teures Abendessen an der Via Veneto einnehmen. Dort entstanden auf hart umkämpften und klar abgetrennten Teilen des Bürgersteiges gläserne Restaurant-Separees für Urlauber, die einmal im Leben dort, wo in den 50er-Jahren das Dolce Vita zelebriert wurde, viel Geld ausgeben wollen. Natürlich kann man sich auch eine Shopping-Tour durch die Via dei Condotti gönnen, wo sehr reiche Kauflustige in Schlangen vor den Luxus-Boutiquen geduldig warten, bis die Sicherheitsleute wieder einen Schwung Kauflustige in die Boutique lassen, damit sie dort nach der langen Warterei endlich Unmengen Geld ausgeben können. Doch den exklusivsten Ort der Welt schafft unmittelbar nach seiner Wahl der Papst. Diese exklusivste Leistung der Stadt Rom ist relativ preisgünstig, schlägt nur mit 85 Euro zu Buche; dennoch ist sie den normalen Sterblichen verwehrt: eine Nacht im Hotel des Papstes, dem Gästehaus der heiligen Martha.

Wer mit eigenen Augen die Frauen und Männer sehen möchte, die es am Hofe von Papst Franziskus tatsächlich zu etwas gebracht haben, sollte abends nach 22 Uhr zum mittlerweile abgesperrten Petersplatz gehen und auf die kleine Pforte links vom Haupteingang des Petersdoms schauen, am sogenannten Arco delle Campane (Bogengang der Glocken). Nach 20 Uhr werden die Tore des Vatikans für alle Touristen und Besucher gesperrt. Nur wer im Vatikan wohnt, kann dann noch hinein und hinaus. Tagsüber strömen zehntausende Touristen am Arco delle Campane vorbei, wenn sie aus dem Petersdom kommen. Doch am Abend ist es hier still, lediglich eine schmale Tür neben dem Bogen ist erleuchtet, die von Schweizergardisten bewacht wird. Außer ein paar Streifenwagen, die den Platz kontrollieren, ist er leer. Wer eine Weile wartet, kann am späten Abend ab und zu Frauen oder Männer sehen, die ganz selbstverständlich auf den Petersplatz zugehen und die schweren Holzabsperrungen ein wenig zur Seite rücken, um auf den Platz zu gelangen. Selbstverständlich kommt sofort ein Streifenwagen der Polizei bedrohlich schnell herangeschossen. Sobald der Wagen stoppt, holt der oder die Betreffende das Exklusivste, was Rom zu bieten hat, aus der Tasche: einen kleinen, unscheinbaren Schlüssel mit einem Messinganhänger, der etwa so groß ist wie zwei Scheckkarten. Die Polizisten beäugen den Schlüssel und lassen mit einem freundlichen Buonanotte (Gute Nacht) den Gast passieren, der allein über den riesigen Petersplatz marschieren darf. Am Grenzübergang, dem Arco delle Campane, wiederholt sich das Ritual. Die Soldaten der Schweizergarde setzen einen misstrauischen Blick auf gegenüber jedem, der allein über den Petersplatz spaziert. Sobald der Betreffende dann in die Tasche fasst und den Schlüssel zeigt, darf er nicht nur passieren, sondern wird auch mit einem Salut begrüßt. Nachdem der Gast die Grenzstation der Schweizergardisten hinter sich gelassen hat, betritt er ein regelrechtes Zauberreich.

Dieser Eindruck hat vor allem damit zu tun, dass rund um den Petersplatz nahezu 24 Stunden täglich das Leben tobt. In den Stoßzeiten schieben sich die Autos im Schritttempo durch die Straßen und über die Plätze. Geschäfte und Bars haben bis spät in die Nacht geöffnet. Es ist Tag und Nacht sehr laut. Knatternde Vespas, wummernde Bässe der Beschallungsanlagen der Bars, der ohrenbetäubende Lärm der Polizei- und Rettungswagen erfüllen die Luft. Sobald jedoch der privilegierte Gast des Hotels des Papstes den Grenzübergang am Arco delle Campane hinter sich gelassen hat, erstirbt schlagartig der Lärm der Stadt, und ein Zauberreich tut sich auf. Mich überrascht es jedes Mal aufs Neue, wie unglaublich leise es am späten Abend im Vatikan ist, obwohl der Petersdom mitten in einer 3,5-Millionen-Einwohner-Stadt liegt. Man kann den Flügelschlag der Vögel hören, das Rascheln der Eidechsen im Gras.

Auf dem Weg zum Hotel des Papstes geht der Gast über einen der geschichtsträchtigsten Orte der Welt, die ehemalige Privat-Rennbahn von Kaiser Nero. Hier, am anderen Ufer des Tibers, hatte sich Nero eine Rennbahn bauen lassen, die zunächst für ihn allein reserviert war. Weil Kaiser Nero mit seinem roten Bart aber gern in der Öffentlichkeit auftrat, ließ er später die Römer in diesen Circus. Hier soll das Massaker während der Christenverfolgung unter Nero stattgefunden haben. Hier soll Petrus mit dem Kopf nach unten gekreuzigt worden sein. Wenn man am späten Abend an der Basilika des Petersdoms vorbeigeht, sieht man in der Dunkelheit am Durchgang nahe der Ausgrabungsstätte unter dem Petersdom einen roten Markierungsstein. Dort stand der Obelisk im einstigen Zentrum der Rennbahn des Circus. Sobald man die Stelle passiert hat, an der der Obelisk stand, durchquert man einen weiteren Durchgang und schaut auf die kleine Grünfläche, ein paar Bäume und ein Stück Rasen, die um einen Brunnen herum direkt hinter der Tankstelle des Vatikans liegt. Kaum kommt der nächtliche Spaziergänger in die Nähe dieser Grünfläche, tritt der Gendarm des Vatikans aus seinem Unterstand, der in Sichtweite des Hauptquartiers der Gendarmerie liegt. Der

Gendarm wird den Hotelgast zunächst misstrauisch beäugen, bis der den Hotelschlüssel mit dem Anhänger des Hauses der heiligen Martha aus der Tasche zieht. Sogleich wird der Gendarm die Hacken zusammenschlagen und eine besonders gute Nachtruhe wünschen. Danach kann der Besucher sich nach links wenden, wo hinter einer sich mit leisem Zischen öffnenden Glastür die Eingangshalle des Hotels des Papstes liegt. Wer vor 22 Uhr nach Hause kommt, hat eine Chance, das Licht in den Fenstern über dem Eingang des Gästehauses zu sehen und vielleicht sogar den Schatten eines Mannes, des 266. Nachfolgers des heiligen Petrus. Papst Franziskus wohnt in den beiden Räumen direkt über dem Eingang, in der einzigen, äußerst bescheidenen »Suite« des Hotels. Die Fahne des Vatikans, die über dem Eingang des Hauses flattert, lässt sich nur vom Zimmer des Papstes aus hissen, das geschieht aber diskreterweise nur dann, wenn der Papst nicht in seinem Zimmer weilt.

Nachdem Papst Franziskus entschieden hatte, ins Haus der heiligen Martha einzuziehen, stellten die Gendarmen zunächst Trennwände vor dem Gebäude auf, aber nach ein paar Monaten ließ Papst Franziskus sie wieder abbauen. Die Tür zum Haupteingang schließt um 23 Uhr. Wer danach kommt, muss den sogenannten Nachtschlüssel benutzen. Mit diesem Schlüssel kann man das Törchen links neben dem Gästehaus der heiligen Martha aufschließen und durch einen Seiteneingang in das Foyer des Hotels gelangen. Die Rezeption ist um diese Zeit nicht mehr besetzt. Wer rechtzeitig kommt, geht durch die Glastür direkt an der Büste von Papst Johannes Paul II. vorbei die Treppe hinunter zum Empfang. Dort erwarten die Ordensfrauen des Ordens der Barmherzigen Schwestern von San Vincenzo dei Paoli den Gast.

Im Jahr 1884 kamen die ersten vier Nonnen des Ordens in den Vatikan, auf Wunsch von Papst Leo XIII. Dieser Papst hatte Angst davor, dass sich die furchtbare, damals als asiatische Krankheit bekannte Cholera in Italien weiter ausbreiten und den Vatikan erreichen könnte. Die Ordensfrauen sollten sich auf den Fall vorbereiten, dass im Vatikan schlagartig zahlreiche Kranke versorgt werden müssten. Der Papst wollte die Kranken im Fall einer Epidemie nicht wegschicken. Sie sollten am Petersdom in einem alten Hospital behandelt werden. Dieses Gebäude gibt es nicht mehr. Es wurde abgerissen, und an dieser Stelle ließ Papst Johannes Paul II. das Gästehaus der heiligen Martha errichten.

Es gibt keinen anderen Ort im Vatikan, an dem man die revolutionären Veränderungen von Papst Franziskus so konkret erleben kann wie hier. Der Papst bewegt sich selbstverständlich im Haus. Zu Beginn dieser Neuerung war die Tatsache, dass Franziskus im Gästehaus wohnt, so unvorstellbar für den Vatikan, dass die Verantwortlichen für das Haus nicht wussten, was sie tun sollten. Gendarmen wurden extra bereitgestellt, die sofort, wenn der Papst sein Zimmer verließ und mit dem Fahrstuhl zum Abendessen hinunter- oder danach wieder hinauffahren wollte, mit ihm in den Fahrstuhl stiegen und für ihn die Knöpfe drückten. Schließlich hatte ein Papst früher im Apostolischen Palast auch nicht einfach selbst einen Fahrstuhl benutzt. Doch nach und nach gelang es Franziskus, der Verwaltung des Hauses klarzumachen, was sein größter Wunsch ist: Er möchte, dass um ihn möglichst wenig Aufhebens gemacht wird. Die Gendarmen verschwanden daraufhin wieder aus den Fahrstühlen. Der Papst drückt die Knöpfe jetzt selbst.

Mir persönlich erscheint die Vorstellung, dass der Papst im Haus der heiligen Martha wohnt, nach wie vor unglaublich. Ich erinnere mich gut an die Einweihung des Hauses im Jahr 1996. Papst Johannes Paul II. kam natürlich. Er war damals noch gut zu Fuß, ließ sich das Haus zeigen und segnete es. Aber eines war ganz klar: Dieses moderne Gebäude mit den deprimierend dunklen Fluren und den tristen Zimmern mit ihren schweren, dunklen Möbeln, die eher an Särge als an behagliches Wohnen erinnern, das war das Haus ausländischer Kardinäle und ihrer Gäste, nicht das des Papstes. Dieses Gebäude ist das Gegenteil des Apostolischen Palastes. Es liegt auf der lauten und weltlichen Seite von Sankt Peter, weit weg vom Zentrum der Macht.

Das Haus der heiligen Martha war damals nagelneu. Und Johannes Paul II. war der erste Papst, der es vor Franziskus betreten hatte. Der Apostolische Palast hingegen wurde während der Regierungszeit des Medici-Papstes Leo X. Anfang des 16. Jahrhunderts fertig. Das bedeutet, dass die Päpste bereits in diesem Palast wohnten, als Martin Luther die Kirche noch gar nicht gespalten hatte. Ebendieser Papst Leo X., Giovanni de' Medici, wird die verhängnisvolle Bulle der Exkommunizierung Martin Luthers *Decet Romanum Pontificem* im neuen Apostolischen Palast verfassen. Das erste Gold, das Christophorus Columbus aus der Neuen Welt nach Spanien schickt, wird der spanische König in den Palast des Papstes senden, wo es bis heute als Blattgold eine Decke ziert.

Der Apostolische Palast ist mit der Geschichte der Menschheit eng verknüpft. In diesem Palast bewohnte schon Papst Alexander VI. die bis heute erhaltenen Gemächer, und dort teilte er auf einer fehlerhaften Karte Südamerika in einen portugiesischen und einen spanischen Teil. So entstand das heutige Brasilien.

Gemessen an diesem Palast gleicht das Gästehaus der heiligen Martha einer unscheinbaren modernen Pension, wie es sie zu Abertausenden auf der Welt gibt. Die Unterschiede zwischen einer Pension und einem Palast liegen auf der Hand: Fünf Jahrhunderte lang hatten Päpste daran getüftelt, wie sie ihre Macht und Bedeutung am besten in Szene setzen könnten, und das Ergebnis ist beeindruckend. Ich kann mich sehr genau an alle privaten Audienzen mit Papst Johannes Paul II. erinnern, und ich muss zugeben, dass der Effekt des Weges bis zum Papst beeindruckend ist. Auf diesem Weg quer durch den Apostolischen Palast schrumpft jeder Besucher vor lauter Ehrfurcht. Jeder, der einmal durch die prächtige Loggia des Raffael gegangen ist, die das Genie aus Urbino mit exotischen Tieren geschmückt hat, und jeder, der den beeindruckenden Clementina-Saal durchschreitet, in dem die Ehrengarde der Schweizergardisten Aufstellung nimmt, wird mit jedem Schritt demütiger angesichts dieser Herrlichkeit. Dann geht es aber noch weiter, durch weitere vier Säle, vorbei am Thron des Papstes, der dem Besucher klarmacht, dass er dabei ist, einen der wichtigsten und einflussreichsten Männer der Welt zu treffen. Steht der Gast endlich an der Apostolischen Bibliothek vor dem Papst, wie erschlagen von solcher Schönheit und Demonstration der Macht, fühlt er sich gleichzeitig sehr klein, aber auch unendlich geehrt, hier überhaupt sein zu dürfen. Das ist natürlich ein seit Jahrhunderten beabsichtigter Effekt. Der lange Weg durch das Potpourri der Pracht der Päpste trifft die Besucher mit Wucht. Ich habe Dutzende von Delegationen überwältigt staunend durch den Apostolischen Palast gehen sehen, und wenn die Gäste schließlich vor den Papst traten, schien es angemessen, dass sie vor ihm auf die Knie fielen in äußerster Demut.

Was für ein Unterschied zu dem Empfangsraum von Papst Franziskus im Haus der heiligen Martha! Es ist ein Zimmerchen am Fuß der Eingangstreppe auf der linken Seite in der Nähe der Rezeption. Wenn nicht der Papst in dem Raum mit einem Besucher sitzt, wird das Zimmer von den Kirchenmännern gern schon mal zum Fußballschauen genutzt, weil darin ein Fernseher steht. In den Zimmern des Hauses gibt es nämlich keine Fernseher. Der Empfangsraum hat den Charme eines Wartezimmers bei einem Kassenarzt, nur dass statt einer veralteten Zeitschrift das päpstliche Jahrbuch *Annuario Pontificio* auf dem Tisch liegt. Dass der lange Weg durch die farbenprächtige Eleganz der Jahrhunderte wegfällt und der Besucher im Gästehaus der heiligen Martha nur eine profane Treppe hinuntergehen muss, um in das Zimmerchen zu kommen, wo er mit dem Papst zusammentreffen wird, hat genau den Effekt, den Franziskus sich wünscht: Bei seinen Treffen geht es um Inhalte. Die Form ist beiläufig. Der Papst sitzt in dem schlichten Zimmer in seiner dünnen weißen Soutane, durch die seine schwarze Straßenkleidung schimmert, und empfängt dort die Besucher.

Papst Franziskus spricht auch anders als seine Vorgänger Papst Benedikt XVI. oder Papst Johannes Paul II. Joseph Ratzinger hatte sicherlich harte theologische Positionen, aber eine sehr weiche Stimme. Papst Benedikt XVI. sprach wie ein Lehrer, mit Rücksicht und Langmut. Er erklärte mit Präzision komplizierte theologische Zusammenhänge, schoss aber immer wieder übers Ziel hinaus. Ich erinnere mich an die Predigt während des Weltjugendtages in Sydney (Australien). Die Ansprache war so kompliziert, dass selbst der Jesuiten-Pater Federico Lombardi erklärte, dass er die Predigt noch mal nachlesen müsse, um zu erklären, worum es gehe. Wie die 300 000 jungen Menschen die Rede kapieren sollten, wenn Lombardi sie nicht verstand, war mir ein Rätsel.

Johannes Paul II. hingegen sprach in den Jahren, als er noch ein gesunder, energischer Mann gewesen war, wie ein Kämpfer. Er konnte sehr hart sein. Legendär ist, wie er auf dem Flughafen von Managua im Jahr 1983 den Trappisten-Pater Ernesto Cardenal zusammenbrüllte. Ich selbst musste mich auch einmal zurechtweisen lassen. Im päpstlichen Flugzeug hatte ich dem Papst gesagt, dass wir am Sonntag während einer Papsreise im Pressezentrum viel würden arbeiten müssen. Papst Johannes Paul II. rügte mich verärgert: »Am Sonntag gehörst du in die Messe und nirgendwo sonst hin, und da wirst du auch hingehen.«

Papst Franziskus hat eine werbende Stimme, die eher um Verständnis bittet als gebietet. Er trägt seine Kernbotschaft, sein Anliegen, stets wie ein Bittsteller vor. Nicht wie ein Nachfolger des Medici-Papstes Leo X., der seinen Clown auspeitschen ließ, wenn der nicht lustig genug war. Was sein Anliegen ist, kann Franziskus in einfachen Worten sagen, wieder und wieder. »Lassen wir die Armen nie allein«, fordert der Papst in seinem Apostolischen Schreiben *Evangelii Gaudium*. Dort schreibt er auch: »Heute und immer gilt: Die Armen sind die ersten Adressaten des Evangeliums. Ohne Umschweife ist zu sagen, dass (…) ein untrennbares Band zwischen unserem Glauben und den Armen besteht.«

Was den Papst sehr beunruhigt, formuliert er direkt: »Die Anbetung des Goldenen Kalbs hat eine neue und erbarmungslose Form gefunden im Fetischismus des Geldes und in der Diktatur einer Wirtschaft ohne Gesicht und ohne ein wirklich menschliches Ziel« (*Evangelii Gaudium*).

Papst Franziskus kommt von jenem Kontinent, der laut Weltbank-Statistiken der Teil der Welt ist, in dem der Unterschied zwischen Reich und Arm so dramatisch ausfällt wie nirgendwo sonst. Deswegen schreibt der Papst auch: »Heute wird von vielen Seiten eine größere Sicherheit gefordert. Doch solange die Ausschließung und die soziale Ungleichheit in der Gesellschaft und unter den verschiedenen Völkern nicht beseitigt werden, wird es unmöglich sein, die Gewalt auszumerzen. Die Armen und die ärmsten Bevölkerungen werden der Gewalt beschuldigt, aber ohne Chancengleichheit finden die verschiedenen Formen von Aggressionen und Krieg einen fruchtbaren Boden, der früher oder später die Explosion verursacht« (*Evangelii Gaudium*).

Franziskus weiß, dass seine Haltung, die bedingungslose Hinwendung an die Armen, die harte Kritik an den bestehenden kapitalistischen Systemen, die Forderung einer gerechteren Verteilung von Reichtum, ihm Feinde einbringt, die seine Haltung heftig attackieren. Deswegen betonte er in der *Evangelii Gaudium*: »Falls jemand sich durch meine Worte beleidigt fühlt, versichere ich ihm, dass ich sie mit Liebe und in bester Absicht sage, weit entfernt von jedem persönlichen Interesse und politischer Ideologie. Mein Wort ist nicht das eines Feindes, noch das eines Gegners.«

Von einem kleinen Zimmerchen aus, am Fuß der Treppe im Gästehaus der heiligen Martha, beginnt also Papst Franziskus nun, den ältesten und vielleicht am stärksten verkrusteten Apparat der Welt, die römische Kurie, auseinanderzunehmen. Der Papst der Armen will mit aller Kraft den alteingesessenen Kirchenfürsten den Boden entziehen und an einer neuen Kirche bauen.

Hallo, wie geht's?

Seine Revolution leitete Papst Franziskus sehr einfach ein: Päpste waren bis zur Wahl von Jorge Mario Bergoglio Träger eines Amtes gewesen. Papst Franziskus schaffte das ab. Der Papst ist ab jetzt ein Mensch, kein Amtsträger. Um das zu erreichen, zerschlug der 266. Nachfolger des heiligen Petrus aus dem fernen Argentinien das ganze komplexe Gebilde, das um das Amt des Papstes herum aufgebaut war.

Ein Papst war bisher immer verwaltet worden. Da gab es zunächst einmal seine beiden Sekretäre, den ersten, den entscheidenden, und den nachgeordneten zweiten Sekretär, die im Laufe der Amtszeit eines Papstes in der Regel enorme Machtfülle aufbauten. Das galt auch für Dr. Georg Gänswein, den Sekretär von Papst Benedikt XVI.; er hatte es mit einem Papst zu tun, der an der Amtsführung wenig interessiert war und sich mehr seinen theologischen Studien widmen wollte. Zwangsläufig übernahm der Sekretär also eine Art Management des Papsttums.

Papst Franziskus vernichtete diese Konstruktion, indem er seinen Sekretären alle Macht nahm. Er beschäftigt zwar zwei Sekretäre, die ihm zuarbeiten, aber er verhindert, dass sie Macht über ihn gewinnen. So schuf Papst Franziskus das erste Pontifikat, in dem die Sekretäre den Papst nicht auf seinen Auslandsreisen begleiten.

Das nächste Amt, das dran glauben musste, war das Amt des Präfekten des päpstlichen Hauses. Kurz vor dem Rücktritt von Papst Benedikt war Georg Gänswein zum Präfekten des päpstlichen Hauses befördert worden. Eines war damit klar: Er wollte auch nach dem Rücktritt seines Chefs Joseph Ratzinger im Vatikan bleiben und nicht nach Deutschland zurückgehen. Um dies sicherzustellen, griff er zu der ungewöhnlichen Maßnahme, sich zum Präfekten des päpstlichen Hauses befördern zu lassen, obwohl er gleichzeitig Sekretär des Papstes war. Normalerweise kontrolliert der Präfekt des päpstlichen Hauses den Zugang zum Papst. Es gab so gut wie niemanden, der am Präfekten vorbei zum Papst gelangen konnte. Doch auch diese Regel setzte Papst Franziskus außer Kraft. Wer den Papst treffen darf, das bestimmt jetzt der Papst allein. Auch eine dritte Gepflogenheit eliminierte Franziskus. Die Päpste hatten neben ihren Sekretären, die sich um alle offiziellen Kontakte kümmerten, immer noch ein zweites Sekretariat, das alle privaten Kontakte der Päpste organisierte. Im Fall von Papst Johannes Paul II. war das eine Ordensfrau gewesen, für Papst Benedikt hatte lange sein enger Freund Bischof Josef Clemens die Kontakte zu Freunden des Papstes gehalten. Eine der Hauptaufgaben dieses privaten Sekretariats war es, die Telefonate des Papstes vorzubereiten. Wenn der Papst etwa einen alten Schulfreund anrufen wollte, dann bereitete das private Sekretariat das Gespräch vor.

Doch Papst Franziskus dachte nicht daran, sich durch diesen Filter abschirmen zu lassen. Er greift selbst zum Telefonhörer, wenn er jemanden sprechen will. Dabei kommt es immer wieder zu verwirrenden und manchmal amüsanten Situationen. Als Papst Franziskus etwa einen Besuch bei seinem eigenen Orden, den Jesuiten, anmelden wollte, deshalb den Pförtner der Jesuiten neben dem Petersdom direkt anrief und sich mit dem Satz meldete: »Hier spricht der Papst«, antwortete der Pförtner: »Und ich bin der Kaiser von China.«

Auch ein weiteres Prinzip setzte Papst Franziskus außer Kraft: die Regeln des päpstlichen Terminkalenders. Seit etwa hundert Jahren hatten die Päpste ihren Terminkalender mit den Verantwortlichen für Öffentlichkeitsarbeit abgestimmt. Das war früher der Chef der Vatikan-Tageszeitung *Osservatore Romano*, später der Boss des Presseamtes. Und das bedeutete vor allem: Die Terminkalender des Papstes waren öffentlich.

Jeder konnte sich darüber informieren, wann der Papst wo sein würde, wann er wen besuchen, wann er wo predigen und wann er wo die Heilige Messe lesen würde. Papst Franziskus schaffte das ab. Nachfragen im Presseamt, beim Pressesprecher Pater Federico

Lombardi, förderten das eigenartige Ergebnis zutage, dass Lombardi zugeben musste: »Ich habe keine Ahnung, wann genau dieser Papst was tut.«

Besuche von Mitarbeitern beim Papst waren jahrhundertelang nach sehr genau geregelten Abläufen vor sich gegangen, eine Gepflogenheit des päpstlichen Hofes, die Papst Franziskus ebenfalls pulverisierte. Wer eine Privataudienz beim Papst haben wollte, musste sich früher zunächst an den Präfekten des päpstlichen Hauses wenden und bekam dann, nach einigen Tagen oder Wochen oder manchmal nach Jahren, wie Bischof Emanuel Milingo, einen Brief, der durch einen Boten des Vatikans persönlich zugestellt wurde und die genauen Umstände der Privataudienz für den Mitarbeiter erläuterte.

In diesen Briefen wurde genau aufgelistet, wann der betreffende Besucher wo sein musste, um von den Mitarbeitern der Präfektur des päpstlichen Hauses empfangen und später weiter zum Papst gebracht zu werden. Zudem enthielt der Brief weitere Anweisungen, so auch die Beschreibung dessen, was der Besucher anzuziehen hatte. Wenn der Besucher dann korrekt gekleidet zur rechten Uhrzeit am Eingang für Mitarbeiter, dem Bronzetor, eintraf, nahm ihn ein Mitarbeiter der Präfektur des päpstlichen Hauses in Empfang und geleitete ihn über die Treppe am Eingang des Vatikans in der Nähe der spektakulären Bramante-Treppe hinauf in den Damasus-Hof. Dort ging es weiter mit dem Fahrstuhl hinauf in den zweiten Stock, zur sogenannten Seconda Loggia. Dort erwarteten die Schweizergardisten den Besucher, die ihn weiter in den sogenannten Volieren-Saal brachten. Dieser ist ein lang gestreckter Raum, in dem eine Reihe mit zahlreichen Stühlen auf die Besucher wartete; er diente dazu, Taschen und Mäntel abzulegen. Mitarbeiter des Renaissance-Genies Raffael Sanzio haben diesen Flur ausgemalt. Der Volieren-Saal ist mit exotischen Vögeln verziert. In diesem wie ein Tanzsaal großen Raum hatten Besucher die letzte Gelegenheit, sich auf das Gespräch mit dem Papst in Ruhe vorzubereiten. Ab diesem Punkt übernahm der Chef, also der Präfekt des päpstlichen Hauses, und führte den Gast durch die prachtvolle Sala Clementina, in dem die toten Päpste aufgebahrt werden, anschließend durch drei weitere Zimmer bis zu einem Eckzimmer, das in den kleinen Thronsaal übergeht. Danach wurde es ernst. Der Präfekt begab sich in die Apostolische Bibliothek, und dann, nach einer gewissen Wartezeit, durfte der Besucher die Bibliothek betreten und das Gespräch mit dem Papst beginnen.

Wie anonym und wenig herzlich diese Gespräche sein konnten, zeigt ein kleines Detail. In dem zweiten Empfangssaal, der gleich hinter der Eingangstür liegt, die in die päpstliche Wohnung führt, also genau ein Stockwerk über der Apostolischen Bibliothek, gibt es einen »Notknopf« für unangenehme Gespräche. Die Päpste empfingen in diesem Saal, der schon Teil der Privatwohnung des Papstes ist, an einem großen Tisch. Auf der Seite des Tisches, an der der Papst saß, ist für den Besucher unsichtbar ein Knopf angebracht, den der Papst in dem Fall drücken konnte, wenn ihm das Gespräch richtig unangenehm wurde. Statt dem Besucher zu sagen, dass er bitte gehen möge, weil er die päpstliche Geduld überstrapaziert hatte, drückte der Papst auf den Knopf. Dann leuchtete eine Lampe im Nebenzimmer auf, und der Sekretär kam hereingeschossen, um den Papst aus der peinlichen Situation zu befreien. Der Sekretär behauptete in solchen Fällen, dass eine dringende Aufgabe auf den Papst warte, und der Besucher wurde hinausbugsiert.

Ein Punkt wurde bisher während der Gespräche mit einem Papst von den Mitarbeitern besonders gefürchtet. Solange der Papst sich einfach informieren ließ, war alles gut, aber wehe, wenn er Nachfragen hatte … Das war auch die Standardfrage eines jeden Kollegen: »Hat der Papst nachgefragt?« Diese Nachfragen eines Papstes konnten für Mitarbeiter besonders heikel oder peinlich werden. Die Tatsache, dass der Papst ein absoluter Monarch ist, bedeutet vor allem auch, dass er ununterbrochen Entscheidungen treffen muss zu Vorgängen, über die er sich aus Zeitmangel gar nicht gründlich informieren kann. Deswegen ist es normal, dass die Mitarbeiter dem Papst vortragen, worum es geht; der Papst nickt das meiste einfach ab, Nachfragen sind selten. Aber wenn ein Papst nachfragt, ist das für die betreffenden Mitarbeiter oft unerwartet und unangenehm.

Kurz nach dem Amtsantritt von Papst Franziskus traf ich

mich mit einigen seiner engeren Mitarbeiter, um mich über den neuen Stil des Papstes zu informieren. Was ich zu hören bekam, war aus vatikanischer Sicht unfassbar. Statt Wochen damit zuzubringen, auf einen Termin beim Papst zu warten, und dann durch den pompösen Palast des Vatikans laufen zu müssen, bis man zu einem direkten Gespräch mit dem Papst kam, hatte Papst Franziskus eine neue Form der Papst-Audienzen eingeführt.

Mein Freund, der an einer Schaltstelle im Vatikan arbeitet, berichtete mir: »Der neue Papst ruft einfach direkt an und will, dass wir ihn auch anrufen, wenn wir eine Frage haben, in seinem Zimmer im Haus der heiligen Martha.«

»Und wenn er ans Telefon geht, was sagst du dem Papst dann?«

»Ich sag auf Spanisch zu ihm: ›Holá, que tal?‹« (Hallo, wie geht's?).

Mir fiel regelrecht die Kinnlade herunter, als er das sagte.

Ungläubig fragte ich: »Du sagst zu Seiner Heiligkeit, dem Heiligen Vater, Stellvertreter Gottes auf Erden, der in seiner unermesslichen Weisheit regiert und früher auch genauso angesprochen wurde, einfach ›Hallo, wie geht's?‹?«

»Ja«, sagte er. »Er will das so. Ich habe ihn noch nie mit Heiligkeit oder Heiliger Vater angesprochen.«

Ich war perplex. »Und stellt er Nachfragen?«, wollte ich wie seit Jahren wissen.

»Natürlich.«

»Und ist das unangenehm?«

»Überhaupt nicht. Das letzte Mal, als er eine Nachfrage stellte, hatte ich ihm gerade erzählt, dass ich mit einer Delegation abends ausgegangen war. Ich sagte ihm: ›Ich habe die Leute, die ich zu dir gebracht hatte, dann abends ausgeführt, wir sind essen gegangen, es gab super Steaks.‹«

»Und was hat er nachgefragt?«

»Er hat gefragt: ›Wer hat denn bezahlt?‹ Ich sagte ihm, dass ich bezahlt habe, und dann erwiderte er: ›Aber nicht doch, lass mich das bezahlen. Im Vatikan sagen immer alle über mich, ich habe gar kein Geld, aber das stimmt nicht. Ich habe ein bisschen Geld, ich kann das Essen schon bezahlen.‹ Ich habe ihm geantwortet: ›Nee, ist schon gut, ich zahle das.‹ So ist der Papst eben.«

Der Papst zu Besuch

Aber der neue Ton in den Gesprächen mit einem Papst war nicht die einzige Revolution im Umgang von Papst Franziskus mit seinen Mitarbeitern, also mit dem, was man seit Jahrhunderten den päpstlichen Hof nennt. Knapp tausend Jahre lang galt im Vatikan ein klares Prinzip, das besagte: Was immer es auch zu besprechen gibt, der Papst geht nie zu den Gesprächspartnern, völlig egal, was sie von ihm wollen, er lässt sie immer kommen, zu sich in den Palast. Das Beispiel für diese Regel ist so berühmt, dass es in mehrere Sprachen als »Canossa-Gang« eingegangen ist. Der arme deutsche Kaiser Heinrich IV. pilgerte im Winter des Jahres 1076/1077 nach Canossa zur Burg Mathildes von Tuszien, der Herzogin der Toskana, und kniete dort tagelang im Schnee, um Papst Gregor VII. milde zu stimmen. Der Papst hatte damals vor allem eines erreichen wollen: Das Zeichen der Unterwerfung des Königs bestand nicht allein darin, dass er sich im Schnee auf die Knie warf. Als Zeichen der Unterwerfung galt vor allem, dass der König zum Papst über die gefährliche Süd-Route pilgern musste, um den Streit auszuräumen, der Papst hingegen hätte nicht im Traum daran gedacht, das Gleiche zu tun, also zu dem König zu pilgern, um das Problem aus der Welt zu schaffen.

Dieses Prinzip, dass der Papst Gespräche stets in seinem Palast zu führen hat, galt natürlich auch für das Gegenteil. Das heißt: Wer einen Papst demütigen wollte, entfernte ihn mit Gewalt aus seinem Palast oder zwang ihn, den Palast zu verlassen. Alle Niederlagen der Päpste haben damit zu tun, dass sie gezwungen waren, ihren Palast zu verlassen. Es gibt also ein einfaches Kriterium, um die großen Krisen der Päpste zu erkennen. Immer dann, wenn der Papst seinen Palast verließ, befand er sich in einer extremen Notsituation. Eine dieser Notlagen war der Angriff auf Rom durch den französischen König Karl VIII., der im Jahr 1494 versuchte, Papst Alexander VI. aus der Familie Borgia gefangen zu nehmen. Der Papst musste über den noch heute existierenden Fluchtweg aus dem Apostolischen Palast in die Engelsburg laufen. Denselben Weg trat Papst Clemens VII. aus der Familie der Medici an, um den Landsknechten Karls V. während der katastrophalen Plünderung Roms im Jahr 1527 zu entgehen. Pius VII. hatte weniger Glück. Die Soldaten Napoleons nahmen den Papst am 5. Juli 1809 im päpstlichen Quirinals-Palast fest. Der Papst wurde über Grenoble und Savona schließlich schwer krank nach Fontainebleau bei Paris gebracht und dort insgesamt fünf Jahre festgehalten, bevor er nach Rom zurückkehren konnte. Papst Pius IX. floh als Priester verkleidet in einer Nacht-und-Nebel-Aktion aus Angst vor einer Verhaftung im Jahr 1848 nach Gaeta in das Königreich beider Sizilien, bevor die Truppen Garibaldis ihn erwischten.

Dieses Prinzip, dass der Papst nur in extremen Gefahrensituationen den Palast verlässt, hätte einen Heiligen beinahe umgebracht. Als Johannes Paul II. am 13. Mai 1981 auf dem Petersplatz angeschossen wurde und zu verbluten drohte, setzten die Höflinge durch, dass das alte Prinzip unangetastet blieb, dass der Papst seinen Palast nicht verlassen dürfe. Das bedeutete konkret, dass Papst Johannes Paul II., der durch den Bauchschuss extrem viel Blut verlor, trotz der Wunde in die Vatikan-Klinik gebracht werden sollte, in das vom Vatikan sieben Kilometer entfernte Gemelli-Krankenhaus. Diese Aktion hätte den Papst fast das Leben gekostet, zumal das Blaulicht am Rettungswagen nicht funktionierte. Die nächste rettende Klinik lag nur etwa 800 Meter vom Ort des Anschlags entfernt, der Papst hätte nach wenigen Minuten im Heilig-Geist-Krankenhaus behandelt werden können.

Aber selbst in einer solchen extremen Notsituation hielt sich der Vatikan an das Prinzip: Der Papst verlässt niemals seinen Palast, wenn er nicht einen Besuch abstatten will. Papst Johannes Paul II. verlor auf dem Weg in das Gemelli-Krankenhaus so viel Blut, dass die Ärzte nach seiner Ankunft die Letzte Ölung (Krankensalbung) empfahlen, weil sie davon ausgingen, dass der Papst die Operation nicht überstehen würde.

Vor diesem Hintergrund wird die Sprengkraft der Entscheidungen, mit denen Papst Franziskus das System des Vatikans angreift, überdeutlich. Das eherne Prinzip der Präsenz des Papstes in seinem Palast ist selbstverständlich auch ihm bekannt, nur denkt er nicht daran, sich an die alte Regel zu halten. Er ließ der Kurie mitteilen, dass er seine Mitarbeiter kennenlernen wolle – und zwar alle, nicht nur die Kardinäle, sondern auch die kleinen Fische, die bisher nie von Päpsten empfangen worden waren.

Die Chefs der Kongregation und die päpstlichen Räte waren entsetzt. Sie wussten, dass es bei einem Besuch ihrer jeweiligen kompletten Abteilung beim Papst dazu kommen könnte, dass unzufriedene Mitarbeiter dem Papst unangenehme Details aus der Kongregation oder dem päpstlichen Rat verrieten. Aber dass es noch viel schlimmer kommen könnte, ahnten die Bosse nicht. Sie hegten angesichts der drohenden Mitarbeitergespräche die Hoffnung, dass die steife Atmosphäre eines Besuchs im Apostolischen Palast eventuelle Nörgler kaum ermutigen würde, ihren Unwillen über ihre Chefs zu äußern. Doch Papst Franziskus hatte etwas ganz anderes vor. Statt im Apostolischen Palast auszuharren und die Mitarbeiter zu sich kommen zu lassen, brach er die Regel und ließ sich einen einzigen Gendarmen kommen, der einen klaren Auftrag erhielt: »Fahr mich in die Büros meiner Mitarbeiter.«

Unerkannt zwischen den zehntausenden Touristen ließ sich der Papst in seinem Ford Focus aus dem Palast chauffieren, auf die Via della Conciliazione. An dieser langen Straße, die Benito Mussolini in das verwinkelte Viertel vor dem spektakulären Petersplatz schlagen ließ und Rom damit eine furchtbare Bauwunde zufügte, liegen zahlreiche Kongregationen des Vatikans. Der Papst ließ sich durch die Torbögen in die Innenhöfe der Gebäude fahren, stieg aus und ging dann nach einem einfachen Prinzip vor: Er besuchte die Büros von oben nach unten. Er klopfte an die Türen, ließ sich von den überraschten Mitarbeitern in die Beratungssäle bringen, und dort konnte jeder, der in dieser Abteilung des Vatikans arbeitet, dem Papst sagen, was immer er mochte, meckern, worüber er wollte. Der Papst wiederum konnte den Mitarbeitern erklären, was er von ihnen erwartete.

Diese Gespräche des Papstes direkt mit den Mitarbeitern aller Chargen waren es, die dem Vatikan eine neue Ausrichtung verordneten. Der Papst stellte den Vatikan komplett um. Er gab den päpstlichen Räten und Kongregationen eine neue Bestimmung. Ein drastisches Beispiel, um dies zu verdeutlichen, ist die päpstliche Akademie der Wissenschaften.

Jahrelang hatte sich die Akademie mit theoretischen Fragen des Glaubens beschäftigt, jetzt gab der Papst der Akademie eine gänzlich andere Ausrichtung: Sie soll überaus praktische Forschungen betreiben zu den Entstehungsgründen der modernen Sklaverei. Prinzipiell wollte der Papst mit diesen Gesprächen den Mitarbeitern seine neue Grundlinie klarmachen. Der Hirte soll den Schäfchen nicht »Löckchen drehen«, es geht also nicht darum, die Frommen noch frommer zu machen, sondern darum, sich um den Teil der Menschheit zu kümmern, der echte Probleme hat, wie Hunger oder Arbeitslosigkeit, also unter unerträglicher Armut leidet.

Der Papst ließ sich bei diesen Besuchen für seine Mitarbeiter viel Zeit. Er interessierte sich vor allem für die Meinungen und Sorgen der »kleinen Fische«. Legendär ist sein Besuch in den Kongregationen und päpstlichen Räten in der Via della Conziliazione Hausnummer 5, weil er sich mit den Mitarbeitern so lange unterhielt, dass er es nicht schaffte, alle Büros dieses Gebäudes an einem Tag zu besuchen. Er musste einsehen, dass irgendwann Büroschluss war und dass er ein zweites Mal in das Gebäude zurückkommen musste, um den restlichen Büros einen Besuch abzustatten. Für Papst Franziskus gehen Menschen eben immer vor, und mehr als alle anderen die einfachen Gläubigen.

Selbst bei strömendem Regen, in der Hitze des Sommers oder wenn die eisigen Windstöße des Winters über den Petersplatz fegen, Papst Franziskus vergisst nie, die einfachen Gläubigen zu grüßen. Stundenlang fährt er über den Petersplatz, umarmt Kranke, segnet Kinder. Immer wieder lässt er sich mit dem Ford Focus durch die Stadt Rom zu Kirchengemeinden fahren, und jedes Mal, wenn er am Straßenrand Kranke entdeckt, die darauf gehofft hatten, den Papst vorbeifahren zu sehen, lässt er anhalten. Die Polizei ist deswegen jedes Mal stinksauer, weil keiner der zahllosen Menschen, die Papst Franziskus spontan umarmt und herzt, je darauf überprüft worden ist, ob er eine Waffe bei sich trägt. Diesen Papst, der die Menschen liebt, zu töten, wäre ein Kinderspiel.

Deswegen war jener Tag so spannend, als sich zum ersten Mal abzeichnete, dass er es nicht schaffen könnte, dass er zum allerersten Mal die Massen würde enttäuschen müssen.

Es war der Tag eines historischen Ereignisses, der Heiligsprechung zweier Päpste. Johannes Paul II. und Johannes XXIII. wurden am 27. April 2014 während einer feierlichen Zeremonie vor dem Petersdom heiliggesprochen. Ich moderierte das Ereignis, das zum ersten Mal in der Geschichte des Vatikans in 3-D-Technik gefilmt und ausgestrahlt wurde. Zunächst verlief alles nach Plan, doch dass der Papst ein massives Problem bekommen würde, zeichnete sich im Laufe der Messe immer deutlicher ab, weil so unglaublich viele Gläubige gekommen waren. Die Stadt hatte sich auf eine Invasion von sieben Millionen Pilgern vorbereitet. Normalerweise sammeln sich bei Großereignissen 400 000 bis 500 000 Menschen auf dem Petersplatz, aber an diesem Sonntag füllten die Gläubigen vollständig die Via della Conciliazione. Insgesamt standen etwa drei Millionen Menschen dicht an dicht bis hinunter zum Tiber. Der Papst hatte vor der Veranstaltung angekündigt, dass er die Menschen, die tagelange Strapazen auf sich genommen hatten, um schließlich auf einem Bildschirm weit entfernt vom Petersplatz einem Papst zuzusehen, nach dem Gottesdienst begrüßen wollte. Aber das ging natürlich nicht. Der Papst kann auf dem Petersplatz, also innerhalb des Vatikans, tun und lassen, was er will. Aber die Via della Conciliazione liegt bereits in Italien, und der Papst kann nicht einfach über die Grenze in ein anderes Land fahren; das muss angekündigt und geplant werden. Der Papst muss die Formalien einhalten und über den Botschafter des Vatikans in Italien seinen geplanten Besuch auf italienischem Staatsgebiet mitteilen lassen. Weil das nicht geschehen war, konzentrierten sich die Fernsehsender auf den Petersplatz. Da die Polizei und der italienische Staat eben nicht darüber informiert worden waren, dass der Papst auch die Gläubigen an der Via della Conciliazione grüßen wollte, standen dort keine Kameras. Es sah so aus, als würde der Papst sich nach der Messe über den Petersplatz fahren lassen, dort die Gläubigen grüßen und dann in den Apostolischen Palast zurückkehren. Genauso kam es auch. Als die Messe beendet war, bestieg er das Papamobil und ließ sich durch die Reihen der Gläubigen über den Petersplatz fahren.

Als der Papst schließlich den kompletten Platz umrundet hatte und die »italienische Grenze« erreichte, wo der Petersplatz auf den Platz Pius XII. und die Via della Conciliazione trifft, geschah etwas Einzigartiges. Die Polizisten sahen den Papst immer näher kommen, sie hatten ihre Autos so abgestellt, dass sie eine Blockade bildeten, um zu verhindern, dass die Menge versuchen würde, auf den bereits hoffnungslos überfüllten Petersplatz zu strömen. Plötzlich fuhr das Papamobil direkt auf diese Blockade zu. Die Beamten sahen den Papst perplex an. Der machte nur eine Geste, die besagte: Jungs, macht mal den Weg frei, da unten stehen noch etwa eine Million Menschen, die mich sehen wollen. Ich muss da durch. Die Beamten funkten hektisch ihre Zentrale an; aber bevor das Innenministerium irgendeinen Befehl geben konnte, winkte der argentinische Papst schon so energisch, dass die Polizei die Autos beiseitefuhr, und der Papst reiste nach Italien ein, ohne irgendjemanden um eine Erlaubnis zu fragen. Das Papamobil schob sich durch die Menge, die an der Via della Conciliazione ausgeharrt hatte und den Papst jetzt frenetisch feierte. Die Pilger hatten nicht damit gerechnet, dass der Papst versuchen könnte, sich bis zu ihnen durchzukämpfen; sie hatten damit gerechnet, dass es nur den Auserwählten auf dem Petersplatz vergönnt sein würde, den Papst aus der Nähe zu sehen. Als die Menschen merkten, dass dieser Franziskus sich einfach über alles hinweggesetzt hatte, um sie zu grüßen und in ihrer Nähe zu sein, kannte die Begeisterung keine Grenzen mehr.

Für die Fernsehsender war das ein Albtraum. Seit Jahrzehnten werden für so wichtige Großereignisse, die hunderte Millionen Menschen im Fernsehen verfolgen, exakte Pläne ausgearbeitet; wo welche Kamera zu stehen hat, um den Papst während der Zeremonie aus der denkbar besten Perspektive zeigen zu können.

Noch nie war das eingetreten, was jetzt eintrat: Der Papst fuhr einfach aus dem Bild. Ergreifende Szenen spielten sich zwischen dem Papst und den Gläubigen auf der Via della Conciliazione ab, aber es gab weit und breit keine Kameras, die diese Bilder zeigen konnten. Die Kameras konnten nur zeigen, dass der Papst immer weiter wegfuhr, in die dicht gedrängte Menge auf der Via della Conciliazione. Mir schrie unterdessen der Regisseur in den Kopfhörer: »Was zum Teufel macht der Papst da? Wir haben keine Bilder! Erklär den Zuschauern, was da passiert. Wo will der Papst denn hin?«

Ich hatte keine Ahnung, was der Papst vorhatte, und ich wusste auch beim besten Willen nicht, was ich sagen sollte. Die Situation für den Papst wurde immer schwieriger, denn die Menge schloss sich hinter ihm. Offensichtlich hatte die Mannschaft auf dem Papamobil damit gerechnet, dass die Menschen auf der Via della Conciliazione, an denen der Papst schon vorbeigefahren war, gehen würden. Stattdessen blieben sie, in der Hoffnung, den Papst noch einmal zu sehen, wenn er die Via della Conciliazione wieder hoch, zurück zum Vatikan fahren würde. Aber ebendiese Menge drängte sich so dicht, dass der Papst in der Falle saß. Der Weg zurück war abgeschnitten; sobald er am Ende der Via della Conciliazione angekommen sein würde, gab es für ihn keine Möglichkeit mehr zurückzukommen, es sei denn, das Undenkbare würde passieren. Und genau das geschah.

»Was passiert jetzt?«, schrie der Regisseur, und ich schaute gebannt auf das Ende der Via della Conciliazione. Der Papst war jetzt unten angekommen, hatte alle Gläubigen gegrüßt, und die Mannschaft des Papamobils hatte gesehen, dass die Menschenmenge hinter ihnen die Absperrungen an der Straße überklettert hatte. Es gab keine Möglichkeit umzudrehen. Der Papst klopfte kurz auf das Dach des Wagens und wies den Fahrer an, tatsächlich das zu tun, was noch nie zuvor geschehen war. Der Papst ließ das Papamobil einfach in den normalen sonntäglichen, römischen Verkehr einbiegen, in eine Straße, auf der normale Römer zum Mittagessen bei den Verwandten fuhren. Sie konnten es nicht fassen, dass plötzlich mitten im Verkehr ohne Eskorte der Papst in seinem Papamobil mitfuhr und freundlich nach allen Seiten grüßte. Viele Autofahrer dachten, es sei einfach eine Art Happening mit einem Schauspieler, der den Papst spielte. Erst der zweite Blick zeigte ihnen, dass es tatsächlich der richtige Papst war, der freundlich grüßend in die Via Aurelia einbog, an der Kreuzung der Porta Cavalleggeri vorbeifuhr. Dort kamen normale Menschen, bepackt mit Taschen, aus einem am Sonntag geöffneten Supermarkt und konnten nicht fassen, dass tatsächlich der winkende Papst an ihnen vorbeifuhr, bis er in der Porta del Perugino, einem Seiteneingang des Vatikans, verschwand.

Sechs Jahre zuvor – Aparecida

Ich hätte dieses mürrische Gesicht von Jorge Mario Bergoglio, diese heruntergezogenen Mundwinkel, diesen tragischen Blick, erst sehr viel später verstanden, wenn Papst Benedikt XVI. am 17. Mai 2007 in Aparecida nicht einen kolossalen Fehler gemacht hätte. Dieser Fehler sollte ihm auf internationaler Ebene scharfe Kritik von Staatschefs aus Lateinamerika einbringen und mir über Jorge Mario Bergoglio die Augen öffnen.

Aus Sicht des Vatikans sollte im Mai 2007 in Brasilien etwas sehr Schönes stattfinden. Papst Benedikt würde in das brasilianische Marienheiligtum Aparecida fliegen, wo die Bischöfe Lateinamerikas ihn mit Begeisterungsstürmen empfangen sollten. Die Bevölkerung Brasiliens würde dann den Papst gebührend feiern und den Ausführungen der unermesslichen Weisheit des Papstes lauschen. Schließlich würde der Papst den lateinamerikanischen Bischöfen wertvolle Vorschläge für ihre künftige Arbeit unterbreiten. Die Bischöfe würden den Vorschlägen mit Begeisterung folgen, und danach würde der Papst nach einem regelrechten Triumphzug durch Brasilien, bei dem er sowohl die Bischöfe als auch die Gläubigen erhellt hatte, zurück nach Rom fliegen, wo ihn noch weitere wichtige Aufgaben erwarteten. Doch zu all dem passte eines überhaupt nicht: das Gesicht des Jorge Mario Bergoglio, des Mannes, der das Abschlussabkommen der CELAM verantworten sollte, Bischof von Buenos Aires. Als ich Jorge Mario Bergoglio nach der Landung der päpstlichen Maschine im Mai 2007 in Aparecida sah, dachte ich: Was ist das für ein seltsamer Mann? Er strahlte nur eines aus: Es ist alles, alles, alles grundsätzlich nicht in Ordnung. Er wirkte mürrisch, traurig, ja geradezu schlecht gelaunt. Er schien den Zustand einer Welt ertragen zu müssen, die ihm gründlich die Laune verdarb. Seine Mundwinkel hingen herunter, als hätte er einen unangenehmen Termin nach dem anderen zu erwarten.

Jorge Mario Bergoglio schien das genaue Gegenteil eines unbekümmerten Menschen zu sein. Er war das Gegenteil von dem, was auf Italienisch »spensierato« heißt, was den Zustand eines Menschen beschreibt, der einfach fröhlich ist und sich keine Gedanken macht. Bergoglio schien sich ständig Gedanken zu machen, und alles, worüber er nachdachte, schien ihn zutiefst zu verstimmen.

Wer auch immer in das Gesicht des Erzbischofs Jorge Bergoglio schaute, der das so wichtige Abschlussdokument des Treffens von Aparecida verantworten musste, wusste, dass irgendetwas überhaupt nicht stimmte. Der Vatikan hatte offensichtlich über die Wirklichkeit eine ungeheure Menge Zuckerguss geschüttet, aber die Wahrheit damit nicht ganz verkleistern können.

Die Delegation von Papst Benedikt war zu Beginn dieser Reise ohnehin schon fix und fertig, denn nichts war so gelaufen wie geplant. Auf dem Weg nach Brasilien war es in der päpstlichen Maschine zu einem weitreichenden Zwischenfall gekommen, der so schwer wog, dass der Vatikan eine unangenehme Entscheidung treffen musste, die die Kurie wie eine Diktatur dastehen ließ.

Auf dem Flug nach Brasilien fand eine dieser von Papst Johannes Paul II. eingeführten Pressekonferenzen mit einem Papst über den Wolken statt. Das hatten wir im Gefolge des Papstes Dutzende Male erlebt, das war Routine. Doch dieses Mal ging alles schief. Mein Freund Marco Politi, einer der erfahrensten Vaticanisti der Welt, hatte dem Papst eine sehr komplizierte Frage gestellt zur mexikanischen Bischofskonferenz und hatte wissen wollen, ob Politiker unter bestimmten Umständen aus der Kirche ausgeschlossen werden sollten. Der Papst hatte das bejaht. Das war aber aus Sicht des Staatssekretariats falsch. Was dann geschah, zeigt, wie mächtig Staatssekretär Tarcisio Bertone damals schon war. Er ließ uns Journalisten ausrichten, dass der Papst eine falsche Antwort gegeben hatte. Bertone ließ den Papst vor der Weltpresse als inkompetent dastehen.

Das bedeutete im Klartext, dass der Papst bereits weitgehend durch das Staatssekretariat entmachtet worden war. Eine solche

Brüskierung wäre in der Regierungszeit des Karol Wojtyła undenkbar gewesen. Als Konsequenz dieser Pressekonferenz führte der Vatikan eine regelrechte Zensur ein. Ab sofort, bis zum Ende des Pontifikates von Papst Benedikt XVI., mussten alle Fragen, die an den Papst gerichtet werden sollten, zuvor von Papstsprecher Federico Lombardi abgesegnet werden. Die Möglichkeit, dem Papst unzensiert eine Frage zu stellen, gab es fortan im Pontifikat von Papst Benedikt XVI. nicht mehr. Erst Papst Franziskus führte sie wieder ein.

Exkurs: Im Flugzeug des Papstes

Ich habe in meinem Leben drei Päpsten in ihrer Dienstmaschine, die meistens von der Alitalia gechartert wird, Fragen stellen dürfen – und was für einen kolossalen Unterschied zwischen ihnen habe ich da erlebt!

November 2014: Papstmaschine, Flug AZ 4001, auf dem Rückflug von Straßburg nach Rom. Ich bin an der Reihe, Papst Franziskus eine Frage zu stellen. Es ist das dritte Mal, dass ich die erste Frage an einen neuen Papst stelle, und jedes Mal war es anders. Wenn Papst Benedikt XVI. aus dem für den Papst und sein Gefolge reservierten Teil der Maschine nach hinten in den Teil des Flugzeuges schritt, der für Journalisten reserviert war, dann kam er immer mit seinem Gefolge, seinen Sekretären, Kardinälen, Beratern. Es war ein höfisches Ritual: Der Monarch beschloss, das normale Volk zu empfangen. Das Oberhaupt der größten Kirche der Welt kam, um sich Fragen stellen zu lassen. Dass dieses Gespräch mit Papst Benedikt stets so wirkte, als spräche ein freundlicher König zu seinen Untertanen, ist nicht allein der Auffassung des Papsttums von Papst Benedikt XVI. anzulasten. Er wurde in diese Rolle regelrecht gedrängt. Nach der katastrophalen Pressekonferenz im Papstflugzeug vom Mai 2007 auf dem Weg nach Aparecida, als der Papst eine Antwort gab, die das Staatssekretariat korrigierte und damit den Eindruck erweckte, der Papst sei entmachtet worden, hatte der Vatikan das Verfahren geändert. Danach durfte nur noch Papstsprecher Federico Lombardi die Fragen an den Papst stellen. Dabei kam natürlich das heraus, was herauskommen musste: Pater Federico Lombardi hatte als Jesuit das vierte Gelübde, besonderer Gehorsam gegenüber dem Papst, abgelegt. Es lag in der Natur der Sache, dass ein solcher Pater dem

Papst keine unangenehmen, auch nur im Entferntesten kritischen Fragen stellen würde. Ein Großteil der Zeit dieser Audienzen, die der Papst gewährte, ging schon allein dafür drauf, dass Pater Lombardi sich minutenlang überschwänglich dafür bedankte, dass der Papst überhaupt auf Fragen antwortete.

In einer Demokratie würden die Wähler einen Ministerpräsidenten, der sich weigert, auf Fragen von Journalisten zu antworten, abwählen. In einer Demokratie schreiben die Regeln es als selbstverständlich vor, dass ein Staatsoberhaupt Verantwortung übernimmt und selbstverständlich Rechenschaft über das ablegt, was er tut. Ein Papst ist niemandem gegenüber Rechenschaft schuldig außer Gott. Schon die simple Tatsache, ihm eine Frage stellen zu dürfen, wenn auch gefiltert von einem durch und durch ergebenen Höfling, galt als enormes Zugeständnis. So war das nun mal am Hof eines Papstes.

Wie unglaublich anders präsentierte sich da Papst Franziskus. Er kam nicht mit Gefolge, sondern allein zu den Journalisten, lächelnd, entspannt. Er gab sich extrem demütig. Ich erinnere mich an eine Szene, als das Mikrofon in der Papstmaschine nicht funktionierte. Der Papst blieb einfach ruhig und demütig stehen, bis das Problem beseitigt war, wie ein Teilnehmer eines Gedichtwettbewerbes, der darauf wartet, vortragen zu dürfen.

Papst Franziskus lehnte sich locker an einen der Flugzeugsitze. Er war kein bisschen nervös. Und nichts an ihm erinnerte an einen Monarchen. Unter der dünnen weißen Soutane zeichnete sich seine schwarze Alltagskleidung ab, ein Bild, das ich von keinem Papst vor ihm kannte. Seine schwarzen Allerweltsschuhe hatten abgetretene Sohlen. Er wirkte nicht wie ein Staatsoberhaupt, eher wie ein Kollege, ein älterer Kollege, der wirklich etwas zu sagen hatte.

Er duzte uns alle, wie es in Italien unter Journalisten-Kollegen üblich ist; er sprach, wie ein Mann mit alten Freunden spricht. Ich fragte ihn: »Glauben Sie, dass ein Dialog mit den Mördern des Islamischen Staates überhaupt möglich ist?« Er schaute mir fest in die Augen, ohne jeden Dünkel, aber auch ohne die zurückhaltende Scheu von Papst Benedikt XVI.

Papst Franziskus schien sich zu freuen, von Journalisten umringt zu sein. Diese Pressekonferenz hatte nichts mehr von einem höfischen Empfang. Es war keine Audienz bei einem unendlich wichtigen Monarchen. Papst Franziskus sprach unbekümmert und unterschied sich dadurch grundlegend von seinem Vorgänger, der jedes Mal unendlich erleichtert schien, wenn eine Pressekonferenz vorbei war. Aber Papst Franziskus unterschied sich auch von Papst Johannes Paul II. Ich habe oft in der päpstlichen Maschine Karol Wojtyła eine Frage stellen dürfen, auch in den Zeiten, als er noch ein gesunder, energischer Mann gewesen war. Er war ein unermüdlicher Kämpfer Gottes, er flößte den Menschen Respekt ein, er konnte auch sehr scharf werden, wenn er meinte, seinen Gott und die Muttergottes verteidigen zu müssen. Ich erinnere mich, wie er US-Präsident Bill Clinton in Saint Louis regelrecht abkanzelte. Gleichzeitig hatte Karol Wojtyła etwas ungemein Berührendes, Menschliches.

Der Unterschied zwischen Karol Wojtyła und Jorge Mario Bergoglio ist der, dass Papst Johannes Paul II., sobald er einen Raum betrat, ihn augenblicklich mit seinem unglaublichen Charisma ausfüllte, selbst wenn er kein einziges Wort sagte. Ich habe in den 18 Jahren im Gefolge Karol Wojtyłas Dutzende überzeugte Atheisten gesehen, die in Tränen ausbrachen, nachdem sie Karol Wojtyła auch nur wenige Minuten begegnet waren. Dieser Mann strahlte auf eine unfassbare Art und Weise aus, dass er ein Mann Gottes war.

Wenn Jorge Mario Bergoglio einen Raum betritt, dann wirkt das so beiläufig, als wäre er ein einfacher, freundlicher, gütiger älterer Herr, der sich ein wenig dazusetzen möchte, um in der Runde zuzuhören und auch etwas zu sagen. Franziskus erscheint wie ein wohlmeinender Freund. Papst Johannes Paul II. hingegen wirkte wie ein Titan der Geschichte. Er war der Krieger, an dem sich das Sowjetimperium die Zähne ausgebissen hatte, den sie versucht hatten umzubringen und der wieder und wieder und wieder aufgestanden war.

In einem Punkt jedoch sind sich Papst Johannes Paul II. und Papst Franziskus sehr ähnlich. Sie können beide die Menschen in ihrer Umgebung davon überzeugen, dass sie auf der richtigen Seite stehen. Wenn Karol Wojtyła aufbrach, kurz vor dem Start die Journalisten grüßte und sich nach dem Start befragen ließ, dann hofften seltsamerweise auch die kritischen Kirchengegner, dass der Papst auf dieser Reise erreichen würde, was er sich als Ziel gesteckt hatte. Das ging selbst überkritischen Journalisten so, die das Gefühl hatten, dass Karol Wojtyła auf der richtigen Seite stand, der des Guten. Warum das so war, weiß ich nicht. Aber es mag an der demütigen Art des Mannes gelegen haben, was sich im Fall von Papst Franziskus wiederholt.

Auch ihm wünscht man selbstverständlich, dass ihm gelingen möge, was er vorhat. Auch bei ihm wiederholt sich, dass selbst die überkritischen Journalisten spüren, dieser Mann steht auf der richtigen Seite, auf der Seite der Liebe für die Menschen. Diesem Papst Franziskus muss niemand lange und überschwänglich dafür danken, dass er sich überhaupt Fragen stellen lässt. Dieser Papst Franziskus pflegt ein viel engeres Verhältnis zu Journalisten als sein Vorgänger. Sobald Papst Johannes Paul II. mit dem damaligen Papstsprecher Joaquin Navarro Valls zu einer Pressekonferenz über den Wolken kam, sagte er zu den Journalisten: »Hier ist auch euer Freund Navarro Valls.« Karol Wojtyła sah in Navarro Valls stets einen Vermittler zwischen ihm selbst, dem im Gebet versunkenen Papst, und den Journalisten.

Doch Papst Franziskus braucht keinen Vermittler mehr. Er spricht frei und ohne Scheu wie ein alter Bekannter mit den Journalisten. Mir gab er eine Antwort, die seine Einstellung zum Leben charakterisiert: »Ich weiß nicht, ob man mit den Extremisten des Islamischen Staates überhaupt einen Dialog führen kann. Aber ich halte nie etwas für aussichtslos, nie. Vielleicht kann man keinen Dialog führen, aber niemals darf man die Tür verschließen. Es ist schwierig, man kann sagen ›fast unmöglich‹, aber die Tür bleibt immer offen.«

Das Geheimnis des Jorge Bergoglio

Zurück nach Aparecida im Jahr 2007. Die verunglückte Pressekonferenz belastete also aus dem Hintergrund von Anfang an den Besuch von Papst Benedikt XVI. in Brasilien. Doch auf den ersten Blick hätte man den Eindruck gewinnen können, alles sei in Ordnung. Die Massen in der gigantischen Kirche von Aparecida, der zweitgrößten der Welt nach dem Petersdom, schienen dazu bereit zu sein, dem Papst zuzujubeln, die Bischöfe schienen bereit zu sein, gute Miene zum bösen Spiel zu machen, sich einmal mehr aus Rom maßregeln zu lassen und das dankbar hinzunehmen. Nur eines passte nicht: Es war unübersehbar, dass sich Jorge Mario Bergoglio in der riesigen Kathedrale in der Mitte der anderen Würdenträger unwohl fühlte. Er machte den Eindruck eines zutiefst enttäuschten Menschen. Eines Mannes, der nicht aufhören konnte, in seinem Innersten danach zu forschen, was eigentlich so grenzenlos schiefgegangen war, dass er ein dermaßen schwieriges Leben führen musste.

Denke ich heute daran, welchen Eindruck der künftige Papst Franziskus in Aparecida auf mich machte, kann ich mich nur wundern: Denn damals konnte ich mir nicht vorstellen, dass er jemals lächeln würde. Das Auffälligste an diesem Mann war, dass Bergoglio in dem pompösen Marienheiligtum Aparecida total deplatziert wirkte. Während Papst Benedikt XVI. eine immer festlichere Miene aufsetzte und immer majestätischer durch Kirchen schritt, desto größer sie waren, wirkte Bergoglio abweisend. Dieser ganze Pomp schien ihm unangenehm zu sein. Er erinnerte an einen Straßenpfarrer, einen Priester, der auf staubigen Wegen viel zu Fuß unterwegs ist, um seinen aufreibenden Dienst zu versehen.

Mir fiel auf, mit welcher Geste er sich in Richtung der Muttergottes wandte. Im Jahr 1717 sollen die Fischer eine zerbrochene
Tonstatue der Muttergottes in einem Fluss gefunden haben, daraufhin sollen sie besonders viele Fische gefangen haben. Diese
kleine, kaum 50 Zentimeter hohe Tonstatue gilt als wundertätig.
Ich werde nie vergessen, wie Karol Wojtyła mit heiligen Gegen-
ständen oder heiligen Orten umging. Am deutlichsten wurde mir
das, als ich im Jahr 2009 mit Papst Benedikt an die Taufstelle Jesu
am Jordan fuhr; es war die auf der jordanischen Seite verehrte
Taufstelle. Es gibt auch eine Taufstelle auf der israelischen Seite.
Bis heute ist unklar, wo Jesus wirklich getauft worden sein soll,
aber zweifellos war die Taufstelle auf der jordanischen Seite zur
Zeit Christi in Benutzung.

Ich war im Jahr 2000 mit Papst Johannes Paul II. am Jordan,
und der alte, gebrechliche polnische Papst hätte sich am liebsten
an der heiligen Stelle im Heiligen Land, die Jesus von Nazareth
betreten haben soll, auf den Boden geworfen und die Stelle ge-
küsst, die Christi Füße berührt haben sollen. Als Papst Benedikt
im Mai 2009 an der Taufstelle im Jordan ankam, reagierte er völlig anders als sein Vorgänger. Er wurde mit einem Golf-Car an die
Taufstelle gefahren, wo hunderte Reporter darauf warteten, dass
der Papst aussteigen und die Stelle küssen würde. Aber er warf
aus dem Auto nur einen Blick auf die Taufstelle und fuhr vorbei.
Ich erinnere mich daran, wie fassungslos meine Kollegen und ich
waren, dass der Papst an einer so heiligen Stelle einfach vorbeifahren konnte, ohne auch nur anzuhalten und auszusteigen für
ein Gebet. Aber im Gegensatz zu Papst Johannes Paul II. spielte
sich Gott im Kopf des Joseph Ratzinger ab, die konkreten heiligen Dinge und die konkrete Welt überhaupt waren für ihn nebensächlich.

Jorge Mario Bergoglio hingegen verehrte zweifellos die Mut-
tergottes-Statue, und doch gab es einen riesigen Unterschied im
Umgang mit dem Heiligen zwischen Papst Johannes Paul II. und
Bergoglio. Wenn Karol Wojtyła in einem Heiligtum der Muttergottes betete wie in Tschenstochowa in Polen oder in Guadalupe
in Mexiko, vergaß er die Welt im Angesicht des Heiligen. Da waren nur noch er, der polnische Papst, und die Muttergottes, die

ihm seiner Ansicht nach am 13. Mai 1981 während des Attentats auf dem Petersplatz das Leben gerettet hatte. Jorge Mario Bergoglio war nicht der Mann, der sich ganz und gar auf das Heilige konzentrierte und die Welt um sich herum nicht mehr wahrnahm. Er wirkte wie ein Diener, der den Menschen die Muttergottes von Aparecida nahebringen wollte. Auch in der Kathedrale suchten seine Blicke die Menschen, die in dieser Kirche saßen, vor allem jene, denen anzusehen war, dass ihre Armut und ihre Sorgen, ihre Hoffnungslosigkeit sie niederdrückten. Wie viele Menschen litten, das vergaß dieser Jorge Mario Bergoglio nicht eine Sekunde.

Sein Bischofskreuz sah ich nie. Wenn er es trug, dann so, dass es in der Innentasche seines Jacketts steckte, so unauffällig, dass niemand, der vor ihm stand und ihn nicht kannte, diesen Mann für Seine Exzellenz, den Herrn Erzbischof gehalten hätte. Er wirkte wie ein trauriger älterer Pfarrer vom Lande, der eine schwere Aufgabe vor sich hatte, aber auf keinen Fall wie der Hausherr des bischöflichen Palastes von Buenos Aires, den Bergoglio übrigens auch nicht bewohnte. Er lebte in einem kleinen Appartement, in dem er selber kochte und seine Wäsche wusch. Er kam mir vor wie ein Lasttier, oft geprügelt, mit Undankbarkeit behandelt und enttäuscht, das aber trotz allem treu seinem Dienst nachkam. Dass dieser spindeldürre Pfarrer in dem schlecht sitzenden Priesterrock sich sechs Jahre später in einen fülligen Papst verwandeln könnte, der gute Laune verbreitend über den Petersplatz in Rom kurvt, hätte ich niemals für möglich gehalten. Alles, was Jorge Mario Bergoglio damals ausstrahlte, war: Es ist nichts in Ordnung, gar nichts. Und Bergoglio wusste genau, dass er häufig so mürrisch und frustriert wirkte und dass das für einen Priester eine ungute Ausstrahlung war. Christus hatte eine »Frohe Botschaft« gebracht, und Gottes Sohn konnte keine deprimierten Priester gebrauchen. Ein ständig übel gelaunter Pfarrer schien angesichts der Freude, die er verkünden sollte, extrem unglaubwürdig. Doch jener Jorge Bergoglio, der Erzbischof in Buenos Aires war, der eine wichtige Rolle in Aparecida für die CELAM spielte, gönnte sich damals noch den Luxus, sein grüblerisches Wesen nicht zu verbergen. Nach der großen und faszinierenden Wandlung dieses Mannes kurz nach seiner Wahl zu einem Freude ausstrahlenden Papst war ihm dieses mürrische Wesen zutiefst unangenehm.

Ich erinnere mich genau an die Begegnung mit Jorge Mario Bergoglio, bei der ich diese Empfindung erstmals an ihm spürte. Es war nach seiner Wahl, während der ersten Audienz in der Apostolischen Bibliothek. Er stand da so wie immer, leicht nach vorn gebeugt, verabschiedete die Gäste, die er empfangen hatte, ging dann mit seinem seltsam watschelnden Gang quer durch den Raum zu dem Tisch, wo wie immer die Geschenke lagen.

Nach jeder Privataudienz werden an diesem Tisch die Geschenke getauscht. Die Gäste bringen gewöhnlich etwas aus ihrer Heimat mit. Frau Merkel schenkte dem Papst im April 2015 CDs mit Musik von Mozart. Es war pikanterweise die »Entführung aus dem Serail«, eine Oper, die in einem Harem spielt. Der Papst hingegen schenkt häufig nur die Medaille seines Pontifikates, auf welcher der heilige Martin abgebildet ist. Während er das Geschenk überreicht, sagt er dann oft zu den wechselnden Gästen den gleichen Satz: »Ich habe den heiligen Martin gewählt, weil ich den Staatsoberhäuptern mit auf den Weg geben will, dass sie ihre Bürger schützen sollen, so wie Martin mit seinem Mantel schützt.« Beim Besuch von Bundeskanzlerin Angela Merkel antwortete diese dem Papst: »Wir versuchen unser Bestes.«

Auch bei meiner ersten Audienz, als ich dem Papst mein Buch über ihn überreichen durfte, ging er also zum Tisch, wo die Geschenke warteten. Dann brachte er – immer lächelnd – die Prozedur hinter sich und begleitete schließlich die Gäste, immer noch lächelnd, zur Tür. Als sie gegangen waren, blieben außer mir nur noch ein paar Fotografen und Papstsprecher Federico Lombardi, sein jesuitischer Mitbruder, in der Bibliothek des Apostolischen Palastes zurück. Das Lächeln des Papstes erlosch urplötzlich, und ein verärgerter Ausdruck erschien auf seinem Gesicht. Er beschimpfte Pater Lombardi. Ich konnte nicht hören, um was es ging. Nach dieser kurzen Explosion wirkte der Papst mürrisch, verstört und deprimiert. Sein Gesicht schien wie eine Landkarte der Enttäuschung und schlechten Laune.

Aber dann geschah etwas Seltsames: Der Papst schaute zu mir und den Fotografen hinüber, und in seinem Gesicht zeichnete sich genau das ab, was er dachte. Er dachte: Ich bin der Papst, der stets predigt, dass das Christentum vor allem Freude bereiten soll. Ich bin der Papst, der sagt, dass Katholiken ihren Mitmenschen stets ein Lächeln schenken sollen, weil Christus uns gelehrt hat, den Nächsten zu lieben. Du selber aber gehst wie ein alter, verbitterter, frustrierter Mann durchs Leben, und genau das haben die Männer, die da gerade die Bibliothek verlassen, gesehen und sich gefragt, wie glaubwürdig du eigentlich bist. Wie zur Entschuldigung erschien ein strahlendes Lächeln auf dem Gesicht des Papstes. Er schaute zu uns und blinzelte uns schelmisch zu, was so viel bedeuten sollte wie: Ich kann das eben auch nicht, was ich fordere – immer ein fröhlicher Christ zu sein. Das Geheimnis dieses Jorge Bergoglio blitzte genau hier auf: Das Elend der Armen in Lateinamerika, das er erlebt hatte, die Ungerechtigkeit, die eine zwischen sehr Reichen und sehr Armen zerrissene Gesellschaft geschaffen hatte, formte aus ihm einen niedergeschlagenen Menschen. Aber dieser Bergoglio wusste, dass seine Niedergeschlagenheit niedergerungen werden musste, sobald er zum Papst gewählt worden war. Denn ab sofort musste er die Frohe Botschaft Christi verkörpern, zeigen, dass das Gute das Böse besiegen kann und nicht an ihm verzweifelt.

Dann wird die Kurie bezahlen...

Als ich Jorge Mario Bergoglio anlässlich der Brasilien-Reise seines Vorgängers sah, war mir nicht bewusst, dass ich an einem besonderen Ereignis teilnahm: Denn damals begegnete Papst Benedikt, ohne es zu ahnen, zum ersten Mal seinem Nachfolger in dessen Heimat, auf dem amerikanischen Kontinent.

Das Pressezentrum befand sich während des Papstbesuchs in Aparecida im Keller der gigantischen Basilika. Ich machte meinen Job und beschloss dann, die Delegation zu suchen. Das Marienheiligtum ist durch eine Brücke mit der Innenstadt verbunden. Eine Unmenge Devotionalienläden und große Lokale für Pilger reihen sich aneinander. Ich habe nie verstanden, warum sich Pilgerlokale überall auf der Welt so gleichen. Egal, ob in Fatima (Portugal) oder in Lourdes (Frankreich), in Guadalupe (Mexiko) oder eben in Aparecida, überall sind diese Pilgerlokale hässlich. Alle bestechen durch abstoßende schwarze Rohrstühle, schreckliche Plastik-Tischdecken und Neonlampen unter der Decke. Es gibt immer viel zu trockenes Huhn oder total zerkochten Fisch mit geschmacklosem Gemüse. Vielleicht gibt es ein geheimes internationales Abkommen aller Pilgerlokal-Besitzer, die sich darauf verständigt haben, dass ihre Kunden den Aufenthalt auf keinen Fall genießen dürfen, weil sie das vom Bereuen ihrer Sünden während der Pilgerreise ablenken könnte. Alles war randvoll mit Priestern und Pilgern, und ich entschied mich für ein Lokal, in dem jede Menge lateinamerikanische Priester tafelten.

Ich hatte Glück, einen Platz zu finden. Es war schon spät, und ich gönnte mir ein großes Bier und quasselte mit ein paar Priestern, die am Nebentisch saßen. Sie forderten mich schließlich auf, zu ihnen zu kommen, ich spendierte zwei Flaschen Wein und setzte mich an ihren Tisch.

Wir sprachen über den Papst und über CELAM, und ich weiß noch, wie mir die Frage herausrutschte:

»Warum ist der Bergoglio eigentlich so traurig?«

Die Priester lachten: »Er ist ein hervorragender Mann, aber er kann schlecht lügen.«

»Wie meint ihr das?«, fragte ich verunsichert. Ein hagerer junger Priester sah mich an.

»Die Dinge sind nun mal so, wie sie sind, und der Papst ist der, der er ist.«

»Ich verstehe nicht.«

»Sie sind ein Journalist, und deswegen sage ich jetzt nichts mehr«, meinte der Hagere.

»Ich verspreche Ihnen zu vergessen, dass ich Journalist bin.«

»Und mein Name?«

»Wird nie erwähnt werden.«

»Okay«, gab er nach. »Der arme Jorge Bergoglio kann sich so verbiegen, wie er will, er ist einfach nicht zum Lügen geboren. Jeder sieht das sofort.«

»Wieso sollte er lügen?«

Mein Gesprächspartner prustete, aber nicht vor Belustigung, sondern vor Empörung.

»Dann hören Sie mal genau zu!«, forderte der junge Priester und lief plötzlich rot im Gesicht an. »Was bilden sich die Europäer eigentlich ein? Was bilden sie sich ein? Seit Jahrhunderten meinen sie, sie müssen uns Lateinamerikanern Lateinamerika erklären. Der Rat der lateinamerikanischen Bischöfe, CELAM, wird seit Jahrzehnten von Rom wie ein Kindergarten behandelt, in dem die Bübchen ein bisschen wild spielen. Deshalb muss man sie ab und zu wieder auf die Schulbank setzen, um ihnen klarzumachen, was eigentlich katholisch ist. Ab und zu kommt ein Papst vorbei, als hätten die Buben diesmal eine lustige Sandburg gebaut. Der Papst tritt die Sandburg ein und verspricht den wilden Jungs, dass sie, wenn sie groß sind, auch mit was Richtigem spielen können. So ist das, und das weiß Bergoglio ganz genau.«

»Sie meinen, Rom nimmt die CELAM nicht ernst.«

»Natürlich nicht. Seit 1968, seit dem CELAM-Kongress in Medellin, fassen die Bischöfe in Lateinamerika Beschlüsse, die Rom regelmäßig ignoriert oder offen bekämpft. Die CELAM-Abschlussakte von Santo Domingo im Oktober 1992 wies der Vatikan in der zweiten Fassung zurück. Und wissen Sie, warum?«

»Nein«

»Es war ihnen zu lateinamerikanisch. Verstehen Sie? Das war ein schlechter Witz. Die Lateinamerikaner schreiben für den Geschmack des Vatikans einfach zu lateinamerikanisch über Lateinamerika. Wissen Sie, was die Wahrheit ist? Die Wahrheit ist, dass wir hier die Suppe auslöffeln müssen, die Europa uns eingebrockt hat, und keiner löffelt an dieser Suppe schon so lange und so konsequent wie Bergoglio.«

»Wie meinen Sie das?«

»Dieser ganze Kontinent ist eine Folge von schweren Fehlern, die vor allem auch Päpste begangen haben. Das Elend und die Armut hätten nie solche Ausmaße angenommen, wenn nicht Europa und die Päpste die Grundlagen dafür geschaffen hätten.«

»Wieso?«

»Es ist Papst Alexander VI., der Lateinamerika als Beute der Spanier und Portugiesen aufteilt. Es sind Päpste, die den Spaniern und Portugiesen den Sklavenhandel und die Versklavung der Ureinwohner erlauben. Wissen Sie, wie viele Europäer die Muslime in ihrer Geschichte versklavten, wie viele Europäer sie von deren Schiffen und aus ihren Häusern an der Küste zerrten, um sie zu Sklaven zu machen? Etwa 1,7 Millionen in etwa sechshundert Jahren. Das ist ein Witz, gemessen am Sklavenhandel der Christen: Über elf Millionen Menschen werden in Afrika gefangen und nach Lateinamerika verschleppt.«

»Aber das ist lange her«, warf ich ein.

»Gehen Sie doch mal raus, durch die Pilgerströme der armen Schlucker, hier in Aparecida. Sie werden jede Tönung der Haut finden, von Rabenschwarz bis nahezu Weiß. Der über Jahrhunderte währende Sklavenhandel hat Lateinamerika zerrissen, in extrem reich und bitterarm. Wissen Sie, dass ich in meinem Priesterseminar gelernt habe, wie der weise Papst Leo XIII. sich für das Verbot der Sklaverei einsetzte? Das war allerdings erst im

Jahr 1888. Die Gründungsväter der USA hatten schon einhundert Jahre zuvor erkannt, dass die Sklaverei ein Verbrechen ist. Der Papst ringt sich erst dann zur Forderung nach einem Verbot der Sklaverei durch, als Brasilien die Sklaverei sowieso verbieten wollte, im selben Jahr 1888. Sie wollten doch wissen, warum Bergoglio so traurig aussieht.«

»Ja«, sagte ich.

»Er sieht so traurig aus, weil sein Jesuiten-Orden, der die Indios schützen wollte auf diesem Kontinent, die Schlacht gegen den Vatikan verloren hat. Die Reichen, die Könige, die Adeligen sind dem Papst wichtiger als die armen Schlucker auf den Straßen, und diese Schlacht verliert Jorge Mario Bergoglio jeden Tag aufs Neue.«

»Ich habe gesehen, wie unwohl er sich in der prächtigen Riesenkirche fühlt.«

»Wissen Sie, was dieser Jorge Mario Bergoglio seinen Priestern sagt? Er sagt: ›Wenn die Menschen nicht zu euch kommen, dann geht zu ihnen. Mietet in den Armenvierteln Garagen, feiert darin Gottesdienste.‹ Wissen Sie, was die Pfarrer dann antworten: ›Wenn wir zu den Leuten gehen und Garagen mieten, dann kommen sie ja nicht mehr in die Kirchen, die in den besseren Stadtteilen liegen.‹ Bergoglio entgegnet: ›Kommen denn die Armen jetzt in die Kirchen?‹ Die Pfarrer verneinen. Also fordert er sie auf, zu ihnen zu gehen. Glauben Sie, dass ein Mann, der von seinen Priestern verlangt, dass sie Garagen mieten, um Gottesdienste zu feiern, sich in einer Riesenkirche wohlfühlt?«

»Nein«, murmelte ich.

»Und wissen Sie, was mir so wehtut, wenn ich mir Bergoglio ansehe.«

»Was?«

»Er ist ein aufrichtiger Mann, der in seiner Heimat alles für die Armen tut, was er kann. Aber er ist auch loyal und weiß, wie der Papst denkt. Er wird sich verbiegen. Es ist schlimm, das mit anzusehen, aber er wird sich verbiegen.«

»Wie meinen Sie das?«

»Bergoglio glaubt daran, dass wir Pfarrer, aber auch alle Christen auf die Straße gehören, um zu den Menschen zu gehen. Er will, dass wir etwas tun. Aber Papst Benedikt XVI. interessiert sich nicht dafür. Menschen interessieren ihn nur, weil sie an Gott glauben können; wie sie über die Runden kommen, ist ihm egal. Bergoglio dagegen weiß, dass es keinen Sinn hat, einem Hungernden den Katechismus zu erklären; man muss ihm erst einmal etwas zu essen geben. Aber er wird auf den neuen Papst Rücksicht nehmen, wie die Lateinamerikaner immer gekuscht haben. Er wird in den Vorspann der Abschlussakte schreiben, dass es nur um Glauben geht und um Gott, statt zu schreiben, worum es tatsächlich geht. Darum, dass Millionen Menschen in Lateinamerika arm gemacht werden und daran sterben.«

Er sollte recht behalten.

»Kennen Sie die Predigt des Papstes von morgen?«

Ich kannte sie noch nicht.

»Es ist durchgesickert, was der Papst sagen wird, und ich prophezeie Ihnen, dass Jorge Mario Bergoglio morgen noch viel trauriger sein wird. Denn das, was der Papst sagen wird, nämlich dass die Indios hier nur darauf gewartet hatten, ihre Kultur reinigen zu lassen, und sich nach Christus sehnten, das ist wirklich starker Tobak. Wir erleben jeden Tag, was für Folgen es hat, dass die Eroberer dieses Land geplündert und mit Gewalt missioniert haben. Nur deswegen konnten hier diese riesigen Unterschiede zwischen Arm und Reich entstehen.«

Er schenkte uns das letzte Glas Wein ein.

»Aber eines Tages wird sich das alles rächen«, schloss er. »Wir haben gehört, dass während des Konklaves, das Papst Benedikt wählte, Bergoglio bereits 40 Stimmen bekam. Eines Tages wird ein Lateinamerikaner es auf den Thron des Papstes schaffen. Und ich glaube, dass es dann im Vatikan krachen wird, dass die Kurie dann für das bezahlen wird, was wir so lange einstecken mussten.«

Ich konnte mir damals nicht vorstellen, wie recht dieser Priester haben sollte.

Dieses Gespräch damals in Aparecida wäre mit Sicherheit nicht in der Schärfe geführt worden, die ganze Konferenz wäre anders verlaufen, und Jorge Mario Bergoglio wäre vermutlich weniger bedrückt gewesen, wenn Joseph Ratzinger nicht diesen kolossalen

Fehler gemacht hätte. Er wird am nächsten Tag die Christianisierung Lateinamerikas analysieren und sagen:

> »Welche Bedeutung hatte aber die Annahme des christlichen Glaubens für die Länder Lateinamerikas und der Karibik? Es bedeutete für sie, Christus kennenzulernen und anzunehmen, Christus, den unbekannten Gott, den ihre Vorfahren, ohne es zu wissen, in ihren reichen religiösen Traditionen suchten. Christus war der Erlöser, nach dem sie sich im Stillen sehnten. Es bedeutete auch, mit dem Taufwasser das göttliche Leben empfangen zu haben, das sie zu Adoptivkindern Gottes gemacht hat; außerdem den Heiligen Geist empfangen zu haben, der gekommen ist, ihre Kulturen zu befruchten, indem er sie reinigte und die unzähligen Keime und Samen, die das fleischgewordene Wort in sie eingesenkt hatte, aufgehen ließ und sie so auf die Wege des Evangeliums ausrichtete. Tatsächlich hat die Verkündigung Jesu und seines Evangeliums zu keiner Zeit eine Entfremdung der präkolumbischen Kulturen mit sich gebracht und war auch nicht die Auferlegung einer fremden Kultur. Echte Kulturen sind weder in sich selbst verschlossen noch in einem bestimmten Augenblick der Geschichte erstarrt, sondern sie sind offen, mehr noch, sie suchen die Begegnung mit anderen Kulturen, hoffen, zur Universalität zu gelangen in der Begegnung und im Dialog mit anderen Lebensweisen und mit den Elementen, die zu einer neuen Synthese führen können, in der man die Vielfalt der Ausdrucksmöglichkeiten und ihrer konkreten kulturellen Verwirklichung respektiert.«

Diese Rede sollte einen Sturm der Entrüstung auslösen. Der venezolanische Staatschef Hugo Chávez forderte den Papst auf, sich zu entschuldigen. »Warum sind unsere Indios denn aus den Tälern in die Berge geflohen? Es hat einen Völkermord gegeben damals. Die Zwangschristianisierung ist mit dem Holocaust zu vergleichen«, sagte Chávez über die Zwangschristianisierung in Lateinamerika.

In der modernen Forschung gibt es keinen Zweifel daran, dass viele hunderttausende Indios den Massakern der Eroberer, die von den Missionaren begleitet wurden, zum Opfer fielen. Ein weiterer großer Teil der Opfer kam durch Seuchen ums Leben. Wie viele Menschenleben dieser brutale Eroberungsfeldzug unter christlichem Vorzeichen damals forderte, wird niemand je erfahren. Dass die Mission aber eine menschenverachtende Schattenseite hatte und die Ureinwohner nicht sehnlichst darauf gewartet hatten, ihre Kultur reinigen zu lassen, begriffen schon vor Jahren die Franziskaner-Pater in meiner kleinen Heimatstadt Werl.

Als Kind war ich noch Stunden durch deren Missionsmuseum gelaufen, um mir gruselige Masken und furchteinflößende Waffen anzuschauen. Aber selbst die Franziskaner in Werl haben ihr Missionsmuseum umbenannt in Forum der Völker. Auch wenn die Patres keine hochgelobten Hochschullehrer waren, haben sie durchaus verstanden, dass die Mission Schattenseiten hatte für die missionierten Ureinwohner.

Die Ereignisse im Mai 2007 in Aparecida veränderten die Haltung von Jorge Mario Bergoglio auf dramatische Weise. Aus der Sicht der Kardinäle stehen sich jetzt zwei konträre Positionen gegenüber. Auf der einen Seite Papst Benedikt XVI., der auf dem amerikanischen Kontinent in Aparecida mit der Selbstherrlichkeit der europäischen Kirche auftrat, und auf der anderen ein Erzbischof Jorge Bergoglio, der ein solches Auftreten zu ahnen schien und vor allem vor einer »arroganten« Kirche warnte. Schon vor dem Papstbesuch hatte Jorge Mario Bergoglio immer wieder eine arrogante Kirche angeprangert, aber nach dem persönlichen Zusammentreffen dieser beiden Männer mit so unterschiedlichen Haltungen, dem Papst und dem Verantwortlichen für das Abschlussdokument, Bergoglio, hatte die Position des Erzbischofs plötzlich ein anderes Gewicht. Die Bischöfe des amerikanischen Kontinents hatten hohe Erwartungen an den Papst anlässlich seines Besuchs in Brasilien. Vor allem wollten sie, dass der Papst endlich zur Kenntnis nimmt, dass die Mehrheit der Katholiken der Welt auf dem amerikanischen Kontinent lebt, etwa 650 Millionen.

Die Erwartungen an Joseph Ratzinger waren also hoch und die Enttäuschung war umso größer, denn Benedikt XVI. hatte einen neuen und überraschenden Kurs eingeschlagen. Er ging weit hinter die Position zurück, die bereits Papst Johannes Paul II. eingenommen hatte. Karol Wojtyła hatte sich während des großen Mea Culpa im Petersdom am Aschermittwoch 1999 für die Zwangschristianisierungen des amerikanischen Kontinents entschuldigt. Doch für seinen Nachfolger hatte es all diese Opfer, die die Ureinwohner des amerikanischen Kontinents gebracht hatten, augenscheinlich gar nicht gegeben. In Aparecida hatte er tatsächlich gesagt, dass die Ureinwohner Lateinamerikas sich im Stillen nach Christus gesehnt hatten, der ihre Kultur reinigen sollte.

Von welchem Schmutz sollte er sie denn reinigen? Die lateinamerikanischen Historiker sprachen davon, dass der Papst eine historisch unhaltbare Darstellung der Abläufe skizziert habe. Die Präsidenten Evo Morales (Bolivien), Hugo Chávez (Venezuela), aber vor allem auch die Verbände der Indios verurteilten die Rede von Benedikt XVI. vehement. Humberto Cholango, Sprecher der Völker der Kichwa in Ecuador, verurteilte die Erklärungen des Papstes über die Religiosität seiner Vorfahren scharf.

In Aparecida schien genau das eingetreten zu sein, was Jorge Bergoglio während der Tagung der CELAM so gefürchtet hatte, der Auftritt einer arroganten Kirche. Es ist historisch unbestritten, dass hunderttausende Menschen für die »Synthese mit einer anderen Lebensweise« gefoltert, versklavt und ermordet wurden. Die römischen Päpste waren nach der Entdeckung des amerikanischen Kontinents eine ganze Weile damit beschäftigt, sich zu fragen, ob die »Wilden« der Neuen Welt überhaupt Menschen oder doch eher Tiere sind. Ohne das mutige Eintreten der Jesuiten zum Schutz der Ureinwohner in Lateinamerika hätte es noch weit mehr Tote gegeben.

Nach Aparecida entwickelte sich unter den Kardinälen des amerikanischen Kontinents eine neue Sicht der Dinge: Da ist ein Papst Benedikt XVI., der ein brillanter Theologe sein mag, der aber von den Gegebenheiten, der korrekten historischen Vergangenheit und von der Notwendigkeit der Rücksichtnahme auf den amerikanischen Kontinent keine Ahnung zu haben scheint. Karol Wojtyła war der Überzeugung gewesen, dass die Kirche erst einmal ihre Schuld eingestehen müsse, bevor sie in Lateinamerika nach vorn schauen und sich mit den Nachfahren der Opfer der

Zwangschristianisierung aussöhnen könne. Deswegen betete er das Mea Culpa im Jahr 1999 und schloss die Opfer der Mission in Lateinamerika in sein Schuldeingeständnis ein. Doch Joseph Ratzinger sah das völlig anders: Von Schuld kann seiner Ansicht nach keine Rede sein. Im Gegenteil: Die Kolonialisierung Lateinamerikas habe den Indios das Heil gebracht.

Die Wirklichkeit hat mit dieser Auffassung nichts zu tun. Das weiß Jorge Mario Bergoglio genau. Er kämpfte in seinem Land mit den Spätfolgen der Kolonialisierung, der Verelendung großer Bevölkerungsteile. Und die Bischöfe Amerikas sahen plötzlich den Amerikaner Jorge Bergoglio, der in Aparecida erleben musste, wovor er gewarnt hatte: den Auftritt einer selbstherrlichen und arroganten europäischen Kirche. Der Mai 2007 war eine einschneidende Erfahrung für die Kirche Amerikas – und ein wichtiger Schritt auf dem Weg zu einem Papst von diesem Kontinent.

Denn jetzt ging die Saat auf, die Papst Johannes Paul II. gegen die Interessen der italienischen Kardinäle ausgebracht hatte, die Idee einer vereinigten amerikanischen katholischen Kirche auf dem gesamten Kontinent. Die Fraktion der italienischen Bischöfe hatte im Laufe des 20. Jahrhunderts erkannt, dass eine gewaltige Bedrohung auf sie zurollte: Die Zahl der Katholiken auf dem amerikanischen Kontinent stieg rasch an. Wenn der Niedergang der Christen in Europa weiter anhielt, musste das kommen, was auch eintrat. Die Mehrzahl der Katholiken der Welt lebte auf dem amerikanischen Kontinent, wurde aber regiert von einer Gruppe Kurienkardinäle, die in einem weit entfernten winzigen Land namens Italien lebten. Irgendwann würden die Amerikaner auf die Idee kommen, mehr Macht zu beanspruchen. Doch eines sprach dagegen: Die Amerikaner waren geteilt und sich daher ihrer Macht gar nicht bewusst. Die Kurie in Rom teilte immer schön auf in nordamerikanische Bischofskonferenzen und die Lateinamerikaner der CELAM. Solange der Vatikan die katholischen Kirchen in den beiden Teilen des Kontinents getrennt sah, waren diese Kirchen weit weniger mächtig und furchteinflößend. Zudem war die Kurie auf diese Weise das lästige Argument los, dass die Amerikaner mehr Macht in Rom bekommen müssten, weil dort die Mehrheit aller Katholiken lebte.

Papst Johannes Paul II. machte diesem Verteidigungskampf der römischen Kurie ein Ende. Er war der Meinung, dass der amerikanische Kontinent entscheidend war für die Entwicklung der katholischen Kirche, unendlich viel wichtiger als das kleine Italien. Deswegen verfasste er die *Ecclesia in America*, eine Schrift aus dem Jahr 1999. Das Ziel dieser Schrift war das, was fast eine Dekade später verknüpft mit der Figur Bergoglio eintreten sollte. Die Kirche des amerikanischen Kontinents sollte sich als Einheit sehen. Das Desaster, das Benedikt XVI. in Aparecida angerichtet hatte, hatte für Jorge Bergoglio eine wichtige Konsequenz. Die Kardinäle des amerikanischen Kontinents wollten jetzt einen Mann an der Spitze der Kirche haben, der den amerikanischen Kontinent und dessen Gläubige respektierte in seiner Einzigartigkeit und Geschichte, einen Mann wie Bergoglio. Deswegen bekam er in den Wahlgängen des Jahres 2013 so rasch alle Stimmen der US-Kardinäle. Die Ereignisse von Aparecida, eine Vorentscheidung für die Wahl des Jorge Mario Bergoglio zum künftigen Papst Franziskus, haben ihn selbst tief geprägt, denn er wird in seinem Pontifikat versuchen, genau das zu vermeiden, was in Aparecida zu sehen war: den Auftritt einer arroganten Kirche.

Es lässt sich leicht zeigen und ist hoch bedeutsam für das gegenwärtige Pontifikat, wie wesentlich dieser Punkt für Papst Franziskus ist. Dabei reicht es völlig aus, sich die größten Fehler, die Auftritte einer arrogant erscheinenden Kirche, des Benedikt XVI. anzusehen, um zu verstehen, wie der jetzige Papst korrigiert.

Beispiel Islam:

Während der Regensburger Rede vom 12. September 2006 setzt Papst Benedikt XVI. den Stifter der zweitgrößten Weltreligion, Mohammed, herab mit den überaus deutlichen Worten eines mittelalterlichen Herrschers. Er zitiert den byzantinischen Kaiser Manuel II. Palaiologos (1350 bis 1425) mit den Worten: »Zeig mir doch, was Mohammed Neues gebracht hat, und du wirst nur Schlechtes und Inhumanes finden wie dies, dass er vorgeschrieben hat, den Glauben, den er predigt, durch das Schwert zu verbreiten.«

Im Artikel 18 der Allgemeinen Erklärung der Menschenrechte

der Vereinten Nationen ist festgeschrieben, dass jeder Mensch ein Recht darauf hat, dass die Religion, deren Anhänger er ist, respektiert wird. Die Herabsetzung von Religionen oder ihrer Gründer widerspricht den Menschenrechten. Das scheint jedes Schulkind zu begreifen. Doch Joseph Ratzinger wundert sich, dass nach der Verbreitung seiner Rede von Regensburg ein Aufschrei durch die muslimische Welt geht. Zwei Ordensfrauen fallen einem Anschlag muslimischer Extremisten zum Opfer, während eines Racheaktes in Somalia für die Beleidigung Mohammeds durch den Papst. Der Vatikan hat monatelang alle Hände voll zu tun, um die Folgen der Entgleisung des Papstes in der muslimischen Welt zu reparieren. Joseph Ratzinger ist von der Überlegenheit der christlichen Religion so überzeugt, dass er jedes Fingerspitzengefühl vermissen lässt und für eine von ihrer Überlegenheit und Einzigartigkeit überzeugten, arroganten Kirche spricht. Bereits in seiner *Dominus Iesus*-Schrift aus dem Jahr 2000 hatte er erklärt, dass in »verschiedenen religiösen Traditionen Elemente der Religiosität, die von Gott kommt, enthalten sein können«. Wie gesagt: einige wenige Elemente. Die katholische Kirche ist der einzige vollständige Weg zum Heil.

So schreibt Joseph Ratzinger in *Dominus Iesus*:

> »Doch aus dem bisher Gesagten über die Mittlerschaft Jesu Christi und über die ›besondere und einzigartige Beziehung‹ zwischen der Kirche und dem Reich Gottes unter den Menschen – das im Wesentlichen das Reich des universalen Retters Jesus Christus ist – geht klar hervor, dass es dem katholischen Glauben widerspräche, die Kirche als *einen Heilsweg* neben jenen in den anderen Religionen zu betrachten, die komplementär zur Kirche, ja im Grunde ihr gleichwertig wären, insofern sie mit dieser zum eschatologischen Reich Gottes konvergierten.«

Die Sache ist aus der Sicht Joseph Ratzingers eindeutig. Es gibt einen einzigen richtigen Weg zu Gott, und der führt allein über die katholische Kirche. Dass die katholische Kirche nur einen gleichwertigen Weg zu Gott beschreibt, wie andere christliche

Kirchen, etwa die evangelische, oder gar andere Religionen gleichwertig zu Gott führen können, lehnt er schroff ab.

Zwar können auch Nichtchristen zu Gott gelangen, nach der Lehre der Kirche; die haben es aber, so Joseph Ratzinger, »objektiv« viel schwerer, zum Heil zu gelangen, als gläubige Katholiken. Unmissverständlich schreibt er in *Dominus Iesus*:

> »Wenn es auch wahr ist, dass die Nichtchristen die göttliche Gnade empfangen können, so ist doch gewiss, dass sie sich *objektiv* in einer schwer defizitären Situation befinden im Vergleich zu jenen, die in der Kirche die Fülle der Heilsmittel besitzen.«

Die von Jorge Mario Bergoglio so gefürchtete Arroganz der Kirche bringt Joseph Ratzinger vor allem dadurch zum Ausdruck, dass er klarstellt, um wie viel unwichtiger die anderen Stifter von Religionen im Vergleich zu Jesus von Nazareth sind. In *Dominus Iesus* heißt es:

> »Die Parität, die Voraussetzung für den Dialog ist, bezieht sich auf die gleiche personale Würde der Partner, nicht auf die Lehrinhalte und noch weniger auf Jesus Christus, den menschgewordenen Sohn Gottes, im Vergleich zu den Gründern der anderen Religionen.«

Damit nicht genug. Die Verehrung der übrigen Religionsstifter wie Buddha oder Mohammed könnte gefährlich für die Gläubigen sein, weil sie zu heidnischen Riten und Bräuchen führen könnten. Nochmals *Dominus Iesus*:

> »Einige Gebete und Riten der anderen Religionen können tatsächlich die Annahme des Evangeliums vorbereiten, insofern sie Gelegenheiten bieten und dazu erziehen, dass die Herzen der Menschen angetrieben werden, sich dem Wirken Gottes zu öffnen. Man kann ihnen aber nicht einen göttlichen Ursprung oder eine Heilswirksamkeit *ex opere operato* zuerkennen, die den christlichen Sakramenten eigen ist. Es kann auch nicht ge-

leugnet werden, dass andere Riten, insofern sie von abergläu-
bischen Praktiken oder anderen Irrtümern abhängig sind (vgl.
1 Kor 10,20-21), eher ein Hindernis für das Heil darstellen.«

Ich habe nicht den geringsten Zweifel daran, dass Joseph Ratzinger das alles aus tiefster Frömmigkeit geschrieben hat; dennoch
ist nicht zu übersehen, wie arrogant die katholische Kirche daher-
kommt. Sie entscheidet, dass die Riten, die Gebräuche der anderen nicht göttlichen Ursprungs sind, die eigenen aber schon. Mit
welchem Recht?

Mit dieser arroganten Haltung gegenüber anderen Religionen
macht Papst Franziskus Schluss. Vor allem seine Haltung zum
Islam zeigt, dass er mit der Herabsetzung anderer Religionen,
wie sie aus Joseph Ratzingers Zeilen klingt, nichts zu tun haben
will. Papst Franziskus schreibt in seiner apostolischen Esortation,
Evangelii Gaudium, am 24. November 2013:

Absatz 252: »Die heiligen Schriften des Islam bewahren Teile
der christlichen Lehre; Jesus Christus und Maria sind Gegenstand
tiefer Verehrung, und es ist bewundernswert zu sehen, wie junge
und alte Menschen, Frauen und Männer des Islams fähig sind, täglich dem Gebet Zeit zu widmen und an ihren religiösen Riten treu
teilzunehmen.«

Der Paukenschlag

Die Tatsache, dass Papst Franziskus ausgerechnet Kardinal Claudio Hummes mit sich auf den Balkon genommen hatte, als er sich zum ersten Mal der Menge zeigte, verunsicherte die Kurie, wie bereits dargelegt, ungemein, weil die Mitglieder der Kirchenregierung in dieser Geste auch einen geradezu ungeheuerlichen Angriff vermuteten, und zwar auf die wichtigste Person im Vatikan überhaupt, den emeritierten Papst Benedikt XVI. Alle im Vatikan wussten, dass Papst Benedikt das Vorpreschen von Kardinal Hummes, der die Ehelosigkeit der Priester infrage zu stellen gewagt hatte, sehr übel genommen hatte. Seitdem hatte sich das Verhältnis zwischen Joseph Ratzinger und Claudio Hummes nie wieder normalisiert. Dass Papst Franziskus ausgerechnet diese Persona non grata auf den Balkon zu sich geholt hatte, konnte bedeuten, dass er die Gruppe der Machthaber im Vatikan, die von seinem Vorgänger Papst Benedikt XVI. installiert worden war, zerschlagen wollte. Das hätte den totalen Konflikt bedeutet. Es wäre nicht nur um Posten gegangen, um den normalen Austausch von Personal, sondern um die Existenz der Kurie überhaupt. Aber selbst jene Mitglieder der Kurie, die Papst Franziskus eine Kampfansage zutrauten, glaubten nicht, dass er tatsächlich so weit gehen könnte, die Struktur und das Machtgefüge der VIPs im Vatikan, die Papst Benedikt XVI. aufgebaut hatte, zerstören zu wollen.

Joseph Ratzinger hatte die Schlüsselpositionen in der Kurie mit seinen engsten Freunden besetzt. Auf den Posten des Kardinalstaatssekretärs hatte er seinen langjährigen Mitarbeiter Tarcisio Bertone befördert. Den heiklen Posten des Chefs der Glaubenskongregation hatte er seinem Bewunderer Gerhard Ludwig Müller aus Regensburg anvertraut. Der besaß eine absolute Sonderstellung gegenüber Joseph Ratzinger, weil er dessen Gesamtwerk, sein Lebenswerk, herausgeben durfte. Wenn die Geste, Kardinal Hummes auf den Balkon zu holen, bedeutet hatte, dass ein Generalangriff auf das komplette alte System bevorstand, also auf die von Joseph Ratzinger installierten Männer in den Schlüsselpositionen des Vatikans, dann drohte eine bisher nie da gewesene Auseinandersetzung zwischen Papst und Kurie. Doch selbst die größten Pessimisten hielten einen offenen Angriff von Papst Franziskus auf das System Ratzinger für äußerst unwahrscheinlich.

Seit über tausend Jahren herrschte schließlich im Vatikan ein sehr klarer Grundsatz. Fast ausnahmslos jeder Papst hatte vor allem eines immer getan: Das Werk seines Vorgängers wieder und immer wieder gelobt. Es war eine der ältesten Regeln des Amtes, den Vorgänger – außer in einigen extremen Fällen – niemals zu kritisieren. Jeder Papst betonte die Weisheit seines unfehlbaren Vorgängers, lobte seine Entscheidungen und Beschlüsse, hob hervor, wie wichtig es sei, sich an das zu halten, was der Vorgänger gepredigt hatte. So hatte auch Papst Benedikt Papst Johannes Paul II. gepriesen und dessen Turbo-Heiligsprechung in Rekordzeit eingeleitet. Papst Johannes Paul II. hatte den nur 33 Tage regierenden Papst Johannes Paul I. gelobt und sogar dessen Namen übernommen. Es schien undenkbar, dass Papst Franziskus etwas anderes tun könnte oder sogar so weit gehen könnte, das Werk seines noch lebenden Vorgängers zerschlagen zu wollen.

Dann kam der 17. März 2013, der erste Sonntag für Jorge Mario Bergoglio als Papst, an dem er das erste Angelus-Gebet sprechen würde. Mit Spannung und auch mit einer gewissen Furcht erwarteten die Kardinäle den Moment, wenn der Papst an das Fenster treten würde. Mussten sie mit einer weit spektakuläreren Geste rechnen als der des ersten Auftritts des Papstes auf dem Balkon mit Kardinal Hummes?

Viele hatten dem Papst auch beim ersten Angelus eine Überraschung zugetraut, aber keinen solchen Paukenschlag. In den ersten beiden Absätzen des Angelus-Gebets läuft alles wie erwartet. Der Papst wendet sich an die Gläubigen, erläutert einen Psalm. Dann, nach weniger als einer Minute, nennt er einen Namen, der von jetzt ab alles verändern wird: Kardinal Walter Kasper. Papst Franziskus sagt: »In diesen Tagen habe ich ein Buch gelesen von einem guten Theologen, einem richtig guten Theologen, Kardinal Walter Kasper. Aber glaubt jetzt nicht, dass ich Werbung für die Bücher meiner Kardinäle mache«, scherzt er. Dann fährt er fort: »Das Buch hat mir so gutgetan, so gutgetan. Kardinal Kasper sagt da, dass sich alles ändert, wenn das Wort Barmherzigkeit fällt.«

Es gibt an diesem Tag niemanden in der Kurie, dem in diesem Augenblick nicht der Atem stockt. Der neue Papst Franziskus hatte es tatsächlich getan: einen Generalangriff auf die komplette Kurie, auf das gesamte System, das Joseph Ratzinger im Vatikan installiert hatte, auf sie alle, die dort saßen. Das außergewöhnliche Lob für diesen Kardinal Kasper, ausgesprochen vor den Augen der Welt, während des ersten Angelus-Gebets, bedeutete, dass das Undenkbare tatsächlich passiert war: Franziskus hatte die von seinem Vorgänger Joseph Ratzinger aufgebaute Linie der Kirche mit der Nennung eines Namens beiseitegeräumt und die bestehende Kurie auf ganzer Front attackiert. Daran gab es keinen Zweifel, denn mit niemand anderem hatte sich Joseph Ratzinger so harte Auseinandersetzungen geliefert wie mit Kardinal Walter Kasper.

Es ließ sich nun mal nicht leugnen. Der seit Jahrzehnten andauernde Streit zwischen Ratzinger und Kasper hatte ein klares Ergebnis gezeitigt: Es gab eine katholische Kirche, so wie Joseph Ratzinger sie sah, und es gab eine ganz andere katholische Kirche, so wie Walter Kasper sie sah. Seine Wahl zum Papst hatte Joseph Ratzinger im Streit mit Walter Kasper zum Sieger gemacht, und jetzt war das Unvorhersehbare eingetreten. Der neue Papst wollte nicht die Kirche des Vorgängers Papst Benedikt XVI., sondern die seines ärgsten Widersachers, Kardinal Walter Kasper.

Herausforderung Walter Kasper

Es ist normalerweise äußerst schwierig, wenn nicht gar unmöglich, einen handfesten Streit zwischen zwei hochrangigen Kardinälen mitzubekommen. Ein unchristliches Aufeinandereindreschen ziemt sich nicht für die Spitze der katholischen Kirche, und deswegen wurden Meinungsverschiedenheiten unter Kurienkardinälen in der Regel weitab von der Öffentlichkeit ausgetragen. Doch die unerbittliche Auseinandersetzung zwischen Walter Kasper und Joseph Ratzinger bildet da eine der ganz wenigen Ausnahmen. Es gab und gibt niemanden im Vatikan, der nicht wusste, dass diese beiden Männer aus Deutschland einander nicht nahestehen. Ich erinnere mich noch lebhaft an meine erste Zeit in Rom, Ende der 80er-Jahre, als Joseph Ratzinger bereits Präfekt der Glaubenskongregation war und sein Widersacher Walter Kasper noch Bischof von Rottenburg-Stuttgart. Kasper profilierte sich damals als einer der wichtigsten Wortführer gegen den von Joseph Ratzinger vertretenen Zentralismus der Kirche. Im Grunde ging es in all den Jahrzehnten zwischen den beiden immer um den gleichen Streitpunkt, um ein Argument, das Walter Kasper bereits im Jahr 1969 Joseph Ratzinger aufs Brot geschmiert hatte. Kasper kritisierte damals den Bestseller Joseph Ratzingers *Einführung in das Christentum* als durch einen ausgesprochen platonischen Ansatz geprägt. Konkret bedeutete diese Kritik: Joseph Ratzinger würde sein Leben lang, fern von jeder praktischen Gemeinde-Arbeit, von einer perfekten Kirche träumen. So wie Platon im perfekten ewigen Lauf der Sterne ein Vorbild für menschliches Handeln sah, glaubt Joseph Ratzinger, dass eine katholische Kirche, die Gottes Wünsche exakt umsetzt, den Menschen kompromisslos klarmachen muss, was Gott von ihnen erwartet.

Walter Kasper wird dagegen sein Leben lang betonen, dass es diese perfekte Kirche nicht gibt und nie gab, dass auch die Kirche ein Werk von Menschen ist. Vereinfacht gesagt, waren aus der Sicht Joseph Ratzingers die Menschen dazu da, sich den ewigen perfekten Regeln Gottes zu beugen, aus der Sicht von Walter Kasper waren dagegen die Regeln dazu da, einem gelungenen Leben der Menschen zu dienen.

Zum endgültigen Bruch, der sich nie wieder hatte kitten lassen, kam es 1993. Walter Kasper schrieb zusammen mit den Bischöfen Karl Lehmann aus Mainz und Oscar Saier aus Freiburg das Hirtenwort »Zur Seelsorgerischen Begleitung von Menschen aus zerbrochenen Ehen, Geschiedenen und wiederverheirateten Geschiedenen«. Walter Kasper ist vor allem ein Punkt wichtig: Es gibt Menschen, die ohne jede eigene Schuld in eine Situation geraten, die dazu führt, dass sie von der katholischen Kirche ausgeschlossen werden. Walter Kasper will, dass die katholische Kirche endlich zur Kenntnis nimmt, wie die Wirklichkeit in den Gemeinden aussieht. Mir gegenüber erläuterte er nach der Wahl von Papst Franziskus im Jahr 2013 noch einmal diesen Punkt. Er berichtete von seinen Erfahrungen in den Gemeinden seiner Heimat in Deutschland. »Es gibt heute in den Pfarreien einfach eine andere Wirklichkeit als vor ein paar Jahrzehnten. Viele Paare, die Kinder großziehen, heiraten nicht mehr, Pfarrer müssen mit dieser neuen Situation umgehen.«

Was Walter Kasper schon im Jahr 1993 will, ist eine Einzelfallregelung. Menschen, die schuldlos in eine Situation geraten sind, die ihnen den Zugang zu den Sakramenten verwehrt, sollen die Möglichkeit haben, mit Seelsorgern ein Gespräch zu führen. Gemeinsam soll ein Weg gefunden werden, der in Einzelfällen auch Menschen, die geschieden sind und wieder heiraten, den Zugang zu den Sakramenten ermöglicht.

Doch der Chef der Glaubenskongregation und spätere Papst ist unerbittlich. Den Vorstoß seiner Bischofskollegen Kasper, Saier und Lehmann hält er für »nicht katholisch«. Wer sich scheiden lasse und wieder heirate, würde dauerhaft in einem sündigen Zustand leben. Da der Betreffende gar nicht erst versuche, der Sünde zu entsagen, könne die Kirche ihm nicht vergeben. Wer aber in dauerhafter Sünde lebe, könne nun mal nicht zu den Sakramenten gehen. Es ist der alte Streit zwischen Kasper und Ratzinger: Menschen entsprechen manchmal nicht den Regeln der Kirche. Aber sind diese Regeln der Kirche wirklich ewig und perfekt und genau nach Gottes Willen, so wie Joseph Ratzinger es sieht? Sind die Regeln also wichtiger als das wirkliche Leben echter Menschen?

Die Maßregelungen aus Rom, die Walter Kasper zwingen, einen Rückzieher zu machen und sein Hirtenwort zurückzunehmen, werden ihn ein Leben lang in Bezug auf Joseph Ratzinger mit Bitterkeit erfüllen. Doch Walter Kasper gelingt es zumindest gegenüber Nichteingeweihten, die Beziehung zu Joseph Ratzinger jahrzehntelang harmonisch wirken zu lassen. Er schafft es sogar, dass in Wikipedia-Eintragungen seine enge Freundschaft zu Joseph Ratzinger gelobt wird. Mit der Wirklichkeit hat das allerdings nichts zu tun.

Die Fronten sind immerhin klar: Auf der einen Seite steht Kasper, auf der anderen Seite Ratzinger. Der eine, Kasper, kümmert sich in seiner Diözese in Stuttgart um die Sorgen der Menschen, Joseph Ratzinger wacht unterdessen als Chef der Glaubenskongregation im Zentrum der Weltkirche über die Reinheit des Glaubens. Kasper scheint raus aus dem Spiel zu sein, weit weg vom inneren Zirkel der Macht im Vatikan, ohne Einfluss und Freunde, die in der Nähe des Papstes sind, ein unbedeutender Nörgler, der sich mit dem großen Kardinal Ratzinger angelegt hat und verlor.

Doch dann ändert Papst Johannes Paul II. alles. Karol Wojtyła besitzt die eigenartige Eigenschaft, dass er beide Extreme, die Haltung des Joseph Ratzinger sowie die des Walter Kasper, in sich vereinigt. Dem beinharten Präfekten der Glaubenskongregation ist Papst Johannes Paul II. sehr zugetan, denn die Erfahrungen hinter dem Eisernen Vorhang haben ihn geprägt. Er schätzt daher die kompromisslos antikommunistische Haltung Joseph Ratzingers gegenüber der Theologie der Befreiung in Lateinamerika. Joseph Ratzinger bekämpft vor allem jene Theologen, die einen politischen oder gar bewaffneten Kampf der Hungernden Lateinamerikas gegen die Reichen befürworten. Aber Papst Johannes Paul II. ist zwar ein radikaler Antikommunist, was ihn mit Joseph Ratzinger verbindet, aber er hat ein anderes Kirchenverständnis als der Chef der Glaubenskongregation und ein gänzlich anderes Verhältnis zu den übrigen christlichen Kirchen. Konkret bedeutet das: Was die Ökumene angeht, ist Karol Wojtyła auf der Seite von Walter Kasper, was die Bekämpfung kommunistischer Ideen angeht, auf der Seite von Joseph Ratzinger. Der sieht die Öffnung der katholischen Kirche zu den lutherischen und protestantischen Kirchen mit großer Skepsis. Johannes Paul II. dagegen betete als erster Papst der Geschichte in einer evangelisch-lutherischen Kirche; er kam am 13. Dezember 1983 in die Christuskirche in Rom. Das war eine Sensation.

Diese Haltung des Papstes wird entscheidend für den Karrieresprung des Ökumene-Experten Walter Kasper sein. Ein Pole, Bischof Alfons Nossol aus Opole (deutsch = Oppeln), ebnet schließlich den Weg für Kasper. Alfons Nossol macht Papst Johannes Paul II. klar, dass ein Mann aus dem Mutterland der Reformation, also Walter Kasper, gebraucht werde.

Im Jahr 1989 ernennt Papst Johannes Paul II. Walter Kaspers künftigen Chef Edward Idris Cassidy zum Chef des Päpstlichen Einheitsrates. Damit beginnt eine sehr positive Umwälzung im Vatikan. Dem Australier, 1924 in Sydney geboren, wird es gelingen, zwei extrem schwierige Aufgaben zu lösen und sowohl das Verhältnis zu den Juden als auch das Verhältnis zu den lutherischen Kirchen deutlich zu verbessern.

Immer wenn ich Cassidy traf, habe ich mich gefragt, ob ein Mann von so weit her kommen musste, um so alte, so typisch europäische Tragödien aufzuarbeiten wie die Shoah und den seit Jahrhunderten währenden Religionsstreit zwischen Katholiken und Lutheranern. Cassidy hat den enormen Vorteil, in beiden Fragen gänzlich unbelastet zu sein. Ich erinnere mich, wie er von seiner Zeit als junger Erwachsener schwärmte, den wundervollen Jahren 1944 und 1945. Man musste sehr weit weg von Europa aufgewachsen sein, um diese Jahre als schön in Erinnerung zu haben. Es gehört zur Besonderheit des päpstlichen Einheitsrates, dass auch die einzige Gruppe Nichtchristen, die Juden, in den Zuständigkeitsbereich dieses päpstlichen Rates fällt.

So wie in Deutschland ausgerechnet eine US-Fernsehserie, nämlich »Holocaust«, erstmals das entsetzlichste Verbrechen der

Menschheit dem Tätervolk, den Deutschen, nahebrachte, ist es im Vatikan ausgerechnet ein Australier, der endlich mit der Aufarbeitung der Schuld der Christen während der Zeit der Shoah beginnt. Dabei sitzt ein Mann, der die Nazis noch selbst erlebt hat, Kardinal Joseph Ratzinger, nur ein paar Wohnblocks weiter in der Zentrale der Glaubenskongregation und hätte aus eigener Erfahrung und als hochrangiger Deutscher im Vatikan zur Aufarbeitung dieses Themas beitragen können. Das wollte Joseph Ratzinger aber nie. Man muss zu seiner Verteidigung sagen, dass die Glaubenskongregation in dieser Frage gar nicht zuständig war; aber als Deutscher, als Augenzeuge und Glaubenskongregationschef wäre ein Wort von ihm zweifellos wichtig gewesen. Schließlich wachte Ratzinger über die Reinheit eines Glaubens, der in der Zeit des Zweiten Weltkrieges katastrophal versagt hatte. Katholische Befehlshaber und katholische Soldaten hatten auf deutscher Seite ohne zu zögern katholische Franzosen und katholische Polen massenhaft getötet. Aber Joseph Ratzinger mied dieses Thema. Auch auf meine persönliche Nachfrage zur Schuld der Katholiken in der Zeit in Europa gab er mir nie eine Antwort. Edward Idris Cassidy hingegen gelingt es, das Verhältnis der katholischen Kirche zu den Juden neu zu bestimmen. Er weiß, dass es erst dann einen echten Dialog zwischen Christen und Juden geben wird, wenn der Vatikan endlich in einer großen Erklärung das Thema der Shoah angeht.

Am 16. März 1998 unterzeichnet Papst Johannes Paul II. eine von Edward Idris Cassidy vorbereitete Erklärung. Es ist ein echter Meilenstein. Unter dem Titel *Wir erinnern uns* traut sich das Gespann Karol Wojtyła und Edward Idris Cassidy erstmals, den heikelsten aller Punkte anzufassen: Dass die Shoah nur möglich war, weil es einen christlichen Antisemitismus gab. In dem Schriftstück gibt Papst Johannes Paul II. zu, dass es Christen waren, die Synagogen anzündeten und Juden ermordeten, dass es irrige Interpretationen des Neuen Testaments waren, irrige Interpretationen der Kirche, die Juden des Mordes an Christus bezichtigten, die eine der Grundlagen des Antisemitismus in Europa bildeten.

Auf jüdischer Seite ging vielen diese Erklärung nicht weit

genug. Überschattet wurde die grundsätzlich positiv bewertete *Wir erinnern uns*-Schrift durch einen uralten Zwist zwischen dem Vatikan und Jerusalem. Auf israelischer Seite besteht die Überzeugung, dass Papst Pius XII. viel zu wenig getan hat, um Hitlers Mörder-Armeen wenigstens daran zu hindern, den Völkermord an den Juden zu begehen. Dass der Vatikan dagegen an dem Plan einer Selig- oder Heiligsprechung von Pius XII. festhält, empfindet die israelische Seite als eine Ungeheuerlichkeit.

Da die *Wir erinnern uns*-Schrift auf die mutmaßliche Schuld von Papst Pius XII. nicht eingeht, lehnen viele jüdische Stellen Teile davon ab. Es gibt allerdings auch viel Zustimmung von jüdischer Seite, vor allem für die ersten drei Kapitel. Insgesamt bildet die Schrift den Grundstein für einen Neuanfang, wie der aufsehenerregende Besuch Papst Johannes Paul II. im Jahr 2000 an der Klagemauer in Jerusalem zeigte.

Kasper gegen Ratzinger

Kardinal Cassidy hatte eine zweite große Aufgabe vor sich, den von Papst Johannes Paul II. mit allem Nachdruck gewünschten »Friedensschluss« mit den lutherischen Kirchen. Karol Wojtyła wollte, dass die katholische Kirche geläutert in das dritte Jahrtausend geht. Die Kirche soll wie während eines Mea Culpa, eines Schuldbekenntnisses in einer katholischen Messe, ihre schweren Sünden eingestehen. Denn neben der Schuld am Antisemitismus gehört auch die Schuld an den Religionskriegen mit ihren Hunderttausenden von Toten, die die Auseinandersetzungen zwischen katholischen und lutherischen Armeen gefordert haben, zu den Schatten des katholischen Erbes.

Alle, wirklich alle Kardinäle, die ich im Vatikan kenne, hätten im Fall eines solchen Erfolges wie der Erklärung *Wir erinnern uns* von nun an mit Nachdruck auf ihre Kompetenz in egal welcher Frage hingewiesen und so viele Aufgaben wie möglich für sich beansprucht. Doch Cassidy stieg der Erfolg nicht zu Kopf, er ist ein bescheidener Mann. Ich war jedes Mal fassungslos, aber auch voller Anerkennung, wenn Kardinal Cassidy über die Grenzen seiner Kompetenz sprach. Nach dem erfolgreichen Aushandeln der *Wir erinnern uns*-Erklärung war er zur Überraschung aller im Vatikan bereit, bei den anstehenden wichtigen Verhandlungen mit dem Lutherischen Weltbund ins zweite Glied zurückzutreten. Offiziell würde er die Verhandlungen mit den Lutheranern führen. Doch ein anderer war der entscheidende Mann im Hintergrund. Ein hochgeschätzter Fachmann, der erfolgreich die Drähte ziehen würde, weil er schon seit vielen Jahren großes Vertrauen bei den Verhandlungspartnern der lutherischen Seite genießt, als einer der Präsidenten der internationalen

Kommission für den Dialog zwischen Katholiken und Lutheranern: Walter Kasper.

Kardinal Cassidy machte in den Gesprächen im Vatikan erstaunlicherweise nie einen Hehl daraus, dass er sich von der Aufgabe, die Verhandlungen mit dem Lutherischen Weltbund zu führen, überfordert fühlte. Nicht weil er sich für keinen guten Diplomaten hielt, sondern weil ihm die theologischen Finessen des Streits zwischen Katholiken und Protestanten alles andere als klar waren. Ich habe Edward Idris Cassidy einmal gefragt, warum Bischof Alfons Nossol eigentlich Papst Johannes Paul II. vorgeschlagen hatte, Walter Kasper als Verstärkung nach Rom zu holen. Er sagte mir: »Um den Bruch zwischen Katholiken und Lutheranern wirklich zu verstehen, muss man aus dem Heimatland Martin Luthers sein.« In der heißen Phase der Verhandlungen, die schließlich zum Durchbruch führen werden, lässt Papst Johannes Paul II. auf Vorschlag von Nossol Walter Kasper nach Rom kommen. Gemeinsam schaffen sie die Mammut-Aufgabe, die Papst Johannes Paul II. ihnen gestellt hatte: eine gemeinsame Erklärung mit dem Lutherischen Weltbund. Die Lutheraner unterschreiben zusammen mit Kardinal Cassidy die gemeinsame Erklärung zur Rechtfertigungslehre am 31. Oktober 1999 in Augsburg. Der damalige Chef des Lutherischen Weltbundes, Christian Krause, hält große Stücke auf Walter Kasper. »Wir haben gewusst, dass wir nicht mit Kardinal Cassidy verhandelten, sondern eigentlich mit Walter Kasper. Er ist ein absoluter Spitzenmann in der Ökumene, der sich trotz seiner Kompetenz immer zurücknahm. Wir haben Kasper und Papst Johannes Paul II. geglaubt und ihnen vertraut, als sie uns versichert haben, dass die katholische Kirche mit dem Lutherischen Weltbund auf Augenhöhe verhandelt. Doch dann kam der nicht zu verzeihende Angriff von Ratzinger«, erläuterte mir Christian Krause im Jahr 2000 in Rom.

In diesem Jahr geschieht etwas Unerwartetes im Streit zwischen Ratzinger und Kasper. Ihr Leben lang haben sie sich um ihr Kirchenbild gestritten; im Jahr 1993 war der Streit um die Zulassung zu den Sakramenten für wiederverheiratete Geschiedene eskaliert; seitdem war klar, dass Ratzinger und Kasper auf unterschiedlichen Seiten stehen. Doch im Jahr 2000 kommt ein Konflikt hinzu.

Kardinal Joseph Ratzinger torpediert die Bemühungen von Cassidy und Kasper. Nach dem Triumph der gemeinsamen Erklärung von 1999 stehen Kasper und Cassidy zu Beginn des Jahres 2001 vor dem Scherbenhaufen ihrer Arbeit. Die lutherischen Kirchen hatten zugesagt, das Ende des Heiligen Jahres 2000 in Rom zusammen mit dem Papst in der St.-Pauls-Basilika zu feiern. Doch im Sommer 2000 veröffentlichte Joseph Ratzinger das *Dominus Iesus*-Dokument, das die Lutheraner daran erinnert, dass sie nach katholischem Verständnis nicht einmal eine Kirche sind, bestenfalls eine Glaubensgemeinschaft. Der Lutherische Weltbund sagte daraufhin seine Teilnahme an den Feierlichkeiten ab.

»Kasper hatte zugestimmt, dass wir auf Augenhöhe mit der katholischen Kirche verhandeln, dann kommt Joseph Ratzinger mit der *Dominus Iesus*-Schrift, die uns als zweitklassig darstellt. Das konnten wir nicht hinnehmen, auch wenn es mir für Walter Kasper leid tat«, erklärte mir Christian Krause. Es kommt zu dem einzigartigen Zufall, dass ausgerechnet der Streit zweier deutscher Kardinäle, Joseph Ratzinger und Walter Kasper, die Weltkirche im beginnenden Jahrtausend tief spaltet und für den Beginn des dritten Jahrtausends prägt. Ein Grundstreit der deutschen Kirchengeschichte wird fortgeschrieben und auf eine neue Ebene der Auseinandersetzung gehoben: Ist die katholische Kirche die einzige Einrichtung, die Menschen den Weg ins Paradies ebnen kann, sofern die Gläubigen alle Gebote der Kirche beachten – oder eben nicht? Darf die katholische Kirche tatsächlich für sich in Anspruch nehmen, dass der rätselhafte Prediger aus Nazareth, Jesus, Sohn des Joseph, nur diese eine Kirche, die katholische, als seine Kirche ansah? Darf die katholische Kirche ernsthaft behaupten, dass Christus sich mit den anderen Kirchen, der evangelischen, lutherischen, den Pfingstlern oder weiteren christlichen Kirchen, weniger verbunden fühlte? Der in Deutschland seit Martin Luther schwelende Konflikt war damit in das Zentrum der Weltkirche, in den Vatikan, getragen worden, weil der lebenslange Gegenspieler Joseph Ratzingers, Kardinal Walter Kasper, zuständig im Vatikan für die Ökumene, es wagte, in dieser Frage entgegengesetzter Meinung zu sein.

Jeder, der sich im Vatikan auskennt, weiß seit Ende der 90er-

Jahre um diesen gnadenlosen Streit, der zu einer nicht zu übersehenden Abneigung geführt hat, obwohl sowohl Walter Kasper als auch Joseph Ratzinger diesen Kampf ständig mit Beteuerungen der gegenseitigen Wertschätzung zu kaschieren versuchten. Die Auseinandersetzung zwischen Walter Kasper und Joseph Ratzinger zog sich jahrzehntelang hin, bis sie mit der Wahl von Joseph Ratzinger zum Papst entschieden zu sein schien: Das Kirchenverständnis des beinharten Chefs der Glaubenskongregation war nun das Verständnis der ganzen katholischen Kirche geworden.

Doch der historische Rücktritt von Benedikt XVI. und die überraschende Wahl von Papst Franziskus, der das Kirchenverständnis seines Vorgängers ablehnt und das des Widersachers Kasper annimmt, ändern alles. Endlich kann Walter Kasper in seinem Buch *Papst Franziskus – Revolution der Zärtlichkeit und der Liebe: Theologische Wurzeln und pastorale Perspektiven* im Jahr 2015 klipp und klar über den Fehler Papst Benedikts XVI. schreiben und die Haltung Ratzingers an den Pranger stellen. Er nennt die in *Dominus Iesus* verbreiteten Ansichten »nutzloserweise hart« gegenüber den anderen Kirchen. Vielleicht hätte dieser Streit zwischen Kasper und Ratzinger die Kirche des Papstes Franziskus nicht so stark geprägt, wenn er mit dem Rücktritt Benedikts beendet worden wäre. Aber Joseph Ratzinger verlängert ihn über seine Amtszeit als Papst hinaus. Er setzte als obersten Glaubenshüter und Präfekten der Glaubenskongregation seinen Freund, den Regensburger Bischof Gerhard Ludwig Müller, ein, der die beiden Worte »Dominus Iesus« in sein Kardinalswappen eintragen lässt. Er zeigt eindeutig, welche Haltung er einnimmt. Als Papst Franziskus sofort nach seinem Amtsantritt Partei für Kardinal Kasper ergreift, ist den Konservativen um Gerhard Ludwig Müller klar, dass der Kampf zwischen dem Papst und dem großen, extrem konservativen Teil der Kurie jetzt begonnen hat.

Die von Joseph Ratzinger geprägte Kurie träumt von einer »kleinen Herde«, einer überschaubaren, aber linientreuen Kirche. Zum Entsetzen der Kurie benutzt dagegen Papst Franziskus wieder und wieder einen der Lieblingsvergleiche von Kardinal Kasper, dass die Kirche keine Burg sei, die ihre Zugbrücken hochziehen dürfe, um sich auf sich selbst zu beschränken, sondern ein offenes Haus sein müsse, offen für alle. Die Sehnsucht nach einer leider untergegangenen, einstmals reinen Kirche lehnt Walter Kasper auch in seinem Buch über Papst Franziskus ab und bestreitet, dass es eine solche reine Kirche je gegeben hat. Papst Franziskus hat die von der *Dominus Iesus*-Schrift ausgeschmückte Vorstellung der katholischen Kirche als der einzigen Kirche, die Jesus von Nazareth als legitim ansehe, klar verworfen. Mir scheint der Gedanke abwegig, dass es ein Richtig oder Falsch in diesem Streit geben könnte, der zur Zersplitterung der christlichen Kirchen geführt hat. Vermutlich haben alle Kirchen Fehler gemacht, weil sie menschliche Einrichtungen sind und Menschen Fehler machen.

Doch für die Kurie war die Abkehr von der Ratzinger-Haltung, die er in *Dominus Iesus* darlegte, nach der Wahl von Papst Franziskus eine weitere Ernüchterung. Mit der wohlwollenden Nennung des Namens Kasper am ersten normalen Arbeitstag war klar, auf wessen Seite er stand. Die Kurie sah im Abrücken von der Ratzinger-Position eine tödliche Schwächung der katholischen Kirche. Das sollte den Streit des Papstes mit der Kurie forcieren.

Der Aufstieg des Rebellen

Die Kurie spaltet sich in den Wochen nach der Wahl von Papst Franziskus in einige wenige Befürworter und eine große Gruppe Gegner. Jorge Mario Bergoglio erscheint in den Augen der Kardinäle nicht nur deswegen so eigenartig beängstigend, weil er der erste Papst vom amerikanischen Kontinent ist, sondern weil dieser Rebell, der mit scheinbar harmlosen Änderungen einen dramatischen Umbruch signalisiert, ein seltsames kirchliches Zwitterwesen ist. Zum einen gibt es keinen Zweifel daran, dass der Aufstieg des Papstes Franziskus ohne den Einfluss eines Heiligen, nämlich Karol Wojtyłas, unmöglich gewesen wäre. Franziskus scheint also eng mit der Tradition der katholischen Kirche verknüpft zu sein. Auf der anderen Seite gibt es kaum Zweifel daran, dass Papst Johannes Paul II. einen solchen Papst wie Franziskus nicht gewollt hätte. Aus einem schlichten Grund: Nichts war Papst Johannes Paul II. so egal wie die Frage, wie Reichtum verteilt wird und wie normale Menschen ihre Brötchen verdienen, wie sie ein Dach über dem Kopf finanzieren, Schulbücher für ihre Kinder bezahlen. Für Karol Wojtyła gibt es nur einen sinnvollen Lebensinhalt: das Gebet. Wann immer es um die Frage der Verteilung von Reichtum geht, spricht dieser Papst über Reichtum im Himmel. Es ist ein eigenartiger Zufall der Kirchengeschichte, dass ausgerechnet die beiden Päpste, die jene seit Jahrhunderten während Reihe der italienischen Päpste erstmals durchbrechen – Papst Johannes Paul II. und Papst Benedikt XVI. –, beide aus einfachsten Verhältnissen kommen, sich aber für das Thema materieller Armut nur ganz am Rande interessieren.

Den Vatikan hatten jahrhundertelang Adelige regiert, die sich nie Sorgen um die Beschaffung der Dinge des täglichen Lebens machen mussten. Die einzige Ausnahme im 20. Jahrhundert ist Papst Johannes XXIII., dessen Eltern Landarbeiter gewesen waren. Die übrigen Päpste stammen aus vornehmen und reichen Familien. Der Vater von Papst Paul VI. (Papst zwischen 1963 und 1978) schafft es, zu einem Spitzenpolitiker der italienischen Republik aufzusteigen, und wird zum Senator ernannt. Papst Pius XII. (Papst zwischen 1939 und 1958) stammt aus dem Adelsgeschlecht der Pacelli, einer schwerreichen Familie. Sein Vorgänger Papst Pius XI. (Papst zwischen 1922 und 1939) wird in die reiche Familie Ratti geboren, sein Vater besitzt eine Seidenfabrik. Sein Vorgänger Benedikt XV. (Papst zwischen 1914 und 1922) stammt ebenfalls aus einer Adelsfamilie, dem Geschlecht der della Chiesa.

Der Vater Karol Wojtyłas hingegen war ein armer Soldat, der sich als Witwer durchschlug, und der Vater von Papst Benedikt XVI. arbeitete als einfacher Polizist und war ebenfalls alles andere als ein reicher Mann. Beide nichtitalienischen Päpste, sowohl Karol Wojtyła als auch Joseph Ratzinger, kennen Hunger und Entbehrung, aber beide machen diese Erfahrung, die sie von den Päpsten der vergangenen Jahrhunderte radikal unterscheidet, nicht zu ihrem Anliegen. Erst Jorge Mario Bergoglio, dessen Vater einfacher Angestellter einer Eisenbahngesellschaft war, sieht in diesem Punkt, Armut und deren Entstehung, das zentrale Anliegen seines Pontifikats. Einen solchen Mann aber hätte Karol Wojtyła niemals gefördert. Das macht die widersprüchliche Beziehung von Franziskus zur Kurie aus: Seine Befürworter sehen in ihm die Kontinuität des Jahrtausendpapstes Karol Wojtyła, seine Gegner sehen in ihm alles das gebündelt, was Karol Wojtyła verachtete. Denn Armut interessiert Karol Wojtyła als eine Armut des Glaubens und Reichtum als ein Reichtum des Glaubens. Doch Papst Franziskus redet stattdessen ständig darüber, wie die Schätze auf dieser Welt und nicht, wie sie im Jenseits verteilt werden.

Ähnlich widersprüchlich wie das Verhältnis von Franziskus zu seinem großen Förderer Papst Johannes Paul II. ist das zu Papst Benedikt XVI. Im Vatikan weiß jeder, dass Joseph Ratzinger über Jorge Mario Bergoglio stets sagte, dass er ihn für einen Heiligen halte. Dennoch gibt es in der großen katholischen Kirche keine größeren Gegensätze als Benedikt XVI. und seinen Nachfolger. Dem Priester und Bischof Joseph Ratzinger war der pastorale Dienst stets eine Last. Sein Leben verbrachte er vorwiegend an Universitäten und in Studierzimmern. Aber während Joseph Ratzinger abgeschieden die Werke von Augustinus las, saß Jorge Mario Bergoglio im Bus und in der U-Bahn, hörte den Sorgen der Menschen zu und fuhr in die Armenviertel »Villas« von Buenos Aires. Dort besuchte er seine Pfarrer, die an vorderster Front kämpften. Sie müssen mit Morddrohungen leben, weil sie Drogenbaronen in die Quere kommen, die Schulkinder zu Kurieren ausbilden wollen. Joseph Ratzinger ließ selbst alte Freunde wie Walter Kasper in der Glaubenskongregation in Rom antanzen, um sie zur Schnecke zu machen. Jorge Mario Bergoglio ließ seine Pfarrer gar nicht im bischöflichen Palast antanzen, sondern fuhr selber zu ihnen, die unter schwierigsten Lebensumständen versuchen, den Ärmsten zu helfen. Während Joseph Ratzinger schon als Kind das schicke Auto eines Kardinals bewunderte, dem er zufällig begegnete, verabscheut Jorge Mario Bergoglio Priester in teuren Autos und fährt lieber mit öffentlichen Verkehrsmitteln inmitten der normalen Menschen. Die Kurie weiß deshalb zunächst nicht, wie sie mit Papst Franziskus umgehen soll. Der Mann scheint auf eine unbegreifliche Weise das, was Karol Wojtyła wollte, und das, was er ablehnte, in sich zu vereinen.

Um die komplizierte Lage im Vatikan nach der Wahl von Papst Franziskus zu verstehen, muss man bedenken, dass es nicht nur um Fragen von Macht, Intrigen oder kirchlicher Deutungshoheit geht. Denn die Kirchenmänner im Vatikan glauben daran, dass der Heilige Geist die Wahl eines Papstes beeinflusst, den Kardinälen den richtigen Namen eingibt. Also ist es für die Kurie von großer Bedeutung, ob die Wahl von Franziskus nur ein Fehler im System, ein Ausrutscher war oder tatsächlich dem Willen Gottes entsprach. Auf den ersten Blick besteht da kein Zweifel: Wie auf wundersame, von Gott gelenkte Weise macht Papst Johannes Paul II. den Aufstieg des Rebellen Jorge Mario Bergoglio erst möglich.

Krach im Hause der Soldaten Jesu

Die Entwicklung des Jorge Mario Bergoglio zu einem echten Rebellen hätte vermutlich nie stattgefunden, wenn der Argentinier nicht auf einen anderen Rebellen getroffen wäre, mit dem er sich einen jahrelangen Streit lieferte. Wären die Zeiten innerhalb des Jesuiten-Ordens andere gewesen, wären sie nicht von einem revolutionären Umbruch geprägt gewesen, hätte sich der eher introvertierte, ruhige und friedfertige Jorge Bergoglio möglicherweise niemals zu einem entschlossenen Kämpfer innerhalb der Kirche entwickelt. Doch der lange Kampf Bergoglios beginnt mit einer historischen Katastrophe nie gekannten Ausmaßes. Am 6. August 1945 wirft die US-Luftwaffe die Atombombe über Hiroshima ab, mit dramatischen Folgen, die auch in das Leben eines künftigen Papstes massiv eingreifen werden.

In Hiroshima lebt zu der Zeit der Spanier Pedro Arrupe. Er war als Missionar nach Japan geschickt worden und wohnt in einem von deutschen Missionaren aus festem Stein gebauten Schulhaus, als die Bombe abgeworfen wird. Arrupe überlebt den Abwurf und wird deswegen sein Leben lang von den Mitbrüdern als etwas Besonderes angesehen, als ein Mann, den Gott möglicherweise auserwählt hat. In den Tagen nach dem Bombenabwurf richtet Pater Arrupe ein Nothospital ein. Den unvorstellbaren Schmerz der verbrannten und verstrahlten sterbenden Menschen hat Pater Arrupe nie mehr vergessen. Künftig wird er vehement die Meinung vertreten, dass der Jesuiten-Orden bedingungslos auf der Seite der Hilfsbedürftigen stehen muss.

Die Erfahrung des Bombenabwurfs hat erstaunliche Konsequenzen für Pedro Arrupe. Er wird ein eingefleischter Optimist, ein Mann, der gut gelaunt und sehr kommunikativ durchs Leben geht. Eigenartigerweise wird er zeitlebens ein Fan der USA sein. Allerdings hatte der Ausnahmepater Arrupe auch eine dunkle Seite; er ist in gewisser Hinsicht ein Chaot. In der japanischen Jesuiten-Provinz, deren Chef Arrupe wird, kommt es zu schweren finanziellen Unregelmäßigkeiten, die unter anderem dazu führen, dass Mitarbeiter Arrupes verhaftet werden sollen. Eine interne Untersuchung der Jesuiten ergibt, dass Pater Pedro Arrupe katastrophal wirtschaftet. Ganz offensichtlich bringt er weder die Zeit noch die Fähigkeit auf, sich um wichtige ökonomische Fragen zu kümmern, im Gegenteil. Es besteht der Verdacht, dass er den Auftrag gab, gegen geltendes japanisches Recht zu verstoßen. Pedro Arrupe ist wegen der Untersuchung in Japan schon fast seinen Job als Oberhaupt der Provinz los, als eine Wahl in Rom im Jahr 1965 die Überraschung bringt: Am 22. Mai wird der sprachgewandte Optimist Pater Pedro Arrupe mit 58 Jahren der 28. Generalobere des Jesuiten-Ordens.

Arrupe übernimmt die Leitung des Ordens in stürmischen Zeiten. Die zunehmenden Angriffe der USA auf Vietnam, vor allem auf Nordvietnam, fördern eine weltweite Protestbewegung, die sich im Laufe der Jahre auch auf den Orden der Jesuiten auswirkt. Die zweite Hälfte der 60er-Jahre, die weltweit Umwälzungen bringen wird, erfasst die Jesuiten. Innerhalb des konservativen Ordens geht es im Kern um das gleiche Anliegen, das Protestbewegungen in Amerika und Europa entstehen lässt: Widerstand gegen als übertrieben empfundene Autorität. Die Idee einer antiautoritären Revolution innerhalb des Jesuiten-Ordens wird auf dem amerikanischen Kontinent geboren. Pater Arrupe ist sofort Feuer und Flamme.

Als der heilige Ignatius von Loyola seinen Orden im Jahr 1540 vom Papst anerkennen ließ, sah er innerhalb des Ordens eine starke Hierarchisierung vor, wie in einer Armee. Die Jesuiten sollten schließlich die Soldaten der katholischen Kirche sein bei ihrem Versuch, die Reformation zurückzudrängen. Es gibt vier Klassen im Jesuiten-Orden, die unterste Klasse sind die Scholastiker. Nach einem zweijährigen Noviziat legen sie die Gelübde der Keuschheit, Armut und des Gehorsams ab und geloben, nach dem Ende der Ausbildungszeit dem Orden beizutreten. Die zweite Klasse bilden die Coadiutores temporales, die einfachen Brüder, die als

Pförtner, Gärtner oder Köche dienen, die nicht Theologie studieren und somit auch nicht zum Priester geweiht werden, wie in anderen religiösen Orden auch. Die dritte Klasse bilden die Coadiutores spirituales, die normalen Pater, die eine lange Ausbildung bekommen und zum Priester geweiht werden. Aber dann gibt es noch eine Elitegruppe, die »Befehlshaber« des Ordens, die »Professen«, die dem General unterstehen. Sie erhalten eine besonders sorgfältige Ausbildung, müssen Prüfungen ablegen und stehen dem Orden als Chef von Provinzen oder anderen wichtigen Einrichtungen zur Verfügung. Häufig sind sie Universitätsprofessoren. Und so ist die Struktur des Ordens bis heute geblieben.

Die Revolte der Pater richtet sich gegen diese hierarchischen Strukturen. Während die Frauen einer revoltierenden Studentenbewegung die BHs als Zeichen der Unterdrückung ausziehen und wegwerfen, proben die Jesuiten-Pater den Aufstand gegen ihre Befehlshaber, die Elite des Ordens. Der Plan ist einfach: Der Orden soll demokratisiert werden, abstimmen statt Befehle erteilen, gemeinsame Entscheidung statt Gehorsam gegenüber der Führungsmannschaft. Um es kurz zu sagen: Die Coadiutores wollten mehr Rechte von den Professen.

Eine Generalkongregation soll in Rom über mögliche Schritte der Demokratisierung des Ordens beraten. Pater Arrupe ist von der Notwendigkeit einer Reform des Ordens überzeugt. Er will mehr Demokratie. Seine Gegner halten ihm dagegen vor, er leide an einer Art Größenwahn, weil er es wagt, die jahrhundertealten und lange Zeit geheim gehaltenen Regeln des Ordens zu verändern, ein Reformer der Ideen des heiligen Ignatius zu sein, was ziemlich vermessen wirkt.

Der Aufstand der Jesuiten trägt eine Unmenge Sprengkraft in sich. Es geht nämlich nicht nur um eine Reform des Ordens; es geht um Kritik an Strukturen der katholischen Kirche insgesamt. Die Jesuiten wollen nicht nur ihren Orden umbauen, sie wollen ein Zeichen setzen. Sie wollen zeigen, dass die katholische Kirche insgesamt eine Demokratisierung nötig hat, dass die alte Struktur der absolutistischen Wahlmonarchie, die die Kirche immer noch prägt, über Bord geworfen werden müsse, selbst das Amt des Papstes müsse auf den Prüfstand.

Es ist also kein Wunder, was passiert, als Pater Arrupe Papst Paul VI. die Diskussion innerhalb des Ordens über die Demokratisierung der Jesuiten vorlegt. Paul VI. ist ein sehr misstrauischer und äußerst vorsichtiger Mann. Das zeigt schon allein die Tatsache, dass er zwei volle Jahre an der *Humanae Vitae*-Enzyklika schrieb. Als Pater Arrupe ihm den Demokratisierungsplan erläutert, ist Papst Paul VI. entsetzt. Der Papst erkennt völlig zu Recht, dass hinter dem Plan zur Reform des Ordens eine generelle Kritik an der Hierarchie der Kirche steckt. Deswegen gerät Paul VI. außer sich vor Zorn über die Revolte der Jesuiten. Der ansonsten so scheue Paul VI. greift mit äußerster Härte ein. Er verbietet den Jesuiten nicht nur, eine solche Demokratisierung in Angriff zu nehmen, er verbietet ihnen, in der Generalkongregation darüber auch nur zu sprechen. Die Kirche habe mit der Demokratie nichts zu tun. Pater Arrupe sitzt jetzt zwischen allen Stühlen. Sein Herz schlägt für die Amerikaner in seinem Orden und deren Plan einer Demokratisierung. Doch der Papst will nichts davon wissen. In diesem Zwiespalt trifft Pater Arrupe eine so sonderbare und chaotische Entscheidung, dass noch heute rätselhaft erscheint, was ihn dazu bewogen haben mochte. Er beschließt trotz des päpstlichen Verbots die Demokratisierungsdiskussion an der Spitze des Ordens führen zu lassen. Das muss dem Papst zweifellos irgendwann bekannt werden, und dann wird es furchtbaren Ärger geben. Obwohl das absehbar ist und er wissen muss, dass dieser Ungehorsam auffliegen wird, rennt Pater Arrupe ins Verderben und hält sich nicht an den päpstlichen Befehl. Dieses Vorgehen wiegt besonders schwer, weil die Jesuiten und nur die Jesuiten das sogenannte vierte Gelübde des absoluten Gehorsams gegenüber dem Papst ablegen.

Statt durchzusetzen, dass die Generalkongregation das Thema Demokratisierung verschweigt, lässt er heftig über den Punkt diskutieren. Die Jesuiten Lateinamerikas bilden in dem Streit innerhalb des Ordens eine eigene Gruppe. Auch sie wollen mehr Demokratie, aber das genügt ihnen nicht: In Lateinamerika hat sich eine neue Bewegung entwickelt, die Theologie der Befreiung. Deren extreme Vertreter wollen beides: Demokratie innerhalb des Ordens der Jesuiten und die Unterstützung des zum Teil bewaffneten Kampfes der Armen gegen die Diktaturen Lateinamerikas. General Pedro Arrupe hält gerade auf diese Vertreter aus Südamerika und die frühen Theologen der Befreiung große Stücke. Doch zum großen Ärger des Generals gibt es dort einen Provinzchef, der beides nicht will, er will die Demokratisierung nicht und eine Unterstützung des bewaffneten Kampfes der Armen auch nicht: Pater Jorge Mario Bergoglio.

In Rom bahnt sich der große Knall an. Papst Paul VI. hat keine Ahnung davon, dass sich in der Generalkongregation genau das abspielt, was er ausdrücklich verboten hat: eine Diskussion der Pläne zur Demokratisierung des Ordens. Die Gemüter sind derart erhitzt, dass es zu regelrechten Handgreiflichkeiten kommt.

Wer heute vor dem Hauptquartier der Jesuiten steht, kann sich kaum vorstellen, welche dramatischen Kämpfe hinter dieser Fassade stattfanden, Kämpfe, die das Schicksal von Papst Franziskus bestimmen würden. Die Kurie der Jesuiten liegt nur einen Steinwurf weit weg vom Petersplatz. Es ist ein Gebäudekomplex, ähnlich einer kleinen Stadt. Hier wohnen die Chefs der Kompanie Jesu. Pomp und Prunk sucht man vergeblich; wenn man durch die einfache Glastür am Eingang das Gebäude betritt, liegen lange, triste Flure und renovierungsbedürftige Zimmer vor dem Besucher. In den Besprechungszimmern für die Besucher im Erdgeschoss stehen abgewetzte Sessel. Eine Attraktion ist der alte, offene Fahrstuhl, weil Papst Paul VI. einmal darin stecken blieb und ganz unchristliche Flüche ausgestoßen haben soll. Die Kaffeeküchen sind an Einfachheit nicht zu übertreffen. Billigste Porzellanware wartet auf ausgebreiteten Trockentüchern darauf, benutzt zu werden. Wer keine Lust hat, einen Kaffee aufzusetzen, bedient sich an den Automaten, die Kaffee und Tee produzieren und die zu den schlechtesten Roms gehören. Sehenswert ist allein die Dachterrasse, die einen atemberaubenden Blick auf den Petersdom freigibt. Von dieser Terrasse aus kann man den dämlichen Fehler erkennen, den die späten Baumeister der Peterskirche begangen haben: Wer vor dem Petersdom steht, kann die Hauptattraktion, die gigantische Doppelkuppel des Michelangelo Buonarroti, kaum sehen. Die Baumeister der Kirche mussten wegen des rebellischen Martin Luther einen riesigen Kirchenraum, einen

Aufmarschraum der Gegenreformation, bauen. Sie zogen daher den Kirchenraum so weit nach vorn, dass die Besucher die majestätische Kuppel nicht mehr sehen können. Erst vom Dach der Jesuiten aus (und von der Terrasse der Urbaniana-Universität darüber) kann man den Gesamtkomplex bewundern. Wer es schafft, einen Freund im Haus der Jesuiten zu gewinnen, wird irgendwann in den rückwärtigen Gebäudekomplex eingeladen, der viel älter ist als der vordere. Es ist ein wunderschöner, alter Barockpalast, in dem die Bosse des Ordens leben. Die Räume sind die eines typischen Adelspalastes von Rom. Auch der Papstsprecher Pater Federico Lombardi liest in diesen schmucken Räumen nachmittags die Zeitungen.

Hier, in diesen heute meist stillen Sälen, fand der große Kampf statt, der für Jorge Bergoglio den Weg auf den Thron Petri bereiten sollte. Nicht alle Pater sind begeistert davon, dass der Orden demokratisiert werden soll. Einige einflussreiche Pater wollen, dass die Regeln des heiligen Ignatius und die Kommandostruktur des Ordens erhalten bleiben. Als einer der einflussreichsten Chefs des Ordens, Pater Paolo Molinari, eine Rede zur Verteidigung der hierarchischen Strukturen des Ordens, selbstverständlich auf Latein, hält, werden seine Gegner handgreiflich. Dann kommt es zum Knall, den die riskante und eigentlich unlogische Strategie Pater Arrupes heraufbeschworen hat. Ein Pater soll dem Papst Bericht erstatten, was in der Generalkongregation vor sich geht. Er wird ins Messer laufen, denn er weiß nichts vom Verbot des Papstes. Er wird also Paul VI. ahnungslos berichten, dass die Jesuiten genau das tun, was der Papst ausdrücklich und mit aller Schärfe untersagt hat. Der Arme ist ausgerechnet ein Mann, der später zu einem der bekanntesten Theologen Italiens aufsteigen wird, Pater Carlo Maria Martini.

Sobald Carlo Maria Martini begonnen hat, dem Papst die Diskussion um die Demokratisierung zu schildern, rastet Papst Paul VI. regelrecht aus. Er gibt Martini eine vernichtende Note mit; darin wird den Jesuiten befohlen, sofort alle Gespräche abzubrechen. Der Papst lässt außerdem mitteilen, dass er Pater Arrupe nicht zu sehen wünscht. Das ist die härteste denkbare Strafe am päpstlichen Hof. Dieser Streit teilt auf Jahrzehnte die Jesuiten in zwei Lager: Die Rebellen um General Arrupe werden über Jahre ihre Gegner, so auch Jorge Bergoglio, bekämpfen und zwar vor allem auf persönlicher Ebene. Bergoglio wird zu den Kongregationen in Rom anreisen und immer wieder erleben, dass er während der Pausen zwischen den Besprechungen allein und isoliert in einer Ecke des Raumes steht, weil tagelang niemand mit ihm spricht. Er wird allein an einem Tisch sitzen und allein essen, weil sich nie jemand zu ihm setzen wird. Diese Zeit wird Jorge Mario Bergoglio prägen. Er erfährt am eigenen Leib, dass ausgerechnet die Elitetruppe der Kirche Christi, die Jesuiten, einen Mitbruder mit Hass und Boshaftigkeit, Kälte und Verachtung behandelt, nur weil er eine andere Meinung vertritt.

Der Streit geht so weit, dass Jorge Mario Bergoglio nicht mehr nach Rom eingeladen wird, obwohl er laut den Regeln in Rom hätte gehört werden müssen. Als Bergoglio das mitbekommt, igelt er sich ein. Er beschließt seinerseits, die Verbindung zu kappen, und kommt nicht mehr nach Rom. Diese Spannungen stürzen auch die argentinischen Jesuiten in einen Konflikt. Bergoglio wird als Provinzial abgewählt. General Pedro Arrupe schickt Bergoglio in die Wüste. Er wird in ein Wohnheim versetzt, wo er als Beichtvater einiger Ordensfrauen versauern soll. Zudem ordnet Arrupe an, dass Bergolio sich einer Schweigepflicht unterwerfen muss; er darf über das Vorgefallene nicht schreiben und nicht sprechen. Jorge Mario Bergoglio, der aufstrebende Jesuiten-Pater, scheint definitiv am Ende. Doch dann geschieht etwas Unerwartetes.

Das Comeback des
Jorge Mario Bergoglio

Am 16. Oktober 1978 wird Karol Wojtyła zum Papst gewählt, und die Jesuiten-Patres, die von der Dachterrasse aus zusehen, wie der neue Papst aus Polen sich in seinem nicht ganz korrekten Italienisch an seine neue Diözese Rom wendet, sind wie gelähmt vor Entsetzen. Pater Arrupe und seine Vertrauten wissen, dass schwere Zeiten auf sie zukommen werden. Karol Wojtyła, der jetzt Papst Johannes Paul II. heißt, hat als Bischof von Krakau nie einen Hehl daraus gemacht, dass er von den Jesuiten nichts hält. Die Chefs des Jesuiten-Ordens kennen alle die berühmte Episode, als ein junger Priester seinem Bischof Karol Wojtyła in Krakau eröffnete, er wolle Jesuit werden. Der spätere Papst Johannes Paul II. erklärte ihm, das sei eine völlig unsinnige Idee. Die Jesuiten seien mittlerweile abtrünnig, einige Teile des Ordens liebäugelten mit dem Kommunismus. Bischof Wojtyła riet dem Priester klar ab und empfahl ihm, zu einem neuen Orden zu gehen, der viel lebendiger sei als die alten Jesuiten, zu der in Spanien gegründeten Personalprälatur Opus Dei.

In den Wochen nach der Wahl von Johannes Paul II. tritt genau das ein, was die Jesuiten befürchtet hatten. Der neue Papst macht aus seiner Abneigung gegen die Bosse der Jesuiten und vor allem gegen ihren General Padre Arrupe keinerlei Hehl. Lebhaft interessiert er sich für die Opfer Pater Arrupes, die abgesägten ordensinternen Gegner: Ihnen traut Johannes Paul II. eine Rückbesinnung auf die konservative Linie des Ordens zu. Karol Wojtyła entdeckt rasch den abgeschobenen Rebellen Jorge Mario Bergoglio, der sich vor allem dadurch auszeichnet, dass kaum ein anderer Pater, der in leitender Funktion war, einen solch langen Streit mit General Arrupe ausgefochten hatte, was ihm jetzt alle Sympathien von Papst Johannes Paul II. einträgt. Der in die Wüste geschickte Pater Bergoglio, der ein für alle Mal erledigt zu sein schien, bekommt eine neue, einzigartige Chance, nicht obwohl, sondern weil er von seinen Chefs im Orden in die Pfanne gehauen worden war.

Das Ende des Streits ist folgenschwer: Nach einer Indien-Reise erleidet Pater Arrupe auf dem römischen Flughafen im Jahr 1981 einen Schlaganfall. Der Orden stellt in dieser Situation mit Bestürzung fest, dass Arrupe sich nicht an eine der wichtigsten Regeln der Generaloberen der Jesuiten gehalten hat. Er hat versäumt, den berühmten versiegelten Umschlag zu hinterlassen, der im Falle plötzlich eintretender Unfähigkeit, den Orden zu regieren, den Namen eines Übergangsgenerals enthält. Die Jesuiten haben die Erfahrung gemacht, dass sie etwa acht Monate brauchen, bis der weltweit aufgestellte Orden angesichts der technischen Schwierigkeiten einen neuen Generaloberen wählen kann. Denn um einen neuen Generaloberen zu wählen, muss die Generalkongregation zusammentreten. Die Delegierten für diese Kongregation müssen in den etwa achtzig Provinzen der Jesuiten erst gewählt werden, was ein paar Monate dauert. Deswegen muss der regierende General für den Fall eines Unglücks den Namen eines Übergangsgenerals hinterlegen, doch genau das hatte Pater Arrupe nicht getan. Seine Anhänger fahren sofort in das Krankenhaus, um mit Padre Arrupe zu sprechen, und kommen triumphierend in das Hauptquartier des Ordens zurück. Pater Arrupe soll ihnen den Namen des von ihm gewünschten Übergangsgenerals zugeflüstert haben.

Doch jetzt greift Karol Wojtyła drastisch durch. Der Papst hat erfahren, dass Pater Arrupe nach Angaben der Ärzte überhaupt nicht wieder zu Bewusstsein gekommen ist. Somit kann er also kaum den Namen des gewünschten Mannes seinen Gefolgsleuten zugeflüstert haben. Der Papst beschuldigt die Führung der Jesuiten, versucht zu haben, ihn zu hintergehen, und setzt kraft seiner außerordentlichen Macht einen Mann seines Vertrauens ein: Pater Paolo Dezza wird Delegat an der Spitze des Ordens. Er soll Arrupes Kurs der Sympathien für die, laut Karol Wojtyła, kommunistisch unterwanderte Theologie der Befreiung in Lateinamerika für immer beenden. Erst zwei Jahre später durfte der Orden einen neuen General wählen.

Jorge Mario Bergoglio hatte innerhalb des Ordens der Jesuiten zwar zunächst gegen den Chef Pedro Arrupe verloren, aber dann dank der Wahl von Papst Johannes Paul II. letztendlich gewonnen. Auf den ersten Blick schien nun alles glasklar: Bergoglio war der Sieger. Papst Johannes Paul II. gewährte ihm einen für einen Jesuiten-Pater äußerst ungewöhnlichen Karrieresprung und machte ihn zum Bischof von Buenos Aires. Aber ausgerechnet diese Entscheidung, dem Rebellen innerhalb des Ordens und abgesetzten Provinzchef Pater Bergoglio eine solche Karriere zu ermöglichen, trägt ihm den Hass seiner Mitbrüder auf Jahrzehnte ein. In der modernen Geschichte der katholischen Kirche gibt es nichts, das mit dem Zerwürfnis zwischen Jorge Mario Bergoglio und seinem Orden zu vergleichen ist. Nie zuvor in den vergangenen 500 Jahren hat ein Orden erlebt, dass ausgerechnet jener Mitbruder zum Papst gewählt wurde, der mit dem Orden im Dauerstreit lag.

Für einige in der Chefetage der Jesuiten ist die Wahl des Jorge Mario Bergoglio zum Papst ein echter Albtraum. Papst Franziskus selber sorgt dafür, dass der Riesenkrach mit seinem Orden der Öffentlichkeit nicht verborgen bleiben kann. Am Morgen nach seiner Wahl verlangt Papst Franziskus, dass er mit dem Auto in das Privatwohnheim in die Via della Scrofa gebracht wird. Diese Fahrt kann nicht unbemerkt bleiben, denn noch nie in der Geschichte der Päpste war eine der ersten Amtshandlungen eines Papstes, dass er in die Priesterpension fährt, in der er vor dem Konklave abgestiegen war, um dort seine Rechnung zu bezahlen. Das Foto, das den Papst zeigt, wie er in der weißen Soutane an der Rezeption steht, seine Rechnung bezahlt und sein Gepäck abholt, geht um die Welt. Jetzt wissen die Menschen eines sicher: Der Papst hat während der Zeit vor dem Konklave nicht »zu Hause«, im Wohnheim der Jesuiten, gewohnt, sondern ging wie ein Weltpriester, der keinem Orden angehört, in ein Hotel, in das Priesterwohnheim im Stadtzentrum von Rom. Es war also unübersehbar, dass Papst Franziskus sich nach seiner Ankunft in Rom nicht mit seinen Mitbrüdern im Hauptquartier der Jesuiten an einen Tisch setzen und nicht mit ihnen unter einem Dach schlafen wollte.

Nach der Niederlage Arrupes hatte Bergoglio den Papst und die Kurie hinter sich. In Rom sah man genau wie Jorge Mario Bergoglio mit großer Sorge, dass in nahezu allen Ländern Lateinamerikas und der Karibik die Theologie der Befreiung einen Sieg nach dem anderen feierte, also ihren Einfluss auf eine Diözese nach der anderen ausdehnte. Nach seiner Ernennung glaubte die Kurie in Rom, in Bergoglio ihren Mann zu haben. Er sollte als Erzbischof von Buenos Aires die nach links driftenden lateinamerikanischen Bischöfe einfangen. Doch die Kurie missverstand die Haltung Bergoglios komplett.

Es ist zwar richtig, dass Jorge Mario Bergoglio die radikalen Mittel der Theologie der Befreiung, so auch das Ja zum bewaffneten Kampf, im Interesse der Armen ablehnt. Aber das Ziel der Theologie der Befreiung, eine Verbesserung der Lebensumstände der verelendeten Menschen Lateinamerikas, teilt er uneingeschränkt. Papst Johannes Paul II. beging einen fundamentalen Denkfehler, der in seiner Geschichte begründet war, und legte damit den Grundstein für den jahrzehntelangen erbitterten Streit zwischen der Kurie und Bergoglio. Karol Wojtyła glaubte, dass Jorge Mario Bergoglio genau wie er gegen die linken Tendenzen des Pater Arrupe kämpfte, weil er keinerlei Interesse an den wirtschaftlichen Umständen in seinem Land hat, also eine Haltung teilt, wie sie Papst Johannes Paul II. seit Jahrzehnten kultivierte. Doch das war und ist falsch.

In Lateinamerika haben die Jesuiten über Jahrhunderte die Erfahrung gemacht, dass sich mit guten Worten allein nichts erreichen lässt. Elend und Ungerechtigkeit haben die Jesuiten dort seit Jahrhunderten beschäftigt. Und sie begannen im Jahr 1609 das wahrscheinlich faszinierendste soziale Experiment in der Geschichte. Um die Ureinwohner vor Sklavenhändlern und Gewalttaten zu bewahren, denen sie als ungetaufte »Wilde« ausgesetzt waren, schufen die Jesuiten gigantische Farmen, sogenannte Reduktionen, gut verteidigte, bewaffnete Anlagen, die sich über immense Flächen erstreckten. Zur Zeit ihrer größten Ausdehnung wiesen sie eine Fläche von der Größe eines Staates etwa des heutigen Paraguay auf. In diesen Reduktionen lebten die Ureinwohner weitgehend geschützt und konnten sich unter Anleitung der Jesuiten-Patres von Nomaden zu sesshaften Gemeinschaften entwickeln, die von Ackerbau und Viehzucht lebten und ihren Lebensstandard dadurch steigerten. Vor allem der wirtschaftliche Erfolg dieser Reduktionen sorgte für Neid und Hass unter den aus Europa stammenden Heerführern und Händlern. Sie vermuteten – zu Unrecht – gewaltige Schätze in den Reduktionen, was zu einem langen, erbitterten Kampf führte, der mit der Zerschlagung des Jesuiten-Staates endete.

Diese Geschichte sollte die Jesuiten Lateinamerikas für immer prägen, denn die katholische Kirche hatte hier eine neue Erfahrung gemacht. Zum ersten Mal hatte ein Orden etwas Konkretes getan, um die Welt zu verbessern, sich nicht nur im Gebet an den christlichen Gott gewandt, damit er endlich etwas vom Himmel aus unternehme. Nein, die Jesuiten hatten selbst das Gewehr, die Schaufel und die Maurerkelle in die Hand genommen, gewaltige Komplexe errichtet und tatsächlich die Utopie von Rettungsinseln für die verfolgten und vom Tode bedrohten Ureinwohner und deren Nachkommen Wirklichkeit werden lassen. In der Folge waren es nicht zuletzt der kommerzielle Erfolg der Jesuiten und der unbegründete Vorwurf, sie hätten die Einheimischen zum Aufstand gegen Spanier und Portugiesen aufgestachelt, die dazu führten, dass der Orden im Jahr 1773 verboten wurde – bis Papst Pius VII. ihn im Jahr 1814 wieder zuließ.

Vor diesem Hintergrund war für die Jesuiten in Lateinamerika ihre zukünftige Aufgabe klar: mit konkreter Hilfe das Leid der Elenden in diesem Teil der Welt zu lindern, wie das ihre Ordensbrüder vor Jahrhunderten getan hatten. Ohne die Festungen der Jesuiten wären die Indios zu Hunderttausenden versklavt worden, über mehr als ein Jahrhundert lang. Diese Erfahrung formt später der Vordenker der Theologie der Befreiung Pater Leonardo Boff zu dem Leitsatz: »Die Menschen werden arm gemacht.« Boff will damit sagen, dass jeder Bewohner Lateinamerikas in eine Welt geboren wird, die ihm ausreichend Land, Wasser, Saatgut, Baumaterial anbietet, sodass er ein unbeschwertes Leben führen könnte.

Leonardo Boff weiß, dass eine gerechte Verteilung der Ressourcen Lateinamerikas Armut in diesem Teil des amerikanischen Kontinents ausrotten würde. Boffs Erfahrung lehrt, dass die reichen, weißen Bewohner Lateinamerikas mit Unterstützung des Militärs und der Polizei die Ressourcen des Landes an sich reißen und dadurch den Großteil der Bevölkerung in die Armut treiben. Die Menschen werden also reich geboren, aber arm gemacht. Dieses grundsätzliche Anliegen der Verteilung von Reichtum, die riesige Schere zwischen bitterarm und sehr reich in Lateinamerika, prägt auch das Leben des Jorge Mario Bergoglio. Die Bischöfe Lateinamerikas machen ihn zu einem einflussreichen Mann der Lateinamerika-Konferenz CELAM, weil er dieses Thema unermüdlich im Bewusstsein hält und Veränderungen anmahnt. Die Päpste in Rom, sowohl Johannes Paul II. als auch Papst Benedikt XVI., werden die CELAM immer als eine verdächtig weit links angesiedelte Organisation sehen und ihre Beschlüsse mehrfach ablehnen. Im Kern geht es also in diesem Streit zwischen den Bischöfen Lateinamerikas und dem Vatikan um die Überwindung der Armut.

Für viele Priester in Lateinamerika gehört bis heute die Erfahrung zum Alltag, dass Predigen allein nichts hilft gegen Staaten, die aggressiv das Militär einsetzen, um die Reichen vor den bitterarmen Mitbürgern und deren berechtigten Ansprüchen zu schützen. Dabei scheint die Forderung eines bewaffneten Kampfes zur Unterstützung der Armen auf den ersten Blick dem Christentum zu widersprechen. Der Einsatz von Waffen für eine gerechte Sache scheint weit entfernt von all dem, was Jesus von Nazareth gedacht und gesagt hat, empfahl er doch, einem Angreifer auch die »andere Wange hinzuhalten«, was als Aufforderung zu einem konsequenten Pazifismus gedeutet werden kann. Allerdings haben während der langen Geschichte der katholischen Kirche einige Superstars unter jenen Heiligen, die maßgeblich die Kirche geprägt haben, den Begriff des gerechten Krieges eingeführt, vor allem einer unter ihnen, der heiliggesprochene Kirchenlehrer Thomas von Aquin. Thomas von Aquin machte eine simple Rechnung auf: Wenn in einer ungerechten Welt sehr viele Sünden geschehen, dann ist ein gerechter Krieg, auch ein Angriffskrieg, erlaubt; das heißt aus katholischer Sicht, wenn das Ergebnis eine Welt ist, in der sehr viel weniger Sünden begangen werden.

Nach Ansicht einiger Theologen der Befreiung ist genau diese Situation in Lateinamerika gegeben. Die extrem ungerechte Verteilung der Ressourcen sorgt für einen Zustand dauerhafter schwerer Sünden. Während einer Beratung der CELAM im Jahr 1968 wird zum ersten Mal unter allen Bischöfen Lateinamerikas darüber diskutiert. Die Erfahrungen sind schließlich bitter: Kinder sterben zu Tausenden an Krankheiten, die sie gar nicht bekämen, wenn ihre Eltern nicht so arm wären. Unterernährung, der Mangel an medizinischer Versorgung, kein Zugang zu sauberem Wasser, der Mangel an geeignetem Wohnraum unter hygienisch zumutbaren Verhältnissen, alles das führt dazu, dass arme Menschen ihr Leben verlieren, nicht weil die Welt so schlecht ist oder sie Pech haben, sondern nur weil sie arm sind. Also sind die Verteidiger einer solchen ungerechten Ordnung schuld an einer massenhaften, dauerhaften Tötung von Menschen. Somit sind die Voraussetzungen erfüllt für einen gewaltsamen Umsturz dieser Gesellschaftsordnung, also für einen Krieg oder Bürgerkrieg, um so den Zustand der dauerhaften Sünde einer Gesellschaft zu beenden. Es lässt sich nicht von der Hand weisen, dass die Befürworter einer Unterstützung des bewaffneten Kampfes der Armen durchaus auf eine Tradition in der katholischen Kirche, ja sogar auf Heilige verweisen können, die einen solchen Kampf ausdrücklich forderten.

Diese Auseinandersetzung, ob die Kirche sich auf Männer wie Thomas von Aquin berufen und damit einen bewaffneten Kampf legitimieren, ja sogar fordern kann, wird das Leben von Jorge Mario Bergoglio bestimmen. Diese Auseinandersetzung wird alle wichtigen Entscheidungen beeinflussen, seine Ernennung zum Erzbischof und schließlich seine Wahl zum Papst. Denn der Entschluss Jorge Mario Bergoglios, sich seinem Ordensoberhaupt, dem Generaloberen, dem er zu bedingungslosem Gehorsam verpflichtet ist, zu widersetzen, wird dafür sorgen, dass er das Wohlwollen von Papst Paul VI. und später von Johannes Paul II. erringt, was ihn wiederum zum Erzbischof und Kardinal machen wird.

Im Kern geht es bereits in diesem Streit um das Lebensthema Jorge Mario Bergoglios, die Hilfe für die Armen. Denn die Frage, wie die Kirche zur Armut der Menschen steht, drängt sich dem Jesuiten-Pater Bergoglio täglich auf, einfach weil er in Lateinamerika lebt. Denn nirgendwo sonst auf der Welt ist der Unterschied zwischen bitterarm und extrem reich so augenfällig und stark ausgeprägt. Das wissen auch die Weltbank und die Vereinten Nationen; sie versuchen, das schlimmste Leid wenigstens zu lindern, jedoch ohne wirksame Unterstützung der jeweiligen Regierung vor Ort und damit ohne nennenswerten Erfolg. Die Wirtschaftskommission für Lateinamerika und die Karibik (CEPAL) berichtet seit zwanzig Jahren, dass es an keinem anderen Ort auf dem Globus einen so großen Unterschied zwischen Reich und Arm gibt wie in Lateinamerika. Etwa 220 Millionen Menschen gelten als bitterarm, über 90 Millionen als verelendet, was bedeutet, dass sie hungern müssen und ihnen weniger als ein Dollar am Tag zur Verfügung steht. Der Frage, was müssen die Jesuiten tun, um den Elenden in Lateinamerika zu helfen, kann der Orden angesichts dieser Tatsachen nicht ausweichen.

Schätze im Himmel – und auf der Erde

Karol Wojtyła und sein gesamtes Handeln wurzelten in der Spannung zwischen dem Kommunismus und der katholischen Kirche in seinem Land. In den Hochschulen des kommunistischen Polen wurde der Materialismus gelehrt; es ging um die materiellen Grundlagen der Existenz des Menschen. Genau dieser Punkt war dem Papst aber total egal. Er signalisierte damit seine Opposition gegen das marxistisch-leninistische Gedankengut. Die materielle Existenz des Menschen interessierte Karol Wojtyła nicht. Er würde dies bis zu seinem Tod hunderte Male betonen. Wann immer es um den Punkt der materiellen Not ging, unterstrich Karol Wojtyła, dass diese unerheblich sei, verglichen mit der spirituellen Not. Karol Wojtyła ging es immer und ausschließlich um die »Schätze im Himmel«, nicht um das Bankkonto auf der Erde. Allein schon durch seine große Nähe zur polnischen Gewerkschaft Solidarnosc war ihm das Anliegen der Arbeiter durchaus bewusst, und er widmete sich in mehreren Enzykliken der sozialen Gerechtigkeit, aber in seinem Inneren war nur eines entscheidend: Geld spielt im gelungenen christlichen Leben eines Menschen, der ganz in Gottes Hand ist, keine Rolle.

Hier liegt der fundamentale Unterschied zwischen Karol Wojtyła und Jorge Mario Bergoglio, weil das Leben in Lateinamerika Bergoglio nicht nur lehrte, dass die katholische Kirche oft auf der falschen Seite stand, sondern auch, dass es nicht möglich ist, einem Menschen, der hungert, das Evangelium zu verkünden; zunächst muss man ihm was zu essen beschaffen. Und das bestätigt die grundsätzliche historische Erfahrung der Jesuiten in Lateinamerika. Den Indios war in den schützenden Großbauernhöfen der Jesuiten (Reduktionen) nicht damit geholfen, dass man ihnen aus der Bibel vorlas. Sie brauchten Schutz, Lebensmittel und Kleidung. Jorge Mario Bergoglio weiß aus eigener Anschauung: Es stimmt nicht, dass Geld keine Rolle spielt, wenn man ein gelungenes christliches Leben führen will. Geld spielt eine entscheidende Rolle, nämlich dann, wenn man gar keines hat.

Über die Verteilung von Besitz zu sprechen, das Hauptanliegen des Jorge Mario Bergoglio, war Papst Johannes Paul II. suspekt, weil es ihn an den kommunistischen Materialismus erinnerte. In seiner Gedankenwelt war die Kirche nicht dazu da, sich darüber den Kopf zu zerbrechen, ob Menschen hungern oder ein Dach über dem Kopf haben. Die Kirche war dazu da, die Seelen der Menschen vor der ewigen Verdammnis zu retten. Fast wie ein von der Welt abgeschlossener Kartäusermönch betete Karol Wojtyła die Nächte durch. Jeder, der ihn persönlich kennenlernte, spürte sofort, was dieser Papst wollte: Im Gebet Gott so nahe wie möglich sein. Darin sah er die Aufgabe des Menschen: seine Beziehung zu Gott ein Leben lang zu pflegen. Dabei sollte die Kirche den Menschen helfen.

Dass man sich auf dieser Erde auch mit anderen interessanten Seiten des Lebens beschäftigen könnte, schien Papst Johannes Paul II. im Grunde abwegig. Besonders deutlich konnte man diese Haltung des Papstes immer dann erkennen, wenn er mit Männern zusammentraf, die zwar Theologie studiert, sich dann aber für eine Familie und nicht für das Amt des Priesters entschieden hatten. Aus Sicht des Papstes hatten sie eine gewaltige Chance verpasst. Der Hof Karol Wojtyłas behandelte Männer, die es nicht zum Priesteramt geschafft hatten, stets mit Nachsicht, aber auch mit einer gewissen Herablassung: Priester waren nun einmal etwas Besseres. Ich erinnere mich an ein Gespräch mit einem engen Vertrauten von Papst Johannes Paul II., einem jungen Manager aus Norddeutschland. Er hatte eine Privataudienz, und wir hatten abgemacht, dass wir uns anschließend treffen wollten. Als er nach der Audienz zu mir kam, wirkte er verstört.

»Der Papst hat mich richtiggehend runtergeputzt«, sagte er. »Er war außer sich vor Zorn. Ich hab wohl einen riesigen Fehler gemacht.«

»Und wieso?«, fragte ich.

»Ich habe ihm nur gesagt, dass es ja gut und schön sei, Priester zu werden, dass man aber mit ein paar ›Vater unser‹ die Rechnungen nicht bezahlen könne. Er war stocksauer und erklärte mir, dass es nebensächlich sei, sich um die irdischen Dinge zu kümmern. Als ich entgegnete, dass ja irgendwer das Geld verdienen müsse, von dem die Priester lebten, hat er mich fix und fertig gemacht.« So dachte Karol Wojtyła.

Jorge Bergoglio hingegen hatte gesehen, dass die Hungernden in Lateinamerika keine intensive Gotteserfahrung brauchten, sondern Brot. Es hatte aus seiner Sicht keinen Sinn, einem Menschen, der nicht weiß, wie er seine Kinder satt bekommen soll, den Katechismus zu erklären. Zunächst einmal musste die Kirche dafür sorgen, dass die schiere Not gelindert wurde.

Für Karol Wojtyła ging es ausschließlich um das Gebet, um das Vermehren der »Schätze im Himmel«. Aus dieser Weltsicht resultierte ein Fehler, der später zu dem Zerwürfnis der Kurie mit Bergoglio führen sollte. Karol Wojtyła war davon überzeugt, dass, wenn Christen sehr, sehr bescheiden lebten, sie überall auf der Welt ihr Auskommen finden würden. Jorge Mario Bergoglio hatte erlebt, dass das nicht stimmte. In Lateinamerika starben Menschen zu Zehntausenden an Hunger, weil sie vergeblich versucht hatten, ihr Auskommen zu finden.

Als wollte er der Welt beweisen, dass eine Diskussion um die Notwendigkeit des Geldes überflüssig sei, pflegte Johannes Paul II. einen unglaublich bescheidenen Lebensstil für einen Papst. Er verbot, dass ihm eine neue weiße Soutane gekauft wurde. Als er starb und seine letzte weiße Soutane in 100 000 kleine Stücke geschnitten wurde, um sie den Gläubigen zu schenken, entdeckte man, dass sie vollkommen zerschlissen und vielfach geflickt worden war. Für Johannes Paul II. war es von großer Bedeutung zu zeigen, dass sein eigener Haushalt deutlich unter dem Standard eines gewöhnlichen bürgerlichen Haushaltes in Europa blieb. So gab es am Sitz des Papstes in Castel Gandolfo keine Waschmaschinen, alles wurde mit der Hand gewaschen. Tischtücher, Laken, Bezüge durften nie erneuert werden, sondern wurden immer wieder geflickt. Das galt auch für Pfannen und Töpfe in der Küche. Wenn etwas angebrannt war, wurden die jahrzehntealten Töpfe so lange geschrubbt, bis sie wieder sauber waren. Die Küche im Apostolischen Palast kam schließlich bis zum Standard der Küche einer verarmten Familie herunter, sodass Papst Benedikt XVI. sie vollständig ersetzen ließ. Karol Wojtyła äußerte zur Verwunderung der Ordensfrauen, die ihn versorgten, nie einen besonderen Essenswunsch, immer war alles gleich willkommen. Hauptsache, es wurde nur das benutzt, was die päpstliche Farm in Castel Gandolfo selber herstellte. Während des Staatsbesuchs in Aserbaidschan, einem Land, mit dem der Vatikan noch keine diplomatischen Beziehungen unterhielt und wo also noch keine Botschaft (Nuntiatur) des Vatikans existierte, weigerte der Papst sich, in einem Luxushotel abzusteigen; er bezog ein Zimmer in einer Pension.

Die größte Enttäuschung seines Lebens war der Wandel in seinem einstmals so frommen Heimatland Polen nach dem Mauerfall. Johannes Paul II. hatte geglaubt, dass die Erfahrung des Befreiungskampfes gegen die Sowjets seine Landsleute für immer mit der katholischen Kirche zusammenschmieden würde. Mit Entsetzen sah er, dass auch in Polen sich nach dem Mauerfall die Kirchen leerten und die Menschen nach schönen Autos, neuen Möbeln und schicken Klamotten verlangten. Karol Wojtyła würde bis zu seinem Lebensende das Verlangen nach weltlichen Gütern suspekt bleiben. Noch weit suspekter war ihm, die Frage nach einem gelungenen Leben mit der Frage danach zu verbinden, wie viel Geld ein Mensch zu einem gelungenen Leben braucht. Johannes Paul II. weigerte sich beharrlich, einzusehen, dass Menschen eine materielle Grundlage brauchen, um zu leben. Er sprach und schrieb immer nur über das Gegenteil. Wenn Karol Wojtyła über Not redete, war das immer spirituelle Not. Wenn es um Armut ging, dann um die spirituelle Armut. Katholiken, so wie Karol Wojtyła sie ab dem Beginn der 90er-Jahre sah, scheinen kein Geld zu brauchen, ihre einzige Bestimmung ist es, ihre Frömmigkeit zu stärken.

Nach seiner Wahl im Jahr 1978 bis zum Fall der Mauer zeigte Karol Wojtyła noch durchaus Verständnis für die reine materielle Not der Arbeiter, die er aus nächster Nähe während seiner Polen-Reisen zu spüren und zu sehen bekam. Doch nach dem Zusammenbruch des Sowjetreiches erfasste ihn eine regelrechte innere Panik. Der überdurchschnittlich intelligente Karol Wojtyła befürchtete, dass das eintreten würde, was tatsächlich eintrat und was Papst Johannes Paul II. mit aller Macht nicht verhindern konnte: der Wunsch der Polen und aller Christen im befreiten Ostblock nach materiellem Wohlstand. Ich, der Autor dieses Buches, habe mehrfach in der päpstlichen Maschine mit Karol Wojtyła über diesen Punkt gesprochen, und kaum etwas entsetzte ihn so sehr wie der Wunsch der Menschen in Osteuropa nach materiellen Gütern. Karol Wojtyła hatte den Krieg der Kirche gegen die Sowjets als einen religiösen Krieg gesehen, nicht als einen Religionskrieg, sondern einen Krieg der Kirche gegen das Böse. Im Gegensatz zu einem Religionskrieg, wie etwa dem klassischsten von allen, den Kreuzzügen, glaubte Karol Wojtyła keineswegs, dass die Kirche versuchen sollte, anzugreifen, in diesem Fall nicht das von Muslimen besetzte Jerusalem, sondern das von den Atheisten beherrschte Osteuropa. Er sah also die Kirche keineswegs als angreifende, kämpfende Kirche. Sie wurde vielmehr in einen Konflikt mit dem Bösen gezwungen. Das Böse versuchte, den Menschen in Osteuropa vorzugaukeln, dass eine moderne Gesellschaft wunderbar ohne Gott auskommen konnte, und dagegen musste die Kirche kämpfen, davon war Karol Wojtyła überzeugt. Das Besondere an der Auseinandersetzung bestand darin, dass es sich keineswegs um einen nur in Gedanken ausgetragenen intellektuellen Streit handelte, sondern um einen ganz konkreten Kampf, in dem ganz konkrete Pistolen zum Einsatz kamen. Als Mehmet Ali Agca, sehr wahrscheinlich im Auftrag Leonid Breschnews, am 13. Mai 1981 auf Karol Wojtyła schoss, der nur um Haaresbreite überlebte, glaubte dieser, dass das Böse ihn hatte umbringen wollen. Er glaubte, dass eine unsichtbare Hand ihm das Leben gerettet hatte.

Gut und Böse waren klar verteilt. Die Kirche unternahm bis zum Mauerfall äußerste Anstrengungen auf allen Ebenen, um den Kampf der Solidarnosc in Polen, aber auch die Befreiungsbemühungen aller Katholiken gegen die Sowjetdiktatur zu unterstützen. Karol Wojtyła wurde nie müde zu beteuern, dass die Menschen, die sich gegen den atheistischen Sowjetkommunismus erhoben, auf Gottes Seite standen. Doch als der Kampf gewonnen war, beschlich ihn ein erschreckender Verdacht: dass dieser jahrzehntelange Kampf nicht mit einer Stärkung des Glaubens enden würde, sondern mit dem Gegenteil. Für Karol Wojtyła schien lange Zeit glasklar, dass, im Fall eines Sieges der Völker hinter dem Eisernen Vorhang über die Sowjets, aus Dankbarkeit für die wieder errungene Religionsfreiheit eine neue, noch weit frommere slawische Welt entstehen würde. Dass der lange Kampf gegen Moskau damit enden könnte, dass die Menschen materiellen Wohlstand anstreben und den Segen der Kirche vernachlässigen würden, befürchtete er zwar vom Zeitpunkt des Mauerfalles an, glaubte es aber verhindern zu können. Nichts zeichnete seine letzten Jahre so sehr wie die unendliche Enttäuschung, dass der Sieg gegen das atheistische Moskau mit einem Eigentor endete. Die Kirche wurde durch den Sieg über das gottesverachtende Regime des Kremls nicht stärker, sondern schwächer. Auch in Polen strömten nach dem Ende des Sowjetkommunismus die Menschen nicht mehr in die Kirchen, sondern in die neuen Kaufhäuser.

Das war der Hintergrund, vor dem Papst Johannes Paul II. seinen Stil und seine Prioritäten änderte. Den Kampf der Streikenden von Solidarnosc und ihr Verlangen nach Brot hatte Karol Wojtyła noch verstanden. Aber den Wunsch nach Wohlstand der postkommunistischen Gesellschaften hielt er für hochgefährlich. Deswegen verband der Papst in seiner Gedankenwelt seit dem Mauerfall das Thema Armut ausschließlich mit spiritueller Armut. Er fürchtete, dass eintreten könnte, was tatsächlich eintrat: Dass eine zufriedenere Gesellschaft, die nicht mehr durch Mangel und Armut zusammengehalten wurde, der katholischen Kirche und dem Glauben an Gott weniger Bedeutung beimaß.

Der Grundstein für die Kirche von morgen

Nichts erscheint im bisherigen Pontifikat von Papst Franziskus so rätselhaft wie die unbeugsame Härte, mit der er den Kampf gegen die Kurie führt. Nie zuvor hatte ein Papst die Kurie grundsätzlich infrage gestellt, indem er einen Beraterstab, eine Art Super-Kurie, einberief. Wie konnte es dazu kommen? Die Antwort ist einfach: Der Kampf wird so hart geführt, weil es in der Auseinandersetzung mit dem Papst nicht um einen normalen Richtungsstreit geht, eines der gewöhnlichen Kräftemessen zwischen Papst und Kurie, sondern um viel mehr, man könnte auch sagen, um alles: die Existenzberechtigung der Kurie. Die Kurie, so wie sie am Tag der Wahl von Papst Franziskus existiert, weiß, dass dieser Papst alles daransetzen wird, um dafür zu sorgen, dass sie aufhört in dieser Form fortzubestehen.

Eine der seltsamsten Eigenschaften des Papstamtes, der letzten absolutistischen Wahlmonarchie der Welt, besteht darin, dass ein Papst theoretisch die Zukunft der Kirche radikal gestalten und auf sehr weitreichende Weise verändern kann. Der Unterschied zu Veränderungsmöglichkeiten in anderen Staatsformen wie einer Demokratie ist riesig. In einer Demokratie verschieben sich die Kräfteverhältnisse nur langsam. Wenn in einem Land etwa die Hälfte der Bevölkerung konservativ wählt, dann können die nicht von einem Tag auf den anderen verschwinden. Die konservativen Kräfte mögen zulegen oder Verluste erleiden, kleine Parteien verschwinden und wieder auftauchen, aber der Prozess vollzieht sich langsam, graduell. Im Fall einer absolutistischen Wahlmonarchie wie dem Vatikan ist das ganz anders.

Theoretisch kann jeder Papst die Kirche radikal umbauen. Der erste afrikanische Papst etwa könnte, wenn er es wollte, ausschließlich afrikanische Kardinäle ernennen und damit beeinflussen, dass der nächste Papst wieder ein farbiger Mann aus Afrika wird. Dieses Mechanismus bedienten sich, seit der Erfindung der Kardinäle um das Jahr 1100, ungemein erfolgreich die Bischöfe des italienischen Stiefels. Trotz aller Differenzen untereinander waren sie sich immer einig, dass es von äußerster Wichtigkeit ist, die Kontrolle darüber zu behalten, wer der nächste Papst wird. Dieses Prinzip funktionierte über Jahrhunderte, mit wenigen Ausnahmen, ausgezeichnet. Dann wurde im Jahr 1978 der erste slawische Papst der Geschichte gewählt, und die Allmacht der Italiener schien gebrochen. Natürlich war das für die Fraktion der Italiener ein Alarmsignal. Zu Recht. Begann der erste polnische Papst doch auch gleich, die Basis für die Macht der Italiener zu schmälern, ihren Anteil unter den Kardinälen, die den nächsten Papst wählen würden, zu senken. Während in einer Demokratie ein Ministerpräsident nur sehr bedingt beeinflussen kann, wer sein Nachfolger wird, kann ein Papst durch die Zusammensetzung des Kardinalskollegiums eine wichtige Vorentscheidung darüber treffen, wie die Wahl seines Nachfolgers ausfallen soll.

Die Kardinäle bauten aber im Laufe der Jahrhunderte eine Art Bestandsgarantie ein, die genau das verhindern sollte, nämlich dass ein radikaler Umbau der Spitze der Kirche durch eine radikale Umbesetzung des Konklaves, das den nächsten Papst wählt, möglich wird. Dieses Korrektiv ist die Einrichtung eines Kardinalssitzes. Die Tatsache, dass diverse Städte eine Art ererbtes Recht darauf haben, dass der jeweilige Erzbischof zum Kardinal ernannt wird, legt weltweit ein Netz der Macht aus und sichert vor allem die Vorherrschaft der Kardinäle Italiens und damit ihren Einfluss auf die Wahl des Papstes und auf die Weltkirche insgesamt. Diese nirgendwo festgeschriebene Tradition der Kardinäle sorgt dafür, dass die Zahl der italienischen Kardinäle zwar variieren kann, aber sie kann nicht unter einen immer noch hohen Anteil am Kardinalskollegium fallen.

In Italien gibt es mindestens neun Sitze eines Kardinals: Rom (der Generalvikar des Papstes ist immer ein Kardinal), Bologna, Florenz, Genua, Mailand, Neapel, Turin, Palermo und Venedig. Das ist die noble Spitzengruppe. Dazu gibt es eine Vielzahl von

Kardinalssitzen, die im Laufe der Jahre dazukamen, aber auch wieder verschwinden können, wie die Stadt Agrigent.

Damit besitzt Italien allein dreimal so viele Städte, die ein »Anrecht« auf einen Kardinal haben, wie Deutschland, das es nur auf drei Städte bringt: Köln, München und Berlin.

Ein Großteil des Kardinalskollegiums setzt sich aus den Mitgliedern der Kurie, den Chefs der päpstlichen Kongregationen und Räte, zusammen. Für die Päpste gilt die Tradition, dass an den Sitzen der Kardinäle nicht gerüttelt wird. Das bedeutet: Völlig egal, welcher Mann zum Bischof von Neapel ernannt wird, ob fähig oder unfähig, im Verdacht, ein Verbrecher zu sein oder nicht: Er wird auf jeden Fall Kardinal. Das, was bei der Kurie nackte Existenzangst auslöst, ist die Tatsache, dass Papst Franziskus sich nicht an diese eiserne Regel hält.

Er missachtet diese jahrhundertealte Tradition. Damit ist der Weg frei für den kompletten Umbau der Kirchenspitze, wie es ihn seit dem Exil der Päpste in Avignon nicht mehr gegeben hat. Das Signal für die Revolution ist die Weigerung des Papstes, zwei uralte Sitze der Kardinäle weiterhin zu beachten: Venedig und Turin. Beide Bischöfe, sowohl Cesare Nosiglia in Turin als auch Francesco Moraglia in Venedig, haben ihre Vorgänger abgelöst, ohne danach zum Kardinal ernannt zu werden. Was für ein Bruch! Was für ein Affront! Seit über 150 Jahren wurde jeder Patriarch von Venedig zum Kardinal ernannt.

Dieses Signal zeigt vor allem eins: Der Papst will nicht ein paar kleine Änderungen anbringen, er schreckt auch vor radikalen und bis dahin undenkbaren Schritten nicht zurück. Das Entsetzen unter den Italienern ist vor allem deswegen so groß, weil sie geglaubt hatten, die Gefahr des Untergangs ihrer Vorherrschaft gebannt zu haben.

Als das Konklave 1978 zusammentrat, um Papst Johannes Paul II. zu wählen, besaßen 111 Kardinäle das Wahlrecht. Die mit Abstand größte Gruppe der Wahlberechtigten stellten die Italiener. Sie schickten 26 Kardinäle ins Konklave, das sind 23,4 Prozent aller Stimmen, knapp ein Viertel. Gegen eine so große Gruppe lässt sich eigentlich kein Papst durchsetzen. Im Gegenzug dazu kann eine so große Gruppe, wenn sie nicht zerstritten ist, so gut wie jeden Kandidaten durchsetzen, wenn sie ausreichend Verbündete findet. Während des Konklaves vom 25./26. August 1978, das Papst Johannes Paul I. gewählt hat, war es zu einer heftigen Auseinandersetzung um den Spitzenkandidaten der italienischen Gruppe gekommen, den Erzbischof von Genua Giuseppe Siri. Siri lieferte sich ein Kopf-an-Kopf-Rennen mit seinem Widersacher Giovanni Benelli, dem Erzbischof von Florenz. Es entstand eine Patt-Situation, die dazu führte, dass ein Kompromiss-Kandidat zum Papst gewählt wird, nämlich der schwerkranke Albino Luciani, der nur 33 Tage lang als Papst Johannes Paul I. regieren sollte. Nach dessen Tod wiederholte sich die Situation, erneut konnten sich die Italiener nicht zwischen Siri und Benelli entscheiden, und so konnte sich ein Außenseiter durchsetzen, Papst Johannes Paul II.

Zum Schrecken der Italiener begann Karol Wojtyła, in einem atemberaubenden Tempo die Kirche zu globalisieren. Der »eilige Vater«, der Marathonmann Gottes, der 104 Auslandsreisen um den Globus absolvieren wird, sah die katholische Kirche nicht mehr als italienische Institution. Er träumte davon, die Krise der Kirche in Europa dadurch aufzufangen, dass die Kirche neue »Wachstumsmärkte« erobert, was dem Papst auch gelang. Während in Europa ein existenzbedrohender Priestermangel herrscht, weil nur noch sehr wenige junge Männer bereit sind, sich zum Priester weihen zu lassen, schnellen die Zahlen der Priesterseminaristen in Afrika und Lateinamerika hoch. Vor allem in Mexiko können sich die Diözesen vor jungen Männern, die Priester werden wollen, kaum mehr retten.

Doch bei allen Globalisierungsbemühungen ging Karol Wojtyła sehr behutsam vor. Die Wahl Papst Johannes Pauls II. 1978 war zwar zweifellos bereits ein Bruch mit den Traditionen gewesen. Mitten im Kalten Krieg hatten die Kardinäle den Mut, einen Fachmann aus der Welt des Ostblocks zum Papst zu wählen. Doch das Innere der Kurie tastete auch Karol Wojtyła nicht an. Er besetzte nur besonders fromme Ämter des Vatikans mit engen Freunden. So schuf er für seinen Freund Kardinal Andrzej Maria Deskur, der fast täglich mit ihm zu Mittag aß, die Päpstliche Akademie der Unbefleckten Empfängnis. Im Vatikan fragten sich viele, ob eine solche Akademie gebraucht wurde und was sie denn eigentlich tun solle. Diese Akademie drückte vor allem die tiefe Marienverehrung des polnischen Papstes aus.

Seinen zweiten engen Freund, Zenon Grocholewski, machte Papst Johannes Paul II. 1990 zum Chef der Päpstlichen Kongregation für das Katholische Bildungswesen. Grocholewski sollte in dieser Position verhindern, dass nach dem Mauerfall die Frömmigkeit vor allem in Osteuropa nachlasse, und das katholische Erziehungswesen ausbauen. Doch weder Andrzej Maria Deskur noch Zenon Grocholewski hatten in der Kurie Gewicht.

Wie sehr Papst Johannes Paul II. fürchtete, tatsächlich die alten Strukturen der römischen Kurie infrage zu stellen und zu verändern, zeigt der Fall seines langjährigen Staatssekretärs Kardinal Angelo Sodano. Den aus Isola d'Asti im Piemont stammenden Kardinal traf eine große Mitschuld an einer bitteren Niederlage des Jahrtausendpapstes, dem Staatsbesuch im Jahr 1987 in Chile. Angelo Sodano war zum Nuntius in Chile berufen worden und organisierte maßgeblich den Papstbesuch. Papst Johannes Paul II. hielt den Putschgeneral Augusto Pinochet für mitschuldig am Tod tausender Menschen und sah mit Sorge, dass zahlreiche katholische Priester offiziell gegen Angelo Sodano protestierten, weil er eine zu große Nähe zu dem Diktator pflegte und ihn viel zu unkritisch sah.

Papst Johannes Paul II. wies also Angelo Sodano vor dem Chile-Besuch klipp und klar an, dass er auf keinen Fall für ein Bad in der Menge zusammen mit Pinochet zur Verfügung stehe. Doch der Papst wurde übel getäuscht, und genau das, was er verhindern wollte, trat ein. Als Papst Johannes Paul II. den Salon verlassen wollte, in dem er sich mit Augusto Pinochet getroffen hatte, führte man ihn auf einen Flur, dessen Fenster mit einem großen Vorhang verschlossen waren. Als der Papst an dem Vorhang vorbeiging, wurde der plötzlich aufgezogen und eine Balkontür geöffnet. So musste sich Karol Wojtyła gegen seinen Willen der Menge an der Seite des Diktators zeigen.

Jahrzehntelang musste Karol Wojtyła wegen dieses Augenblicks büßen. Immer wieder wurde ihm vorgehalten, dass er sich an der Seite des Diktators Pinochet gezeigt habe und dass er dessen rechtsextremes Regime sozusagen gesegnet habe. Bis zu seinem Tod schmerzte Karol Wojtyła dieses Ereignis. Sein langjähriger Reisemarschall Kardinal Robert Tucci erinnerte in seinen Memoiren daran, wie sehr Papst Johannes Paul II. diese Schmach, für die der damalige Nuntius Angelo Sodano maßgeblich mitverantwortlich war, getroffen habe.

Noch viele Jahre später zeigte Angelo Sodano keine Einsicht. Im Jahr 1999 verlangte er, dass der in England wegen Massenmordes verhaftete Pinochet nach Chile zurückgebracht werden müsse. Aber trotz dieses gravierenden Fehlverhaltens wagte Karol Wojtyła es nicht, den von der Kurie geforderten Aufstieg des Angelo Sodano zum Kardinalstaatssekretär und damit zum zweiten Mann im Vatikan zu verhindern. Er musste jahrzehntelang Seite an Seite mit dem Mann die Kirche regieren, der ihm die größte internationale Niederlage beigebracht hatte.

Das Pontifikat von Papst Johanes Paul II. versuchte beides: einen Umbau der Kurie und eine Stärkung der Kardinäle auf der ganzen Welt sowie eine Reduzierung der Macht der Italiener bei gleichzeitigem Respekt vor der italienischen Tradition. Als Karol Wojtyła starb und die Kardinäle zusammenkamen, um Papst Benedikt XVI. zu wählen, gab es 115 wahlberechtigte Kardinäle, die zum Konklave in Rom anreisten. Das bedeutet, dass die Zahl der Teilnehmer des Konklaves angewachsen war, von 111 wahlberechtigten Kardinälen des Jahres 1978 auf 115. Gleichzeitig sank die Zahl der italienischen wahlberechtigten Kardinäle von 26 auf 20, also von 23,4 Prozent der Stimmen auf 17,3 Prozent. Das kam einem Erdrutsch gleich. 1978 hatten die italienischen Kardinäle also noch knapp jeden vierten wahlberechtigten Kardinal gestellt, nach dem Umbau der Kurie im Sinne der Globalisierung stellten die Italiener 2005 nur noch etwa jeden sechsten wahlberechtigten Kardinal.

Es ist also kein Wunder, dass Jorge Mario Bergoglio bereits während des Konklaves im Jahr 2005 eine Chance bekam, zum Papst gewählt zu werden. Die Fraktion der Italiener war stark geschwächt, aber sie hatte ein Ass im Ärmel, einen kirchlichen Superstar, Carlo Maria Martini, der allerdings den Nachteil hatte, dass er an der Parkinson-Krankheit litt (er starb 2012). Aber schließlich hatte Papst Johannes Paul II. mit seiner Krankheit über ein Jahrzehnt die Kirche auf charismatische Weise geleitet. Hinzu kam außerdem, dass der Gegenkandidat Joseph Ratzinger auch nicht jünger war als Martini, beide wurden im Jahr 1927 geboren – und beide waren auf ihre Art Stars.

Carlo Maria Martini ist der vermutlich berühmteste verhinderte Papst der Geschichte. Kein anderer Theologe beherrschte so eindeutig die Szene in Italien wie der Erzbischof von Mailand. Er besaß alle Talente, die ein Spitzenmann der Kirche braucht. Er war kultiviert, ein hervorragender Bibel-Wissenschaftler und perfekt vernetzt in der kirchlichen und politischen Welt Italiens und weiten Teilen Europas. Verglichen mit Papst Johannes Paul II. verfügte er über einige wichtige Vorteile: Martini gelang im Laufe der 80er- und in den 90er- Jahren ein sehr schwieriges Kunststück. Er schaffte es, jenen Teil der Gesellschaft für sich zu gewinnen, der sich von der Kirche abgewandt hatte. Er begann einen über Jahre geführten Dialog mit Ungläubigen, was ihn über Italiens Grenzen hinaus berühmt machte. Martini war tolerant und modern. Er schien die Kirche von morgen zu repräsentieren, im Unterschied zum rückwärtsgewandten, frommen Karol Wojtyła. Vor allem schaffte Martini eines, woran Karol Wojtyła scheiterte: jenen großen Teil der italienischen Bevölkerung, der eher links orientiert ist und die Kirche des beinharten Antikommunisten Wojtyła ablehnte, wieder für die katholische Kirche zu interessieren.

Kein anderer Kardinal besaß ein so positives Image wie Martini. Innerkirchlich hatte er einen weiteren Vorteil, gemessen an Karol Wojtyła, er galt als Top-Theologe. Papst Johannes Paul II. sagte immer wieder über sich selbst, dass er sich nicht für einen überragenden Theologen hielt. Sein Regierungsstil orientierte sich an dieser Selbsteinschätzung. Karol Wojtyła hatte immer ein volles Haus, er lud zahlreiche Gäste zum Mittag- und Abendessen ein, alle Fragen, die ihn interessierten, wurden dann offen diskutiert. Karol Wojtyła hörte immer viele Stimmen, bevor er entschied.

Carlo Maria Martini hingegen äußerte sich, ohne große Fehler zu machen, zu allen aktuellen und umstrittenen Themen. Der Weg auf den Thron des Papstes schien für Martini vorprogrammiert; er erfüllte alle Voraussetzungen, auch die wichtigste. Denn Martini stand auf dem traditionellen Sprungbrett für das Amt des Papstes, er regierte als Erzbischof die Diözese Mailand, die größte der Welt, ebenso wie Papst Paul VI. und Papst Pius XI. vor ihm.

Außerdem war Carlo Maria Martini ein Mediengenie, der sich und seine Themen jahrzehntelang in die Öffentlichkeit brachte. Denn er besaß die in der katholischen Kirche seltene Fähigkeit, souverän mit den Medien umzugehen. Martini positionierte sich dort hervorragend; vor allem die Mailänder Tageszeitung *Corriere della sera*, aber auch das Fernsehen lagen dem Kardinal zu Füßen. Endgültig berühmt wurde er durch den Dialog mit dem Weltstar Umberto Eco, einem bekennenden Atheisten, über Fragen des Glaubens. Martini entsprach perfekt den Anforderungen der Gesellschaft; ein weltoffener Theologe, der den Austausch mit den Nichtgläubigen förderte und für sich nutzte. Die europäischen Spitzenpolitiker gaben sich bei Martini die Klinke in die Hand. Das einzige erkennbare Hindernis, das ihn als künftigen Papst auszuschließen schien, war seine Zugehörigkeit zum Orden der Jesuiten.

Noch nie hat es ein Jesuit auf den Thron Petri geschafft, was vor allem damit zu tun hat, dass der Orden einen seltsamen Sonderfall innerhalb der katholischen Ordenswelt darstellt. Die Jesuiten – und nur die Jesuiten – müssen ein viertes Gelübde ablegen, in dem sie Gehorsam gegenüber dem Papst schwören. Aber wie sollte ein Jesuit, der selbst Papst wird, dieses Gelübde ablegen? Ein Jesuit, der zum Papst gewählt würde, kann ja kaum sich selbst Gehorsam schwören. Der Fall ist eine Lücke im Regelwerk der Kirche. Niemand wusste lange Zeit, was geschehen würde, wenn ein Jesuit einmal Papst werden sollte.

Ohne Zweifel stand Martini für die Kirche nach Papst Johannes Paul II. Er hatte weder Berührungsängste zu Homosexuellen, noch schloss er das Frauenpriestertum kategorisch aus. Er wagte es sogar, öffentlich über die Ehelosigkeit der Priester nachzudenken. Doch Carlo Maria Martini hatte ein unüberwindbares Problem: den Verfall seines Körpers. Das lange Pontifikat des Karol Wojtyła setzte Martini zu. In den späten 8oer- und den kompletten 9oer-Jahren zeigte Martini, was für ein brillanter Denker er war. Doch als Papst Johannes Paul II. starb, ahnte Martini, dass es für ihn zu spät sein könnte. Die bereits Mitte der 90er-Jahre bei ihm diagnostizierte Parkinson-Krankheit machte ihm sichtlich zu schaffen. Er signalisierte nach dem Einzug ins Konklave, dass er eigentlich gar nicht mehr Papst werden wolle, und wenn er das wirklich nicht wollte, dann erscheint das, was er im Leben des Jorge Mario Bergoglio anrichtete, noch rätselhafter. Im ersten Wahlgang erhielt Martini trotz seiner Ankündigung, nicht Papst werden zu wollen, dennoch neun Stimmen.

Doch dann die Überraschung. Immer mehr Kardinäle stimmten für Bergoglio. Jetzt waren zwei Jesuiten-Patres im Rennen gegen Joseph Ratzinger. Ein ungleiches Kräftemessen. Jeder der versammelten Kardinäle kannte Carlo Maria Martini und seine zahlreichen Schriften. Der Bibel-Experte hatte zu allen Fragen der modernen Gesellschaft Position bezogen wie ein heimlicher zweiter Papst. Den Jesuiten-Pater Jorge Mario Bergoglio kannte die Mehrheit der Kardinäle gar nicht oder nur oberflächlich. Der Erzbischof von Buenos Aires hatte weder eine glänzende Laufbahn als Hochschullehrer hinter sich noch wichtige Bücher geschrieben. Die Medien in seinem eigenen Land nahmen ihn kaum zur Kenntnis, mutige außergewöhnliche Vorschläge, wie Martini sie einbrachte, hatte er nie gemacht.

Zudem wird er zu der verdächtigen linken Gruppe der CELAM-Kardinäle gezählt, die einen Lateinamerikaner auf dem Thron Petri sehen wollen. Auch das Erscheinungsbild der beiden Männer war völlig unterschiedlich. Carlo Maria Martini war trotz seiner Krankheit noch ein stattlicher, hochgewachsener Mann. Neben ihm sah Bergoglio wie ein eingefallener Straßenpfarrer aus mit herunterhängenden Schultern und herunterhängenden Mundwinkeln, die ihn mürrisch wirken ließen. Martini wirkte eher wie ein Staatsmann, Bergoglio wie ein betagter Pilger, der sich zufällig unter die Kardinäle ins Konklave verirrt hatte.

An Martini sind die Jahre in der Position des Stars der katholischen Kirche natürlich nicht spurlos vorübergegangen. Ich habe nie einen Theologen kennengelernt, der sich eher wie ein Spitzenpolitiker gab als Martini. Der langjährige Bischof von Mailand wirkte auf viele Menschen arrogant. Das war nicht einmal seine

Schuld, sondern ein Resultat der Umstände. Ich habe das selbst oft erlebt: Während Synoden oder Kongressen konnten Dutzende Bischöfe und Kardinäle einen Saal betreten, ohne dass auch nur ein Reporter aufstand. Sobald Martini kam, drängten sich alle Kollegen in großen Pulks um ihn, um mit dem Star des Katholizismus sprechen zu können. Seine Sekretäre hatten immer alle Hände voll nur damit zu tun, Heerscharen von Reportern abzuwimmeln.

Jorge Mario Bergoglio ist das komplette Gegenteil von all dem: Während der Synoden, an denen er teilnahm, wirkte er verschlossen. Bergoglio hatte nichts Glamouröses. Er vertrat keine extremen Ansichten, verbreitete keine gewagten Theorien. Auf eine gewisse Weise wirkte Jorge Bergoglio langweilig, gemessen an dem Star aus Mailand. Dass dieser Mann als Papst eines Tages die Kurie auseinandernehmen könnte, daran verschwendete damals niemand einen Gedanken.

Bergoglios Mitarbeiter mussten auch keine übereifrigen Journalisten abwimmeln. Der Kardinal aus Buenos Aires gab sich eher wie ein Bettelmönch. Carlo Maria Martini konnte man hingegen ansehen, dass er wichtig war und sich auch für wichtig hielt; Jorge Mario Bergoglio schien ins Gesicht geschrieben zu sein, dass er nicht zählte und auch nicht zählen wollte. Ständig senkte er den Kopf, als müsste er sich entschuldigen. Doch dann die Überraschung: Dieser unscheinbare Mann aus Argentinien zog an Carlo Maria Martini energisch vorbei. Er konnte 39 Stimmen auf sich vereinigen. Er war die Alternative zu Joseph Ratzinger.

Für die Europäer war jetzt eines klar: Der Umbau der Kurie durch Papst Johannes Paul II. und die klare Schwächung der Gruppe der italienischen Kardinäle machte sich bemerkbar. Die Lateinamerika-Fraktion war stark. In dieser brisanten Situation geschah etwas Folgenschweres.

Irgendwann musste der damals 68-jährige Erzbischof aus Buenos Aires ihre Blicke bemerkt haben, die Blicke der anderen Kardinäle, die an den vier Tischen in der Sixtinischen Kapelle saßen unter diesem unfassbaren Fresko des Michelangelo Buonarroti in rätselhaft leuchtendem Blau. Auf dem Riesenfresko ist zu sehen, wie das Ende der Zeit gekommen ist und der erste Papst, Petrus, nach getaner Arbeit die Schlüssel an Jesus zurückgibt. Christus hatte sie ihm anvertraut, die Schlüssel des Himmels, und jetzt sollte einer von den Männern, die in der Sixtinischen Kapelle ausharrten, diesen Schlüssel bekommen, und Jorge Bergoglio wusste plötzlich, dass er es nicht sein würde, weil er verleumdet worden war. Er blickte in misstrauische Augen und sah, dass die Kardinäle ihren Urteilsspruch gefällt hatten: schuldig, schuldig, wieder schuldig. Er wusste, was passiert war, denn das geschah nicht zum ersten Mal: Das alte Gerücht war wieder gestreut worden, er habe sich während der Zeit der Militärdiktatur in Argentinien nicht korrekt verhalten. Aber dass es diesmal ausgerechnet der Mitbruder Carlo Maria Martini war, der dieses Gerücht in Umlauf brachte, das traf den von Rom ohnehin schon enttäuschten Jorge Bergoglio schwer. Martini hatte den übrigen Kardinälen zugeflüstert, es gebe da Zweifel an dem Verhalten Bergoglios.

Warum hatte er das getan? War dieser gebildete, fromme Bibel-Fachmann eifersüchtig? Machte es ihn rasend, dass nicht er, der bekannteste Jesuiten-Pater der Welt, sondern ein Niemand aus Argentinien der erste Jesuit auf dem Thron Petri werden könnte? Bergoglio konnte sie alle nicht mehr ansehen, vor allem Carlo Maria Martini nicht. Aber was sollte er tun? Aufspringen und die Sixtinische Kapelle verlassen? Einen Skandal provozieren? Aufstehen und sagen: Ich bin unschuldig. Nein, er musste hier sitzen bleiben und zuschauen, wie sie wieder das uralte Spiel wiederholten. Männer von außen, von weit her, die nicht ihr Leben im Vatikan im Studierzimmer verbracht hatten, werden sehr argwöhnisch beäugt. Das Zentrum der Macht mag sie nicht. Das Zentrum der Macht mag Männer aus dem innersten Zirkel der Macht, Männer wie Joseph Ratzinger. Priester, die von der Peripherie kommen, haben keine Chance.

Bergoglio wusste, dass Carlo Martini nichts gegen ihn in der Hand hatte, er wusste es ganz genau. Denn in Argentinien hatte Jorge Mario Bergoglio so viele Feinde, die jeden Stein umgedreht hatten, um etwas gegen ihn zu finden, um ihn vor Gericht zerren zu können. Aber sie konnten es nicht, weil es nichts gab, mit dem sie ihn hätten anklagen können, weil er unschuldig war.

Wieso also spekulierte Carlo Maria Martini darüber, was Bergoglio während der Zeit der Militärdiktatur getan haben könnte? Martini war zu jenem Zeitpunkt am anderen Ende der Welt. Wie konnte er also wissen, was dort geschehen sein sollte? Nichts wusste Martini, was das Streuen dieses Gerüchts gerechtfertigt hätte. Dessen ist sich Bergoglio sicher, weil es nichts zu wissen gibt.

Martini hatte erzählt, was sie alle bei den Jesuiten über ihn erzählten, seit dem großen Krach mit dem General Pedro Arrupe: Dass Jorge Bergoglio ein Außenseiter sei, mit Vorsicht zu genießen, dass er möglicherweise Dreck am Stecken habe. Natürlich verbreiteten sie Gerüchte über ihn, und ausgerechnet jetzt, während der Heilige Geist den Männern im Konklave den Namen eingeben sollte, wen sie zum Papst zu wählen hatten, zogen sie mit einem billigen Gerücht Bergoglios Ansehen in den Dreck. Bergoglio kannte die Wirkung. Wenn selbst ein Mitbruder von Jorge Mario Bergoglio an dessen Integrität zweifelte, dann musste da etwas dran sein. Er war schuldig in den Augen der anderen. Nach der Wahl von Joseph Ratzinger zu Benedikt XVI. zog sich Jorge Bergoglio in sein Zimmer im Haus der heiligen Martha zurück. Er wollte nur noch seine Sachen packen und nach Hause zurückkehren.

Nach seiner Wahl zum Papst im Jahr 2013 fragen sich viele, warum der 76-Jährige die Wahl annimmt. Dabei hatte er nach seiner Wahl zum Papst gar keine Möglichkeit, etwas anderes zu tun, als anzunehmen. Hätte er die Wahl nicht angenommen, hätte sich für immer das Gerücht gehalten, dass er eben doch etwas zu verbergen hatte und dass er fürchtete, es würde herauskommen, wenn er die Wahl zum Papst annähme.

Nur wenn er das Amt annahm, konnte er endlich zeigen, dass er unschuldig war. Vielleicht war dieser Abend im Jahr 2005, als er packte, um zurückzufliegen, ja auch der Augenblick, in dem er sich sagte: Wenn Gott es so will, komme ich wieder, und solltet ihr dann den Fehler machen, mich zum Papst zu wählen, dann Gnade euch Gott!

Am 22. Februar 2014 und am 14. Februar 2015 baute Papst Franziskus während zweier Kardinalsernennungen tatsächlich die Spitze der katholischen Kirche um und zerschlug die Kurie in ihrer bisherigen Form.

Die Zahl der wahlberechtigten italienischen Kardinäle senkte er weiter ab. Während des Konklaves 2013, das Papst Franziskus wählte, gab es noch 28 italienische Kardinäle, die allein ein Viertel aller Wählerstimmen stellten. Nach den ersten beiden Konsistorien von Papst Franziskus sank die Zahl der Italiener auf 26, obwohl die Gesamtzahl der Kardinäle von 115 auf 120 anstieg. Derzeit beträgt der Anteil der italienischen wahlberechtigten Kardinäle nur noch 21,6 Prozent. Dramatisch sank das Gewicht der Europäer gegenüber dem Rest der Welt. Europa hat die absolute Mehrheit verloren: Nur noch 46,6 Prozent aller wahlberechtigten Kardinäle kommen aus Europa. Die Kardinäle aus dem Rest der Welt, vom amerikanischen, vom asiatischen und afrikanischen Kontinent sowie aus Ozeanien, sind stärker. Das Kräfteverhältnis sieht derzeit so aus: 64 Nichteuropäer gegen 56 Europäer. Franziskus hat bereits jetzt die Kirche verändert.

Der Angriff

Nichts, absolut gar nichts deutet an diesem vorweihnachtlichen Tag im Vatikan darauf hin, dass sich eine Sensation anbahnt. Noch wusste die Welt an diesem Montagvormittag zwei Tage vor Heiligabend 2014 nicht, dass sie in ein paar Stunden fassungslos staunend auf den Vatikan schauen würde, wo zum ersten Mal seit über 500 Jahren ein historischer Kampf ausgetragen wird. Wie alle anderen Vatikan-Beobachter hatte auch ich keine Ahnung, was für ein Erdbeben sich da abzeichnete. Ich war sicher, dass an diesem Vormittag gar nichts passieren würde. Papst Franziskus hatte eine nichtssagende Verabredung. Zunächst sollte er die Weihnachtsansprache vor der Kurie halten, dann das Gleiche noch mal, die Weihnachtsgrüße an die einfachen Angestellten des Vatikans. Das bedeutet in der Logik des Vatikans vor allem eins: Langeweile.

Alle Reden eines Papstes lassen sich in zwei Kategorien unterteilen: in theologische Reden und in den Rest. Für einen normalen Zuhörer sind die theologischen Reden eines Papstes so gut wie nie von überwältigendem Interesse. Es ist fast unmöglich, Laien für die theologischen Überlegungen eines Papstes zu begeistern, mit wenigen Ausnahmen. Wie etwa die dramatische Rede von Papst Johannes Paul II., der im Jahr 2000 der Menge anvertraute, dass er unter dem entsetzlichen Gefühl leide, Gott verloren zu haben.

Aber normalerweise interessieren sich die Beobachter der Päpste so gut wie nie für jene Reden eines Pontifex, bei denen sich abschätzen lässt, dass sie theologisch ausfallen werden. Die Überlegungen eines Papstes zu den Gottesvorstellungen eines vor 1500 Jahren verstorbenen Kirchenlehrers bewegen nur eine winzige Minderheit. Was wirklich spannend sein kann, ist der Rest. Wenn der Papst etwa das diplomatische Korps empfängt, das am

Vatikan akkreditiert ist; dann kann man mit einiger Sicherheit damit rechnen, dass die Ansprache Zündstoff enthalten könnte, eben weil der Papst vor solchem Publikum keine theologische Rede halten kann. Der Pontifex muss dann über Kriege, Terrorismus oder brisante politische Debatten reden und Stellung beziehen. Bei solchen Gelegenheiten verurteilt ein Papst dann schon mal den Terror der islamischen Kämpfer, die Christen kreuzigen, oder beklagt die Inhaftierung von Christen, die im Jemen oder Saudi-Arabien in Gefängnissen gefoltert werden, weil sie zum christlichen Gott gebetet haben. Ab und zu halten Päpste historische politische Reden, etwa im Jahr 2000 an der Klagemauer in Jerusalem, als Papst Johannes Paul II. die Juden um Vergebung für das bat, was Christen ihnen angetan hatten. Manchmal lässt sich sogar mit ziemlicher Wahrscheinlichkeit vermuten, dass ein Papst eine wichtige und interessante Rede halten wird, wenn er etwa ein Parlament besucht, eine Gedenkstätte des Holocaust oder ein Gefängnis.

Aufpassen muss man auch jeden Sonntag während des Angelus-Gebets, weil Päpste diese Gelegenheit öfter nutzen, um sensationelle Dinge zu sagen, wie etwa an jenem Tag, als Papst Johannes Paul II. den Gläubigen gestand, wie schwer krank er in Wirklichkeit war. Es gibt aber eben auch die Termine, bei denen man darauf wetten kann, dass der Papst eine theologische – also nur für eine Minderheit interessante – Rede halten wird. Ein klassisches Beispiel ist der alljährliche Besuch des Papstes an der Piazza di Spagna in Rom am Feiertag der unbefleckten Empfängnis. Bei solchen Gelegenheiten halten Päpste mit zahllosen Zitaten gespickte Ansprachen über die Größe des Mysteriums Gottes.

Genau so ein Termin war die alljährliche Weihnachtsansprache des Papstes vor der Kurie. Ich hatte mich in den vielen Jahren in Rom längst daran gewöhnt, während der theologischen Ansprachen nur noch mit einem Ohr zuzuhören, wenn ein Papst etwa über die Rätsel der Eucharistie oder das Geheimnis des Dreieinigen Gottes sprach. Dass es ausgerechnet bei dieser Weihnachtsansprache zu einer Sensation kommen könnte, hätte ich niemals für möglich gehalten. Schließlich kamen gleich zwei Faktoren zusammen, die es nahezu unmöglich machten, dass der Papst etwas Aufregendes sagen würde:

1. Er sollte die Weihnachtsansprache halten, während der die Päpste seit Jahrzehnten alle kontroversen Themen vermeiden; fast immer geht es um den theologischen Aspekt, dass Gott Mensch geworden ist durch die Geburt Jesu.

2. Der Papst sollte vor seinen eigenen Leuten, der Kurie, sprechen, den Kardinälen und Bischöfen, die mit ihm die Kirche regieren. Dabei konnten nur fromme Überlegungen herauskommen. Wenn der Papst den Präsidenten Nigerias empfing, einem Land, in dem Christen systematisch ermordet werden, konnte man eine kontroverse Rede erwarten, aber vor der Kurie zu Weihnachten, was sollte der Papst da anderes sagen, als dass die Kirche allen Grund habe, sich auf das Fest der Geburt Christi zu freuen?

An diesem Vormittag des 22. Dezember 2014 saß denn auch niemand vor den Bildschirmen, die die Rede des Papstes live aus dem Thronsaal der Päpste, der Sala Clementina im Vatikan, in den Pressesaal des Vatikans übertrugen. Niemand rechnete damit, dass irgendetwas Bemerkenswertes geschehen könnte. Doch dann ließ der Papst die Bombe platzen.

Es war die erste verbale Vernichtungsschlacht eines Papstes gegen seine Kurie seit Jahrhunderten. Die letzte öffentliche Auseinandersetzung eines Papstes mit der Kurie, die mit solcher Härte geführt wurde, liegt vermutlich über 500 Jahre zurück. Damals setzten die Kardinäle Papst Eugen IV. ab und wählten den Gegenpapst Felix V., den letzten Gegenpapst der Geschichte. Ähnlich schwer gekracht hatte es zwischen Papst Alexander VI. und seiner Kurie. Der Borgia-Papst war nicht davor zurückgeschreckt, den Kurienkardinal Giovanni Michiel vergiften zu lassen. Doch auch diese Auseinandersetzung zwischen Papst und Kurie war fünf Jahrhunderte her. Seitdem hatte im Großen und Ganzen Einigkeit zwischen Papst und Kurie geherrscht. Der deutsche Papst Benedikt XVI. war weiter entfernt davon, die Kurie zu kritisieren, als vermutlich je ein Papst vor ihm. Er ließ sich von der Kurie alles bieten, beklagte sich am 10. März 2009 in einem Brief lediglich darüber, dass ihn seine Kardinäle und Bischöfe nicht richtig verstünden und sogar angriffen. Er mahnte sie, es gebe ein »Beißen und

Zerreißen« in der Kirche und er, der Papst, werde zu Unrecht auf das Schärfste kritisiert. Er erklärte, wie sehr ihn diese heftigen Angriffe der Kurie verletzten. Dass es wenige Jahre später umgekehrt sein könnte und ein Papst einer Kurie offen den Krieg erklären würde, schien damals undenkbar.

Als also Papst Franziskus am 22. Dezember um 11.27 Uhr die Sala Clementina betritt, in der sich die Kurienkardinäle versammelt haben, ist keinerlei Anspannung zu spüren. Alle erwarten die freundlichen Weihnachtsgrüße, und genau so scheint es zunächst auch zu kommen. Es ist alles wie immer.

Der Papst liest den ersten und den zweiten Absatz seiner Rede vor. Er möchte die Kurie offensichtlich weihnachtlich einstimmen. In den ersten Absätzen bedankt sich der Papst für die Leistung der Kurie im vergangenen Jahr. In den Absätzen fünf bis sieben reflektiert er dann über den »mystischen Körper Christi«, der sich auch in der Kurie in ihren verschiedenen Gliedern erkennen lasse. Dieser theologische Vergleich des mystischen Körpers gehört zu den Themen, über die Päpste gern und häufig sprechen. Papst Franziskus erinnert also daran, dass schon sein Vorgänger Papst Pius XII. sich über diesen mystischen Körper Christi Gedanken gemacht hat. Ein Standardthema. Es ist fast schon verständlich, dass einige der Kardinäle im Saal ab Absatz neun über die Gedanken des mystischen Körpers Christi einzuschlummern scheinen. Bis Absatz elf erinnert der Papst daran, dass das Gute eint und das Böse trennt, und bis zu diesem Punkt hört sich die gesamte Ansprache an, als sei sie so ähnlich schon häufig von einem Papst gehalten worden.

Aber dann beginnt Papst Franziskus Absatz zwölf vorzutragen, und wer auch immer unter den Kurienmitgliedern einzunicken schien, ist schlagartig wach. Die weihnachtlich gestimmten älteren Herren scheinen zunächst ihren Sinnen nicht zu trauen, denn was der Papst ihnen plötzlich um die Ohren haut, ist starker Tobak. Er habe vor, die »Krankheiten der Kurie aufzulisten«, sagt er. Er spreche von einem »Katalog der Krankheiten der Kurie«, die er nun benennen wolle.

Wie bitte? Die anwesenden Exzellenzen und Eminenzen sind jetzt hellwach. Hatte der Papst vergessen, dass das Kardinalskollegium, dessen »Krankheiten« er jetzt auflisten wolle, jahrhundertelang das Recht gehabt hatte, sich »Heiliges Kardinalskollegium« zu nennen? Hatten die Kardinäle nicht das Recht, sich darauf zu berufen, im Auftrag Gottes zu handeln? Und jetzt kommt ein Papst daher und spricht davon, dass dieses Kardinalskollegium von Krankheiten befallen sei? Was sollte das denn jetzt?

Kaum hat sich die Überraschung gelegt, greift der Papst an: Punkt 1 der Krankheiten der Kurie sei schlicht und einfach Hochmut. Der Papst wirft den Kardinälen vor, unter dem Komplex der Auserwählten zu leiden, die sich in Herren verwandelt hätten und sich jetzt allen anderen überlegen fühlten.

Jeder, der im Saal sitzt, weiß, dass der Papst recht hat. Nur hat das kein Papst in den vergangenen Jahrhunderten je ausgesprochen. Die Kardinäle fühlen sich überlegen, weil sie ihrer Ansicht nach überlegen sind, sie gehören schließlich zum exklusivsten Club der Welt. Wie überlegen sich die Kardinäle fühlen, kann jeder seit Jahrhunderten problemlos mit eigenen Augen im Vatikan sehen. Die Kurienkardinäle pflegen einen äußerst luxuriösen Lebensstil, bis heute. Kurienkardinäle lassen sich in den teuersten Autos chauffieren, die man für Geld kaufen kann, ohne sich je dafür zu schämen. Der langjährige Kardinalstaatssekretär Angelo Sodano hatte zur Feier seiner Ernennung ein Orchester für ein rauschendes Fest im Park des Vatikans engagiert. Die Kardinäle lassen sich selbstverständlich von mindestens einem halben Dutzend Ordensfrauen in ihren ungemein luxuriösen Wohnungen im Wohnblock an der Porta Sant'Anna im Vatikan bedienen. Dass eines Tages ein Mann aus Argentinien kommen könnte, der ihnen diesen Luxus vorhalten würde, hätte bisher keiner für möglich gehalten.

Doch der Papst geht noch weiter, viel weiter. Das Schlimmste kommt erst noch. Plötzlich spricht der Papst etwas aus, was im Vatikan jeder weiß, aber niemand laut sagt, nämlich, dass die Kurie vor allem ein Haufen gottloser Bürokraten ist. Die meisten Mitglieder der Kurie arbeiten wie gewöhnliche hohe Beamte. Sie unterscheiden sich wenig von Männern, die in einer weltlichen Steuerbehörde oder an einer Regierungsstelle sitzen. Mit Gott hat diese Verwaltung des Heiligen schon lange nichts mehr zu tun, und genau das spricht der Papst aus. Er wirft den Kurienkardinälen vor, Männer der Bürokratie zu sein und nicht mehr Männer Gottes. Das ist ein starkes Stück.

Der Papst hat natürlich auch damit recht, das weiß jeder, der schon länger im Vatikan ist; dennoch ist das für viele schon so etwas wie eine Beleidigung. Dann kommt der Papst zu Punkt sechs, und jetzt zucken viele Kirchenmänner zusammen. Das, was Papst Franziskus nun sagt, grenzt für viele Kardinäle nicht mehr an eine Beleidigung: Es ist eine.

Der Papst klagt die alten Herren vor ihm an, sie litten unter »spirituellem Alzheimer«. Die Kurienkardinäle glauben, nicht richtig gehört zu haben. Wahrscheinlich würde sich nicht einmal überarbeitetes Pflegepersonal in einem fiesen Altenheim trauen, einem vergesslichen alten Herrn vorzuwerfen, dass er ein »Alzheimerfall« sei. Der Papst wirft seinen Kurienkardinälen vor, Christus vergessen zu haben, sich an ihre persönliche Begegnung mit Gott nicht erinnern zu können. In Punkt sieben schließlich schlägt der Papst mit aller Härte zu und bezichtigt die Kardinäle der Geltungssucht. Alle, die in dem großen Saal sitzen, wissen, dass viele unter ihnen gemeint sind. Da ist zum Beispiel Seine Exzellenz Bischof Rino Fisichella, ein enger Freund Joseph Ratzingers, der mit ihm die Verehrung des Theologen Urs von Balthasar teilt. Fisichella gilt als einer der eitelsten und geltungssüchtigsten Karrieristen überhaupt, weil er im Jahr 2010 durchsetzte, dass ein neuer Päpstlicher Rat gegründet wurde, damit er der Chef dieses Rates werden konnte: des Rates zur Neuevangelisierung. Fisichella liebt es, seine geistige Überlegenheit darzustellen. Jetzt weiß er, dass er definitiv ein Problem mit dem neuen Papst hat.

Es scheint eiskalt zu werden in der Sala Clementina, als Papst Franziskus zu Punkt acht kommt. Es gibt nicht mehr den geringsten Zweifel daran, was da vor sich geht. Der Papst schlägt unerbittlich verbal zurück, nach Monaten der Verachtung und Beleidigungen durch die Kurie. Papst Franziskus fürchtet sich nicht davor, zu sagen, was ihn so tief kränkt und maßlos ärgert. Es ist ein knallharter und gezielter Schlag in die Magengrube vor allem jenes Teils der Kurie, der immer noch Anhänger von Papst Benedikt XVI. ist und insgeheim dessen Rückkehr erträumt. Papst

Franziskus drischt genau auf sie ein, die Wissenschaftler und Theologen, die ihm seit seiner Wahl vorhalten, dass er eine theologische Null sei – gemessen an seinem Vorgänger Joseph Ratzinger. Stolz hatte der Wissenschaftler Joseph Ratzinger betont, wie sehr ihn die Arbeit in der Pastorale genervt hatte. Papst Franziskus enttarnt diesen Hochmut, er prangert die theologischen Wissenschaftler an, die ihre »spirituelle Leere« mit akademischen Titeln zu überdecken versuchen. Diese Schizophrenie betreffe vor allem die Kirchenmänner, die nie in der Pastorale gearbeitet hätten; sie würden den Kontakt mit der Realität verlieren, den Kontakt mit echten Menschen. Genau diesen Verlust an Realität, sein Verharren in den reinen Gedanken im Elfenbeinturm, hatten die Kritiker Papst Benedikt XVI. vorgeworfen, und dieser Kritik schließt sich Papst Franziskus jetzt an. Es reiche eben nicht für einen katholischen Priester, sein Leben lang im Studierzimmer zu sitzen, das allein genüge nicht, um Gottes Willen zu tun. Seit seiner Wahl zum Papst beleidigen die schärfsten Kritiker von Franziskus, die in der Kurie arbeiten, den Papst immer mit demselben Satz: »Ich habe alles, was Jorge Mario Bergoglio geschrieben hat, gelesen, und ich habe nicht lange dafür gebraucht.«

Franziskus wird seit Monaten als Schmalspur-Theologe verhöhnt, der im theologischen Bereich, gemessen an seinem Vorgänger, dem Super-Wissenschaftler Joseph Ratzinger, geradezu armselig dastehe. Jetzt präsentiert ihnen Franziskus unnachsichtig die Rechnung. Diese Wissenschaftler würden ein geteiltes Leben führen, den anderen mit aller Härte vorschreiben, was sie selber längst nicht mehr ernst nahmen. Sie würden ein paralleles Leben führen.

Jeder im Saal weiß, was gemeint ist. In den vergangenen Monaten hatten die Anhänger von Papst Benedikt XVI. kompromisslos die reine Lehre vertreten und verlangt, dass es keine Gnade geben dürfe für wiederverheiratete Geschiedene. Im Vatikan wussten alle, dass ausgerechnet die Kurienkardinäle, die eine solche gnadenlose Härte gegenüber den Gläubigen forderten, sich selbst ein lustiges und äußerst komfortables Leben im Vatikan gönnten.

In Punkt Nummer neun wirft Papst Franziskus den Kurienkardinälen vor, sich wie Satan zu verhalten, nämlich durch Geschwätz und Gerüchte den Ruf der Kollegen und anderer Christen zu zerstören. Der Papst schlägt erneut ohne Gnade zu, nennt die Kurienkardinäle »Feiglinge, die hinter dem Rücken über andere sprechen, weil ihnen der Mut fehlt, offen ins Gesicht zu sagen, was sie zu sagen hätten«.

Papst Franziskus ist vollkommen klar, wie hart diese Attacken sind. Er schaut konzentriert auf die Seiten, von denen er abliest, aber er blickt keinen der Kardinäle an; als wollte er den Eindruck vermeiden, dass er einige unter ihnen für ganz besonders große Sünder halte. Die Kardinäle verharren sprachlos und lassen dieses verbale Gemetzel über sich ergehen. Es ist jetzt fast vollkommen still in der Sala Clementina, niemand hüstelt, keiner räuspert sich. Ungläubig lauschen die Würdenträger, als eine Attacke nach der anderen aus dem Mund des Papstes auf sie herunterprasselt. Jetzt gähnt niemand mehr. Eine enorme Anspannung herrscht mittlerweile. Auch der deutsche Kardinal Walter Kasper hat ein grimmiges Gesicht aufgesetzt. Aber nicht, weil er sich vom Papst kritisiert fühlt. Im Gegenteil: Er ist froh, dass der Papst die Fehler der Kurie anspricht, vor allem die des Rufmordes. Kardinal Kasper stand selbst im Zentrum des Hauens und Stechens während der Familiensynode; er hatte sich für die Zulassung der wiederverheirateten Geschiedenen eingesetzt und war heftig attackiert worden, auch mit unsauberen Mitteln, von genau den Männern, die jetzt schweigend um ihn herum in der Sala Clementina sitzen. Er hatte es erlebt, wie man seine Glaubwürdigkeit zerstört hatte. Seine grimmige Miene zeigt nur, dass er weiß, mit welcher Härte die in dem Saal versammelten Kurienkardinäle bis zur Zerstörung von Personen gehen können.

Papst Franziskus kommt zu Punkt zehn. Er wirft den Kurienkardinälen vor, dass sich unter ihnen einige befänden, die zu solchen Opportunisten degeneriert seien, so sehr von einem fatalen Egoismus eingenommen seien, dass sie an nichts anderes denken würden, als ihrem Chef möglichst positiv aufzufallen, um dadurch aufsteigen zu können.

Am päpstlichen Hofe regierte diese Krankheit, die der Papst jetzt anprangert, über tausend Jahre. Dass eines Tages ein Mann aus Argentinien kommen könnte, um höfische Schmeichelei und Stiefelleckerei zu geißeln, schien lange völlig unmöglich.

Dann legt der Papst noch einmal los und geißelt die Sucht einiger Mitglieder der Kurie, weil sie nur daran dächten, Besitz anzuhäufen. Alle im Saal wissen, wer gemeint ist, vor allem der vom Papst in die Wüste geschickte, ehemals allmächtige Kardinalstaatssekretär Tarcisio Bertone, der wichtigste Mann in der Regierung von Papst Benedikt XVI., der ihm blindes Vertrauen entgegengebracht hatte. Bertone scherte sich einen feuchten Kehricht um die neue Linie der Armut von Papst Franziskus und ließ sich auf der Dachterrasse des Palastes des heiligen Karl im Vatikan ein 700-Quadratmeter-Penthouse umbauen, was Unsummen verschlungen hat. Der Papst schien zunächst stillzuhalten, doch an diesem Morgen scheint der Papst mit seinem Angriff Bertone geradezu in der Luft zerreißen zu wollen.

Im letzten Punkt fünfzehn zeichnet der Papst ein katastrophales Bild seiner Kurie: Zu ihr gehörten Männer, die nicht davor zurückschrecken würden, über Interviews in Zeitungen oder im Fernsehen ihre Mitbrüder fertigzumachen, nur weil sie mehr Macht an sich reißen wollten.

Gegen zwölf Uhr ist der Spuk vorbei. Niemandem im Vatikan ist nach dieser Attacke noch nach einem beschaulichen Weihnachtsfest zumute. Papst Franziskus, dem lange Zeit alle nachsagten, dass er zwar guten Willens sei, aber in der Kurie wenig bewirken könne, hatte die Zähne gezeigt.

Der Druck auf den Papst

Die Auseinandersetzung mit der Kurie schien Papst Franziskus nicht zu belasten – zumindest sah das von außen so aus. Es ließen sich auch im dritten Jahr seiner Amtszeit keine Anzeichen dafür erkennen, dass der Papst unter der gewaltigen Spannung litt. Er hatte immerhin als erster Papst der modernen Geschichte seinen kompletten inneren Stab mit aller Härte gegen sich aufgebracht. Aber alle üblichen Anzeichen für das Nachlassen des Kampfeswillens eines Papstes blieben aus. Papst Franziskus sagte nur selten eine Veranstaltung ab. Er blieb dabei, auch im Jahr 2015 auf Urlaub vollständig zu verzichten. Der Mann hatte seit seiner Wahl ununterbrochen gearbeitet. Dennoch verzichtete er auf den üblichen Sommerurlaub in der etwas kühleren Papstresidenz im Palast von Castel Gandolfo, hoch über Rom in den Albaner Bergen. Den Sommersitz der Päpste, der auch über ein eigenes Schwimmbad verfügt, nutzte dafür Papst Benedikt XVI., um sich in den ersten beiden Juliwochen des Jahres 2015 mit Blick auf den Albaner See ein wenig auszuruhen.

Während der zahllosen Audienzen blieb Papst Franziskus freundlich lächelnd wie eh und je. Er verlor nie die Geduld, brauste nie auf, nie war ihm etwas zu viel, weder Wartezeiten noch die schier endlosen Fahrten durch die Menge während der Generalaudienzen, weil die Massen nun einmal unbedingt »ihren« Papst sehen wollten.

Der Druck nahm im Sommer 2015 noch einmal gewaltig zu, weil der Papst das Grundsatzpapier für die alles entscheidende Synode kommentiert hatte, die im Oktober die ultimative Zerreißprobe für die Kurie und das Kardinalskollegium werden sollte. Sauer waren viele Kardinäle vor allem deswegen, weil der

Papst in ihren Augen so etwas wie eine Vorentscheidung erzwungen hatte. Die Synode sollte frei und unabhängig im Herbst über die Frage beraten, was mit wiederverheirateten Geschiedenen geschehen sollte. Vor allem ging es darum, ob sie weiterhin von den Sakramenten ausgeschlossen bleiben sollten. Doch der Papst hatte schon im Juni klar Stellung bezogen. Statt auf die Unauflöslichkeit der Ehe zu pochen, tat er das Gegenteil und erklärte, dass Paare, die nach der Scheidung wieder heirateten, nicht »irregulär« seien. Der Papst ging sogar noch weiter und erklärte, dass es im Fall von Ehen, die nicht funktionierten, die bessere Entscheidung sei, einer Scheidung zuzustimmen, statt verheiratet zu bleiben. Der Papst sagte am 24. Juni 2015, dass es »Fälle gebe, in denen eine Scheidung unvermeidlich sei, um den schwächeren Ehepartner oder die Kinder der Gewalt, Ausbeutung oder Gleichgültigkeit zu entziehen«. Das war eine glasklare Abfuhr an die Gegner.

Das konservative Lager sah die Ehe so, wie die Kirche sie jahrhundertelang gesehen hatte: unabhängig von Liebe und konkreten Lebensumständen. Das Sakrament der Ehe spenden sich nach katholischer Vorstellung die Eheleute gegenseitig, es gilt als unauflöslich, ein Leben lang. Grundlage dieser Vorstellung ist natürlich das berühmte Zitat aus dem Markus-Evangelium, Kapitel 10, Vers 9: »Was denn Gott zusammengefügt hat, das soll der Mensch nicht scheiden.« Eine Ehe kann also nicht enden. Ob die Partner sich noch lieben oder nicht oder sich mittlerweile gleichgültig sind, spielte aus katholischer Sicht jahrhundertelang keine Rolle. Deswegen ist das, was Franziskus sagt, revolutionär: Aus Gleichgültigkeit könne eine Ehescheidung unvermeidlich sein, erklärte der Papst.

Für die Hardliner im Vatikan ist damit die schlimmste aller Möglichkeiten eingetreten: Der Papst ist eigentlich nicht mehr katholisch. Für die Hardliner verstößt er gegen Gottes Gebot, das die Ehe für unauflöslich erklärt, wie Markus in seinem Evangelium schreibt. Der Druck der Gegner auf den alten Mann aus Argentinien wuchs in diesem Juni 2015 auf kaum mehr erträgliche Weise.

Mich hatte in den zwei Jahren nach seiner Wahl immer gewundert, dass ich keinerlei Anzeichen von Nervosität an dem Papst erkennen konnte. Er schien den immensen Druck der vielen heftigen Auseinandersetzungen mit der Kurie, einen der vielleicht härtesten Konflikte des Papsttums, entspannt wegzustecken.

Selbst in Situationen, in denen seine Verärgerung vollkommen verständlich gewesen wäre, blieb er ruhig. Mich beeindruckten seine Ruhe und Nachsicht etwa während der umständlichen Prozedur des Aufbaus der Verstärkeranlage in der päpstlichen Maschine. Der Papst kam, um sich den Fragen der Journalisten zu stellen; die Techniker konnten ihm aber das Mikrofon noch nicht geben, weil sie umherwuselten, um die Anlage in Gang zu bringen. Der Papst blieb dann minutenlang wie »bestellt und nicht abgeholt« vor den Journalisten stehen und wartete stumm und geduldig darauf, bis die Anlage endlich funktionierte und er an der Reihe war.

Der Ort, an dem ich den Papst die Geduld verlieren sah, war ein verblüffend anderer, als ich jemals erwartet hätte. Weder in der päpstlichen Maschine noch in den Synodensälen während der Streits mit den Kardinälen. Der Papst wurde ungeduldig vor der Mikrowelle in der Mensa im Gästehaus der heiligen Martha.

Wenn der Papst sich endlich nicht mehr beobachtet glaubte, nicht mehr ständig lächeln und strahlen musste, in seinem engsten Kreis zu Hause im Gästehaus der heiligen Martha, dann konnte er manchmal nicht mehr verbergen, wie sehr ihm dieser Hickhack und die Opposition der Ultrakonservativen an die Nieren ging.

Das Eigenartige daran war, dass sich dieser Konflikt gänzlich anders abspielte als jemals zuvor in den vergangenen 1000 Jahren. Päpste hatten Konflikte fast immer in ihren Palästen erlebt, zwischen erlesenen Speisen, Luxusmöbeln, manchmal unterstützt von ihren Geliebten und ihren Kindern. Aber alle Konflikte hatten sich stets vor einer luxuriösen, ja pompösen Kulisse abgespielt.

Doch die Szenen, wenn Papst Franziskus die Nerven verlor, fanden vor einer neuen, bisher nie da gewesenen Kulisse statt: Selbst die Momente seiner Frustration erlebte Papst Franziskus, der Nachfolger steinreicher Päpste, in derselben tristen Atmosphäre wie ein ganz gewöhnlicher Rom-Pilger.

Papst Paul VI. hatte sehr unter der weltweiten Ablehnung seiner *Humanae Vitae*-Enzyklika gelitten und sich in den Palast von

Castel Gandolfo zurückgezogen, um in den wunderbaren Gärten des römischen Kaisers Diokletian, die zum päpstlichen Besitz gehören, zu schmollen. Papst Johannes Paul II. war am Schwinden des Glaubens in seinem Heimatland Polen nach dem Mauerfall schier verzweifelt und hatte sich an seinen Lieblingsplatz, die herrliche Dachterrasse hoch über dem Apostolischen Palast, bringen lassen, die einen wundervollen und einzigartigen Blick auf Rom bietet. Papst Benedikt XVI. hatte seinen dramatischen Appell an die Bischöfe und Kardinäle, in der er das »Beißen und Zerreißen« in der Kirche anklagte und beklagte, wie ungerecht er sich behandelt fühlte, in seinem luxuriösen päpstlichen Appartement geschrieben, das für ihn modernisiert und mit einer Luxusküche ausgestattet worden war.

Aber die Enttäuschungen von Papst Franziskus zeigten sich woanders. Jorge Mario Bergoglio behandelte alle mit äußerster Freundlichkeit, lächelte, segnete Kinder, verhielt sich wie ein unermüdlicher, liebender Vater; aber auch er konnte irgendwann einfach nicht mehr.

Wenn der Tag dem Ende zugeht, kann er sich endlich einmal mit seinen engsten Mitarbeitern zurückziehen an einen Tisch im Speisesaal des Gästehauses der heiligen Martha. Dort muss er nicht mehr alle anlächeln und Freude verbreiten, dort kann der alte Mann seinem Kummer freien Lauf lassen.

Wenn der Papst den Haupteingang des Gästehauses betritt, muss er an den Beweisen der Lasterhaftigkeit seiner Leute vorbeischreiten. Erstaunlich viele der frommen Gäste des Hauses rauchen. Vor und nach dem Essen stehen Rauchergruppen von Kirchenmännern vor der Tür, um sich neben die dortigen, stets überquellenden Aschenbecher zu stellen. Wer sich vor dem Essen die Hände waschen will, entdeckt unten im Keller, wo die Bäder liegen, dass die alte Grundregel der hohen Würdenträger eingehalten wurde. Es gibt auf den Männertoiletten in dem Gästehaus des Papstes wie in allen Einrichtungen, in denen oft Bischöfe verkehren, nur Einzeltoiletten-Kabinen.

Es ist eine der ersten Regeln im Vatikan, die man lernt: Wenn ein wichtiger Kirchenmann nach einer Messfeier noch in vollem Ornat erklärt, dass er auf die Toilette muss, bleibt man immer vor der Tür des Männerklos stehen. Man geht niemals mit hinein. Für einen Priester in seinen aufwändigen Gewändern ist es sehr mühsam, eine Toilette zu benutzen. Er muss sich durch Schichten von Stoff wühlen und wird dabei nicht gern beobachtet.

Ganz im Sinne der grünen Enzyklika von Papst Franziskus warnt ein Schild die Besucher der Toiletten im Gästehaus der heiligen Martha, dass sie bitte die Papierservietten einzeln aus den Spendern nehmen sollen und nicht gleich mehrere, um die Umwelt zu schonen. Wer die Treppe hinaufgeht zum Speisesaal und auf den Papst trifft, wundert sich aus der Nähe zunächst darüber, wie dünn der Stoff seiner weißen Soutane ist.

Ich kann mich natürlich an die abgetragene weiße Soutane von Papst Johannes Paul II. erinnern und auch an die zunächst zu kurze Soutane von Papst Benedikt XVI., die falsch abgemessen worden war und seine dünnen Beine sehen ließ. Aber beide Soutanen waren aus einem dichten, wertvollen Stoff gewebt worden. Es wäre unmöglich gewesen, auch nur zu erahnen, was die Päpste unter dieser Soutane trugen.

Das ist bei Papst Franziskus völlig anders. Wenn er in den Speisesaal kommt, erkennt man unter dem billigen weißen Stoff die schwarze Straßenkleidung des Papstes. Der Stoff der Soutane ist so dünn, dass sie wie ein Überwurf wirkt, wie etwas, das dieser Jorge Bergoglio nur rasch übergezogen hat. Der entscheidende Unterschied zu seinen Vorgängern besteht darin, dass dieses Gewand das Gegenteil von dem bewirkt, was früher die Gewänder von Päpsten ausgemacht hat, nämlich ihnen eine große Würde zu verleihen. Dieser billige weiße Umhang von Papst Franziskus verleiht dem Träger überhaupt nichts Majestätisches. Er sieht eher wie ein Apotheker aus, der sich im Nachtdienst schnell den einzigen Kittel übergeworfen hat, dessen er gerade noch habhaft werden konnte.

Von diesem weißen Rock geht die Botschaft aus, die das gesamte Pontifikat von Papst Franziskus prägt und so einzigartig in der Geschichte macht. Diese Botschaft lautet: Die Tatsache, dass ich diese weiße Soutane trage, bedeutet nicht, dass ich etwas Besonderes bin. Genau darin liegt der zentrale Widerspruch dieses Pontifikats, der Papst Franziskus zu zerreißen droht. Ein Papst, das Oberhaupt von einer Milliarde Katholiken, unfehlbar, wenn er ex cathedra spricht, verehrt als Stellvertreter Gottes auf Erden, letzte Entscheidungsinstanz in allem, was Katholiken zu glauben haben oder nicht, will erstmals in der Kirchengeschichte »nichts Besonderes« sein. Das ist ein neues Selbstverständnis mit explosivem Potenzial. Das muss zu radikalen Umwälzungen im Vatikan führen.

Eine augenfällige, nur auf den ersten Blick banale Konsequenz bestand darin, dass Papst Franziskus der erste Papst war, der auch seine Enttäuschungen und Frustrationen nicht abgeschirmt von allen anderen in seinem Palast erlebte, sondern in der profanen Umgebung des Hauses der heiligen Martha und dessen Speisesaal.

Wenn der Papst den Speisesaal betritt, geht er über das prächtige Wappen Papst Johannes Pauls II., das direkt am Eingang im Boden eingelassen ist, schnurstracks nach links zu dem Teil des Saales, wo der Tisch für ihn und seine Mitarbeiter reserviert ist. Aber er sitzt keineswegs auf dem Ehrenplatz, »a capo tavola«, wie man in Italien sagt, also am Kopfende des Tisches. Er sitzt nicht einmal in der Mitte, sodass alle am Tisch ihn gut sehen und hören können. Der Papst wählt einen Platz links außen von der Tischmitte. Kaum ist er an seinem Tisch eingetroffen, stellt er sich hinter die Lehne dieses Stuhles und senkt wie alle anderen auch den Kopf zu einem stillen Gebet. Dann setzt er sich, wie seine Mitarbeiter auch. In diesem Augenblick fällt der Druck, stets lächeln und Freude versprühen zu müssen, sichtlich ab. Dort sitzt dann auch mal ein müder, enttäuschter Mann, dem das Wissen anzusehen ist, dass er schon sehr bald in den nächsten Kampf ziehen muss und dass er nicht mehr sicher ist, ob er genug Kraft dafür haben wird, ihn zu gewinnen. Sobald der Papst sitzt, starren alle Augen im Speisesaal auf ihn.

Als ich diese Szene zum ersten Mal sah, hatte ich nicht den geringsten Zweifel, was jetzt geschehen würde. Ich dachte: Was soll er schon tun? Er muss gute Miene zum bösen Spiel machen, sich eben angaffen lassen. Er hatte beschlossen, sich in die Mensa zu setzen, statt seinen eigenen Speisesaal zu benutzen, und es musste ihm doch klar sein, was dann passieren würde. Natürlich würde jeder im Speisesaal zu ihm schauen, sobald der Papst hereinkam. Er wusste, dass viele der Kurienmitglieder, die hierher zum Mittag- und Abendessen kamen, in den Büros hinter seinem Rücken über ihn herzogen; sie nannten ihn den »irren Argentinier«, den »Barmherzigkeitsjunkie«. Aber gerade weil er das wusste, blieb ihm, so sollte man meinen, nichts übrig, als vorzugeben, er wisse das alles nicht, als gäbe es diesen tiefen Graben zwischen ihm und den allermeisten Funktionären im Speisesaal des Gästehauses nicht. Dass er ganz anders reagieren könnte, hätte ich niemals für möglich gehalten. Wie der Papst tatsächlich reagierte, gehört für mich zu den größten Überraschungen der Jahre seit seiner Wahl.

Dass die Spitzenleute der Kirche, die das Recht haben, im Haus der heiligen Martha zu wohnen und zu speisen, den Papst anstarren würden, war vollkommen normal. Sein Pontifikat war einfach zu spektakulär, als dass es irgendjemanden in der Kurie kalt gelassen hätte. Wenn Papst Benedikt XVI. auf die Idee gekommen wäre, in der Mensa zu essen, hätten ihn die Vatikan-Mitarbeiter sicher auch angestarrt, aber auf eine andere Art und Weise. Papst Franziskus hatte die Kurie und ihre Mitarbeiter heftig attackiert; viele Kirchenmänner wollten allein schon deswegen einmal Jorge Bergoglio sehen, weil sie wissen wollten, wie der Mann von nahem aussah, der sie für totale Versager hielt.

Für viele war Bergoglio schlicht der Feind. Papst Benedikt hatte dagegen die Kurie immer machen lassen, sie nie kritisiert. Wenn er sich in die Mensa gesetzt hätte, dann hätte man ihn vermutlich nur angeschaut, weil sich der eine oder andere Mann der Kurie gefragt hätte, welch theologisch genialer Gedanke dem deutschen Papst wohl gerade durch den Kopf gehen mochte.

Aber im Fall von Papst Franziskus ging es um etwas ganz anderes als nur um ein paar neue theologische Ansätze. Es ging um viel mehr, um die komplette Zukunft der Kirche. Denn Papst Franziskus hatte drei aus der Sicht vieler Kurienmitglieder aberwitzige Projekte vor.

Jorge Mario Bergoglio will die Kirche an die Seite der Armen stellen, wo sie in ihrer Geschichte so gut wie nie gestanden hat. In kaum einem Teil der Erde weiß man das so genau wie in Lateinamerika. Es bedeutet zweifellos also eine Schande für das Christentum, dass ausgerechnet in dem Teil der Welt, in dem die meisten Katholiken leben, in Südamerika, die Kluft zwischen Arm und Reich größer ist als irgendwo sonst. Der Kontinent Asien, der vom Hinduismus und Buddhismus geprägt wird, wo nicht einmal jeder zwanzigste Bewohner ein Christ ist, leidet nicht unter einer solch erbarmungslosen Verarmung des schwächsten Teils der Gesellschaft, gegenüber einer gigantischen Explosion des Reichtums, wie das christliche Lateinamerika. Offensichtlich folgt nur ein Bruchteil der Gläubigen dem wichtigsten Gebot des Christentums, der Nächstenliebe.

Das zweite gewagte Unternehmen des Papstes aus Lateinamerika besteht darin, die Spitze der Kirche, die römische Kurie, glaubwürdig und damit arm, zumindest ärmer machen zu wollen. Die Kardinäle hatten sich jahrhundertelang als Kirchenfürsten feiern lassen und wie Fürsten gelebt. Zu den spektakulärsten Beispielen gehören sicher die Kardinäle Armand-Jean du Plessis, Duc de Richelieu, und Jules Mazarin, die beide de facto Frankreich regierten. Sie haben mit allen Mitteln demokratische Bestrebungen bekämpft, um das absolutistische Königreich zu stützen, und in einem für die damaligen Durchschnittsmenschen unvorstellbaren Luxus gelebt. Kardinal Mazarin war stolz darauf, dass er das Einkommen von 60 Klöstern ausgeben konnte. Die Kirche dieses Kardinals in Rom kennt jeder Rom-Urlauber, ohne es zu wissen. Sie liegt genau gegenüber dem Trevi-Brunnen und hunderte Millionen Rom-Urlauber haben schon auf diese Kirche geschaut, wenn sie ihre Münze zum Abschied von der heiligen Stadt über die Schulter in den Brunnen warfen.

Geändert hatte sich diesbezüglich nach dem Amtsantritt von Papst Franziskus übrigens wenig. Der von Franziskus entlassene Kardinalstaatssekretär Tarcisio Bertone ließ sich mitten im Vatikan eine 700 Quadratmeter große Wohnung inklusive spektakulärer Dachterrasse bauen. Diesen Männern wollte der Papst also ernsthaft die Privilegien nehmen, die ihre Familien seit Jahrhunderten genossen?

Beide Projekte, die Kirche und ihre Führungsmannschaft glaubwürdig und damit arm zu machen, geht auf denselben Plan zurück: Die katholische Kirche zu den Vorstellungen des Jesus von Nazareth zurückzuführen. Der Mann aus Nazareth war zweifellos bitterarm gewesen und hatte sich seinen Lebensunterhalt erbettelt. Das hatte aber mit der Institution Kirche, die sich auf ihn berief, nichts zu tun. Sie ist die reichste Institution ihrer Art auf der Welt. Ein gutes Beispiel sind die deutschen Bistümer, die im Jahr 2015 noch offen zugaben, dass sie nicht genau wüssten, wie reich sie tatsächlich seien. Ein Papst, der also ein so epochales Projekt mit der katholischen Kirche vorhatte und sich dennoch wie ein normaler Straßenpfarrer zwischen seine Leute setzte, musste damit rechnen, dass er angegafft würde.

Bevor ich zum ersten Mal in der Amtszeit von Papst Franziskus diesen Speisesaal im Gästehaus der heiligen Martha betrat, hatte ich nicht den geringsten Zweifel daran, dass es sich hier um den Gipfel der Heuchelei handeln würde. Der Papst weiß, dass in dem Speisesaal grob geschätzt zwei Drittel der hier speisenden Kurienmitglieder und Kurienmitarbeiter ihn entweder regelrecht hassen oder aber mindestens sehr kritisch sehen. Er hatte ihnen so heftig die Leviten gelesen, ihnen erklärt, dass er alles so komplett anders haben wollte, als sie es handhabten, dass es gar nicht anders sein konnte.

Die Europäer mussten mit ansehen, dass Jorge Bergoglio ihnen die Vormachtstellung nahm. Eine Kirche, die von Europa geprägt worden war, verlor jetzt ihren bisher alles beherrschenden Einfluss. Die Männer, die dort mit dem Papst im Speisesaal saßen, hatten ihre Macht und ihre Immunität vor dem Gesetz verloren. Er hatte ihnen die Gehälter gekürzt und den Urlaub zusammengestrichen. Er wollte diese Kirche, für die sie standen, die Kirche der Vergangenheit, nicht mehr. Der Papst wusste, dass die meisten Männer, die dort mit ihm im Speisesaal aßen, Funktionäre der katholischen Kirche waren, die keinerlei Interesse daran hatten, eine arme Kirche aufzubauen. Sie wollten eine reiche Kirche, die ihre Mitglieder großzügig versorgen konnte. Fast alle Männer in ihren schicken Clergymen-Priesteroutfits hatten noch nie eine Armensiedlung gesehen; sie hatten keine Ahnung, wie die Elendsviertel aussahen, die Jorge Mario Bergoglio so geprägt hatten. Den Männern im Speisesaal ging es darum, die Seelen der Menschen ins Paradies zu führen, und nicht darum, darüber nachzudenken, wie eigentlich Armut und moderne Sklaverei, vor allem von Frauen, entstehen. Als ich also zum ersten Mal in diesen Speisesaal kam, hatte ich keinen Zweifel daran, dass alle so tun würden, als wären sie im besten Einvernehmen, die Kurienmitglieder und auch der Papst. Dass es ganz anders kommen könnte, hätte ich nie für möglich gehalten.

Papst Franziskus sitzt häufig mit dem Rücken zum größten Teil des Saales. Nach einem kurzen ersten Gespräch mit den Mitarbeitern an seinem Tisch steht der Papst dann auf und geht zum Büfett. Was, während meines Besuches, in den wenigen Minuten darauf folgte, gehört zu den merkwürdigsten Szenen, die ich in der Regierungszeit von Papst Franziskus bisher erlebt habe. Sobald der Papst sich dem Büfett näherte, schauten selbstverständlich alle im Saal Versammelten auf ihn. Das war für einen Papst normal. Nur die Umgebung war etwas nie Dagewesenes. Selbstverständlich hatten Päpste seit Jahrhunderten meist vor der pompösen Fassade des Petersdomes Priester und Bischöfe empfangen, aber sie hatten sich nicht mit ihnen am kalten Büfett gedrängt. Die Situation im Haus der heiligen Martha ist im Grunde eine alltägliche: Das Spitzenpersonal der Kirche, das in das Gästehaus eingeladen werden konnte oder dort bereits wohnte, traf abends mit dem Papst zusammen, und natürlich starren alle ihn an, die Mutigsten versuchen, ihn anzusprechen.

Papst Johannes Paul II. sowie auch Papst Benedikt XVI. waren immer sehr nachsichtig mit Priestern umgegangen, die sich an sie wandten, in der Hoffnung, wahrgenommen zu werden. Es liegt in der Natur der Sache, dass in einer absolutistischen Monarchie nichts so wichtig ist wie der Kontakt zum Herrscher, also hier zum Papst. Für einen Papst ist das nicht leicht, weil selbstverständlich Menschen sich jene Situation merken, in der sie einmal dem Mann begegnet sind, der später Papst geworden ist. Aber ein Papst kann sich unmöglich an alle Menschen erinnern, denen er im Leben irgendwann einmal begegnet ist. So drängen ständig Priester zum Papst, die ihn zum Beispiel daran erinnern, dass sie ihn vor vierzig Jahren auf einem Wanderausflug gesehen und zu ihm Grüß Gott gesagt haben; es kommen Ordensfrauen, die dem Papst einmal eine Flasche Öl aus ihrem Kloster übergeben haben, als er noch Bischof war, und nun hoffen, dass er sich daran erinnert. Es gehört zum Amt des Papstes, diese Ansprüche und Erwartungen irgendwie zu umschiffen, also den Menschen das Gefühl zu geben, dass sie für ihn etwas ganz Besonderes darstellen, auch wenn er oft nicht weiß, wen er eigentlich vor sich hat.

Was mich allerdings am Hof von Papst Franziskus immer wieder erstaunt, ist die Umgebung, in der diese alte Zeremonie stattfindet. Statt in irgendeinem vom bombastischen Reichtum der Päpste geprägten Palast finden diese Gespräche zwischen Papst und den Klerikern jetzt am ärmlichsten kalten Büfett statt, das die Stadt Rom zu bieten hat. Dieses Büfett im Haus der heiligen Martha hat tatsächlich die Qualität eines Abendessens in einer billigen Pilger-Pension in Rom. Aber wer die Mensa betritt, könnte im ersten Augenblick die Hoffnung hegen, dass ihn ein leckeres Abendessen erwartet. Denn auf dem Büfett-Tisch stehen stets zwei große, schicke Chrom-Warmhalte-Behälter, wie sie an eleganten Büfetts in edlen Hotels üblich sind. Doch wer die schicken Behälter aufklappt, entdeckt stets in dem ersten Behälter irgendein ziemlich zerkochtes Gemüse wie etwa Blumenkohl, in dem zweiten Behälter findet sich meist eine Art Kartoffelbrei. Neben den beiden Behältern stehen einige Platten mit kalten Speisen. So gibt es häufig eine Platte mit sehr billigen Würstchen aus Formfleisch, die auf einem Elektrogrill in wenig appetitliche Klumpen verwandelt worden waren. Wer die Würstchen beim besten Willen nicht hinunterbekommt, hat noch ein bisschen Hühnerfleisch zur Auswahl, das meist aus den Resten des Grillhuhns vom Sonntag besteht. Der Rest des Büfetts sind Salate, die wie fast alles vom Bauernhof der Päpste in Castel Gandolfo stammen. Es gibt ein wenig Mozzarella dazu sowie Omelett mit Zucchini.

Die einzige appetitliche Platte an dem kalten Büfett ist meist eine Schale mit Schinken und Melone, die allerdings in der Regel nach wenigen Minuten abgegrast ist. Das Lächeln der reizenden Anna, die sich um die Gäste sorgt, tröstet nicht darüber hinweg, dass die Platten, wenn sie einmal leer sind, nicht nachgefüllt werden.

An den Tisch bringt ein Kellner mit einer grauen Weste auf Wunsch eine vollkommen geschmacklose Suppe aus Gries. Auf allen Tischen stehen eine Flasche Weißwein und eine Flasche Rotwein, doch nur sehr wenige der Gäste trinken mehr als ein Glas. Der Papst lässt sich fast nie etwas Wein einschenken. Er geht mit seinem seltsam watschelnden Gang zum Büfett, wirft ein wenig Gemüse und Brot auf einen Teller und streut etwas Käse darüber, damit geht er zu einem Pfeiler in der Mitte des Speisesaals, an dem auf einem Brett eine kleine Mikrowelle steht. Das weiß lackierte Gerät ist ein billiges Modell, sicher kaum 50 Euro wert. Und dann kommt der für mich überraschendste Moment am Tag des Papstes.

Denn Papst Franziskus stellt den Teller nicht in die Mikrowelle, er donnert ihn geradezu hinein, schmeißt dann die Tür mit einer solchen Wucht zu, dass man sich wundert, warum sie nicht klirrend zerspringt. Sobald die Mikrowelle mit einem brummenden Geräusch anspringt, hebt der Papst zum ersten Mal den Kopf und schaut sich genau um, Gesicht für Gesicht, Tisch für Tisch, Gast für Gast. Das dauert etwa eine halbe Minute. Dabei trommelt er, als hätten sich seine Finger selbstständig auf einen Kurzstreckensprint gemacht, auf dem Tischchen, das neben der Mikrowelle steht. Sein Blick hat überhaupt nichts von dem seiner Vorgänger in einer ähnlichen Situation. Sowohl Karol Wojtyła als auch Papst Benedikt XVI. strahlten stets Verständnis aus, wenn sie sich in einem Raum mit zahlreichen Priestern oder Gästen befanden, die vor allem eines wollten, vom Papst zur Kenntnis genommen werden. Sowohl Karol Wojtyła als auch Joseph Ratzinger schüttelten Hände und tätschelten Schultern, sobald sich einflussreiche Priester oder Kurienmitglieder in der Pracht des Apostolischen Palastes um sie drängten. Aber in dieser absurden Kulisse der wahrscheinlich armseligsten Mensa Roms herrscht offene Feindseligkeit.

Das ist das Erstaunliche daran: Es ist keineswegs so, dass der Papst so tut, als wüsste er nicht, was hinter seinem Rücken gespielt wird. Der Papst zeigt in diesem Augenblick, unter was für einem gewaltigen Druck er steht. Er zeigt der Kurie in diesem Moment im Gästehaus der heiligen Martha, wie satt er es hat, dass sie gegen ihn Intrigen spinnen, ihn hinter seinem Rücken den »irren Gaucho« nennen. Er zeigt ihnen mit seinem harten Blick, dass er nicht aufgeben wird, dass er eine neue Kirche aufbauen will, die an der Seite der Armen steht und sich von dem Prunk vergangener Tage verabschieden muss. Und das alles, während sein Gemüseteller Runde um Runde in der Mikrowelle dreht.

Wer je Papst Franziskus und die Mitarbeiter der Kurie im Speisesaal erlebt hat, wird die Spannung dieser sich gegenseitig in offener Feindschaft gegenüberstehenden Gruppen nicht mehr in Zweifel ziehen können. Es ist eine Atmosphäre wie zwischen sich belauernden Wölfen. Und diese Atmosphäre zeigt vor allem eins: Papst Franziskus ist alles andere als naiv.

Er weiß genau, dass ein harter Kampf unvermeidlich ist, wenn er eine Kaste von Kardinälen gleichzeitig dazu zwingen will, auf ihre Privilegien wie Straffreiheit und Luxus zu verzichten und eine neue, bescheidenere Kirche zu gestalten. Er weiß, dass er gegen seit Jahrhunderten verkrustete Strukturen und Gewohnheiten anrennt. Papst Franziskus weiß, dass die Männer, denen er Reichtum, Macht und Privilegien nehmen will, sich wehren.

Aber er tut das alles trotzdem. Er lässt sich auf diesen Kampf ein, weil er sicher ist, dass Jesus von Nazareth sich an die Seite der hungernden Menschen gestellt hätte, die von dem schlechten Büfett im Haus der heiligen Martha nicht einmal träumen können.

Was will der Papst?

Als der Monsignore anrief und vorschlug, mit mir essen zu gehen, wusste ich, dass er etwas von mir wollte. Es geschieht so gut wie nie im Vatikan, dass ein bekannter Geistlicher ein Treffen vorschlägt, wenn es nicht einen triftigen Grund gibt. Das liegt vor allem daran, dass die meisten Priester im Dienst des Papstes sich nicht trauen, jemanden anzurufen und einfach vorzuschlagen, mal auszugehen, auf ein Bier oder eine Pizza, weil sie fürchten, dadurch zu verraten, wie einsam sie sich fühlen. Fast alle Bekannten im Vatikan, auch wenn ich sie schon sehr lange kannte, warteten stets darauf, angerufen zu werden, und täuschten häufig vor, sehr beschäftigt zu sein. In Wirklichkeit fühlen sich die meisten von ihnen einfach nur sehr allein, und das ist ihnen peinlich. Deswegen hatte ich keinen Zweifel, dass der Monsignore irgendein wichtiges Anliegen haben würde. Ich lud ihn zum Essen ein, in ein Lokal, das ich für geeignet hielt.

Grundsätzlich ziehen es vor allem abends fast alle Gesprächspartner aus dem Vatikan vor, in der Nähe des Staates des Papstes zu bleiben, also nicht erst auf die andere Seite des Tibers in die Innenstadt fahren zu müssen. Deswegen gibt es vier Möglichkeiten, mit einem Gast aus dem Vatikan essen zu gehen.

Möglichkeit Nummer eins ist der Präsentierteller. Wenn man selber oder der Gast gesehen werden möchte, dann gibt es eigentlich nur zwei Lokale, die in Betracht kommen: das Fischrestaurant »Quattro Mori« mit seiner Unmenge von Speisefolgen in der Via Santa Maria alle Fornaci und das »La Vittoria« direkt an der Porta Cavalleggeri. Vor allem wenn Priester innerhalb des Vatikans richtig Ärger haben, gehen sie gern mit Journalisten in diese beiden Lokale, weil sie dann absolut sicher sein können, dass sich die Tatsache, dass sie sich mit Journalisten treffen, im Vatikan herumspricht. Diese Treffen sind wie eine Art Drohung gemeint.

Es bedeutet: Wenn ihr mir im Vatikan weiter Ärger macht, dann könnte ich anfangen, über Dinge zu sprechen, von denen ihr sicher nicht wollt, dass ich darüber spreche. Natürlich gibt es auch den umgekehrten Fall: Viele Journalisten, die gern mit ihrer Freundschaft zu wichtigen Kirchenmännern prahlen, bitten ihre Gäste, mit ihnen in eines der beiden Präsentierteller-Restaurants zu gehen. Vor allem Journalisten, die nur selten in Rom sind, lassen sich, wenn sie schon mal da sind, häufig in einem der beiden Lokale sehen.

Möglichkeit Nummer zwei ist die Luxusvariante für das richtig dicke Spesenkonto. Wer einen Kirchenmann mit allem Luxus verwöhnen will, dem bleibt nur das kleine Fischrestaurant »Benito und Gilberto«, das versteckt in einer Seitenstraße des Borgo Pio in der Via del Falco beim Vatikan liegt. Das Restaurant ist hervorragend, die Gastgeber superfreundlich; man fühlt sich sehr wohl, und trotz seiner Preise ist es fast immer voll. Dort speisen seit Jahrzehnten vor allem Journalisten, die sehr üppige Spesenkonten von Fernsehsendern leeren dürfen, mit ihren Gästen aus dem Vatikan. Wer sparen möchte, sollte dort nicht hingehen, für ein gutes Mittagessen zu zweit muss man 200 Euro einplanen.

Möglichkeit Nummer drei ist die »Leute gucken«-Variante. Ich kenne eine ganze Reihe Priester im Vatikan, die von nichts so die Nase voll haben wie von anderen Priestern. Wenn sie endlich mal ausgehen, dann wollen sie normale Leute sehen und davon möglichst viele. Sie haben die kühlen, stillen und frommen Hallen des Vatikans so satt, dass sie einfach in eine laute, volle Pizzeria wollen. Diese Priester bringt man am besten in einen der zahlreichen Läden an der Via Cola di Rienzo, in der Nähe der Piazza Risorgimento am Vatikan.

Variante Nummer vier gibt es erst seit einigen Jahren in der Nähe des Eingangs zu den vatikanischen Museen. In den 80er- und den 90er-Jahren war die Gegend in der Nähe der Museen aus kulinarischer Sicht eine Art Wüste Gobi. Es gab nichts außer den übrigens immer noch existierenden Bars und Pizzerien, die täglich Hunderte der wartenden Gäste, die in das Museum wollen oder aus ihm kommen, mit extrem schlechtem und extrem überteuertem Essen abfüllen.

Doch inzwischen sind am unteren Ende des vatikanischen Hügels, genau in der Nähe der vatikanischen Museen, eine Reihe kleiner, aber feiner verschwiegener Restaurants entstanden, die hervorragendes Essen zu fairen Preisen anbieten. Immer wenn ich mir nicht sicher bin, ob meinem Gast eventuell daran liegen könnte, dass unser Treffen so diskret wie möglich abläuft, lade ich in eines dieser kleinen Restaurants ein. Mit den Wirten dort verbindet mich mittlerweile eine längere Freundschaft. Ich bekomme stets diskrete Plätze.

Dort trafen wir uns also. Der Monsignore hatte offensichtlich die Zeichen richtig gedeutet, als ich ihm die Adresse des Restaurants nannte. Er kam in Pulli und Jeans, was er sich niemals getraut hätte, wenn ich ihn ins »Quattro Mori« geschleppt hätte. Da hätte das Risiko bestanden, dass ein Bischof ihn missbilligend ansah, weil Priester gehalten sind, stets ihre Priesterkleidung zu tragen, was Papst Johannes Paul II. auch immer wieder forderte. Doch der Monsignore wollte sich den Luxus gönnen, nicht gleich als Priester erkannt und dementsprechend salbungsvoll behandelt zu werden.

Wir setzten uns und plauderten eine Weile, dann ließ er die Katze aus dem Sack.

»Mein Chef hat mich gebeten, mit dir zu reden.«

Ich war überrascht. Was wollte der hohe Herr denn von mir?

»Er sagt, dass du vielleicht den Grund kennst.«

»Den Grund für was?«, fragte ich ihn.

»Der Papst hasst die Kurie regelrecht. Mein Chef glaubt, mitbekommen zu haben, dass es dafür einen ganz bestimmten Grund gibt, dass etwas Konkretes vorgefallen ist, dass es ein Ereignis gab, das das Fass zum Überlaufen gebracht und den Papst so erzürnt hat. Und er meinte, du könntest wissen, was das war.«

»Wieso ich?«

»Du warst dabei!«

»Ich war was?«

»So geht das Gerücht. Der Papst hat der Kurie ein härteres Strafgericht gehalten als jemals zuvor, weil es einen Vorfall gegeben haben soll, eben einen besonderen Vorfall, und mein Chef sagt, dass ein paar Journalisten dabei waren, auch du.«

»Ich?«

»Ja, du.«

Hunderte verwirrender Bilder von Kardinälen schossen mir durch den Kopf.

»Hast du eine Ahnung, was es gewesen sein könnte?«

»Ich habe keinen blassen Schimmer«, sagte ich.

»Die Kurie muss irgendetwas getan haben, das den Papst wahnsinnig verärgert hat.«

»Entschuldigung«, warf ich ein, »aber das klingt absolut unsinnig. Was heißt schon die Kurie? Es kann den einen oder anderen Kardinal oder den einen oder anderen Bischof geben, der irgendetwas getan hat, das den Papst erzürnt. Aber die Kurie handelt doch nicht gemeinsam. Das weißt du doch besser als ich. Die Kurie ist eine sehr unterschiedliche Gruppe. Es sind völlig verschiedene Männer mit völlig unterschiedlichen Interessen. Dass die Kurie zusammen etwas getan haben könnte, das den Papst so erzürnt hat, scheint mir unmöglich.«

»Aber Papst Franziskus ist auf die Kurie sauer, die gesamte Kurie, nicht auf einige von ihnen. Die unglaubliche Strafpredigt hat er nicht Einzelnen gehalten, sondern der kompletten Kurie. Das musst du doch sehen. Er hat es genau so gesagt: Er hat von den Sünden und Fehlern der Kurie geredet.«

Da hatte er recht. Ich dachte nach. Es kam durchaus vor, dass die Kurie zusammen agierte. Es war die komplette Kurie gewesen, die den Papst am 22. Juni 2013 zu dem Luxuskonzert in der Audienzhalle Papst Paul VI. eingeladen hatte, und er hatte die komplette Kurie düpiert, indem er einfach nicht erschienen war. Die Kurie traf mehrmals im Jahr geschlossen mit dem Papst zusammen, und einige Beschlüsse fällte die Kurie gemeinsam.

»Mein Chef glaubt, gehört zu haben, dass es einen Auslöser dafür gab, dass die Kurie zusammen etwas getan haben soll, was Franziskus unglaublich empört hat.«

»Wann soll das gewesen sein?«, fragte ich.

»Keine Ahnung. Das Einzige, was mein Chef zu wissen glaubt, ist, dass es Empörendes gewesen sein muss und der Papst außer

sich war. Es muss doch einen Grund gegeben haben, dass er ausgerechnet während der Weihnachtsansprache ein solches Strafgericht hält.«

Da war etwas dran. Ich überlegte weiter. Hatte es einen Tag,
eine Gelegenheit gegeben, während der die Kurienkardinäle den
Papst kritisiert oder verhöhnt oder verspottet hatten, bei der ich
dabei war? Aber nein, es hatte nie eine solche Szene gegeben.

»Weißt du wirklich nicht, was für ein Ereignis es gewesen sein
könnte«, fragte er mich erneut. »Nein«, antwortete ich, »ich kann
mich an nichts dergleichen erinnern. Die Kurie unternimmt nur
äußerst selten etwas zusammen.«

»Genau«, insistierte er. »Deswegen kann das doch nicht so
schwer sein. Es passiert so selten, dass die Kurie überhaupt zusammentrifft; also kann es gar nicht so schwer sein, herauszubekommen, ob irgendetwas Ungewöhnliches bei einem dieser Treffen vorgefallen sein könnte.«

Damit hatte er wiederum recht. Es gab im Jahr vielleicht ein
Dutzend Ereignisse, bei denen die komplette Kurie zusammen-
kam. Bei fast allen dieser Ereignisse konnten die Kurienkardinäle
auf keinen Fall miteinander reden, ohne dass der Papst es mit-
bekam. Was, zum Henker, konnte also vorgefallen sein, dass der
Papst so sauer war?

»Fangen wir mal von vorn an«, sagte er. »An wie viele schwere
Konflikte zwischen der Kurie und einem Papst aus den vergangenen 25 Jahren kannst du dich erinnern?«

»Gute Frage«, anwortete ich. »Der Mea-Culpa-Streit.«

Er nickte zustimmend. Im Jahr 1999 hatte es einen heftigen
Streit zwischen der Kurie und Papst Johannes Paul II. gegeben um
das sogenannte große Mea Culpa. Heute gilt dieser Kampf als die
wichtigste Auseinandersetzung zwischen Papst Johannes Paul II.
und der Kurie. Der Papst wollte vor den Augen der Welt in einer
weltweit über das Fernsehen ausgestrahlten Zeremonie für die
Sünden der katholischen Kirche um Vergebung bitten. Dabei
scheute sich der Papst nicht einmal vor den heißesten Eisen.

Zum Entsetzen der Kurie bat er um Vergebung dafür, dass die
katholische Kirche die Gräuel der Shoah nicht erkannt und nichts
gegen den Völkermord getan, ihn nicht einmal angeprangert hatte.

Das führte zu offener Empörung in der Kurie. Denn seit Jahrzehnten werfen die Kirchenkritiker Papst Pius XII. vor, nichts gegen die Mörderbanden der Nazis unternommen, sie weltweit nicht einmal angeprangert und den Holocaust verschwiegen zu haben.

Der Vatikan hatte sich immer gegen diesen Vorwurf gewehrt, und jetzt war es der Papst selbst, der wegen dieser Vorwürfe, die die Kirche stets als ungerechtfertigt abgetan hatte, um Vergebung bat. Die Kurie hatte vergeblich versucht, den Papst mit allen Mitteln davon abzuhalten, dieses Mea Culpa im Petersdom zu zelebrieren; denn der Papst wollte auch den Antisemitismus der katholischen Kirche an den Pranger stellen und noch mehr als das. Der Papst wollte für seine Vorgänger um Vergebung bitten, die Juden diskriminiert hatten. Das war ein beispielloser Akt in der Geschichte des Vatikans. Noch nie hatte ein Papst einen Vorgänger offen kritisiert.

Doch damit nicht genug. Der Papst wollte zudem einen Punkt ansprechen, der in der katholischen Kirche bis dahin absolut tabu gewesen war: die eigene Schuld an der Teilung der Kirchen. Joseph Ratzinger hat einige Monate später seine konträre Sicht der Dinge dargestellt. In der *Dominus Iesus*-Schrift machte er unmissverständlich klar, dass nur die katholische Kirche eine richtige Kirche war und alle anderen, wie die evangelische Kirche, im besten Fall Glaubensgemeinschaften. Denn laut Ratzinger hatten sich ja die anderen von der katholischen Kirche abgespalten. Wie konnte sich also die katholische Kirche dafür entschuldigen, was andere angerichtet hatten? Doch Karol Wojtyła sah das anders. Für ihn war die katholische Kirche schuld daran, dass es überhaupt zu den zahlreichen Kirchenspaltungen gekommen war, was sich historisch leicht beweisen ließ. Ohne den Bau des Petersdoms wären die Unsummen nicht nötig gewesen, die die katholische Kirche durch zweifelhafte Ämterverkäufe und den Ablasshandel eintrieb.

Mit Empörung nahm die Kurie auch einen weiteren Punkt des großen Mea Culpa auf. Der Papst wollte für die gewaltsame Christianisierung, vor allem auf dem amerikanischen Kontinent, um Vergebung bitten. Nach Meinung der meisten Kurienkardinäle hatte es eine solche gewalttätige Christianisierung nie gegeben. Wie drastisch in diesem Punkt die Meinungen zwischen Papst Johannes Paul II. und einem der wichtigsten Kurienkardinäle, Joseph Ratzinger, dem Nachfolger Johannes Pauls II. auf dem Papstthron, auseinandergingen, trat 2007 zutage. Im März 2000 hatte Papst Johannes Paul II. für die brutale Christianisierung um Vergebung gebeten. 2007 löste Papst Benedikt XVI. einen heftigen Streit mit Venezuelas Staatschef Hugo Chávez aus. Joseph Ratzinger sah offensichtlich keine Schuld der Christen durch eine gewalttätige Evangelisierung. Eine der Bitten um Vergebung von Papst Johannes Paul II. nahm also in gewisser Weise etwas vorweg, das Papst Franziskus umtreibt, und so wie die Kurie heute einen Streit mit Papst Franziskus ausficht, gab es schon damals um diesen Punkt eine heftige Auseinandersetzung. Papst Johannes Paul II. wollte um Vergebung bitten, weil die Geschichte der Kirche voller Beispiele sei für Verstöße gegen das Gebot der Barmherzigkeit. Die reiche Kirche habe sich schon immer um die Armen viel zu wenig geschert.

Nicht einmal die klassische Attacke gegen die katholische Kirche wollte der Papst beim Mea Culpa auslassen. Seit Jahrhunderten attackieren Feinde der Kirche den Katholizismus wegen der Kreuzzüge und der Heiligen Inquisition, die betrieben wurden von jenem Heiligen Offizium, dessen Nachfolge-Einrichtung die Glaubenskongregation ist. Der Papst sah in den Kreuzzügen und in der Inquisition schwere Verbrechen und wollte vor aller Welt im Petersdom um Vergebung bitten. Die Kurie schäumte.

»Ist dein Chef denn sicher, dass es ein ganz bestimmtes Ereignis gab?«

»Ja. Der Papst soll so etwas gesagt haben wie: Seitdem sie sich das geleistet habe, habe er kein Verständnis mehr.«

»Und dein Boss möchte jetzt wissen, was das war?«

»Natürlich. Kannst du nicht einfach mal nachdenken, was das gewesen sein könnte.«

Ich nickte, natürlich würde ich nachdenken, denn ich konnte mir nicht erklären, wie ich ein solches Ereignis, eine Verfehlung der gesamten Kurie, übersehen haben konnte. Aber ich wusste, wer mir helfen konnte, mich an das Ereignis zu erinnern.

Verärgerung im Vatikan

Nach der Attacke des Papstes gegen die Kurie vom 22. Dezember befanden sich die Kardinäle und Bischöfe in Rom in einem Zustand zwischen Schock und tiefster Verärgerung. Das reichte bis hin zum offenen Hass gegen den Papst. Die Kurienmitglieder hatten sich anklagen lassen müssen als habgierige, die Existenz von Menschen durch üble Nachrede zerstörende Egozentriker, die den Glauben an Gott verloren haben, weil sie durch ihren Gedächtnisschwund und ihre Vorliebe für Bürokratie jeden Kontakt zum lebendigen Christus verloren haben.

Schlimmer ging es eigentlich nicht mehr. Die Kirchenmänner konnten sich nicht erklären, aus welchem Anlass der Papst eine so dramatische Ansprache gehalten hatte. Dass etwas geschehen sein musste, stand aber außer Frage, weil der Papst sein Verhalten gegenüber der Kurie drastisch geändert hatte. In der Ansprache an die Kurie sofort nach seiner Wahl hatte Franziskus vollkommen anders geklungen. Da beschrieb er die Kurie als ältere Herren, die mit ihm, dem Papst, vor allem durch Frömmigkeit verbunden seien. Der Papst zitierte damals Hölderlin.

Die Ansprache vom 22. Dezember hatte so gar nichts mehr zu tun mit dem Romantiker Hölderlin, sondern glich in ihrem Stil eher einer Abrechnung à la John Rambo. Aber was hatte den Papst dazu gebracht, was hatte er entdeckt, was hatte er erfahren, das ihn so aus der Haut fahren und auf die Kurie eindreschen ließ? Mir war klar, dass nur ein sehr gut vernetztes Mitglied der Kurie möglicherweise wusste, was hinter der päpstlichen Attacke steckte, womit also die Kurie den Papst so aufgebracht hatte.

Mein Problem bestand darin, dass ausnahmslos alle alten Freunde, die in der Kurie arbeiteten, nach der Weihnachtsansprache des Papstes extrem schlecht auf Franziskus zu sprechen waren und daher auch den Kontakt mit mir mieden. Es war im Vatikan nicht verborgen geblieben, dass ich ein Buch über Papst Franziskus veröffentlicht hatte, in dem ich ihn als ein »Zeichen der Hoffnung« beschrieben und ihn also sehr positiv dargestellt hatte. Und genau deshalb hatte keiner meiner alten Bekannten Lust, sich mit mir zu treffen. Denn ich schätzte ja offensichtlich den Papst sehr hoch ein, der sie gerade in die Pfanne gehauen hatte. Ich fand nach längerem Herumtelefonieren nur einen guten Bekannten, der bereit war, mich zu empfangen und über die Papstattacke zu sprechen, sofern ich absolutes Stillschweigen bewahren würde über alles, was wir bereden sollten. Er war einer der erfahrensten Kurienmitglieder, hatte viele Jahrzehnte in entscheidenden Positionen gearbeitet, die mit der Diplomatie der katholischen Kirche zu tun hatten. Und er willigte, wenn auch ein wenig unwirsch, schließlich ein, mich zu empfangen und mit mir über das zu sprechen, was am 22. Dezember in der Sala Clementina geschehen war.

Es ist sehr viel schwieriger, im Vatikan die Wahrheit zu erfahren als in einer demokratisch gewählten Regierung. In einer Demokratie liegt es in der Natur der Sache, dass die Opposition die Fehler eines Ministerpräsidenten offen ausspricht, ja sogar dazu neigt, sie zu übertreiben. Die Gegner eines Papstes in der Kurie werden aber niemals offen sagen, was sie zu kritisieren haben. Offiziell werden sie stets seine unermessliche Weisheit loben. Immer noch verhält sich die Kurie, als wäre sie der Hof eines Kaisers. Das bedeutet vor allem eines: Alle wahren die Etikette, die Wahrheit spricht niemand aus.

Hinter den Kulissen herrscht allerdings ein unglaubliches Hauen und Stechen. Ich kannte reichlich Monsignori, die Papst Johannes Paul II. während seiner Amtszeit hinter seinem Rücken verhöhnten, weil er angeblich nicht in der Lage war, zu verstehen, dass er der Nachfolger des heiligen Petrus war und nicht der des Paulus, dass daher sein Auftrag war, in Rom zu bleiben, statt in der Weltgeschichte umherzufliegen. Offen traute sich aber niemand, eine solche Kritik auszusprechen, daher war es auch äußerst schwer für einen Kirchenmann, die Wahrheit herauszufinden.

Was wirklich im Vatikan läuft, erfahren Außenstehende oft rascher als leitende Kardinäle. Nachzufragen gilt für einen Mann am päpstlichen Hofe als extrem unfein. Bei Hofe gilt die Regel, dass man im Zweifelsfall am besten den Mund hält oder betont, dass der Papst über eine »unendliche Weisheit dank göttlichen Beistandes« verfüge, alles richtig mache und ständig verehrt werden müsse. Weil das so ist, erfahren Päpste auch fast nie die Wahrheit.

Als besonders dramatisch hatte sich dieser Mechanismus in der Amtszeit des Joseph Ratzinger erwiesen. Gegenüber Journalisten erklärten Dutzende wichtiger Kardinäle immer wieder, dass sie die Entscheidung des Papstes, ausgerechnet seinen Freund Tarcisio Bertone zum Kardinalstaatssekretär zu machen, für einen riesigen Fehler hielten. Doch der Papst erfuhr davon nichts. Im Gegenteil: Es gab während der Regentschaft von Benedikt XVI. sogar diesbezüglich eine Regel. Besucher, die zum Papst gebeten wurden, erhielten vor dem Treffen eine dezente Warnung, das Thema der Unfähigkeit Tarcisio Bertones nicht anzusprechen, da der Papst nichts davon hören wolle. Mit einer Kritik an Bertone würde man sich nur unbeliebt machen. Wenn man die Wahrheit wissen wollte, musste man zu den ganz wenigen Kurienmitgliedern nach Hause fahren, die bereit waren, im Schutz ihrer Wohnungen und mit der absoluten Gewissheit, niemals erkennbar zitiert zu werden, zu sprechen.

Wir trafen uns in seiner komfortablen Wohnung in unmittelbarer Nähe des Vatikans. Seine Haushälterin war nicht da, wir konnten also ungestört sprechen. Er machte uns Kaffee, und dann setzten wir uns in sein geräumiges Wohnzimmer.

»Was ist eigentlich passiert, dass der Papst eine solche Attacke gegen die Kurie geführt hat?«, fragte ich ihn ohne Umschweife.

Er brauste sofort auf: »Der Papst ist eindeutig zu weit gegangen. Jetzt wird die Kurie sich rächen.«

Ich hatte natürlich erwartet, dass mein Gesprächspartner auf den Papst sauer sein würde, aber ich hatte nicht erwartet, dass er so wütend wäre.

»Was bildet sich der Argentinier eigentlich ein, uns als eine Bande selbstsüchtiger, gottloser Verbrecher hinzustellen, die durch

Rufmord Existenzen zerstören? Wer hat denn die Ostpolitik durchgesetzt? Wer hat denn Solidarnosc in Polen unterstützt, bis die polnischen Kommunisten zusammengebrochen sind? Wer hat denn dazu beigetragen, dass die Berliner Mauer fiel? Er etwa, der Jesuit aus Buenos Aires, oder wir hier in der Kurie? Was mich so ärgert, ist schlicht und einfach, dass Bergoglio so tut, als hätten wir hier im Vatikan alles, aber auch wirklich alles falsch gemacht, bis er gekommen ist. Laut Bergoglio haben wir die Vatikanbank falsch verwaltet, wir haben die falsche Außenpolitik gemacht, den falschen Lebensstil gepflegt, weil wir in zu schönen Wohnungen wohnten und zu große Autos fuhren. Was bildet sich dieser Mann aus Lateinamerika eigentlich ein?«

»Schon gut«, versuchte ich ihn zu beruhigen. »Aber was ist denn genau passiert, was hat diese Generalattacke gegen die Kurie denn ausgelöst?«

Er zuckte mit den Achseln: »Ich weiß es nicht. Zumindest nicht genau.«

»Was meinst du damit?«, fragte ich nach.

»Es liegt ja auf der Hand, dass er seltsamerweise die komplette Kurie attackiert. Er hat nicht einzelne herausgegriffen, um sie abzustrafen. Es war ein Generalangriff auf uns alle. Sein Zorn ist offenbar gewaltig, also muss die Kurie irgendetwas getan haben, das ihn extrem ärgert.«

»Und was kann das sein?«

»Irgendetwas muss vorgefallen sein. Es muss damit zu tun haben, dass irgendetwas, das er unbedingt will, irgendetwas, das ihm sehr wichtig ist, von der Kurie torpediert wurde. Das wäre ein Klassiker, wie der Aufstand der Kurie gegen Papst Johannes Paul II., weißt du noch, wegen der Weltjugendtage.«

Er hatte recht. Ich konnte mich plötzlich erinnern. Natürlich. Es hatte mehrere spektakuläre Kämpfe der Kurie gegen Karol Wojtyła gegeben, aber eine der schwersten Auseinandersetzungen betraf seine Idee, einen Weltjugendtag einzuführen. Die komplette Kurie war dagegen. Sie hielten es für einen absurden Einfall des Papstes und wollten das Projekt mit allen Mitteln verhindern. Aus damaliger Sicht waren die Einwände verständlich. Die Kurie glaubte, dass für die katholische Kirche ein

Weltjugendtag eine gewaltige Gefahr darstellen würde. Die Kardinäle waren überzeugt davon, dass ein Weltjugendtag wie andere Veranstaltungen mit großen Massen junger Menschen, etwa ein großes Rockkonzert oder ein Fußballspiel, ablaufen würde. Sie glaubten, dass es zu Schlägereien, Alkoholexzessen und zu regelrechten Sex-Orgien kommen würde. Hunderttausende, wenn nicht Millionen junger Menschen, die dicht an dicht in Zelten auf einem Weltjugendtagsgelände schliefen, sollten doch bitte nicht in schockierender Weise durch eine Initiative der katholischen Kirche massenhaft die Gelegenheit bekommen zu vorehelichen sexuellen Beziehungen. Die Kurie fürchtete ungeheure Skandale, so etwas konnte die katholische Kirche doch nicht wollen.

Hinzu kamen große liturgische Bedenken. Die Kurie war der Ansicht, dass ein katholischer Gottesdienst für maximal hunderttausend Menschen geeignet ist, aber nicht für Millionen. Wie sollte man vor einem Massengottesdienst mit Jugendlichen umgehen, die zunächst beichten wollten, um an der Messe teilnehmen zu können? Wie sollte man Millionen junger Menschen denn die Beichte abnehmen? Das würde ja Wochen dauern. Zudem gab es massive Bedenken wegen der Gefahren bei der Verteilung der Kommunion. Konnte man bei einem Weltjugendtagsgottesdienst, wenn zwei oder drei Millionen junger Menschen kamen, überhaupt jedem, der es wollte, eine geweihte Hostie geben? Wie sollte man kontrollieren, dass mit der Kommunion auch würdevoll umgegangen wurde? Wie sollte man während einer Massenmesse verhindern, dass einige junge Menschen die Hostie einfach wie ein Souvenir in die Tasche steckten und mit nach Hause nahmen, was natürlich verboten ist. Angesichts dieser Bedenken versuchte die Kurie alles, um die Weltjugendtage zu verhindern.

»Du weißt doch«, sagte mein Gesprächspartner, »damals hat die Kurie alles unternommen, um das Projekt des Weltjugendtages zu torpedieren.«

»Aber Karol Wojtyła hat sich durchgesetzt.«

»Ja, aber er war während der Kampagne auf die Kurie ähnlich sauer wie Jorge Mario Bergoglio jetzt: Also muss es um etwas gehen, das der Papst will und die Kurie nicht.«

»Vielleicht geht es darum, dass er wiederverheiratete Geschiedene zu den Sakramenten zulassen will«, schlug ich vor.

»Diese Debatte im Herbst über die Zulassung der wiederverheirateten Geschiedenen zu den Sakramenten war doch nichts weiter als eine päpstliche Attacke gegen die Unauflöslichkeit der Ehe. Wer katholisch geheiratet hat, sich scheiden lässt und wieder heiratet, ist von den Sakramenten ausgeschlossen. So ist das, und so wird das auch immer bleiben«, fauchte mein Gesprächspartner. Dann sagte er etwas, das mir zeigte, wie tief der Hass auf den Papst wirklich in ihm bohrte.

»Um diejenigen, die sich scheiden ließen und wieder geheiratet haben, erneut zu den Sakramenten zuzulassen, müsste man den Katechismus umschreiben, aber dazu bräuchte man einen Mann vom Format eines Joseph Ratzinger, nicht einen wie den Argentinier Bergoglio. Doch Joseph Ratzinger würde sich weigern, den Katechismus umzuschreiben, weil er sich weigern würde, Gottes Willen zu verfälschen. Die Theologie der katholischen Kirche ist ein Gebilde aus vielen, vielen Einzelteilen. Wenn jemand eines der entscheidenden Teile – wie die unauflösbare Ehe – herauszieht, dann fällt das ganze Gebäude in sich zusammen. Das ist es, was der Papst riskiert.«

»Meinst du, das ist es? Geht es darum, dass er eine andere Ansicht zur Ehe hat?«

»Ich weiß nicht, was den Papst so verärgert hat, vielleicht ist es auch einfach die Tatsache, dass die Kurie sein ständiges Gerede von der Barmherzigkeit Gottes nicht mehr aushält.«

»Wie könnte man etwas gegen die Bewunderung des Papstes für die göttliche Barmherzigkeit haben?«, wunderte ich mich.

»Ich halte das nicht mehr aus! Dieses ständige Gefasel von Papst Franziskus über Gottes Vergebung ist unerträglich. Ich kann seinen Satz ›Gott vergibt immer‹ einfach nicht mehr hören. Wir müssen den Menschen doch stattdessen die Wahrheit sagen, das, worum es wirklich geht, und das ist nicht, dass Gott immer vergibt. Damit Gott vergibt, müssen die Menschen etwas tun, sie müssen umkehren, sich bessern; aber dieses dauernde Gefasel von ›Gott vergibt immer‹ führt die Menschen in die falsche Richtung. Sie denken, sie könnten machen, was sie wollen, einfach drauflos sündigen, denn Gott vergibt ja sowieso alles. Aber so ist das nicht. Ohne Beichte und Buße gibt es auch keine Vergebung«, schnaubte mein Gastgeber.

Mein Gegenüber konnte und wollte seine Wut nicht verbergen. »Was ich außerdem absolut nicht akzeptieren kann, ist, dass der Papst uns vorwirft, wir in der Kurie würden uns entweder nur um uns selber kümmern oder grimmig und verbissen arbeiten, ohne ein Verständnis für Muße. Das wirft er uns vor! Wenn das nicht alles so furchtbar ernst wäre, könnte ich mich kaum halten vor Lachen. Weißt du, was in Castel Gandolfo los ist, weil der Papst keinen einzigen Tag freimachen will seit zwei Jahren. Da gehen Existenzen unter.«

Die Stadt des Sommersitzes der Päpste Castel Gandolfo und die angrenzenden Orte hatten jahrhundertelang von den Pilgern gelebt, die in die kleinen Städte strömten, sobald der Papst dort seinen Urlaub verbrachte. Papst Franziskus will den protzigen Urlaubssitz nicht benutzen. Er wurde für das Publikum geöffnet. Wenn Papst Franziskus sich ausruhen will, bleibt er in seinem Hotelzimmer im Vatikan und hört Musik.

»Der Fall Tebartz van Elst in Deutschland, der Fall des Bischofs, den der Papst aus seiner Diözese gejagt hat, schadet der Kirche ganz massiv. Keiner traut sich jetzt mehr, auch nur sein Pfarrheim restaurieren zu lassen. Was soll dieses ganze Gefasel über eine arme Kirche? Eine arme Kirche kann den Armen nicht mehr helfen. Wir brauchen eine reiche Kirche.«

Und dann holte mein Gastgeber zum entscheidenden Schlag gegen den Papst aus: »Was ich fürchte, ist, dass dieser Papst die Kirche in den Untergang führt, weil er ihr das Herz nimmt, und dieses Herz ist nun einmal die Lehrhoheit des Papstes. Die katholische Kirche unterscheidet sich von allen anderen Kirchen nur dadurch, dass der Papst das letzte Wort hat. Er verteidigt die Lehre der Kirche und bestimmt, was diese Lehre ist. Kein Mensch hätte je geglaubt, dass eines Tages ein Papst wie dieser Argentinier kommen könnte, der sagt, dass er kein Besserwisser sein will. Er pfeift auf die Lehrhoheit des Papstes. Und damit hört die katholische Kirche eigentlich auf zu existieren.«

»Und das fürchtet ein Teil der Kurie?«

»Ja, aber natürlich sagt das kaum jemand offen. Irgendwie muss dem Papst zugetragen worden sein, dass die Kurie in einem dieser Punkte völlig anders denkt als er selber.«

Er schwieg einen Augenblick, schließlich sagte er: »Ich weiß nicht, was ihn so auf die Palme gebracht hat, was er über die Kurie erfahren hat, aber ich weiß, wie.«

»Wie denn?«

»Irgendeiner der Prälaten aus der zweiten Reihe muss es gewesen sein, irgendeiner, der sich benachteiligt fühlt, hat gepetzt. Dieses verdammte Santa Marta!«

Jetzt begriff ich, was er meinte. Die Tatsache, dass der Papst nicht mehr wie seine Vorgänger im Apostolischen Palast residierte, sondern im Haus der heiligen Martha, dem Hotel der Kardinäle, wohnte, hatte alles verändert. Solange die Päpste in ihrem Appartement hoch oben über dem Petersplatz lebten, war es für die Chefs der Kurie einfach gewesen, sie vom Fußvolk abzuschirmen.

Mein Gegenüber schnaubte verächtlich: »Heute kann jeder Depp, jeder aus der mittleren Etage, der sich aufspielen will, der dem Papst etwas stecken will, den Papst auch erreichen. Es ist ein Kinderspiel. Du brauchst nur den Moment abzupassen, wenn der Papst herunterkommt.«

Er hatte recht, ich hatte das selbst schon gesehen. Der Papst betritt den Speisesaal in der Mensa des Vatikans, im Haus der heiligen Martha, durch die Tür, die der Kapelle des Hauses am nächsten liegt. Praktisch jeder, der im Vatikan arbeitet, kann den Papst hier ungehindert ansprechen. Das tun auch viele. Wenn er einmal eingetreten ist, dann setzt er sich an einen Tisch in der Ecke und isst dort zusammen mit drei oder vier Mitarbeitern. Es ist also kein Problem, ihn vor oder nach dem Essen anzusprechen, auch für relativ unbedeutende Mitarbeiter nicht. Sie nutzen die Gelegenheit, sich zu beschweren, vor allem, wenn ihr Boss, ein Bischof oder Kardinal, sie schikaniert. Lediglich wenn der Papst isst oder sich das Essen gerade am kalten Büfett holt und auf sein Tablett stellt, will er in Ruhe gelassen werden. Es gibt so eine Art »Blickverbot«. Wenn der Papst zum Büfett geht und sich Essen holt, schaut er sich im Saal um, weil er sehen will, ob ihn jemand neugierig beäugt oder gar zu fotografieren versucht, was der Papst auf keinen Fall will. Die Vatikan-Mitarbeiter fürchten diesen Kontrollblick, der besagt: Ich hab mir jetzt etwas zu essen geholt, glotzt mich bitte nicht an und lasst mich in Ruhe essen, danach bin ich sofort wieder für euch da.

»Ich bin mir sicher«, sagte mein Gegenüber plötzlich leise. »Wenn du den aus der mittleren Etage findest, der zuletzt dem Papst im Haus der heiligen Martha etwas vertraulich zugeflüstert hat, dann weißt du auch, wer die Kurie verpetzt hat. Vielleicht sagt er dir ja auch, was er dem Papst über die Kurie verraten hat. Was immer es gewesen ist, es muss den Argentinier wie ein Keulenschlag getroffen haben.«

Was bringt den Papst so auf?

Mein bester Kontakt aus der »mittleren Etage« ist ein sympathischer Monsignore, ein echter, alter Freund, den ich seit Jahrzehnten kenne. Er ist typisch für die »mittlere Etage« im Vatikan, das bedeutet, für jenen Teil der Kurie, der zwar viel und hart arbeiten muss, aber nie zur Kenntnis genommen wird. Das Besondere an der römischen Kurie ist auch, dass es eine Unmenge Anlässe gibt, um zu repräsentieren. Wenn ein Ministerium, eine Bank, eine internationale Organisation irgendetwas zu feiern oder etwas vorzustellen hat, laden sie gern einen Würdenträger aus dem Vatikan ein, weil ein Bischof oder Kardinal sich natürlich auf dem Foto gut macht. Wenn etwa eine Stadt feiert, dass für eine ihrer Töchter oder einen ihrer Söhne ein Heiligsprechungsverfahren in Gang gesetzt wurde, dann lädt sie gern den zuständigen Kardinal für Selig- und Heiligsprechungen ein. Es ist also in allen Päpstlichen Kongregationen und Räten normal, dass die Chefs damit beschäftigt sind, zu repräsentieren. Die echte Arbeit macht die mittlere Etage, Priester, die als Fachleute auf ihren Gebieten meist Hervorragendes leisten, aber nie in Erscheinung treten. Sie machen den Job, und ihre Chefs stellen das Ergebnis der Öffentlichkeit vor. Das gilt auch für meinen Freund Monsignore A. Er war ein Fachmann und auf internationale Religionsfragen spezialisiert. Papst Franziskus war bereits sein dritter Papst, dem er diente. Wir kannten uns lange genug, dass er mir sein »Geheimnis« verraten hatte. Monsignore A. war vor der Ankunft von Papst Franziskus zu Unrecht jahrelang gnadenlos fertiggemacht worden, und das half ihm jetzt. Niemanden scharte der Papst so gern um sich wie die ehemaligen Verlierer. Monsignore A. war Opfer einer Intrige geworden, nicht einmal einer besonders ausgefallenen, sondern der am meisten verbreiteten Intrige im Vatikan: der Intrige um die Rückversetzung.

Alle Mitarbeiter der Kurie, ob in leitender Funktion oder auf den unteren Ebenen, sind nur auf Zeit im Vatikan. Sie werden von ihren Bischöfen entsandt. Sie bleiben ein paar Jahre, bis sie irgendwann zurückgerufen werden. Dieser Moment ist für fast alle niedrigen Chargen der Kurie eine Tragödie. Meistens läuft das so ab, dass ein Bistum zunächst irgendeinen jungen Priester nach Rom zum Dienst an der Kurie schickt. Der erlebt im Vatikan die große weite Welt, kann kreuz und quer über den Globus reisen, weil er nun mal in der Verwaltung einer Weltkirche sitzt, die überall auf dem Globus Interessen vertritt. Er hat enorme persönliche Freiheiten und kann in seiner Freizeit in Jeans und T-Shirt schlüpfen und einfach in der Anonymität der Großstadt Rom untertauchen. Er steht nicht wie in einer gewöhnlichen Pfarrei unter ständiger Beobachtung. Doch irgendwann kommt der Befehl, dass er wegen des akuten Priestermangels zu Hause zurück muss, um von nun an in irgendeiner Pfarrei seinen Dienst abzuleisten. In der Regel sieht diese Aufgabe so aus, dass er zwischen verschiedenen Kirchen in der Provinz herumfährt, um stets vor praktisch leeren Bänken zu predigen. Im Büro von Monsignore A. hatte diese Nachricht seinen Kollegen, den Prälaten G., erwischt. Ihn hatte der Ruf in eine Gemeinde an den italienischen Alpenrand erreicht. Prälat G. weigerte sich natürlich mit Händen und Füßen. Er wollte um jeden Preis im Vatikan bleiben. Prälat G. schaffte es, sich bei seinem Vorgesetzten einzuschmeicheln und durchzusetzen, dass an seiner Stelle der Kollege Monsignore A. in die Gemeinde in Norditalien versetzt werden sollte. Von nun an erlebte Monsignore A. die Hölle. Um die Versetzung durchzusetzen, schwärzte man ihn an, verbreitete hinter seinem Rücken, dass er im Vatikan katastrophal schlecht arbeite, dichtete ihm eine Unzahl erfundener Vergehen an. Dabei arbeitete sein Vorgesetzter mit Prälat G. Hand in Hand.

Mein Freund litt wie ein Hund, er bekam ein Magengeschwür, traute sich kaum noch ins Büro, wo er monatelang systematisch fertiggemacht wurde. Monsignore A. musste zwei Jahre lang erleben, wie er verunglimpft wurde, er musste die Erniedrigungen aushalten, weil sein Chef zusammen mit einigen Mitgliedern der

Kurie alles unternahm, um ihn wegzuekeln, damit er die Stelle am Alpenrand annahm, anstelle des Günstlings Prälat G. Doch am Ende dieser bitteren Jahre gewann Monsignore A. Sein Rivale musste in der Pfarrei bei Trient seinen Dienst antreten.

Papst Franziskus hatte natürlich erfahren, dass Monsignore A. von der Kurie schikaniert worden war, und ich wusste, dass er ihn hoch schätzte. Ich war also gespannt auf das Treffen.

Wie immer, wenn wir unter uns waren, kam er nicht als Priester gekleidet, sondern hatte ein sportliches Hemd an und trug dazu Jeans. Wir setzten uns in eine winzige Trattoria in der Nähe des Vatikans, bestellten eine Vorspeise, warteten, bis der Kellner außer Hörweite war, und dann sah ich ihn an.

»Was ist los?«, fragte ich. »Wieso drischt der Papst plötzlich wie ein Verrückter auf die Kurie ein?«

»Das fragen sich zurzeit alle.«

»Und was meinst du?«

Er zuckte mit den Achseln.

»Ich habe mich mit unserem gemeinsamen Freund aus dem Staatssekretariat unterhalten.«

»Und was sagt der?«

»Dass irgendeiner der Sekretäre dem Papst etwas gesteckt hat.«

»Das kann schon sein, aber das erklärt nicht, warum der Papst so ausrastet, und vor allem nicht, warum er auf die komplette Kurie eindrischt. Es passiert jeden Tag, dass irgendein Sekretär sich im Haus der heiligen Martha bis zum Papst vorkämpft und über seinen Chef in der Kurie meckert. Das ist der Papst gewöhnt. Aber deswegen richtet er nicht die gesamte Kurie hin in einer solch scharfen Rede.«

»Und was ist, wenn ein Sekretär den Papst über so etwas wie eine innere Revolte der Kurie gegen ihn informiert hat?«

»Das könnte theoretisch sogar sein, die Kurie ist schon ziemlich sauer.«

»Weshalb?«

»Weil Papst Franziskus zu oft echten Unsinn redet.«

»Wie meinst du das?«

»Na ja, ein Fettnäpfchen nach dem anderen. Das ist für die Kurie eine echte Katastrophe. Denk doch mal nach: Der Papst gilt immer noch als unfehlbar, zwar nur, wenn er über die Lehre der Kirche ex cathedra spricht, aber immerhin. Die Kirche will natürlich nicht, dass ihr Oberhaupt Unfug redet.«

»Zum Beispiel?«

»Er kann sich doch nicht ernsthaft hinstellen und nach den zwölf Morden von Paris in der *Charlie Hebdo*-Redaktion sagen, dass er selbst seinem Reiseorganisator Gasbarri einen Faustschlag verpassen würde, wenn der seine Mutter beleidigt. Damit wollte er sagen, dass er verstehen kann, wenn Menschen, deren Religion beleidigt wird, sich wehren. Aber so wehren: zwölf Tote? Das zu sagen, war unverantwortlich, das war richtig schlimm.«

»Gut. Da ist was dran«, räumte ich ein.

»Und dann wird er auch noch so wahnsinnig peinlich. Ein Papst wie Pius XII. würde sich doch im Grabe umdrehen, wenn er hört, dass einer seiner Nachfolger sich dazu versteigt, zu sagen, dass die Katholiken sich nicht wie die Karnickel vermehren sollen. Nur peinlich. Vor allem, weil er zurückrudern muss und sich entschuldigen. Er lobte dann auf einmal kinderreiche Familien. Das geht doch nicht. Die Kirche gibt den Päpsten den Titel Vikar Jesu Christi. Der Stellvertreter Gottes kann sich nicht ständig verquatschen.«

»Okay, auch das mit den Karnickeln war nicht so geschickt.«

»Das magst du lustig finden, aber der Papst sagt auch Dinge, die er absolut nicht sagen darf. Dass der Papst das Verantwortungsbewusstsein eines Vaters lobt, der seine Kinder prügelt, und ihn lobt, weil der ja so zartfühlend ist, die Kinder nicht ins Gesicht zu schlagen – das kann er nicht machen. Das geht einfach nicht! Kinder schlägt man nicht. Dazu gibt es nicht mehr zu sagen. Ein Papst darf einen solchen Fehler nicht machen. Diesen Satz haben ihm weltweit viele Millionen Katholiken übel genommen. Ein unverzeihlicher Fehler.«

»Na ja, wenn ich daran denke, was Wojtyła alles gesagt hat: Dessen ständiger Vergleich des Holocaust mit der Abtreibung von Kindern war totaler Schwachsinn; er hat es trotzdem gesagt.«

»Aber manche Fehler darf man nicht machen, nicht als Papst. Es gehört zu deinem Job als Pontifex, gegen die Abtreibung von Kindern zu sein, aber du kannst nicht ganze Länder verunglimpfen.«

»Was meinst du?«

»Ich glaube, dass die wichtigen lateinamerikanischen Kardinäle gespalten sind, zumindest die Mexikaner sind auf den Papst grad sehr sauer. Er schrieb einem Freund über die drohende Mexikanisierung seines Landes. Er meinte damit die Gefahr, dass sich in Argentinien die Macht der Drogenkartelle genauso wie in Mexiko ausbreiten könnte. Das war für Mexiko natürlich äußerst beleidigend. Mexiko ist immerhin das zweitgrößte katholische Land der Erde.«

»Gut. Nehmen wir an, die Mexikaner haben gegen den Papst eine Art Aufstand geplant, und nehmen wir an, er bekam das mit. Dann würde das erklären, dass er auf die mexikanischen Kardinäle sauer ist, aber nicht auf die komplette Kurie.«

»Du verstehst das nicht. Es gibt eine Menge Kardinäle, die einen sehr, sehr guten Grund haben, auf den Papst sauer zu sein. Denn er schafft eine andere Kirche. Wenn du so willst, begräbt er die katholische Kirche, wie sie zwei Jahrtausende lang war. Er setzt eine radikale Änderung des Selbstverständnisses durch. Das ist eine Revolution, ein Paradigmenwechsel.«

»Wieso?«

»Bisher sah sich die Kirche, auch die Kirche des Papstes Benedikt XVI., vor allem als einzigartig und unvergleichlich an. Die Geburt und das Wirken des Jesus von Nazareth galten als das zentrale Ereignis der Geschichte. Das bedeutet: Wir, die katholische Kirche des Jesus von Nazareth, sind die einzige Institution der Welt, die der Seele eines Menschen den Weg ins Paradies eröffnen kann. Wer versucht, ohne die Kirche das Paradies zu erreichen, hat es ›objektiv‹ schwerer, wie Joseph Ratzinger schreibt. Verstehst du das?«

»Ja klar.«

»Vor der Amtszeit von Papst Franziskus wäre nach dem Attentat in Paris Folgendes geschehen: Der Papst, wer auch immer das gewesen wäre, hätte der französischen Nation mit ihren tiefen christlichen Wurzeln sein Beileid ausgedrückt angesichts des schrecklichen Attentats, das muslimische Extremisten angerichtet hatten und bei dem zwölf Menschen ums Leben kamen. Dann hätte der Papst erklärt, dass wir für die Opfer beten müssen und auch für die Täter, damit sie endlich auf den richtigen, christlichen Weg finden und dadurch natürlich aufhören, unschuldige Menschen zu erschießen, im Namen eines Propheten Mohammed, der ohnehin nur Unsinn über den lieben Gott verbreitet hat. Verstehst du?«

»Ich glaube schon.«

»Die katholische Kirche vor Bergoglio hätte nach den Attentaten von Paris erklärt, dass sie ihre Anstrengungen zur Missionierung verstärken muss, damit die Moslems endlich den wahren Glauben, nämlich unseren, erkennen und aufhören, weiter extremistische Killer im Namen des Glaubens hervorzubringen. Es wäre eine Steilvorlage für den Papst gewesen. Er hätte das getan, was Päpste seit Jahrhunderten tun. Er hätte gesagt: Schaut nach Paris, seht, was passiert, wenn Menschen Anhänger des falschen Glaubens sind, die fangen dann sogar an, um sich zu schießen und Unschuldige umzubringen. Genau das hat Ratzinger doch gesagt, dass Mohammed nichts anderes gebracht habe als Gewalt. Und was macht Bergoglio?«

Monsignore A. hatte sich jetzt regelrecht in Rage geredet.

»Bergoglio sagt, in der päpstlichen Maschine auf die Attacken von Paris angesprochen, dass er seinem Freund Gasbarri auch einen Faustschlag verpassen würde, wenn der Bergoglios Mutter beleidigt hätte. Das Problem für die Kurienkardinäle liegt nicht darin, dass Bergoglio Terroristen rechtfertigte, das ist schlimm genug. Aber viel schlimmer ist, dass er erklärt, dass das Christentum nur irgendein Weg zu Gott ist. Dass die anderen Religionen auch ein Recht darauf haben, ihren Weg zu gehen, und dass sie sogar mit Gewalt ihr Ansehen verteidigen können, wenn sie sich beleidigt fühlen. Verstehst du das? Der Papst muss, nach dem Verständnis der meisten Kurienkardinäle, sagen: Seht die armen, fehlgeleiteten Mörder von Paris, sie haben den falschen Glauben, deswegen tun sie schreckliche Sachen. Das tut er aber nicht. Er sagt: Sie haben ein Recht darauf, zu verteidigen, woran sie glauben, als wenn es mehrere Wege zu Gott gäbe, die gibt es aber nach dem Verständnis der Kirche vor Bergoglio nicht. Bergoglios Vorstellung von der katholischen Kirche hat mit dem bisherigen Verständnis nichts zu tun. Das macht der Kurie Angst und empört sie gleichzeitig.«

»Was können sie machen?«

»Es gibt eine Menge Gegner Jorge Bergoglios, denen ich eine Kirchenspaltung zutraue. Ein Schisma, eine Abspaltung der wahren katholischen Kirche von dem, was Bergoglio mit der katholischen Kirche vorhat. Das halte ich für eine ernste Gefahr.«

»Ein Schisma?«

»Ja, eine große Kirchenteilung, wenn es schlimm kommt, von dem Ausmaß einer Teilung, wie sie Martin Luther auslöste. Aber dieses Schisma droht von rechts, wie vor 40 Jahren.«

»Wie meinst du jetzt das?«

»Die Kirchenteilungen im Katholizismus geschehen in den letzten hundert Jahren immer rechts. Der liberale, der linke Flügel, der spaltet sich nie ab. Es sind immer die extrem Konservativen, die eine noch konservativere Kirche wollen, die sich abspalten. Du weißt doch, das letzte große Schisma setzte Bischof Marcel Lefebvre in den 70er-Jahren durch, weil ihm das Zweite Vatikanische Konzil nicht passte. Er gründete die Pius-Bruderschaft: Und dazu gehören heute rund tausend Priester und Ordensleute – eine ganze Menge.«

»Du meinst, Papst Franziskus könnte auf die Kurie so sauer sein, weil er glaubt, dass sie dort eine Kirchenteilung planen könnten?«

»Ich könnte es mir vorstellen.«

Feinde

Schon kurz nach der Wahl fiel es einem Beobachter im Vatikan relativ leicht, herauszufinden, wer ein erklärter Gegner des neuen Papstes Franziskus war und wer nicht. Das wichtigste Kennzeichen seiner Gegner bestand darin, dass sie ihn als Theologen herabsetzten. Der Standardsatz seiner Feinde lautete: »Ich habe alles, was er geschrieben hat, gelesen, und ich habe nicht lange dafür gebraucht.« Papst Franziskus hat sich sein Priesterleben lang im pastoralen Dienst abgekämpft. Seine Karriere als Wissenschaftler war relativ kurz und überschaubar. Gemessen an seinem Vorgänger, dem Theologen Joseph Ratzinger, schien er seinen Gegnern theologisch viel zu unbedeutend, um ein guter Papst zu sein.

Selbstverständlich trauten sich nur wenige, offen auszusprechen, dass sie Jorge Bergoglio für eine Niete hielten. Einer der wenigen Kardinäle, der offen den Papst kritisierte, war der US-Kardinal und ehemalige Erzbischof von St. Louis, der Kirchenrechtsexperte Raymond Leo Burke.

In einem Interview mit der Zeitschrift *Vida Nueva* erklärte er, dass das Schiff der Kirche seiner Ansicht nach »führerlos sei«. Das war eine offene Kampfansage an den Papst, denn es bedeutete, dass Kardinal Burke die Befähigung des 266. Nachfolgers des heiligen Petrus, die Kirche zu führen, arg bezweifelte. Es war wie ein Signal zur Rebellion. Der Papst musste jetzt etwas unternehmen.

Zur Überraschung der Kurie zeigte sich der von seinen Feinden als lustiger Spinner verhöhnte Papst dann aber als alles andere als ein unentschlossener Luftikus. Er schlug hart zurück, wie damals, als er Chef der argentinischen Jesuiten war und mit internen Gegnern umgehen musste. Die Karriere des US-Kardinals Burke nahm ein jähes Ende. Er war im Jahr 2006 in die Apostolische Signatur und den Päpstlichen Rat für Gesetzestexte berufen worden, zudem zum Mitglied der Kongregation für den Klerus. Papst Franziskus feuerte ihn regelrecht. Im November 2014 wurde Raymond Burke aus dem Machtzirkel der Kurie entfernt und auf den unbedeutenden Posten des Kardinalpatrons des Malteserordens verschoben.

Burke hatte sich bis dato zu einer der wichtigsten Persönlichkeiten am rechten konservativen Rand der Kirche hochgearbeitet. Als Erzbischof von St. Louis unternahm er genau das, was die ultrakonservativen Kardinäle nun einmal so tun. Zunächst richtete er den alten Ritus der Messfeier in seiner Diözese wieder ein, der vor dem Zweiten Vatikanischen Konzil galt und bei dem der Priester den Gläubigen den Rücken zukehrt.

Burke holte das ultrakonservative Institut Christus König und Hoherpriester, eine italienische Gründung, in sein Bistum und wurde Chef des Zusammenschlusses der geweihten Jungfrauen der USA. Diese seltsame Einrichtung des geweihten Lebens von Jungfrauen außerhalb von Frauenklöstern belebte Papst Paul VI. im Jahr 1970 wieder. Natürlich schließen sich dieser Lebensform nur sehr fromme und sehr konservative Frauen an. Das Ganze funktioniert so, dass eine Frau, wenn sie ihr Leben Gott weihen möchte, nicht unbedingt in ein Kloster einziehen muss. Sie kann auch ganz normal allein leben, einer Arbeit nachgehen und Gottes Wort verkünden. Wenn sie eine geweihte Jungfrau sein will, muss sie Keuschheit geloben, ein Leben ohne Sex. Der Bischof kann nach einer entsprechenden Vorbereitungszeit die Jungfrau weihen nach dem Ritus der Consecratio virginum. Die Jungfrauen bekommen bei ihrer Weihe als Zeichen ihrer Würde einen Schleier, einen Ring und das kirchliche Stundenbuch.

Sie geloben, bis zum Ende ihres Lebens das kirchliche Stundengebet zu sprechen. Sie bekommen von der Kirche kein Gehalt, leben in der Regel zurückgezogen und widmen sich karitativen Werken. Häufig stammen die Frauen, die ein feierliches Keuschheitsgelübde vor dem Bischof ablegen, aus sehr vermögenden, häufig adeligen Familien. Nur ein sehr konservativer Kardinal wie Raymond Burke konnte sich im Kreis der geweihten Jungfrauen wohlfühlen, aber auch die Jungfrauen würden nur einen sehr konservativen Kardinal akzeptieren.

Kardinal Burke gehörte zu der ausgesprochen großen Gruppe von Kardinälen, die Papst Franziskus vor allem eines vorwarfen: eine viel zu lasche Haltung im Kampf gegen die Abtreibung. Ich kann die Argumente von Abtreibungsgegnern durchaus nachvollziehen, dennoch verstehe ich auch Befürworter staatlich geregelter Abtreibungsgesetze. Innerhalb der katholischen Kirche wird das Thema Abtreibung jedoch häufig instrumentalisiert. Es ist ein Vorwand zur Generalverdammung der Welt.

Da viele Länder der Welt eine gesetzliche Abtreibungsregelung haben, nutzen manche Kirchenmänner das Thema Abtreibung, um zu zeigen, dass die Welt voller Schlechtigkeit und Sünde ist, eine Welt, in der sogar die ungeborenen Kinder »abgeschlachtet« werden. Vor allem in den USA spaltet das Thema der legalen Abtreibung nach einer Fristenregelung, wie sie in etwa einem Drittel der Länder der Welt gilt, die katholische Kirche. Für die konservativen amerikanischen Katholiken bedeutet die Legalisierung der Abtreibung unter bestimmten Umständen nichts anderes als einen Aufruf zum Mord. Seit Jahrzehnten geißeln die konservativen amerikanischen Bischöfe die »verruchten« Staaten wie die USA, die Abtreibung zulassen.

Papst Franziskus hatte nach seiner Wahl befunden, dass es seiner Ansicht nach nicht zu seinen Hauptaufgaben gehöre, einen Feldzug gegen die legalisierte Abtreibung zu führen. Er versuchte stattdessen im zweiten Jahr seiner Amtszeit ziemlich erfolgreich, die Kirche aus der alten Sex-Falle zu führen. In der Amtszeit von Papst Johannes Paul II. hatte sich ein Großteil des innerkirchlichen Dialogs immer wieder um Fragen der Sexualmoral gedreht, etwa um das Verbot von Präservativen. Papst Franziskus sieht in der Bekämpfung der Armut ein weit wichtigeres Thema. Zudem beklagt er, dass Priester es sich leicht machen, ständig die legale Abtreibung zu geißeln, weil sie selbst (mit wenigen Ausnahmen) selten mit dem Problem zu kämpfen hätten. Doch Kardinal Raymond Burke konnte dem Papst seine Haltung nicht verzeihen.

Noch zwei weitere Männer galten als ernste Gegner von Papst Franziskus. Der eine ist der Chef der Glaubenskongregation

Gerhard Ludwig Müller. Das Emblem in seinem Wappen drückt seine uneingeschränkte Unterstützung der Position in der *Dominus Iesus*-Schrift von Joseph Ratzinger aus. Der andere Kirchenmann, der als Gegner genannt wird, ist der polnische Kardinal Zenon Grocholewski. Grocholewski soll den Erzbischof von Buenos Aires schon vor Jahren aufs Äußerste gereizt haben. Ab 1999 diente Grocholewski in der Kurie als Präfekt der Kongregation für das katholische Bildungswesen. In diesem Job verweigerte er Erzbischof Bergoglio einige Ernennungen für Chefposten katholischer Hochschulen in Argentinien und installierte Professoren, mit denen Bergoglio nicht einverstanden war. So schafft man sich keine Freunde.

Selbstverständlich weisen alle Betroffenen auf ihre absolute Loyalität hin, doch in Wirklichkeit bildet sich eine Gruppe Oppositioneller heraus, dazu zählen, wie gesagt, natürlich der Präfekt der Glaubenskongregation Gerhard Ludwig Müller, sein Freund Kardinal Zenon Grocholewski, Kardinal Raymond Leo Burke, aber auch der durch und durch konservative deutsche Kardinal Walter Brandmüller.

Besuch im Lager der Feinde

Ich war darauf vorbereitet, dass die Ultrakonservativen nicht sonderlich gut auf Papst Franziskus zu sprechen sein würden, aber das Ausmaß des Hasses überraschte mich dann doch. Zufällig saß ich bei einer Feier einiger befreundeter Priester an einem Tisch, an dem die superkonservativen Kirchenmänner Platz genommen hatten, die ich nur flüchtig kannte.

Der Wortführer war ein hochgewachsener, hagerer, etwa 60 Jahre alter Mann in einem extrem konservativen Priesterrock. Er schaute mich mit einer Mischung aus Belustigung und Abscheu an.

»Sie sind doch der Bekannte von diesem ...« Er tat so, als müsse er nachdenken »Kasper. Richtig?« Er spuckte das Wort Kasper aus wie Galle.

»Ich schätze ihn«, sagte ich leise.

»Der ist kein Kardinal, der ist ein Protestant. Der ist Luther näher als Christus! Der wird jetzt zusammen mit diesem Argentinier die Kirche in ein Rotes Kreuz umbauen.«

Da war er sofort wieder, der Streitpunkt der Konservativen. Die Kirche hatte ihrer Ansicht nach vor allem eine ganz simple Aufgabe: Die Seelen der Menschen zu retten, sodass sie vor der ewigen Verdammnis bewahrt werden konnten. Dass die Kirche auch diese Welt verbessern könnte wie das Rote Kreuz, war absolut zweitrangig. Die Priester waren nicht dazu da, sich für sichere Arbeitsplätze, gerechte Verteilung von Einkommen, eine angemessene medizinische Versorgung einzusetzen. Ihre Aufgabe war es, den Seelen den Weg ins Paradies zu ebnen.

»Da sehen Sie jetzt, was diese Modernisierung der Kirche gebracht hat.« Der Satz klang wie ein vernichtendes Urteil. Die Männer am Tisch nickten.

Einer der älteren, dem nur noch ein weißer Kranz Haare geblieben war, sagte: »Es ist wie am Ende der Zeit, als hätte die Apokalypse begonnen.« Wieder heftiges Nicken. Ich hatte keine Ahnung, worauf er hinauswollte.

Dann fuhr der alte Mann fort: »Der Papst feiert mit den Ketzern das Ende der Kirche.«

Der große Hagere sah mich jetzt verstimmt an. »Der Pater hat recht. Wir haben viel Schlimmes erwartet von dem Mann aus Argentinien, aber nicht das.«

Er schüttelte den Kopf, offensichtlich sprachlos vor Abscheu. Er machte eine Pause, die bedeuten sollte, dass er sich viele Katastrophen vorstellen konnte, aber dass der Papst sich derartig an der Kirche Christi versündigen könnte, das schien ihm schlicht die Sprache zu verschlagen.

»Es ist, wie der Pater sagt, als sei das Ende der Zeit gekommen. Der Papst achtet seinen Bruder im Bischofsamt nicht mehr, aber er zecht mit den Ketzern und feiert den Untergang der Kirche Christi.«

Und endlich hatte ich begriffen, was sie meinten. Im Juli 2014 hatte Papst Franziskus den Wunsch geäußert, einen alten Freund zu besuchen, einen Priester der Pfingstbewegung, Giovanni Traettino. Er wollte ihn in Caserta, südlich von Rom, besuchen. Doch als der Papst diesen Wunsch äußerte, kam es im Vatikan zu einem regelrechten Aufstand. Ein Papst könne nicht einfach in eine andere Diözese fahren und da einen Freund besuchen, der nicht zur katholischen Kirche gehörte. Zunächst müsse der Papst den Bischof und die Diözese besuchen und eine große Messe feiern. Erst danach könne er erneut die jetzt bereits besuchte Diözese bereisen, um einen privaten Besuch abzustatten. Papst Franziskus gab nach, feierte die Messe in Caserta, traf sich mit dem Bischof und fuhr ein paar Tage später zu seinem privaten Treffen erneut nach Caserta. Dort geschah dann aus Sicht der Konservativen etwas Ungeheuerliches. Papst Franziskus bat die Anhänger der Pfingstbewegung um Vergebung dafür, dass »Katholiken, die vom Teufel besessen waren«, Männer der Pfingstbewegung wie seinen Freund Giovanni Traettino als »verrückt« verunglimpft hätten, und umarmte ihn herzlich. Statt den Priester der Sekte zu bekehren, versteht er sich fantastisch mit ihm. Während die katholischen Kardinäle der Welt vor der raschen Ausbreitung genau dieser Sekten zittern, feiert der Papst mit einem der Priester der gefürchteten Abtrünnigen Verbrüderung vor den Kameras der Fotografen.

»Dieser Franziskus will aus der katholischen Kirche eine Sekte machen. Die alte katholische Kirche ist jetzt in der Hand eines Freundes und Beschützers der Ketzer, wir sollen so gottlos werden wie die Sekten«, schimpfte der alte Mann. »Es ist eine Schande.«

Mir war klar, was der alte Mann meinte: Statt zum Krieg gegen die Sekten aufzurufen, verlangte Papst Franziskus, die katholische Kirche solle erst mal darüber nachdenken, ob die Pfingstgemeinden vielleicht einiges besser machen würden als die katholische Kirche selbst. In extrem konservativen Kreisen der Kirche kam so was gar nicht gut an.

Der Hagere fuhr fort: »Ich bin viel in Lateinamerika. Die Ketzer breiten sich dort aus wie ein Krebs. Sie locken die Gläubigen mit Versprechungen und Bestechungen in ihre Fänge, und der Papst treibt die wenigen Aufrechten, die es noch gibt, in die Arme dieser Ketzer.«

Ich wusste, dass ich mich jetzt sehr zusammenreißen und schweigen musste, denn wenn ich meine Meinung gesagt hätte, wäre das Gespräch sehr rasch beendet gewesen, und man hätte mich weggeschickt.

In einem hatte der alte Mann recht: Die Pfingstbewegung und insgesamt alle Freikirchen sind eine enorm schnell wachsende Konkurrenz für die katholische Kirche. Im Oktober 2005 verkündet der brasilianische Kardinal Claudio Hummes eine nur schwer fassbare Hiobsbotschaft für die katholische Kirche. Ausgerechnet das größte katholische Land der Welt, Brasilien, verliert in einem atemberaubenden Tempo die Gläubigen. Die Zahl der Katholiken sank in einer Generation um ein Fünftel. Die Freikirchen, wie etwa die Pfingstgemeinden, breiten sich, aus den USA kommend, in Lateinamerika unvorstellbar erfolgreich aus. Es ist die Erfolgsstory des Jahrhunderts: Weltweit sollen etwa 600 Millionen Menschen zu den Freikirchen gehören, das bedeutet, dass die

Freikirchen bereits mehr als halb so groß sind wie die weltweite katholische Kirche. Während der Gottesdienste wird getanzt und gesungen, gesegnet und jubiliert, es geht weit lebhafter zu als in den katholischen Kirchen. Wenn diese Entwicklung ungebremst weitergeht, dann wird die katholische Kirche in Lateinamerika aufhören zu existieren. Die Bekämpfung dieser Sekten sehen viele Kardinäle als oberstes Gebot an. Doch dann kommt der Argentinier Jorge Mario Bergoglio und lässt den weltweiten Kampf der Katholiken gegen die Sekten stoppen. Noch schlimmer, er besteht darauf, als erster Papst der Geschichte eine Pfingstgemeinschaft zu besuchen. Dass das die konservativen Kreise schocken musste, war mir klar. Ihnen war schon jeder Dialog mit den Lutherischen und den evangelischen Kirchen zuwider. Die Nostalgiker sehnten sich nach der Kirche vor dem Zweiten Vatikanischen Konzil und der alten Form der Messe, die Papst Benedikt XVI., unabhängig von der Zustimmung durch einen Bischof, wieder erlaubt hatte.

»Es ist wie am Ende der Zeiten«, wiederholte der alte Man mit dem weißen Haarkranz. »Der Papst treibt die Christenmenschen zum Gebet zu den Ketzern und in die Moschee, um vor dem Götzen Allah auf die Knie zu fallen. Das ist es, was er tut.«

Franziskus hatte lediglich geschrieben, dass er Hochachtung vor der Religiosität der Muslime hat, dachte ich, hielt aber den Mund.

Der Hagere fuhr fort: »Er ruiniert das Amt des Papstes. Er hat keinen Respekt vor der Würde des Amtes. Das ist das Problem. Er ist der Inhaber der Lehrhoheit, und das versteht er einfach nicht. Er entscheidet, was der wahre Glaube an Jesus von Nazareth ist. Wie konnte er sich in Konstantinopel so benehmen? Er, der Papst, hat die Lehrhoheit, nicht Bartholomäus, also ist es nicht der Papst, der sich Bartholomäus beugt, sondern umgekehrt.« Die Verneigung von Papst Franziskus vor dem Patriarchen Bartholomäus im November 2014 hatte die konservativen Kreise maßlos erzürnt. Es hatte so ausgesehen, als brauchte der Papst die Zustimmung des Patriarchen, während aus konservativer Sicht der Patriarch sich dem Papst, dem Nachfolger Petri, zu beugen hatte.

Es ging immer um das Gleiche: Egal, ob es Bartholomäus I., Patriarch der orthodoxen Kirche von Konstantinopel, betraf oder die Pfingstbewegung. Papst Franziskus, so finden seine Kritiker unter den Konservativen, weigert sich einfach, einen der fundamentalen Grundsätze des Katholizismus anzuerkennen: den Grundsatz, dass die katholische Kirche sich als einzigartig und unvergleichlich sieht. Sie und nur sie kann der Seele den Weg ins Paradies eröffnen, wer auf diese Hilfe verzichtet, hat »objektiv«, wie Joseph Ratzinger schreibt, einen Nachteil, um das Paradies zu erreichen.

Ich nahm all meinen Mut zusammen und wagte die einzige Frage zu stellen, die mich wirklich interessierte.

»Ist er so hart mit der Kurie ins Gericht gegangen, weil er glaubt, dass es in der Kurie Kräfte gibt, die eine Kirchenteilung wollen, ein Schisma, die Schaffung einer neuen, echten katholischen Kirche neben der irregeleiteten von Papst Franziskus?«

Der Hagere sah mich ernst an und sagte: »Passen Sie mal auf: Ich werde Ihnen jetzt sagen, wann es zum Schisma kommen wird unter Papst Franziskus. Wenn dieser Papst zum ersten Mal einer Frau, die geschieden war und wieder geheiratet hat, die Kommunion gibt, dann werden einige Kardinäle diese Kirche des Papstes Franziskus verlassen und eine echte katholische Kirche weiterführen und einen neuen Papst wählen, denn in diesem Augenblick wird er das göttliche Sakrament der Ehe entehrt haben.«

»Sie meinen, das werden Männer sein wie Kardinal Raymond Burke?«

»Das werden Sie dann ja sehen.«

»Deswegen ist Franziskus so unversöhnlich gegenüber der Kurie, weil er fürchtet, dass sie ein Schisma vorbereitet?«

»Möglicherweise, allerdings spricht etwas dagegen.«

»Und was?«

»Nach der Strafpredigt zu Weihnachten hat er mit einem Sekretär darüber gesprochen, warum er so verärgert war, und dass er etwas getan hätte.«

»Wie bitte?«, fragte ich.

»Er sagte, dass er etwas getan hätte, nachdem die Kurie sich das geleistet hat, wenn er schon Papst gewesen wäre.«

»Dann war er es noch nicht?«

»Nein, er war es noch nicht.«

Rebellion

Die Rebellion gegen die Kurie in der Regierungszeit von Joseph Ratzinger war meinem Freund Monsignore X. entschieden schlecht bekommen. Er arbeitet jetzt in einer problematischen Pfarrei in Mittelitalien. Aus der Perspektive seines ehemaligen Arbeitsplatzes im Vatikan scheint er nahezu am Ende der Welt angelangt zu sein. Er hatte eine aufstrebende Karriere vor sich gehabt, als wir uns kennenlernten, dann hatte er aber seinen Missmut über die Art der Führung des Kardinalstaatssekretärs Tarcisio Bertone nicht bei sich behalten, was übel ausgegangen war. Ich brauchte etwa drei Stunden mit dem Auto bis zu seiner schäbigen Betonkirche aus den 60er-Jahren. Sie war Teil eines hässlichen Gebäudekomplexes, zu dem auch ein Kindergarten und eben das Pfarrheim zählen, in dem die Wohnung meines Freundes liegt. Ich traf ihn in seinem Pfarrbüro, dessen Möbel aussahen, als hätte er sie vom Sperrmüll eingesammelt. Er selber saß in einem abgewetzten alten Ledersessel, der vor einer Ewigkeit mal einem stellvertretenden Filialleiter einer kleinen Sparkassen-Zweigstelle gehört haben mochte. Leider war bei ihm das Gleiche eingetreten, was bei vielen latent frustrierten Pfarrern zu beobachten ist, er war sehr dick geworden, und ich fragte mich, ob ich ihm das sagen sollte.

Misserfolg oder Abstrafungen bedeuten für die Betroffenen innerhalb der katholischen Kirche etwas viel Schlimmeres als in anderen Organisationen. Wer in einem Unternehmen keinen Erfolg hat oder gar wegen Fehlverhaltens bestraft wird, hat eben nicht das gesagt oder getan, was das Management wollte. Für einen tiefgläubigen Pfarrer, dem Fehlverhalten unterstellt wird, bedeutet dies aber, dass er möglicherweise nicht nur seinen Oberen, also seinen Bischof, sondern auch seinen Schöpfer, Gott selbst, enttäuscht hat. Wenn Gott es ist, der seine Kirche auf wundersame Art und Weise leitet, der durch seinen Willen mithilfe des Heiligen Geistes den Papst einsetzt, dann stehen die Priester, die von der Leitung der Kirche bestraft werden, im Verdacht, auch in ihrem Glauben vom rechten Weg abgekommen zu sein. Es bleibt ein nagender Selbstzweifel, ob man Gott enttäuscht hat.

Monsignore X. schloss das Pfarrbüro hinter sich ab, brachte mich die Treppe hinauf in sein bescheidenes Heim und klagte mir in seiner spartanischen Küche sein Leid.

»Zunächst habe ich gedacht, dass sie mich wegen der heruntergekommenen Kirche hierhergeschickt haben, um mich so zu bestrafen. Aber dann habe ich gemerkt, dass ich mich mit etwas viel Schlimmerem herumschlagen muss, einem Pfarrgemeinderat, der mir in alles und jedes hineinredet. Irgendwie haben die herausbekommen, dass ich im Vatikan Ärger hatte, und das nutzt der Gemeinderat jetzt schamlos aus. Sie behandeln mich wie ein ungezogenes Kind, dem jemand Manieren beibringen muss. Es ist ziemlich frustrierend«, erzählte er. Die Küche wirkte noch spartanischer, weil sie so sauber war. Jemand schien hier mit Scheuerpulver die abgewetzten Tische und Stühle wie verrückt zu bearbeiten.

»Hast du eine Haushälterin?«, fragte ich ihn.

»Leider ja. Sie ist vor allem dafür da, mich auszuspionieren: Der Pfarrgemeinderat will wissen, ob ich auch fromm genug bin, sie kontrolliert, ob ich die Stundengebete einhalte. Es ist absurd.«

»Bist du nach dem, was in Rom passiert ist, jetzt froh?«, wollte ich wissen.

Er sah mich verständnislos an.

»Na ja, jahrelang kämpfst du gegen die Kurie an, weil du sie für eine unchristliche Bande hältst, sie rächen sich an dir, und dann kommt ein Papst und macht die Kurie fertig. Das muss dir doch runtergehen wie Öl.«

Er blickte mich aus seinen blauen Augen an, die jetzt unter unschönen Fettwülsten lagen. »Warum glaubst du, dass der Papst das Strafgericht auf die Kurie niederprasseln ließ? Weil er sie für das bestrafen wollte, was unter Ratzinger passiert ist?«

»Ich habe da eine ziemlich gute Quelle. Ich habe zunächst gedacht, dass er auf die Kurie so sauer ist, weil sie gegen ihn etwas im Schilde führt.«

»Und was sollte das sein?«

»Ich dachte an ein Schisma, dass sie tatsächlich eine Kirchenspaltung vorbereiten könnten, so etwas wie eine neue Pius-Bruderschaft«, antwortete ich.

»Ein paar von den konservativen Kardinälen würde ich angesichts dessen, was der Papst gerade macht, zumindest den Plan einer Kirchenspaltung durchaus zutrauen«, sagte er.

»Aber so war es nicht. Ein Bekannter von mir hat mir erklärt, dass Papst Franziskus offensichtlich auf die Kurie so sauer ist wegen etwas, das vor seiner Amtszeit passiert sein soll, und das kann nur eines sein, die wahrscheinlich radikalste, spektakulärste Entmachtung eines Papstes seit Jahrhunderten.«

Monsignore X. schaute mich schmunzelnd an. Dann sagte er: »Du weißt ganz genau, dass darüber niemand sprechen durfte. Bis zur Wahl von Papst Franziskus hat es eine solche Entmachtung des Papstes durch die Kurie offiziell nie gegeben.«

Ich musste lachen.

»Es hat eine solche Entmachtung durch die Kurie nie gegeben, das bildest du dir nur ein.«

Er schaute jetzt böse. »Das hat mein damaliger Chef immer gesagt, dass ich gehorsam zu sein und zu glauben habe, dass es eine solche Entmachtung nie gegeben hat.«

Nun konnte ich mir etwas Ironie nicht verkneifen:

»Nein, natürlich nicht, deswegen zwingen sie Joseph Ratzinger auch, die Zahl der italienischen Kardinäle so stark zu erhöhen. Es waren schlagartig 40 Prozent mehr. Als Papst Johannes Paul II. stirbt, stellen die Italiener genau 20 Kardinäle im Konklave, also stammt etwa jeder sechste wahlberechtigte Kardinal aus Italien. Als Joseph Ratzinger zurücktritt, können die Italiener auf 28 wahlberechtigte Kardinäle zählen, das ist knapp jeder vierte. Damit sind sie eine Supermacht im Konklave.«

»Ich weiß, ja. Sie haben mit Papst Benedikt gemacht, was sie wollten, ihn immer wieder ins Messer laufen lassen. Er schien plötzlich sogar ein Kriegstreiber zu sein. Der Papst, der den Krieg segnet.«

»Ich kann das bis heute nicht verstehen«, fuhr er fort. »Ich kannte Joseph Ratzinger vor seiner Wahl, und ich war mir vollkommen sicher, dass er entschieden gegen den Krieg am Golf war. Doch dann feierte er seinen Geburtstag im Weißen Haus mit George W. Bush und überhäufte ihn, als der nach Rom kam, mit Ehren. Benedikt XVI. stand da wie der größte Fan eines rücksichtslosen Kriegsherrn.«

»Ich weiß. Bush war der einzige Politiker, dem je die Ehre zuteil wurde, von einem Papst im Turm des heiligen Johannes in den vatikanischen Gärten empfangen zu werden. Er war der einzige, der am Gebet an der Lourdes-Grotte dabei sein durfte, obwohl er nicht einmal katholisch ist. Und der Papst rühmt sich der gemeinsamen Werte mit George W. Bush, der hunderttausende Menschen in den Tod getrieben hat. Was für ein Fehler!«

»Ein kolossaler Fehler.«

»Einer von vielen. Sie haben ihn nicht gewarnt, als er die Muslime mit der Regensburger Rede beleidigte und es zu einem weltweiten Aufschrei kam. Sie haben ihn nicht gewarnt, als er den Verbrecher Richard Williamson rehabilitierte und sich Ärger mit der deutschen Bundeskanzlerin einfing, weil er einen Holocaust-Leugner rehabilitiert hatte. Sie haben ihn auch nicht gewarnt, als er seine verkorkste Rede in Auschwitz und dann in Jerusalem hielt und die Israelis gegen den Papst protestierten.«

»Irgendwann war er so mürbe, dass er nur noch gehen wollte.«

»Ja, ich weiß«.

»Bist du deswegen hier?«

»Ja, ich wollte nur wissen, ob sie dich nach der Wutrede des Papstes zurück in den Vatikan holen?«

»Ich hoffe es zumindest. Aber ich würde lügen, wenn ich sagte, dass es mich nicht gefreut hat, wie er die Kurie zusammengefaltet hat.«

»Und ich hoffe, dass du bald wieder in Rom bist«, schloss ich. Wir plauderten noch eine Weile, dann war es spät, und er brachte mich zur Tür.

Unvermittelt sagte er: »Aber du hast unrecht.«

»Wie bitte?«, fragte ich.

»Als Papst Franziskus die Kurie zusammengefaltet hat, da

haben ein paar alte Freunde natürlich genau das Gleiche gedacht, was du auch gedacht hast: Endlich. Endlich ein Papst, der uns im Nachhinein recht gibt und vor der Welt das Gleiche sagt, was wir jahrelang gesagt haben: Dass die Kurie zutiefst unchristlich geworden ist.«

Er fuhr fort: »Er hat gesagt, dass der Grund für den Zorn des Papstes sei, dass die Dinge nicht so gelaufen wären, wenn er schon Papst gewesen wäre.«

»Ich weiß, das Gleiche habe ich auch gehört.«

»Aber der Satz geht noch weiter, wenn mein Freund sich nicht verhört hat. Er sagte, dass die Dinge nicht so gelaufen wären, wenn er schon Papst gewesen wäre, sondern dass er die Kurie gezwungen hätte, auszusteigen und etwas zu tun.«

»Auszusteigen? Was meint er damit?«, wollte ich wissen.

»Ich frage mich schon die ganze Zeit, was er gemeint haben könnte. Vielleicht wollte er nur sagen, dass er die Kurie gezwungen hätte, auszusteigen aus dem alten Trott; aber das passt nicht zu Papst Franziskus. Er spricht konkret. Wenn er aussteigen sagt, dann meint er das auch genau so: aussteigen aus etwas. Aber woraus kann die Kurie aussteigen?«

»Aus dem Zug?«

»Aber Papst Benedikt ist nie mit dem Zug gefahren, und die Zugfahrten von Papst Johannes Paul II. mit der Kurie nach Assisi zum Friedensgebet waren ein Erfolg. Warum hätten die Kurienkardinäle da aussteigen sollen?«

»Die Kurienkardinäle sind auch mit ihm im Flugzeug.«

»Aber was soll das schon heißen. Wenn die Maschine landet, steigen alle aus, sowohl der Papst als auch die Kurie. Während des Fluges können die Kardinäle kaum aussteigen. Es kann eigentlich kein Flugzeug gemeint sein.«

Ist es auch nicht, dachte ich, und es fiel mir plötzlich wie Schuppen von den Augen. Weil es kein Zug und kein Flugzeug ist, sondern etwas anders: Es war ein Bus.

Sitzen geblieben

Der dicke Mann in dem schlecht sitzenden Anzug besaß in der Zentrale der römischen Stadtpolizei jene schlecht gelaunte Schnoddrigkeit, die nur Römer auf diese Art und Weise aufzubringen wissen. Er war als Mitglied der Stadtpolizei zuständig für alles, was in der Stadt Rom Ärger machte und nicht wichtig genug war für die Carabinieri, die Sondereinheit des Militärs, die in Italien alle schwierigen Polizeiaufgaben übernimmt. Der dicke Mann hatte sich mit Slums zu befassen, mit angezündeten Wohnwagen, die zu Hunderten illegal geparkt den römischen Stadtrand prägten. Sein Job war es, sich mit den Kinderbanden herumzuschlagen, die tagsüber äußerst effektiv in der Nähe des Kolosseums unterwegs waren. Er hatte sich mit Jugendbanden zu beschäftigen, die Schulbänke anzündeten, oder mit kriminellen Gartenbaubetrieben, die in öffentlichen Parks Palmen ausgruben und an betuchte Kundschaft verkauften.

»Die Stadt Rom ist ein Mülleimer«, sagte er grimmig, während er mich begrüßte. »Das Unglaubliche ist, dass es in diesem Mülleimer auch Hotels gibt, die ihre Zimmer für 3000 Euro die Nacht verkaufen können. Aber ich kenne auch kaum eine andere Stadt der Welt, in der die Ratten so fett werden. Die größten gibt es am Esquilin-Hügel.«

Das wunderte mich nicht. Es gab kaum einen anderen Stadtteil, in dem so viel Lebensmittel-Abfall auf die Straße gekippt wurde wie am Bahnhof. Nirgendwo sonst in Rom lagen so viele vergammelnde Hamburger im Rinnstein wie am Esquilin.

»Wo wohnen Sie?«, fragte er mich.

Meine Antwort sorgte dafür, dass zunächst ein Zug von Verachtung für einen reichen Pinkel über sein Gesicht glitt. Ich sagte »Monteverde«, was der Wahrheit entsprach, und ließ ihn eine Weile zappeln, bis ich den alles entscheidenden Zusatz hinzufügte: »Nuovo, ich wohne in Monteverde Nuovo.« In diesem Augenblick entspannte sich sein Gesichtsausdruck, und er wirkte freundlich. Monteverde gehört mit seinen Millionen-Euro-Villen zu einem der schönsten Teile Roms, nahe dem Ausgehviertel Trastevere. Der in den 50er- und 60er-Jahren angebaute Stadtteil Monteverde Nuovo ist entschieden weniger attraktiv. Es gab keinen Grund, auf jemanden, der dort wohnte, neidisch zu sein.

Wir setzten uns an einen Tisch, der überquoll von den Katastrophen der Stadt: liegen gebliebene Busse, überlaufende Gullideckel, satanistische Sekten, die einen illegalen Handel mit geweihten Hostien betrieben.

»Also, was, zum Teufel, wollen Sie eigentlich?«, fragte er. »Wieso interessieren Sie sich für diesen Besuch, der so lange Zeit zurückliegt?«

»Waren Sie dabei?«, fragte ich zurück.

»Sicher. Es war im März 2007 am Jugendknast Casal del Marmo. Ich habe den Bus ankommen sehen. Er kam die Straße herunter, rollte in den Hof des Gefängnisses. Ich sah diesen Vatikan-Bus damals zum ersten Mal.«

»Das ist auch kein Wunder«, erklärte ich. »Denn der Vatikan hat an diesem Tag diesen Bus zum allerersten Mal benutzt.«

»Sie saßen damals auch in dem Bus, richtig? Ich meine mich dunkel daran zu erinnern, dass wir miteinander gesprochen haben.«

»Ja, ich kann mich auch an Sie erinnern. Aber was ist dann eigentlich passiert?«

»Nun, es war für uns peinlich. Wir waren von der Stadt Rom dahin geschickt worden, um zu repräsentieren. Im Grunde standen wir nur herum. Wir erwarteten die Kardinäle, die aus dem Bus aussteigen sollten. Dann hatten wir eine kurze Begrüßung des Papstes und der Kurie geplant, und anschließend sollten alle in das Hauptgebäude des Gefängnisses gehen.«

Ich nickte. »Ich erinnere mich, eine Art große Halle war vorbereitet worden für die jungen Gefangenen. Die warteten dort auf den Papst, und da fand auch der Gottesdienst statt.«

»Ganz genau. Als der Bus ankam, gab es das übliche Hände-
schütteln, aber dann bekamen wir eine Breitseite ab, mit der niemand gerechnet hatte.«

»Wissen Sie noch, warum?«

»Klar. Um ehrlich zu sein, hatten wir uns keine Gedanken
über eine Anfahrtsroute des Busses für die Kardinäle gemacht.
Die hatten eine Eskorte bekommen. Damit war die Sicherheits-
frage geklärt. Das reichte uns. Mir war überhaupt nicht klar, dass
wir uns um die sensiblen Augen der Kardinäle hätten Sorgen machen müssen, aber im Nachhinein weiß man so was ja immer besser. Als sie aus dem Bus stiegen, waren sie stinksauer über das,
was man ihnen zugemutet hatte. Der Bus war direkt an einem
Slum, einem illegalen Lager von allen möglichen Landstreichern,
Flüchtlingen und irgendwelchen Obdachlosen vorbeigekommen.
Deswegen waren die Kurienkardinäle so sauer.«

»Erinnern Sie sich, was sie gesagt haben?«

»Ja klar. Sie wiederholten das ja immer wieder: Dass es eine
Schande sei, dass es solche Dreckhaufen, in denen Menschen lebten, so nahe am Vatikan gebe.«

Ja, ich erinnerte mich, dass die Delegation der Kurie genau
das Gleiche schon im Bus gesagt hatte. Ich hatte in der Nähe des
päpstlichen Zeremonienchefs Piero Marini gesessen, als es los-
ging: Als wir an der Straße entlangrollten, die an dem Slum ent-
langführt, konnten sich die Kirchenmänner aus dem Vatikan gar
nicht wieder einkriegen, dass es solchen Dreck und solche Müll-
berge so nahe am Vatikan gebe. Ich erinnere mich an meine Reaktion: Was denken die eigentlich, wie es in Rom am Stadtrand aussieht? Wie in den Vatikanischen Gärten, wo jeder Grashalm mit
der Nagelschere gepflegt zu sein schien, wo jede Rose sorgfältig hochgebunden wurde, wo die Marmorböden der Paläste des
Vatikans mit Bohnermaschinen auf Hochglanz poliert wurden?

Der Dicke fuhr fort: »Sie wiederholten das immer wieder, was
für ein Anblick ihnen zugemutet worden sei. Wir hatten dann
Streit mit dem Chef, der sagte, dass wir totale Versager seien; wir
hätten den Bus der Kurie über eine andere, saubere Strecke bis zu
dem Jugendknast fahren lassen sollen. Ich dachte, Scheiße, fahren die sonst immer nur von Palast zu Palast, dass die in Rom

noch nie einen Slum gesehen haben? Davon gibt es schließlich jede Menge!«

»Was dann?«, fragte ich.

»Da lief auch irgendein Politiker rum, der sich plötzlich total aufspielte: Er wollte, dass wir sozusagen als Zeichen des guten Willens gegenüber dem Vatikan den Slum räumen sollten, über den die Kurienmänner sich so aufgeregt hatten. Ich dachte nur: Was soll denn der Scheiß? Wenn wir den Slum da räumen, dann liegt der ein paar Tage später einen Kilometer weiter an einer anderen Stelle. Wo sollen die armen Schweine denn schon hin? Sich in Luft auflösen, damit sie die sensiblen Augen der Kardinäle nicht mehr verletzen? Dann bekam ich noch mal Ärger.«

»Wieso?«

»Weil ich das genauso gesagt habe: Dass es doch bescheuert sei, die Leute wegzujagen, weil sie den Fehler begangen hatten, zu nahe am Vatikan im Dreck zu leben. In jeder mediterranen Großstadt gibt es dieses Problem, selbstverständlich auch in Rom. Es ist doch idiotisch, so zu tun, als könnten wir für all die armen Schlucker genug Sozialwohnungen bauen und ihnen eine Einbauküche schenken. Das schaffen wir einfach nicht. Es gibt nun mal leider am Stadtrand von Rom Leute, die so arm sind, dass sie in Wellblechbuden hausen müssen. Die leben da ja nicht zum Spaß. Wenn die alle eine Villa auf Capri hätten, dann würden sie nicht im Dreck leben, ohne sauberes Wasser, ohne Toilette, und in einem Müllhaufen ihre Kinder großziehen. Aber natürlich sind da auch alle möglichen Kriminellen drunter. Sagen Sie mal ehrlich, wenn Sie mit Ihrer Familie in einer Hütte aus Abfall leben müssten, würden Sie da nicht auch kriminell? Auf jeden Fall, kaum sag ich, dass ich nicht finde, dass wir wegen ein Paar Kurientypen aus dem Vatikan gleich mit den Baggern den Slum räumen sollen, da rastet mein Chef aus, sagt, ich sei ein verdammter Idiot, der keine Ahnung habe von internationalen Beziehungen zwischen Italien und dem Vatikan und dass ich meine verdammte Klappe halten soll.«

»Und was ist dann passiert?«

»Ich weiß es nicht so genau, aber ich glaube, die Stadt hat damals eine Art Entschuldigungsschreiben an den Vatikan geschickt.«

Wenn Franziskus das mitbekommen hat, dann muss er außer sich vor Wut gewesen sein. Die feinen Herren der Kurie mit ihren eleganten Roben und perfekt polierten Lederschuhen sitzen im Luxusbus und fahren an einem Armenviertel vorbei, schauen auf die abgerissenen Menschen und sagen hinterher der Polizei: Das ist ja widerlich, die müssen da weg. Sie sind viel zu nahe am Vatikan.

Wie würde ein Papst, der seinen Almosenier jeden Tag zu den Landstreichern schickt, um ihnen Essen und Kleidung zum Petersplatz zu bringen, darüber denken? Ein Mann, der zu seinem Geburtstag keinen Kardinal, aber fünf Landstreicher mit deren Hunden zum Essen eingeladen hatte, wie würde er darauf reagieren? Er wäre außer sich, dachte ich. Dieser Jorge Mario Bergoglio, der es für das Allerwichtigste hielt, dass er und seine besten Priester immer zu den Armen in die Slums gingen, der muss sich vorgestellt haben, dass der Luxusbus der Kurie an einem dieser Slums, in denen er sein halbes Leben verbrachte, vorbeigerollt war, voller Abscheu. Dieser Jorge Bergoglio muss gedacht haben, dass die Kurie, indem sie angewidert an den Armen vorbeifuhr, an Christus selbst angewidert vorbeigefahren war und für diesen abgerissenen Rabbi aus Nazareth nur Abscheu übrig hatte, weil er arm war, so arm, dass er nicht einmal genug Geld hatte, um sich Sandalen zu kaufen. So oder so ähnlich musste Bergoglio gedacht haben, und das würde auch erklären, dass er die ganze Kurie als von Alzheimer befallen beschimpfte, was sie sogar Christus vergessen ließ.

Wenn Papst Franziskus das tatsächlich erfahren hatte, wenn ihm das durch die neue Transparenz im Gästehaus der heiligen Martha zugetragen worden war, dann war er sehr, sehr sauer geworden.

Der Papst bei den Ärmsten von Rom

Zwei Wochen später. Ich hatte mich an der Piazza des heiligen Ignatius mit einem alten Freund getroffen, der sehr lange Auslandsreisen des Papstes mitorganisiert hatte, und wir hatten darüber gesprochen, wieso der Papst auf die Kurie so sauer sein könnte.

»Ich weiß immer noch nicht genau, wieso Franziskus so sauer ist«, sagte ich, »aber ich weiß, wieso er so sauer sein könnte.«

»Und wieso?«, fragte mich mein Bekannter neugierig.

Ich erzählte ihm die Geschichte. Als ich fertig war, fragte er ungläubig: »Sie sind aus dem Bus nicht ausgestiegen, haben nicht mal angehalten?«

»Nein. Im Gegenteil: Sie haben die Stadt Rom gebeten, den Slum zu verlegen, weil er zu nahe am Vatikan liegt.«

Mein Bekannter riss vor Überraschung die Augen auf.

»Das war in der Regierungszeit von Benedikt XVI.?«

»Ja, im Jahr 2007.«

»Und du glaubst, dass er davon weiß?«

»Sagen wir, es ist sehr wahrscheinlich, dass er es weiß, und ich glaube, dass er der Kurie klarmachen wird, welch sehr, sehr schweren Fehler sie begangen hat. Ich glaube, dass er ihnen eines zeigen wird: Es geht auch anders.«

Mein Bekannter lachte. »Da liegst du falsch. Der Papst kann gar nichts tun. Wenn er ihnen Vorwürfe deswegen macht, dass sie ohne anzuhalten an dem Slum vorbeigefahren sind, dann müssen sie ihm wahrheitsgemäß antworten, dass der Papst nun einmal keine Chance hat, einfach in einen Slum zu gehen.«

»Wie meinst du das?«

»Es ist ganz einfach. Zwei Bedingungen müssen erfüllt sein, damit ein Papst irgendeinen Besuch abstatten kann, egal, bei wem, und auch egal, wo. Die zuständige Diözese muss den Papst einladen, was kein Problem ist, weil alle Diözesen sich darum reißen, den Papst bei sich zu haben, und falls die betreffende Diözese außerhalb Italiens liegt, muss der betreffende Staat einverstanden sein. Äußerst selten gibt es den Fall, dass ein bestimmter Staat den Papst einladen will, und die betreffende religiöse Stelle lehnt das ab. In Rumänien war das so. Die Regierug wollte Papst Johannes Paul II. unbedingt nach Bukarest einladen, aber der zuständige orthodoxe Bischof sträubte sich lange, bis die Regierung den orthodoxen Patriarchen quasi zwang, den Papst einzuladen. Liegen beide Einladungen, von der zuständigen religiösen Stelle und dem betreffenden Staat, vor, läuft immer das gleiche Programm ab: Zunächst gibt es eine Begrüßungszeremonie, dann hält der Papst eine Rede. Im Anschluss findet eine religiöse Zeremonie statt, und schließlich kommt es zum Austausch von Höflichkeiten und Geschenken mit den Gastgebern des Papstes. Jetzt stell dir mal das Ganze in einem Slum in Rom vor, unmöglich.«

»Wieso?«

»Fangen wir mal mit dem größten Problem an. Wer soll den Papstbesuch verantworten und Verhandlungspartner des Vatikans sein? Der mächtigste Mann im Slum. Hast du eine Ahnung, wer das ist? Mit Sicherheit ist das der gefährlichste Drogenboss, der einflussreichste Waffenschieber oder die reichste Puffmutter des Slums. Wie soll der Vatikan mit solchen Leuten die Einzelheiten eines Papstbesuchs beraten, zum Beispiel, wer die Begrüßungsrede hält? Was ist, wenn herauskäme, dass der Vatikan sich mit einem Drogendealer darauf einigte, wo in dem Slum der Heilige Vater die Heilige Messe liest?

Im Vatikan ticken alle nach diesem Schema. Es muss genau festgelegt sein, wann der Papst ankommt, wie lange er spricht, wer ihn begrüßt, wie die genauen Umstände der Abreise sein werden, also wo der Hubschrauber des Papstes wieder starten wird. Erst wenn diese ganzen Einzelheiten feststehen, wird der Papst kommen. Die Kurie kann sagen, damals, als wir an dem Slum vorbeifuhren und uns regelrecht ekelten, gab es keine Möglichkeit, anzuhalten. Es gab keine offizielle Einladung, es waren keine Reden für Papst Benedikt vorbereitet worden, es gab keinen Ablaufplan der Zeremonie, also konnte der Papst dort auch nicht einfach anhalten lassen und hingehen. So denken die.«

»Aber in Brasilien ging Papst Franziskus doch auch durch eine einfache Favela. Ich war dabei.«

»Ja, aber diese Favela war zwar ein Armenviertel, doch wie ein Stadtteil mit einer eigenen Pfarrei. Der Papst sollte wie bei jedem normalen Besuch den Pfarrer begrüßen und danach eine Heilige Messe auf einem Sportplatz der Favela feiern. Dass der Papst einfach durch die Gassen der Favela lief, obwohl die Sicherheitsfachleute ihn davor gewarnt hatten, war nicht geplant.«

»Aber warum kann er dann nicht auch durch einen römischen Slum spazieren?«

»Unmöglich. Versteh doch! In Rio de Janeiro gehören die Armenviertel zu Teilen der Stadt, aber im bürgerlichen Rom nicht. Die Slums haben mit den Pfarreien meist nichts zu tun.«

»Ich glaube, dass der Papst einen Weg finden wird, der Kurie zu zeigen, dass er das niemals hinnehmen wird. Dass der Luxusbus des Vatikans mit angewiderten Kurienkardinälen an einem Slum vorbeifährt, ohne bei den ehrwürdigen Fahrgästen auch nur die Idee aufkommen zu lassen, den Menschen zu helfen oder sie zumindest eines Blickes zu würdigen.«

Mein Bekannter lächelte spöttisch: »Der Papst kann nicht mal den Vatikan verlassen, um sich auf der anderen Straßenseite ein paar Postkarten vom argentinischen Papst zu kaufen. Er ist wie ein Tier in einem goldenen Käfig. Er ist ein Gefangener und wird es immer bleiben. Er hat zu dem Mann, der in seinem Auftrag Nacht für Nacht Almosen verteilt, dem Verteiler Konrad Krajewski, schon oft gesagt, dass er am liebsten mitkommen würde in das nächtliche Rom, um den frierenden, hungernden, dem Straßenschmutz ausgesetzten Landstreichern, die rund um den Vatikan leben, beizustehen. Aber er weiß ganz genau, dass das nicht möglich ist. Der Papst ist nun mal ein Gefangener seines Palastes und seines Protokolls und wird es immer bleiben.«

Doch da irrte sich mein Freund und zwar vollkommen. Und ich konnte doch noch erleben, dass Papst Franziskus der Kurie zeigte, wie es eben doch ganz anders gehen kann als damals im Jahr 2007.

Es ist kalt am Vormittag des 9. Februar 2015 im Slum Arcobaleno nahe der römischen Stadtautobahn Raccordo annulare. Papst Franziskus soll an diesem Morgen die Gemeinde des Erzengels Michael besuchen, eine kleine Pfarrei, weit weg vom römischen Stadtzentrum in einem Arbeiterviertel. Doch in der Nähe des kleinbürgerlichen Arbeiterviertels gibt es einen Slum. Das ist für den römischen Stadtrand nicht ungewöhnlich. Seit Jahrzehnten drängen die Flüchtlinge über das Mittelmeer nach Italien und kommen auch auf dem Landweg. Italien ist schon lange nicht mehr Herr der Lage und auch nicht willens, menschenwürdige Bedingungen für alle Bedürftigen zu schaffen. Die meisten werden einfach ihrem Schicksal überlassen.

Die Bewohner des Arcobaleno-Slums haben ihre Hütten aus Abfall gebaut, aus weggeworfenen Türen, aus Bauschutt und Wellblech.

Die meisten von ihnen kommen aus dem spanischsprachigen Teil Lateinamerikas. An diesem Morgen im Februar 2015 ist ihre Armut besonders deutlich zu spüren. Es gibt keine Heizung, die Kinder frieren mit ihren Eltern in den eiskalten Hütten, sauberes Wasser ist ebenso rar wie Brennmaterialien. Elektrischen Strom gibt es nicht. Der Skandal daran ist, dass in derselben Stadt, wenige Kilometer entfernt, sich Hotelzimmer für 3000 Euro die Nacht verkaufen lassen. Als der Papst an diesem Morgen die Kirche des Erzengels Michael besuchen will, sagt man ihm, dass in der Nähe ein Slum liegt, und auf der Stelle erklärt er, dass er dorthin gehen wolle.

Es ist noch früh, als ein kleiner Junge auf der Straße plötzlich einen Mann in Weiß den matschigen Weg im Müll des Slums hochkommen sieht. »Wo ist denn deine Mutter?«, fragt der Mann in Weiß, und das Kind beginnt nach der Mama zu rufen: »Du, hier ist so ein Typ, ganz in Weiß.«

Vielleicht gab es in den ersten beiden Jahren des Pontifikates von Papst Franziskus kein anderes Beispiel, das die umfassende Herzlichkeit und die Menschenliebe dieses Mannes aus Argentinien so deutlich zeigte. Es gab weder ein Eröffnungsgebet noch eine Begrüßungszeremonie, weder eine Ansprache von Gastgebern noch des Gastes, die sich mit dem vergleichen ließe, was sich laut Vatikan-Protokoll eigentlich abspielen müsste. Aber der Papst pfeift auf das Protokoll. Als die Menschen des Slums den Papst erkennen, laufen sie auf ihn zu, umarmen ihn, bringen ihm ihre Kinder, damit er sie segne. In den Augen all dieser Armen steht der gleiche Ausdruck: Dass sie es nicht fassen können. Der Papst ist zu ihnen gekommen! Papst Franziskus lässt sich Zeit, spricht mit den armen Frauen und Männern das Spanisch der Armenviertel Lateinamerikas. Sie freuen sich von ganzem Herzen über diesen unerwarteten Besuch, als wenn ein lange vermisster alter Vater zurückgekommen sei. Sobald er vorschlägt, das Vaterunser zu beten, nicken sie und sind bei der Sache. So kommt es, dass dieser 266. Nachfolger des heiligen Petrus im Spanisch seiner Heimat, in der Kälte des römischen Februars, am hässlichen Stadtrand der Millionenstadt, umringt von Menschen, für die sich niemand interessiert, das Gebet spricht, das Christus die Menschen gelehrt hat. In diesem Augenblick ist es unübersehbar, dass dieser Jorge Mario Bergoglio dort an der Peripherie von Rom endlich angekommen ist. Das hier ist sein Platz; nichts anderes hat er je gewollt, als an der Seite der Armen zu sein, die in Wellblechbuden am Rand der römischen Stadtautobahn ihr Leben fristen; dort gehört er hin. An diesem Morgen habe ich Jorge Mario Bergoglio ohne jede Anstrengung lächeln sehen.

Zwei Päpste

Der Vatikan erlebte durch das Pontifikat von Papst Franziskus eine einzigartige Anspannung, die sich während der Jahre 2014/2015 beständig steigerte. Denn zum ersten Mal in der zweitausendjährigen Geschichte der katholischen Kirche lebte ein voll handlungsfähiger Papst, der aus freien Stücken zurückgetreten war, im Vatikan Seite an Seite mit dem regierenden Papst. Eine der größten Katastrophen in der Kirchengeschichte, die große Spaltung, wie sie die Kirche durch das Eingreifen Martin Luthers erlebt hatte, bekam durch diese Konstellation eine neue Bedeutung. Niemand wusste, wie wahrscheinlich es war, dass sich eine solche Katastrophe je wiederholen könnte, aber eines ließ sich nicht bestreiten: Sie war erstmals seit Jahrhunderten wieder denkbar. Es war möglich, dass Papst Benedikt XVI. Emeritus eine Erklärung ankündigte, auf den Petersplatz spazierte und vor den Kameras der Weltöffentlichkeit erklärte, dass er Papst Franziskus exkommuniziere, weil dieser Papst nicht katholisch sei.

Solange Papst Benedikt XVI. am Leben war, bei Gesundheit und klarem Verstand, ließ sich diese Möglichkeit nicht von der Hand weisen. Das Besondere der Situation lag darin, dass Papst Benedikt XVI. Emeritus auch zwei Jahre nach seinem Rücktritt noch körperlich fit und im Vollbesitz seiner geistigen Kräfte war. Das letzte Mal, dass ernsthaft ein Papst seinen Rücktritt erwogen hatte, war noch gar nicht so lange her, allerdings herrschten damals völlig andere Bedingungen, so dass sich nicht einmal theoretisch eine Bedrohung für seinen Nachfolger ergeben hätte. Papst Johannes Paul II. erwog, angesichts seiner schweren Krankheit und des extremen Verfalls seines Körpers zurückzutreten. Selbst wenn er das getan hätte, wäre ein Papst, der nicht mehr in der Lage war, ein einziges

Wort zu sagen oder einen Schritt zu gehen, keinerlei Gefahr für den Nachfolger gewesen. Doch diesmal hatte sich von Anfang an die Frage gestellt, ob Papst Benedikt XVI. nach seinen Rücktritt gewillt sein könnte, in die Amtsführung seines Nachfolgers einzugreifen. Oder würde er seine Ankündigung wahr machen und sich vollständig heraushalten, also in keiner Weise versuchen, sich in die Abläufe im Vatikan einzumischen? Letzteres erwies sich schnell als abwegig: Papst Benedikt XVI. zeigte sogar auf spektakuläre Weise und vor aller Augen, dass er sehr wohl daran interessiert war, seinen Ansichten über den Tag seines Rücktritts hinaus im Vatikan Gehör zu verschaffen. Er zwang Papst Franziskus regelrecht, seine letzte Enzyklika *Licht des Glaubens* zu veröffentlichen. Papst Franziskus' Beitrag zu der Enzyklika bestand nur darin, die Schrift zu ergänzen. Papst Benedikt XVI. hatte also keineswegs vor, sich nach seinem Rücktritt vollständig rauszuhalten.

Die Spannungen wuchsen, je entschlossener Papst Franziskus seine Reformen vorantrieb und je weiter er sich von den Positionen seines Vorgängers entfernte. Im Sommer des Jahres 2015 zweifelte kaum jemand daran, dass Papst Franziskus mittlerweile sogar grundsätzliche Pfeiler der katholischen Kirche wie die Unauflösbarkeit der Ehe einreißen könnte, sodass sein Vorgänger das Entsetzen über die Pläne seines Nachfolgers kaum mehr verbergen konnte.

In diesen Sommermonaten zeigte sich eine Seite der einzigartigen Situation, dass zwei Päpste im Vatikan lebten, an die bisher niemand gedacht hatte. Die Geschichte der Päpste und Gegenpäpste im Vatikan, die Erfahrungen gegenseitiger Exkommunizierung von Päpsten in der Geschichte hatte bisher immer nur einem Ziel gedient: Es ging darum, wen die Mehrzahl der Kardinäle gerade für den legitim regierenden Papst hielt und wen nicht; also welcher der konkurrierenden Gegenpäpste die größere Zahl von Kardinälen hinter sich bringen konnte. Nach dem Rücktritt von Papst Benedikt XVI. hatte niemand mit der Möglichkeit gerechnet, dass eine ähnliche Konstellation wie im Mittelalter jemals wieder eintreten könnte. Der Vatikan schien mittlerweile viel zu modern, um sich mit Problemen herumzuschlagen, die für das Mittelalter typisch waren. Doch das war ein Irrtum.

Die Frage, die sich also grundsätzlich stellte, war: Unterstützte Papst Benedikt das, was Papst Franziskus tat und sagte? Wenn ja, war alles klar; dann gab es nur eine Chance für die Kardinäle: sich dem, was Papst Franziskus wollte, zu fügen. Möglichkeit Nummer zwei bestand darin, dass der emeritierte Papst gar nichts sagte, also sich darüber ausschwieg, was er vom Kurs seines Nachfolgers hielt. Auch dann gab es für die Kardinäle nur einen Weg: Sie mussten Papst Franziskus folgen. Nur in einem Fall, dann nämlich, wenn Papst Benedikt klarstellen würde, dass er die Meinung dieses Papstes Franziskus nicht teilte, ergab sich das Problem, das seit dem Mittelalter bekannt ist. Dann stellte sich die Frage, wie viele Kardinäle denn eigentlich den Kurs des Papstes Franziskus unterstützten und wie viele den von Papst Benedikt.

Die Zerreißprobe kam im Sommer 2015. Die alles entscheidende Synode stand vor der Tür. Es ging jetzt darum, ob wiederverheiratete Geschiedene zu den Sakramenten zugelassen werden sollten. Papst Franziskus hatte im Juni seine Haltung klargestellt. Er sehe geschiedene und wiederverheiratete Paare nicht als »irreguläre Ehepaare« an. Der große Konflikt zog herauf. Ein großer Teil der Kurie würde alles tun, um das Sakrament der Ehe »zu retten«. Der progressivere Teil der Kirche versuchte, den Zugang zu den Sakramenten für die Betroffenen zu erkämpfen, und weichte damit nach Meinung der Konservativen das Sakrament der Ehe auf.

Es lag jetzt in der Hand von Papst Benedikt XVI., die ganz große Schlacht zu schlagen – oder eben nicht. Sollte er in dieser Situation betonen, dass seiner Ansicht nach am Sakrament der Ehe nicht gerüttelt werden dürfe, dass die Pläne des regierenden Papstes also außerhalb der Lehre der katholischen Kirche lägen, dann wäre das große Schisma da. Zu meiner Verwunderung elektrisierte diese Situation besonderen den rechten, ultrakonservativen Rand der Kirche. Ich bekam das zufällig auf einem Hochzeitsfest im Sommer 2015 in Rom mit. Am kalten Büfett entdeckte ich einen alten Bekannten, einen schon ziemlich betagten Pfarrer, der zu den Sympathisanten der römischen Abteilung der Pius-Bruderschaft gehörte. Er hatte mir einmal sehr geholfen in der Zeit, als Papst Benedikt XVI. den Holocaust-Leugner Richard Williamson rehabilitiert hatte. Damals erklärte mir dieser ältere Pfarrer mit dem konservativen Priesterrock und dem weißen Haarkranz geduldig die ultrakonservative Szene der Kirche in Rom. Er schien auch diesmal nicht abgeneigt, mit mir zu sprechen; deswegen setzten wir uns an einen Tisch etwas abseits von der johlenden Hochzeitsgesellschaft und unterhielten uns.

Er kannte den Vater der Braut aus seiner Schulzeit, und wir plauderten eine Weile über das junge Paar, schließlich fragte er mich: »Sag mal, glaubst du, dass Papst Benedikt jetzt die Kirche retten wird?«

»Wie bitte?«

»Tu doch nicht so«, sagte er. »Du weißt doch genau, was los ist. Ich kann einfach nicht glauben, dass der Vatikan den irren Argentinier weiter gewähren lässt. Dieser Kommunist ist dabei, die Sakramente abzuschaffen. Damit schafft er eigentlich auch die Kirche ab.«

Mein Bekannter war ein sogenannter Spätberufener; er hatte in seinem ersten Leben als Investment-Banker gearbeitet. Die Kapitalismus-Kritik des Papstes hatte ihn äußerst verärgert. Außerdem stellte aus seiner Sicht die vom Papst erwünschte Zulassung der wiederverheirateten Geschiedenen ein schweres Vergehen gegen das Gesetz Gottes dar. Um die Kommunion empfangen zu dürfen, muss man seine Sünden gebeichtet haben, doch wiederverheiratete Geschiedene versündigen sich nach Meinung der Ultrakonservativen ununterbrochen am Gesetz Gottes und dürfen daher auch nie die Kommunion empfangen. Wer sich scheiden ließ und dann wieder mit einem Partner zusammenlebte, wollte offensichtlich keine Reue zeigen und in ständiger Sünde leben. So sehen das die Konservativen. Wenn man aber dieses Sakrament der unauflöslichen Ehe aufweichen würde, dann stellte sich die Frage danach, ob auch die anderen Sakramente nur Provisorien seien, und damit brach nach Meinung der Traditionalisten das ganze Gebäude der Sakramente und damit der Kirche ein.

»Joseph Ratzinger hat immer wieder gesagt, dass er jetzt nicht mehr der Papst ist; er wird sich nicht einmischen«, wandte ich ein.

»Bist du da sicher?«, insistierte er. »Denk doch mal nach! Es ist immerhin seine große Chance, die Chance seines Lebens.«

»Wie meinst du das denn?«

»Joseph Ratzinger hat ein Leben lang von der kleinen Herde geträumt, jetzt könnte Gott ihn auserwählt haben, diese Herde zu schaffen«, erklärte er.

Jetzt begriff ich, und so abwegig war das, was mein konservativer Priesterfreund da sagte, in der Tat nicht. Es stimmte. Joseph Ratzinger hatte immer wieder erklärt, dass die Kirche für alle, die Massenkirche, der falsche Weg sei. Er glaubt an eine viel kleinere katholische Kirche, deren Mitglieder rein sind, die also nicht nur laut Taufschein zur Kirche gehören und lediglich zu Weihnachten und Ostern den Gottesdienst besuchen. Die kleine Herde soll jener Teil der katholischen Kirche sein, der sich tatsächlich an alle Gebote der Kirche halten will. Nach den Umfragen, die Papst Franziskus in Auftrag gegeben hatte, macht diese »kleine Herde« etwa ein Zehntel der katholischen Kirche aus. Weltweit würde eine solche Kirche etwa 100 Millionen Mitglieder haben. Die riesige Mehrheit, 90 Prozent der Katholiken, die erklärt hatte, die Gebote der katholischen Kirche, vor allem was die Sexualmoral anging, zwar zu kennen, sie aber nicht befolgen zu wollen, wären dann draußen.

»Verstehst du?«, beharrte mein Gesprächspartner. »Das ist seine Chance. Ein großes Schisma würde die kleine Herde schaffen, seinen Traum verwirklichen.«

Das ist es also, wovon sie träumen, dachte ich. Der rechte Rand der Kirche will eine große Kirchenteilung, die die Massenkirche begraben soll. Übrig blieben eine Art populäre Kirche des Papstes Franziskus und eine katholische Kirche des Papstes Benedikt XVI. Über diese Möglichkeit eines großen Schismas wurde im Sommer 2015 innerhalb des Vatikans zwar heftig getuschelt, aber erst im September sprach kein Geringerer als der Chef der Glaubenskongregation Kardinal Ludwig Müller es aus. Er sagte, er fürchte angesichts des Streits innerhalb der Kirche in der Frage der Ehe und der Sexualmoral eine Kirchenteilung. Eine ganze Reihe Gruppen machten innerhalb der Kirche Druck, um ein solches Schisma zu erreichen.

Die Pius-Brüder hoffen darauf, dass sie dann dort weitermachen können, wo sie aufgehört haben, nämlich mit Papst Bene-

1 Papst Franziskus und Autor Andreas Englisch bei einem ihrer Treffen im Vatikan.

2 Es ist eine Jahrtausendsensation: Zum ersten Mal in der Geschichte der Kirche beten zwei Päpste zusammen in der päpstlichen Kapelle in Castel Gandolfo.

3 So fing die Revolution an: Nach seiner Wahl zum Papst weigert sich Papst Franziskus, in das pompöse päpstliche Appartement einzuziehen. Seine Entscheidung, hier im Gästehaus »Santa Marta« zu bleiben, gibt den neuen Kurs der Bescheidenheit im Vatikan vor.

4 Spektakuläre Kampfansage des Papstes an die Kurie: Am 22. Juni 2013, wenige Monate nach seiner Wahl, zeigt der Papst, dass er keine Angst hat. Er düpiert die komplette Kurie, als er sich weigert, an einem mondänen Konzert zu seinen Ehren teilzunehmen – sein Sessel bleibt leer.

5 Der Tag des großen Angriffs: Am 22. Dezember 2014 attackiert Franziskus als erster Papst der modernen Geschichte die versammelte Kurie und hält den Kardinälen Habgier, Geltungssucht und »spirituellen Alzheimer« vor.

6 Stürmische Zeiten für die Kardinäle: Nach der Kampfansage des Papstes während der Weihnachtsansprache wirkt das Kardinalskollegium ähnlich durcheinandergewirbelt wie auf diesem Foto.

7 Als Franziskus während seines ersten Angelus-Gebets ausgerechnet den Intimfeind von Joseph Ratzinger, den deutschen Kardinal Walter Kasper, über alle Maßen lobte, war klar, dass dieser Papst eine ganz andere Kirche als sein Vorgänger Benedikt XVI. will.

8 Die neue Garde: Kardinal Kelvin Felix, hier mit Autor Andreas Englisch, ein Treffen zweier alter Freunde. Von Papst Franziskus in den Rang eines Kardinals erhoben, war sich Kelvin Felix als Erzbischof von Castries in der Karibik nie zu schade, seinen klapprigen alten Wagen selber zu waschen.

9 Kardinal George Pell ist der Chef der von Papst Franziskus geschaffenen Finanz-Administration des Vatikans. Seit Jahrhunderten waren die Kassen der Päpste eng verbunden mit den Interessen der italienischen Familien – Franziskus berief jemanden, der frei von diesem Filz war: Pell stammt aus Sydney.

10 Papst Franziskus scheint seinem Widersacher Kardinalstaatssekretär Tarcisio Bertone sagen zu wollen: Du erwürgst mich regelrecht. Bald entfernte er ihn aus seinem Amt – Bertone wollte sich an den neuen Kurs der Armut nicht halten, ließ sich im Vatikan ein 700 Quadratmeter großes Penthouse bauen.

11 Widersacher Nummer 2: Der ultrakonservative US-Kardinal Raymond Leo Burke hatte dem Papst vorgeworfen, die Kirche treibe ohne einen Mann am Steuer führungslos dahin. Franziskus nahm ihm daraufhin den Job als oberster Richter im Vatikan und schickte ihn auf einen bedeutungslosen Posten.

12 Riesige Glaubensfeier in Rio de Janeiro: der erste internationale Triumph von Franziskus. Im Sommer 2013 feierten über drei Millionen junge Menschen an der Copacabana den neuen Papst.

13 Triumph 2: Franziskus im Heiligen Land. Hier in Bethlehem demonstrierte der Papst am 25. Mai 2014, dass er sich politisch einmischt – er lud die Präsidenten Shimon Peres und Mahmud Abbas zu einem Gipfeltreffen in den Vatikan ein, das im Juni 2014 stattfand.

14 Triumph 3: Am 27. April 2014 kommen über drei Millionen Menschen auf dem Petersplatz und den umgebenden Straßen zusammen, um gemeinsam mit Franziskus die Heiligsprechung von Papst Johannes Paul II. und Johannes XXIII. zu zelebrieren.

15 Mahnung an Europa: Mit harten Worten geißelt der Papst vor dem EU-Parlament in Straßburg das »alte Europa«, das ihm träge erscheint
und außerstande, die menschliche Katastrophe
in den Griff zu bekommen, die das »Massengrab
Mittelmeer« darstellt, in dem Zehntausende
Hilfesuchende ertrinken.

16 Ein neuer Kurs: Energisch weist Papst Franziskus einer neuen katholischen Kirche den Weg.

17 Papst Franziskus in Turin, Juni 2015: Eingeladen war er, um vor dem rätselhaften Turiner Leichentuch zu beten, doch bevor er diese Reliquie aufsuchte, ging er zu den höchst lebendigen Einwohnern der Stadt und sprach vor allem den Arbeitslosen Mut zu.

18 Papst Franziskus während seiner Ansprache in Turin. Zur Freude der Konservativen im Vatikan rief er aus diesem Anlass die Jugendlichen zur Keuschheit auf.

19 Der Papst vor dem Turiner Leichentuch. Im Gegensatz zu seinen Vorgängern spekulierte Franziskus nicht über die Echtheit des Tuches und ob Christus wirklich darin bestattet wurde.

20 Papst Franziskus besucht überraschend ein Armenviertel in Rom. Unangekündigt taucht er im Februar 2015 in Arcobaleno am römischen Stadtrand auf und betet zusammen mit den Bewohnern der Wellblechhütten.

21 Der Autor mit dem Krakauer Kardinal Stanisław Dziwisz. Mit dem ehemaligen Sekretär von Papst Johannes Paul II., der über 30 Jahre an dessen Seite stand, verbindet Andreas Englisch eine jahrzehntelange Freundschaft.

22 Besuch des Autors bei Benedikt XVI. im Juli 2015 in der päpstlichen Sommerresidenz Castel Gandolfo. Ein rüstiger Papst Emeritus präsentierte sich trotz seiner 88 Jahre in Hochform.

23 Franziskus formt das Victory-V, das Siegeszeichen. Kann er den langen Kampf gegen die verkrusteten Strukturen in der Kurie gewinnen? Wird er seine Reformen durchsetzen, oder wird man sie wieder rückgängig machen?

dikt zu verhandeln, während Papst Franziskus ihnen eh nur die kalte Schulter zeigt.

»Joseph Ratzinger hat klipp und klar gesagt, dass alle wissen, wer der Papst ist, und das ist Franziskus«, entgegnete ich.

Er legte die Gabel beiseite und schaute mich nachdenklich an.

»Ich werde dir sagen, was passieren wird. Du sprichst doch so gern über die Von-Galen-Rede von Joseph Ratzinger.«

Er meinte jene dramatische Predigt zur Seligsprechung des sogenannten Löwen von Münster, Kardinal Clemens August von Galen, im Oktober 2005. Joseph Ratzinger hatte über von Galen gesagt, dass er Gott mehr fürchtete als die Menschen, in diesem Fall Hitlers Schergen.

»Er hat damals gesagt, dass von Galen Gott mehr fürchtete als die Menschen, und ich garantiere dir, genau das tut Joseph Ratzinger auch. Auch er fürchtet Gott mehr als die Menschen, und wenn Papst Franziskus so weitermacht, wenn er wirklich die Kommunion wiederverheirateten Geschiedenen gibt, werden die Kardinäle Benedikt bedrängen, etwas zu tun.«

»Papst Franziskus zu exkommunizieren?«

»Genau.«

»Das ist doch absurd«, sagte ich.

Er trank einen Schluck von dem eiskalten Weißwein und sah mich eine Weile an. »Ich glaube nicht, dass das absurd ist. Es mag dir nicht sonderlich wahrscheinlich vorkommen, aber es ist möglich. Erinnere dich, wie Joseph Ratzinger über die Kommunion denkt.«

Hier hatte mein konservativer Bekannter recht. Kein anderer Papst hatte die Bedeutung der Heiligkeit der Kommunion in den vergangenen Jahrzehnten so hervorgehoben wie Joseph Ratzinger. Er hatte durchgesetzt, dass aus der Hand des Papstes nur die Mund-Kommunion möglich war. Die Gläubigen konnten sich also die Hostie nicht auf die Hand legen lassen, sondern nur auf die Zunge. Papst Benedikt XVI. wollte damit das Katholische betonen, wonach, anders als in den protestantischen Kirchen, die Katholiken daran glauben, dass sich in der Wandlung während einer Messe durch einen Priester eine Wesensverwandlung von Brot und Wein in den Leib und das Blut Christi vollzieht.

»Meinst du, dass ein solcher Mann, der die Kommunion und Gottes Gesetz über alles liebt, zusehen wird, wie sein Nachfolger das alles in den Schmutz zieht?«

»Franziskus zieht nichts in den Schmutz.«

»Das siehst du so. Denk doch an Benedikts Worte an das Kind der geschiedenen Mutter.«

Jetzt erinnerte ich mich. In der Audienzhalle Papst Paul VI. hatte ein Kind den Papst darauf angesprochen, dass seine Mutter nicht mehr zur Kommunion gehe dürfe, weil sie verheiratet war, sich scheiden ließ und wieder heiratete. Papst Benedikt XVI. hatte das Kind nicht irgendwie getröstet, sondern ihm auf geradezu erschreckende Weise ins Gewissen geredet und erklärt, dass die Mama nicht nur von der Kommunion ausgeschlossen sei, sondern auch von den anderen Sakramenten und sie also nicht zur Beichte gehen könne.

»Wir werden sehen«, sagte mein Bekannter. »Es wird einen Konflikt geben in der Seele des Joseph Ratzinger zwischen dem Gehorsam gegenüber seinem Nachfolger und dem Gehorsam gegenüber Gott, und ich schwöre dir, er wird Gott gehorsam sein und auch vor einer Kirchenteilung nicht zurückschrecken.«

»Das würde die weltweite katholische Kirche zerstören.«

»Es würde eine neue, reine Kirche entstehen lassen. So sehen wir das. Es gibt nur ein Problem.«

»Das wäre?«

»Schafft Joseph Ratzinger das noch? Er ist ein Wissenschaftler. Er wird einen so revolutionären Schritt wie eine große Kirchenteilung nur dann riskieren, wenn er noch in der Lage ist, eine große, für Jahrhunderte geltende Rede zu halten. Wenn er das nicht mehr vermag, weil er es weder geistlich noch körperlich bewältigt, also wenn er nicht mehr sprechen kann, dann wird diese einzigartige Chance, eine neue Kirche der kleinen Herde entstehen zu lassen, vorbei sein.«

»Der schüchterne Joseph Ratzinger würde einen solchen Schritt niemals wagen«, beharrte ich.

Er lachte leise.

»Da liegst du nun völlig falsch. Wer hätte diesem Joseph Ratzinger zugetraut, dass er als erster Papst seit knapp 800 Jahren zurücktritt? Das war extrem mutig, und ich traue ihm noch einen weiteren, noch mutigeren Schritt zu, um seinen Traum von einer kleinen, aber reinen Kirche zu verwirklichen.«

»Ich glaube das nicht.«

»Das ist dir unbenommen, du wirst mir aber gestatten, dass ich weiter meine ganze Hoffnung auf ihn setze. Es wäre schön, wenn du mir einen kleinen Gefallen tun könntest.«

»Der wäre?«

»Wenn du das nächste Mal Joseph Ratzinger persönlich triffst, kannst du mich danach anrufen.«

»Wozu?«, fragte ich.

»Ich wüsste einfach nur gern, wie es ihm geht.«

Im Sommer 2015 häuften sich die Gerüchte, Papst Benedikt XVI. sei an Blutkrebs erkrankt und leide mittlerweile so sehr an den Folgen dieser Krankheit, dass er sich in gar nichts mehr einmischen könne, selbst wenn er es wolle.

Am 4. Juli 2015 war ich zur Verleihung der Ehrendoktorwürde der Krakauer Johannes Paul II. Universität an Papst Benedikt XVI. zu einer Feierstunde nach Castel Gandolfo eingeladen worden. Auf dem Weg dorthin fiel mir auf, wie kompliziert allein schon die praktischen Fragen waren, mit denen die katholische Kirche angesichts von zwei Päpsten umgehen musste. Papst Benedikt XVI. war am 1. Juli zu einem zweiwöchigen Urlaub in Castel Gandolfo eingetroffen, und die Bevölkerung der Stadt verlangte nachdrücklich, dass er sich wenigstens einmal der Menge zeigen sollte.

Ich erinnere mich gut an die eigenartige Stimmung, als der Papst Emeritus nach Castel Gandolfo zurückkam, wohin er sich nach seinem historischen Rücktritt zurückgezogen und sein Pontifikat mit dem schlichten Gruß »Buonanotte« beendet hatte. Stolz prangt am Rathaus bis heute in Stein gemeißelt der Satz von Joseph Ratzinger, den er über die Einwohner von Castel Gandolfo gesagt hatte. Dort steht zu lesen, dass Papst Benedikt XVI. so gern nach Castel Gandolfo kommt, weil er den See und sogar das Meer sehen kann und vor allem die »guten Menschen« von Castel Gandolfo trifft, die in dem 23 Kilometer vom Vatikan entfernten Ort leben.

Als Papst Benedikt XVI. nun am 1. Juli 2015 in Castel Gandolfo eintraf, hofften die Menschen darauf, dass der Papst Emeritus wie eine Art Ersatz-Papst fungieren und sich den Menschen zeigen könnte, um die verzweifelte Lage im Ort wenigstens etwas zu lindern. Die »guten Menschen«, die Papst Benedikt in Castel Gandolfo so gelobt hatte, waren auf die Päpste mittlerweile sehr schlecht zu sprechen. Genaue Zahlen darüber, wie viele Menschen ihren Arbeitsplatz verloren hatten, seitdem Papst Franziskus beschlossen hatte, den Sommerpalast in Castel Gandolfo nicht zu nutzen, existieren nicht. In den Bars und Restaurants der Stadt muss man nicht lange nach enttäuschten ehemaligen Papst-Fans suchen. Diese Enttäuschung der Menschen in Castel Gandolfo bezieht sich immer auf das gleiche Elend. Papst Benedikt XVI. liebte den Aufenthalt in Castel Gandolfo und kam oft und regelmäßig wie auch Papst Johannes Paul II., der zwar die Alpen bei Les Combes im Aostatal bevorzugt hatte, aber nie auf ein paar Wochen Urlaub in Castel Gandolfo verzichtete.

Zu den Audienzen in den Sommermonaten kamen bis zu 50000 Menschen. Da die Päpste immer die besonders heiße Zeit hier verbrachten, mussten die Pilger sich mit Getränken versorgen, mit Eiscreme die Hitze bekämpfen. Der Ort machte an einem guten Wochenende weit über 100000 Euro Umsatz. »Auch die Stadt Castel Gandolfo hat natürlich viel verdient. Damals wurden extra Polizisten eingestellt, um Strafmandate zu schreiben. Jetzt kommt kein Mensch mehr, und die Stadt verdient an Strafmandaten gar nichts«, sagte mir der Barmann. Traurig schaute er auf die riesigen Kühlschränke in seiner Bar, die hunderte Getränkedosen aufnehmen können. Als die Päpste noch hierherkamen, zog sich die Schlange der Menschen, die Getränke kaufen wollten, bis auf den Platz.

»Wenn Papst Benedikt sich doch in diesen zwei Wochen wenigstens einmal am Fenster zeigen würde; aber der Vatikan will das wohl nicht«, meinte der Barmann resigniert.

Unterdessen sah ich die Delegationen ankommen. Wer je mit dem Auto in den Hof des päpstlichen Schlosses von Castel Gandolfo gefahren ist, weiß, dass man ziemlich präzise lenken muss, um durch das schmale Portal zu gelangen, das für Pferdekutschen, aber nicht für große Limousinen gebaut wurde. Ich ging rechts die Treppe hinauf, in den sogenannten Saal der Schweizer, und setzte mich auf die für die Gäste reservierten Stühle. Dann kam der Papst, Punkt 10 Uhr. Der Mann, dem die Hardliner die Zerschlagung der katholischen Kirche, wie sie derzeit besteht, und eine große Kirchenteilung sowie die Schaffung seines Lebenstraumes einer Kirche der kleinen Herde zutrauten, schob einen Rollator vor sich her. Ich muss sagen, dass ich von der Würde des alten Papstes beeindruckt war. Meine Mutter hatte sich stets geweigert, ein solches Hilfsmittel zu benutzen; es schien ihr unter ihrer Würde. Der Papst schien das nicht als unter seiner Würde zu empfinden. Sein Gehstock mit dem weißen Griff war an dem Rollator angebracht. Als er das Podest im Saal der Schweizer erreichte, parkte er die Gehhilfe vor den Gästen. Fotograf Francesco Sforza sorgte dafür, dass sie aus dem Bild gerollt wurde, bevor die offiziellen Begrüßungsfotos geschossen wurden. Joseph Ratzinger wirkte schmal, er schien eindeutig an Gewicht verloren zu haben. Aber sein Blick war vollkommen klar. Trotz seines hohen Alters gab es nicht das geringste Zeichen einer Verwirrung. Papst Benedikt XVI. erkannte sofort die alten Freunde, die auf ihn gewartet hatten, etwa einen alten Mitstreiter, den deutschen Kardinal Paul Josef Cordes, mit dem er seine erste Enzyklika *Deus Caritas est* geschrieben hatte. Aber auch die anderen Ehrengäste grüßte er höflich, die »Memores Domini«, die Frauen, die seinen Haushalt führten, das vatikanische Urgestein, den langjährigen Arzt der Päpste Renato Buzzonetti, den ehemaligen Kammerdiener Angelo Gugel sowie den ehemaligen Chef der päpstlichen Villen Saverio Petrillo. Für alle hatte er ein paar Worte.

Als die Zeremonie begann, stockte mir der Atem. Ich hätte niemals gedacht, dass ich das in meinem Leben noch einmal sehen würde. Ich hatte tausende Male gesehen, wie mein Freund Don Stanislaw Dziwisz Papst Johannes Paul II., den großen Kämpfer, gestützt hatte. Jedes Mal hatte Karol Wojtyła sich nur unwillig helfen lassen. Jetzt stützte mit erfahrener Hand der mittlerweile mächtige Kardinal von Krakau Stanislaw Dziwisz wieder einen Papst, diesmal Joseph Ratzinger. Wieder reagierte ein Papst unwillig auf die Hilfe von Stanislaw Dziwisz. Joseph Ratzinger dankte dem Krakauer Kardinal, machte sich aber mit einer Geste von dessen helfendem Arm frei. Er wollte allein und ohne Hilfe vor den Gästen stehen und seine Rede zum Dank für die Verleihung der Ehrendoktorwürde halten. Ich war gespannt, als Joseph Ratzinger zu sprechen begann. Das war jetzt der Prüfstein, wie geistig fit er wirklich war. Hatte er die Rede noch selbst schreiben können? Wenn ja, würde das sehr einfach zu erkennen sein. Eine Rede oder Predigt von Joseph Ratzinger besaß einzigartige Kennzeichen. Joseph Ratzinger klassifiziert stets. In seinen Ansprachen und Predigten geht er immer bis in die Tiefe. Als er zu sprechen begann, hatte ich keinen Zweifel mehr; das war eine eindeutige Ratzinger-Rede, von ihm geschrieben. Papst Benedikt XVI. beließ es nicht dabei, für die Ehrendoktorwürde zu danken, er sprach darüber, was Musik an sich sei. Er sprach mit sicherer Stimme. Anschließend ließ Papst Benedikt XVI. sich beim Abschiedsgruß für jeden seiner Gäste viel Zeit und sprach mit allen. Dann ließ er sich mit großer Würde seinen Rollator zurückgeben und ging zurück in sein Arbeitszimmer. Was immer dieser Mann mit seinem Gott auch ausfechten mochte und welch dramatischen Akt einer Kirchenteilung die Konservativen auch von ihm erwarteten: In der Lage, so etwas durchzustehen, sollte sein Gott das von ihm verlangen, war er zweifellos noch.

Überraschung von Turin

Es ist heiß in Turin, als Papst Franziskus am Morgen des 21. Juni 2015 in der piemontesischen Stadt eintrifft, und das betrifft nicht nur das Wetter. Die Spannung ist mit Händen zu greifen, denn der Papst reist in die Höhle des Löwen. Durch seine Entscheidung, dem Turiner Erzbischof zum ersten Mal seit über 100 Jahren die automatische Verleihung des Kardinalshuts zu verweigern, fühlt sich das gesamte Bistum zurückgesetzt. Selbstverständlich weiß der Erzbischof, dass er gute Miene zum bösen Spiel machen muss, aber schwierig ist die Situation in jedem Fall. Jedes Mal, wenn der Turiner Erzbischof mit den anderen italienischen Bischöfen zusammentrifft, muss er sich die kritischen Blicke gefallen lassen, in denen die Frage steht: Warum verweigert der Papst dir eigentlich den Kardinalshut? Was hast du getan? Das Gleiche gilt natürlich in der Diözese, obwohl sich niemand traut, es auszusprechen. Der erste Erzbischof, der seit über 100 Jahren keinen Kardinalshut bekam, wird natürlich als Versager gesehen. Irgendetwas muss dem Papst ja missfallen haben, dass er die uralte Tradition unterbricht. Dass der Papst einfach keine Übermacht der Italiener in der Kurie und im Kardinalskollegium will und dass dies mit dem Einzelfall des Turiner Erzbischofs gar nichts zu tun hat, davon möchten natürlich alle, die dem Erzbischof übelwollen, nichts wissen.

Jetzt stellt sich also die Frage, ob der Papst mit einer frohen Botschaft nach Turin gekommen ist und die Diözese wieder aufwertet. Es besteht zumindest die Hoffnung, dass der Papst die Diözese, aus der seine Vorfahren stammen, wegen ihrer großartigen Tradition besonders lobt. Dass dies ausbleiben könnte und der Papst in Turin stattdessen mit großer Zärtlichkeit vor allem seiner Großmutter gedenken wird, kann man sich zu Beginn des päpstlichen Besuchs noch nicht vorstellen. Aber das ist nicht die einzige Herausforderung, der Fanziskus sich in Turin stellen muss, es gibt eine weitere. Die konservativen Kreise der Kirche wollen endlich eine eindeutige Antwort auf die Frage, um die es im Pontifikat von Papst Franziskus immer wieder geht: Wie katholisch ist der Papst eigentlich, und ist er überhaupt noch katholisch im Sinne der Traditionalisten?

Es gibt keine andere Stadt in Italien, in der die Chance für den Papst, das Katholische zu verteidigen, so groß ist wie in Turin. Denn der Papst kommt nicht aus irgendeinem Grund, sondern zu einem unerhört katholischen Anlass: einer außerordentlichen Zurschaustellung (Ostension) des Turiner Leichentuches. Das Leichentuch wird in unregelmäßigen Abständen gezeigt, die letzten Zurschaustellungen gab es in den Jahren 1978, 1998, 2000, 2010, 2013 und von April bis Juni 2015.

Nichts ist so katholisch wie die Verehrung der Reliquie, die alle lutherischen Kirchen als heidnischen Brauch ablehnen. Noch etwas erhoffen sich die konservativen Kreise von dem Besuch des Papstes, dass er die Traditionen der Kirche betonen wird und natürlich auch seine eigene Herkunft aus dem alten Italien. Der argentinische Revolutionär Papst Franziskus, dessen Motto es ist, alles durcheinanderzuwirbeln, und der die Kirche dadurch zutiefst verunsichert hat, soll in Turin endlich zeigen, dass er weiß, woher er stammt, nämlich aus dem alten Italien, das die uralte Tradition der römisch-katholischen Kirche geprägt hat. Endlich soll die Welt sehen, dass Italien einen italienischstämmigen Papst feiert, einen Mann, dessen Ursprünge im Piemont liegen. Die römische Kurie erwartet einen Kniefall vor der Geschichte der Kirche; der Papst aus der Neuen Welt soll in Turin ein Zeichen der Verehrung des Alten setzen, der Kirche, die von Europa aus in die Welt entsandt wurde. Statt ständig neuen Wind in die Kirche zu bringen, soll er seine Hochachtung vor der Wiege des Katholizismus bezeugen. Doch es kommt anders. Der Besuch in Turin ist alles andere als ein Kniefall des Papstes vor den Traditionen der Kirche. Es ist auch kein Kniefall vor seiner Herkunft. Es ist ein Aufbruch, eine weitere Revolution.

Das Turiner Leichentuch adelt aus Sicht der katholischen Kirche die Stadt Turin wie kaum eine andere auf dem Globus, weil sich hier zeigt, welch großartige Geschichte die katholische Kirche in 2000 Jahren durchlaufen hat. Tatsächlich gibt es weltweit nur sehr wenige Gegenstände, die sich mit der geheimnisvollen Reliquie des Grabtuches vergleichen lassen, das in der Stadt aufbewahrt wird. Die Ursache liegt darin begründet, dass das Christentum, wie fast alle anderen weit verbreiteten Religionen, so gut wie keine Spuren oder wenigstens vermeintliche Spuren des Göttlichen, also konkrete Gegenstände, die mit Gott zu tun haben, vorweisen kann.

Nur drei andere Städte auf der Welt verwahren eine ähnlich berühmte und geheimnisumwobene Reliquie aus der Geschichte der katholischen Kirche: In Jerusalem beten jährlich bis zu 1,5 Millionen Menschen an den wenigen kümmerlichen Überresten des Grabes Christi, das die muslimischen Besatzer der Stadt in Stücke schlugen. Ansonsten hat das Heilige Land an Zeugnissen wenig zu bieten. Das Geburtshaus Jesu ist nicht erhalten, in Nazareth wird nur eine eigenartige Grotte verehrt. Auch Bethlehem hat nicht viel zu bieten, die Grotte, die als Geburtsort Christi gilt, stimmt mit der Darstellung in der Bibel nicht überein. Etwas Ähnliches wie das Leichentuch von Turin hat die Stadt Mexiko City vorzuweisen. Dort verehren bis zu 22 Millionen Menschen jährlich das bis heute unerklärliche Bild der Muttergottes des Juan Diego.

Ein zumindest mutmaßliches Zeichen des Göttlichen gibt es sonst nur noch in Lourdes. Dort fragen sich jedes Jahr bis zu fünf Millionen Pilger, ob tatsächlich die Muttergottes dem kleinen Mädchen Bernadette erschien und ob sie tatsächlich eine Quelle entstehen ließ, aus der eiskaltes, etwas schlammiges Wasser sprudelt, das angeblich Wunder bewirken kann. Pech gehabt hat der Wallfahrtsort Fatima, den immerhin noch 4,5 Millionen Menschen jährlich besuchen. Dort ist nichts übrig geblieben, was man zeigen könnte. Die Muttergottes soll sich auf den Ast einer Steineiche gesetzt haben und dort den Kindern erschienen sein und ihnen rätselhafte Prophezeiungen mitgeteilt haben. Aber die Popularität des Ortes Fatima führte dazu, dass die Pilger diese Steineiche vollständig, bis auf das letzte Stückchen ihrer Wurzeln, herausgerissen haben, um daraus Reliquien zu produzieren, die heute zum größten Teil verschollen sind. Dort, wo einmal die Steineiche der Muttergottes stand, ist heute nur noch ein kahler Fleck zu sehen.

Das Leichentuch von Turin hingegen könnte, wenn es echt sein sollte, die mit ungeheurem Abstand wichtigste Reliquie der gesamten Christenheit sein. Die Verfechter der Echtheit dieses Tuches glauben, dass es ein unbegreifliches Objekt ist und in einem unfassbaren Moment entstanden sein soll: in jenem Augenblick, in dem Gott seinen Sohn von den Toten auferweckte. Im selben Moment soll die Energie, die in den Körper Christi fuhr, die Abdrucke seines Körpers verursacht haben, die auf dem Leichentuch zu sehen sind. Es wäre also der Beweis für das ewige Leben. Von den übrigen christlichen Kirchen, vor allem von den Protestanten, wurde das Turiner Leichentuch seit Jahrhunderten als typisch katholischer Schnickschnack, das klassische Beispiel für den Aberglauben der Katholiken, verachtet. Jetzt sollte wieder ein Papst kommen und die ehrwürdige Tradition um dieses wundersame Zeugnis des Göttlichen vor der Kritik der Lutheraner retten.

Für die meisten Wissenschaftler ist die Geschichte des Leichentuchs von Turin ziemlich klar. Es soll eine Fälschung sein aus dem 13. oder 14. Jahrhundert. Einzigartig an der Reliquie soll aber sein, dass in dem Leichentuch tatsächlich einmal ein Mann wie Christus bestattet worden sein soll, um diese Fälschung herstellen zu können. Wer der Mann war, wo er für einige Tage oder Stunden in dem Leichentuch lag, ist bis heute ein Rätsel.

Was in der Debatte um das Turiner Leichentuch oft durcheinandergerät, ist Folgendes: Zwar ist der größte Teil der Wissenschaftler, die sich mit dem Tuch befasst haben, davon überzeugt, dass es sich um eine Fälschung handelt, doch diese Fälschung soll es in sich haben. Denn bis heute lässt sich nicht erklären, wie sie entstand. Aus wissenschaftlicher Sicht stellt das Turiner Leichentuch ein unbegreifliches Kunstwerk dar, das einzige erhaltene 3-D-Kunstwerk des Mittelalters, das mit einer bis heute unbekannten Fototechnik hergestellt wurde. Es gibt keinerlei Zweifel, dass die Abdrucke auf dem Leichentuch nicht mit einer bekannten Technik aufgemalt wurden. Wie sie genau auf den Leinenstoff kamen, lässt sich bis heute nicht erklären. Dass das Leichentuch ein so eigenartiges Bild zeigt, hat vor allem damit zu tun, dass das Bild einen bärtigen Mann im Negativ darstellt. Erst im Jahr 1898 entdeckte zufällig ein Rechtsanwalt und Amateurfotograf, der Turiner Secondo Pia, anhand eines Fotos, dass sich das Bild auf dem Leichentuch wie das Negativ einer Fotografie verhält. Erst als er das Bild »umdrehte«, also aus dem Negativbild ein Foto machte, zeigte sich das weltberühmte Gesicht des Mannes, der in dem Leichentuch bestattet worden war. Die Befürworter der Echtheit des Leichentuches, die glauben, dass in diesem Leichentuch tatsächlich Jesus von Nazareth bestattet wurde, geben eines zu bedenken: Wenn das Leichentuch eine Fälschung wäre, dann hätten die Fälscher des Mittelalters unerklärliche, heute verloren gegangene Kenntnisse und Techniken haben müssen, um das Leichentuch herzustellen.

Ob das Leichentuch aus Jerusalem stammt, lässt sich nicht eindeutig beweisen. Sicher ist, dass in Edessa, dem heutigen Urfa in der Türkei, ein Abbild Christi verehrt wurde, das als nicht von Menschenhand gemacht galt. Es ist gesichert, dass das Abbild Christi sich ab dem 6. Jahrhundert in Edessa nachweisen lässt. Das Bild ähnelt sehr dem Bild Christi auf dem Turiner Leichentuch, das zeigen Kopien des Mandylion von Edessa. Von Edessa aus soll das Tuch nach Konstantinopel gelangt sein und nach der Plünderung der Stadt im Jahr 1204 nach Frankreich. Als gesichert gilt auch, dass das Turiner Leichentuch ab dem Jahr 1353 in Lirey in Frankreich auftaucht. Handelt es sich also um das Mandylion von Edessa, und stammt es ursprünglich aus Jerusalem? Nachweisen lässt sich das nicht.

Die Befürworter der Echtheit des Leichentuches behaupten auch, dass ein für die Zeiten des Neuen Testaments außergewöhnlich großer Mann, um die 1,83 Meter Körpergröße, in dem Leichentuch bestattet wurde, der aus der Umgebung von Jerusalem stammen muss. Zudem behaupten sie, anhand des Tuches beweisen zu können, dass der Mann, der in dem Tuch lag, eine Dornenkrone getragen hatte und gefoltert und anschließend gekreuzigt wurde. Zudem wollen die Befürworter beweisen können, dass Spuren der Wunden von Nägeln an Händen und Füßen auf dem Leichentuch zu sehen sind und dass die Augen der Leiche mit Münzen verschlossen wurden, die geprägt worden seien unter Pontius Pilatus. Der Mathematik-Professor Tino Zeuli der Universität Turin errechnete aus allen Angaben, die über das Leichentuch von Turin existieren, eine Wahrscheinlichkeit von 1 zu 200 Milliarden, dass das Leichentuch nicht das echte der Leiche des Jesus von Nazareth sei. Seiner Ansicht nach ist der Zweifel daran, dass es sich nicht um eine Fälschung handeln könnte, unbegründet.

Das Schwierige für Papst Franziskus während des Besuchs am Turiner Leichentuch bestand vor allem darin, dass, selbst wenn er gar nichts zur Echtheit des Tuches sagen würde, dies eine klare Aussage gewesen wäre. Das hätte nämlich bedeutet, dass er über das Turiner Leichentuch anders dachte als der Jahrtausendpapst Johannes Paul II., und selbst der Hauch einer erkennbaren Kritik am Vorgänger gilt unter Päpsten als Tabu. Die Befürworter der Theorie, dass das Turiner Leichentuch eine Fälschung sei, hatten den Vatikan mehrfach aufgefordert, dies endlich anzuerkennen, da der Radio-Karbon-Test von 1987 eindeutig ergeben hatte, dass das Leichentuch eine Fälschung sein musste. Dieser Test misst den natürlichen Zerfall von Kohlenstoff und kann somit ziemlich genau das wahre Alter von kohlenstoffhaltigem Material bestimmen. Doch Papst Johannes Paul II., der im Mai 1998 vor dem Turiner Leichentuch betete, erklärte stattdessen, dass dieses Tuch eine Herausforderung für die Intelligenz des Menschen sei und die Forscher weiterhin nach der Wahrheit suchen sollten. Der Papst war also nicht bereit, zu erklären, dass es sich um eine Fälschung handele.

Für die konservativen Kreise im Vatikan und für den Großteil der Kurie stellte sich damit die Frage, was Papst Franziskus tun würde. Würde er sich endlich an die Seite der Konservativen stellen und Position beziehen gegen die Anfeindungen der Lutheraner, indem er unmissverständlich sagte, dass er das Turiner Leichentuch für das wahre Grabestuch des Jesus von Nazareth halte? Doch zum Auftakt der Reise kümmerte sich der Franziskus weder um den Bischof noch um den eigentlichen Anlass der Reise, den Besuch des Turiner Leichentuches. Bevor er vor der möglicherweise außergewöhnlichsten Reliquie der Erde beten wollte, ging er zu den Menschen, die Turin seit Jahrzehnten prägen, zu den Arbeitern in den Fabriken der Stadt und zu den Arbeitslosen, die versuchten, sich in solch einer Arbeiterstadt durchzuschlagen. Für die konservativen Kreise im Vatikan war schon allein diese Entscheidung eine böse Verfehlung des Papstes. Statt zuallererst vor dem katholischen Symbol für das Mysterium des Todes Jesu Christi zu beten, also vor dem Leichentuch, wollte Papst Franziskus die überaus lebendigen und von großen Sorgen geplagten Menschen des alltäglichen Lebens in Turin treffen. Dem Papst, der den heiligen Josef, den Schutzpatron der Arbeit, zu seinem Lieblingsheiligen erwählt hatte, war es ein persönliches Anliegen und unaufschiebbar, zunächst die Arbeiter zu treffen und erst danach zur möglicherweise unfassbaren Reliquie Gottes zu beten. Und Papst Franziskus sagte der versammelten Menge auf der Piazza Reale am Sonntag auch genau das: Dass er als Erstes in Turin nicht die Reliquie eines Toten in der Kathedrale sehen wollte, sondern die überaus lebendigen Arbeiter auf der Piazza in Turin. Selten erklärte der Papst in so harten Tönen, was er dachte, wie dort auf dem Platz am 21. Juni 2015. Er beschwor die Stadt Turin, wieder Mut zu fassen und Arbeitsplätze zu schaffen. Franziskus mahnte, dass es ein Unrecht sei, die Jugendlichen vom Arbeitsmarkt auszuschließen, und erinnerte daran, dass die Jugendarbeitslosigkeit in Turin bei 40 Prozent liege.

Ein Punkt in seiner Rede war sehr ungewöhnlich für einen Papst. Er berief sich auf die italienische Verfassung und das darin festgelegte Recht auf Arbeit. Beide Vorgänger, sowohl Papst Benedikt XVI. als auch Papst Johannes Paul II., hatten solche Verweise nie benutzt. Statt auf das Recht und die Pflicht eines Staates hatten sich die Vorgänger-Päpste stets auf die Prinzipien der Bibel und der Kirche berufen. Dass ein Papst in seiner Predigt die Mächtigen eines Landes aber nicht an die Prinzipien der Bibel erinnert, sondern an ihre eigenen Grundgesetze, zeigt, wie weltlich dieser Papst denkt.

Erst nach dem Treffen mit den Arbeitern ging der Papst in die Kathedrale, um in aller Stille vor dem Leichentuch zu beten. Plötzlich, nach etwa 15 Minuten stillem Gebet, stand er auf, um mit der Hand den Panzerglasbehälter des Leichentuches zu berühren. Allerdings verhält er sich anders, als die konservativen Kreise erhofft hatten. Er tat das Gegenteil vom dem, was sie erwarteten: Statt auf die Echtheit der Reliquie zu pochen und das Katholische gegenüber den protestantischen Kritikern zu betonen, erklärte er, dass er die Reliquie des Leichentuches auf eine Weise sehe, die auch zahlreiche Protestanten unterschreiben würden. In der Reliquie des Leichentuches sehe man die Leiden der Menschen auf der Erde. Kein Wort also über die Echtheit der Reliquie.

Der Triumph der fortschrittlichen Kräfte in der katholischen Kirche über die konservativen Gruppen scheint in Turin zum Greifen nahe. Doch dann geschieht am Sonntagabend beim Treffen des Papstes mit Jugendlichen etwas, das zeigt, wie sehr dem Papst die Spannungen in der Kurie mittlerweile bewusst sind, und dass er um Ausgleich bemüht ist, um ein Sowohl-Als-auch. Was allerdings keinesfalls bedeutet, dass er seine Positionen aufgibt. Papst Franziskus setzt sich für einige seiner prinzipiellen Anliegen immer wieder ein und lässt sich darin nicht beirren. Aber Franziskus fürchtet mittlerweile, dass der progressive Teil der Kirche, der seine Revolution willkommen heißt und mitträgt gegen die verkrusteten Strukturen der Kurie, seinerseits übermächtig werden könnte. Er fürchtet, vom fortschrittlichen Teil der Kirche zu stark vereinnahmt zu werden, nicht mehr der Papst aller zu sein. So beschließt Papst Franziskus, den konservativen Kreisen in Turin ein wenig Auftrieb zu verschaffen.

Während des Treffens mit den Jugendlichen wagt der Papst, etwas zu sagen, das seit den Zeiten Papst Paul VI. und dessen *Humanae Vitae*-Enzyklika als Tabu innerhalb der Kirche gilt. Er fordert sie auf, »keusch zu leben«. Das ist für die Konservativen wie eine Erlösung, endlich fordert der Papst etwas zutiefst Katholisches, statt ständig den Gläubigen zu versichern, dass Gott ihnen vergeben wird, egal, was sie tun. Selten hat ein Papst in den vergangenen 40 Jahren gewagt, so deutlich auszusprechen, dass Menschen vor der Ehe keusch leben sollten. Papst Franziskus hatte selbst eine Umfrage in Auftrag gegeben, in der alle Katholiken der Welt zum Thema Sexualmoral befragt werden sollten. Der

Papst weiß, dass das Ergebnis für die Spitze der katholischen Kirche eine Katastrophe ist. Insgesamt erklären etwa 90 Prozent der Befragten, und das waren allesamt kirchlich besonders engagierte Gläubige, dass sie die Sexualmoral der katholischen Kirche zwar kennen, aber nicht danach leben würden. In den modernen Gesellschaften Europas scheint der päpstliche Appell an junge Menschen, vor der Ehe keusch zu leben, statistisch gesehen absolut abwegig. Nach Angaben der Bundeszentrale für gesundheitliche Aufklärung hält sich nur eine winzige Minderheit an das Gebot der Keuschheit vor der Ehe. Die jungen Menschen, die ohne sexuelle Erfahrungen in eine Ehe gehen, sollen weniger als 5 Prozent ausmachen. Die riesige Mehrheit, also über 90 Prozent der Jugendlichen, hat erste sexuelle Erfahrungen bereits vor dem Erreichen des 18. Lebensjahres.

Das alles weiß Papst Franziskus. Warum also forderte er in Turin die Jugendlichen zu einem keuschen Leben auf, obwohl er weiß, dass sich nur noch eine winzige Minderheit an eine solche Lebensform ohne Sex vor der Ehe halten will? Der Papst weiß genau, dass die Ehe selbst eine tiefe Krise erlebt, dass mehr als die Hälfte der jungen Menschen in Europa, ohne an Heirat zu denken, zusammenleben. Papst Franziskus weiß also, dass sein Appell an die jungen Menschen kaum Gehör finden wird, aber umso mehr Aufsehen erregen wird innerhalb der Kurie. Die Teile der Kurie, die darauf drängen, dass der Papst ein großer Reformer wird, die erklären, dass die katholische Kirche die Welt endlich so wahrnehmen solle, wie sie ist, eine Welt, in der Sex vor der Ehe selbstverständlich ist, müssen konsterniert zur Kenntnis nehmen, dass der Papst in Turin an die Jugendlichen einen stockkonservativen Appell gerichtet hat. Die Konservativen hingegen können die Reise nach Turin zumindest als einen kleinen Teilerfolg werten.

Aber nicht lange.

Franziskus geht in die Geschichte ein

Nur wenige Tage im bisherigen Pontifikat von Franziskus zeigen das revolutionäre Vorgehen dieses Papstes so deutlich wie jener Montag, der 22. Juni 2015. Und zwar deshalb, weil der Papst exakt das Gegenteil von dem tut, was von ihm erwartet wird. Er weicht nicht nur ein wenig von der gewünschten Linie ab, wie das Papst Johannes Paul II. häufig tat, nein, er kehrt das, was die Kurie möchte, komplett um.

Geplant war dieser Besuch in Turin als ein Kniefall vor der Tradition. Die Ostension, die Zurschaustellung des Turiner Leichentuches, gehört zu den ältesten und am stärksten katholisch geprägten Traditionen, die es überhaupt gibt. Vergleichbar ist diese Tradition eigentlich mit nichts, weil diese Reliquie, wenn man sie für echt hält, ohnegleichen ist. Geht man davon aus, dass die Leiche des Sohnes Gottes tatsächlich in diesem Tuch gelegen hat, kann ein Papst vor nichts Wichtigerem beten. Dagegen sind ähnliche katholische Traditionen, etwa die Verflüssigung des Blutes des Märtyrers Januarius, die sich auf wundersame Weise zweimal im Jahr im Dom von Neapel vollziehen soll, nur eine schwache Nachahmung. Der Papst soll also der Tradition der Kirche huldigen. Doch er verwandelt diesen Tag in Turin in etwas Neues, Modernes, das nichts, aber auch gar nichts mit katholischer Tradition zu tun hat. Statt vor alten Portalen der Geschichte der italienischen Kirche zu huldigen, stößt er plötzlich Türen auf, die für immer verschlossen zu sein schienen. Für die römische Kurie ist das erneut ein Schock, denn der Papst führt sie regelrecht vor.

Er stellt vor der Welt die Frage: Warum musste erst ein Mann aus Argentinien kommen, um ein in Italien durch italienische Päpste verübtes Unrecht zu beenden. Und jetzt steht auch sein Vorgänger Papst Benedikt XVI. nicht gut da, denn auch ihm war dieses Unrecht ja offensichtlich egal gewesen. Der päpstliche Besuch in Turin sollte weltweit durch ein Bild wahrgenommen werden: Der Papst betet vor dem Turiner Leichentuch. Die Gläubigen sollten sehen, wie der Papst in bester Tradition seiner Vorgänger zur außergewöhnlichen Zurschaustellung eines Tuches kam, das Nichtkatholiken verspotten. Aber stattdessen geht ein ganz anderes Bild von diesem Besuch in Turin um die Welt: Papst Franziskus steht im Tempel der Waldenser und bringt die bewegende und erschütternde Bitte um Vergebung vor, für die Schuld der katholischen Kirche.

Hätte man mich gefragt, ob nach Papst Johannes Paul II. eine solche Sensation wie an diesem Montag im Juni 2015 vorstellbar wäre, hätte ich geantwortet: Nein. Denn es schien allen Nachfolgern des Jahrhundertpapstes verwehrt zu sein, Geschichte zu schreiben. Das hatte einen einfachen Grund, über den wir im Gefolge von Papst Johannes Paul II. oft gescherzt haben, dass nämlich den künftigen Päpsten nichts mehr zu tun bleiben würde. In seinem 27 Jahre dauernden Pontifikat hatte Karol Wojtyła viele historische Schritte der Kirche abgearbeitet. Künftige Päpste hatten keine Chance, als erster Papst der Geschichte eine Moschee zu betreten, das hatte Papst Johannes Paul II. bereits erledigt. Künftige Päpste hatten auch keine Chance, als erster Papst der Geschichte eine Synagoge oder als erster Papst der Geschichte eine lutherische Kirche zu betreten, auch das hatte Papst Johannes Paul II. bereits geschafft. Die Päpste, die nach dem Pontifikat Karol Wojtyłas gewählt werden würden, konnten nicht mehr als erster Papst der Geschichte an der Klagemauer in Jerusalem die Juden dafür um Vergebung bitten, was Christen ihnen angetan hatten; auch das hatte Karol Wojtyła bereits abgearbeitet. In Bukarest wiederum hatte Papst Johannes Paul II. als erster Papst der Geschichte in einem orthodoxen Land mit orthodoxen Würdenträgern eine heilige Messe gelesen. Auch dieser Friedensschluss seit der Kirchenteilung mit der Orthodoxie im Jahr 1054 war erreicht. Keiner der Nachfolger von Karol Wojtyła konnte mehr als erster Papst der Geschichte während eines sensationellen großen Mea-Culpa-Gebets im Petersdom im Namen der katholischen Kirche für die Sünden der Kreuzzüge und der Religionskriege um Verzeihung bitten, für die Beteiligung von Katholiken an den Gemetzeln des Zweiten Weltkriegs und den Völkermord an den Juden und das Ignorieren der über 80 Millionen Menschen auf der Welt, die Hunger leiden, während Päpste in prächtigen Gewändern durch prächtige Paläste schritten. Das alles war erledigt.

Das blasse Pontifikat von Papst Benedikt XVI. zeigte dann ja auch, wie schwer dieses Erbe wog, wie groß die Schuhe waren, die Karol Wojtyła hinterlassen hatte. An dem Tag, an dem Papst Benedikt hätte Geschichte schreiben können, als er als einziger deutscher Papst aller Zeiten, der die Nazis noch gesehen hatte, in Auschwitz eine Jahrhundertrede hätte halten müssen, hatte er aus Unkenntnis der Geschichte oder wegen einer totalen Fehleinschätzung eine dürftige Leistung abgeliefert. In sehr vielen wichtigen Punkten werden Päpste als Nachfolger den Weg beschreiten, den Karol Wojtyła in seinem Jahrtausendpontifikat freigeräumt hatte. Doch ein dramatisches Verbrechen der katholischen Kirche hatte auch Papst Johannes Paul II. ignoriert, und genau das packte Papst Franziskus an diesem Montag an und schuf damit die Voraussetzung, in die Geschichte einzugehen.

Als der reiche Lyoner Kaufmann Petrus Valdes Ende des 12. Jahrhunderts aus christlicher Nächstenliebe und Mitleid mit den Armen, ohne es zu wollen, die Waldensische Kirche erfand, ahnte er nicht, was er damit auslöste. Er hätte sich nie träumen lassen, dass ziemlich genau 800 Jahre nach seinem Tod ein Papst an ihn erinnern wird, an einen Mann, der sein Vermögen verschenkte und im Namen Christi einen Bettelorden gründete. Auf jeden Fall wäre es für diesen Petrus Valdes, den Papst Lucius III. auf dem Konzil von Verona im Jahr 1184 mit seinen Anhängern als Ketzer verurteilte, eine enorme Genugtuung gewesen, dass sich 831 Jahre später ein Papst bei ebenjenen Anhängern des Petrus Valdes zerknirscht entschuldigt. Petrus Valdes konnte nicht voraussehen, dass seine Anhänger, die den Armen helfen wollten, ihnen predigen und ihnen in ihrer Sprache aus der Bibel vorlesen wollten, die katholische Kirche derart reizen würden, dass die Päpste diese christliche Bewegung unerbittlich ausrotten wollten, und sei es mit Massenmord. Als Valdes irgendwann kurz vor 1218 starb, hatte er keine Ahnung, dass viele der Anhänger seiner Ideen im Laufe der folgenden Jahrhunderte bei lebendigem Leib als Ketzer von den Katholiken verbrannt werden würden. Er kann damals auch nicht geahnt haben, dass jene seiner Nachfolger, die Verfolgung und Inquisition überstanden, jahrhundertelang schwere Nachteile in Kauf nehmen müssen. Es war ihnen verboten, bestimmte Berufe auszuüben und Land zu erwerben. Natürlich konnte Petrus Valdes auch nicht ahnen, dass eines Tages der Kontinent Amerika entdeckt werden würde und dass seine Anhänger von Lyon aus sich nach Italien ausbreiten, vor allem sich in den Tälern des Piemont verstecken würden. Diese italienischen Anhänger seiner Ideen würden ein Teil der Auswanderungswelle der Italiener sein, die ihr Glück in Amerika suchen und auch in einem bei Italienern besonders beliebten Land: Argentinien.

Dort wird ein Mann geboren mit Namen Jorge Mario Bergoglio, der innerhalb der italienischen Auswanderer, zu denen seine Familie gehört, Anhänger der Ideen des Petrus Valdes, Mitglieder der Waldensischen Kirche kennenlernt, die aus dem Piemont, der Heimat seines Großvaters, gekommen sind. Die Ideen der Waldenser, ihre Verpflichtung, den Armen beizustehen, selbst ein Leben in Bescheidenheit zu führen, gefallen diesem Jorge Mario Bergoglio, weil sie ihn an die Ideen eines seiner Lieblingsheiligen, Franz von Assisi, erinnern. Noch etwas ist dem Jorge Mario Bergoglio nicht unsympathisch. Die Anhänger jenes Petrus Valdes haben in einem Dauerkrieg mit den Mächtigen im Vatikan gelebt, ähnlich wie Erzbischof Bergoglio das selbst erleben wird. Unterdessen regiert zufällig ein Papst, der aus Polen stammt und alles daransetzt, alte Streitereien unter den Religionen beizulegen. Er hat tagtäglich in Polen mit Juden und orthodoxen Christen der russischen Besatzungsarmee zu tun gehabt, aber die Waldensische Kirche existiert in Polen so gut wie nicht. So gelingt Papst Johannes Paul II. zwar ein historischer Erfolg, eine Art Friedensschluss mit der lutherisch-evangelischen Kirche in Form der gemeinsamen Erklärung zur Rechtfertigungslehre, die im Jahr 1999 in Augsburg unterzeichnet wird, aber die Waldensische Kirche und die Tragödie, die sie während der Vernichtungsfeldzüge durch die katholische Kirche erlebte, bleibt dem Papst aus Polen fremd.

Doch dann ereignet sich ein geradezu unglaublicher Zufall oder eine unglaubliche göttliche Fügung: Jener Jorge Mario Bergoglio, der im fernen Argentinien die Waldensische Kirche kennengelernt hat, wird zum ersten Papst gewählt, der vom amerikanischen Kontinent stammt. Er bekommt jetzt die Chance, das zu vollenden, was der Mann aus dem polnischen Dorf Wadowice liegen gelassen hat. Und er nutzt diese Chance. Am Vormittag des 22. Juni 2015 geht der 266. Nachfolger des heiligen Petrus als erster Papst in die Geschichte ein, der einen Waldensischen Tempel betritt, in Turin, um sich zu entschuldigen. Es ist einer der bewegendsten Momente des bisherigen Pontifikats. Ganz klein macht sich jener Mann aus Argentinien, der vor langer Zeit am anderen Ende der Welt, vom winzigen Vatikan aus gesehen, seine Sympathie für die Ideen des Petrus Valdes entdeckte, und bittet die Waldenser um Vergebung. Dieser Papst Franziskus kennt die Namen von Gallus von Neuhaus, einem Dominikanerpater, den Papst Benedikt XII. als Inquisitor einsetzte, um Massenmorde unter den Waldensern zu begehen. Der Papst kennt auch den Namen Petrus Zwicker, ein Inquisitor des Ordens der Cölestiner, ein katholischer Pater, der zahlreiche Waldenser ermorden ließ. Allein auf dem sogenannten Ketzerfriedhof in Steyr ließ er etwa 100 Waldenser verbrennen.

Jetzt steht dieser Papst im Tempel der Waldenser, wie ein einfacher Büßer. »Im Namen Jesu Christi, bitte ich um Vergebung«, sagt der Papst mit gebrochener Stimme. Ab diesem Augenblick ist Papst Franziskus nicht nur ein Erneuerer der Kirche, ein Revolutionär vom amerikanischen Kontinent. Ab jetzt hat er auch seinen Platz in der Geschichte sicher. Endlich ist den hingemetzelten, verbrannten, verstümmelten Opfern, die an die Idee des Petrus Valdes glaubten, Genüge getan. Endlich hat sich ein Papst im Namen der katholischen Kirche für diese Verbrechen im Namen Christi entschuldigt. Ab diesem Tag muss sich sein Vorgänger Papst Benedikt XVI. auch fragen lassen, warum nicht er diesen Schritt getan und das Versäumnis des Karol Wojtyła nachgeholt, nicht die Wunde der Geschichte zu heilen versucht hat.

Das scheint umso verwunderlicher, als die Waldenser sich seit dem Jahr 1231 in Deutschland angesiedelt haben, zunächst in Trier. In Deutschland entstehen daraufhin zahlreiche Waldenser-Kolonien. Die Kirche in Deutschland hat sich also mit der Verfolgung von Waldensern beschäftigt, Jahrhunderte, bevor Kolumbus den Kontinent, auf dem Jorge Mario Bergoglio geboren wurde, überhaupt entdeckte. Wieso musste sich also ein Lateinamerikaner für Verbrechen entschuldigen, die sein Vorgänger, der nicht einmal weit weg von den bayerischen Waldenser-Siedlungen geboren wurde, offensichtlich nicht wichtig genug fand, um sie zu erwähnen und sich zu entschuldigen? Gelegenheiten zu einem Treffen mit den Waldensern hätte Papst Benedikt XVI. genug gehabt. Der Haupttempel der Waldenser liegt an der Piazza Cavour in Rom, das ist nicht einmal zehn Minuten zu Fuß vom Vatikan entfernt. Dass Benedikt XVI. dennoch nicht daran dachte, sich bei den Waldensern für den Massenmord an ihrer Kirche zu entschuldigen, hat nichts damit zu tun, dass er nicht wusste, was in der Geschichte der Kirche geschehen ist. Es liegt daran, dass Papst Benedikt XVI. ein anderes Kirchenverständnis hat, als es Papst Johannes Paul II. hatte und Papst Franziskus hat. Schon im Jahr 2000 hatte der Präfekt der Glaubenskongregation Joseph Ratzinger dagegen protestiert, dass Papst Johannes Paul II. sich für die Sünden der katholischen Kirche entschuldigen wollte. Nach Ansicht von Joseph Ratzinger ging das gar nicht. Natürlich gab es Einzelne, die zur katholischen Kirche gehörten, Päpste, Ordensleute, Bischöfe, die schwere Fehler und sogar Verbrechen begangen hatten. Aber trotz dieser Verbrechen einzelner Mitglieder ist die Kirche selber laut Joseph Ratzinger makellos geblieben. Im Gegenteil, die Kirche Christi war auch die Leidtragende der Sünden ihrer Mitglieder. Aber die katholische Kirche blieb dabei immer rein, sie blieb die »objektiv« notwendige Institution, um Menschen dem Paradies näher zu bringen. Papst Johannes Paul II. und Papst Franziskus hingegen wollten sich im Namen der katholischen Kirche entschuldigen. Sie hatten nicht den Eindruck, dass es nur einige Verbrecher innerhalb der Kirche gegeben hatte, dass die Massenmorde an den Ketzern nicht nur die Schuld Einzelner waren, sondern dass auch die Kirche als Einheit dadurch Schuld auf sich geladen hatte. Das war ein entscheidender Unterschied, und deswegen hatte Papst Franziskus nachgeholt, was Papst Benedikt XVI. für unnötig gehalten hatte.

Das Projekt des Papstes Franziskus

Wenn die katholische Kirche mit ihrer Lehre recht haben sollte, dann wählt Gott einen Mann im Konklave aus, befiehlt dem Heiligen Geist, den Kardinälen den richtigen Namen einzugeben, um einen von ihnen zum Papst zu wählen. Wenn die Doktrin der katholischen Lehre stimmt, dann trägt dieser auserwählte Mann zeitlebens an der Bürde, damit zurechtzukommen, dass Gott ihn zu seinem Stellvertreter auf Erden auserwählt hat.

Die drei Päpste, die ich kennengelernt habe, trugen diese Bürde auf sehr unterschiedliche Art und Weise. Für Papst Johannes Paul II. bedeutete sie vor allem, dass er sich verpflichtet fühlte, für den Gott, der ihn gerufen hatte, zu kämpfen bis zum letzten Blutstropfen. Papst Johannes Paul II. war überzeugt davon, dass das Leiden, angefangen bei den Folgen des Attentats von 1981 bis zu seiner schweren Parkinson-Erkrankung, ein Teil der Forderung Gottes an ihn war. Das Leiden des Karol Wojtyła war Ausdruck seines Gehorsams gegenüber Gott. Er wollte trotz der beinahe übermenschlichen Anstrengung seinem zuletzt schwachen Körper alles abringen, um sein Amt bis zum letzten Atemzug auszuüben.

Papst Benedikt XVI. war da völlig anderer Meinung. Er glaubte nicht daran, dass Gott einen Papst dazu berufen hat, trotz schwerer Gebrechen sein Amt auszuüben. Als er spürte, dass seine Kräfte schwanden, trat er zurück. Für Papst Benedikt bedeutete die Bürde, auserwählt worden zu sein, vor allem, dass er die Pflicht spürte, Gott, der ihm so nahegekommen war, den Menschen zu erklären. Er wollte, dass die Menschen Gott verstanden. Er hatte das Gefühl, dass er deswegen auserwählt worden war, um seine Intelligenz in den Dienst Gottes zu stellen. Er wollte den Menschen zeigen, dass Gott und Vernunft sich nicht ausschließen.

Papst Franziskus hingegen arbeitet am wahrscheinlich ehrgeizigsten Projekt. Er hat das Gefühl, Gott in den Vatikan zurückbringen zu müssen. Franziskus ist überzeugt davon, dass die Kirche faul geworden ist, in ihre Glaubenslehre verliebt. Die Hirten beschäftigen sich damit, den Schäfchen Löckchen zu drehen, wie er oft verächtlich sagt, statt zu sehen, dass die Welt der Gläubigen da draußen längst ein Schlachtfeld geworden ist, auf dem Hungernde, Verzweifelte, Hoffnungslose dringend die Hilfe der Kirche benötigen.

Alle drei Päpste fühlten sich der Aufgabe, das Amt des Papstes auszuüben, eigentlich nicht gewachsen, so wie wahrscheinlich jeder Mensch vor der Wucht des Amtes, Stellvertreter Gottes auf Erden sein zu müssen, zurückschrecken würde. Aber am deutlichsten sagt das Papst Franziskus, der keine Gelegenheit auslässt, jeden Menschen, mit dem er zusammentrifft, zu bitten, für ihn zu beten, weil er ein großer Sünder sei und unwürdig, das Amt des Papstes auszuüben.

Für mich in meinem Beruf als Vaticanista, als Vatikan-Experte, ist es unabdingbar, dass man sich die Frage stellt: Stimmt das eigentlich alles? Haben die Päpste tatsächlich eine große Nähe zu Gott? Hat er sie tatsächlich auserwählt, oder ist das alles Unfug? Es drängt sich in meinem Beruf also auch die Frage auf, ob Gott existiert. Jedes Mal, wenn ich einen der Päpste in wichtigen Momenten erlebte, Johannes Paul II. als großen Sieger eines langen Kampfes vor dem Parlament des von den Sowjets befreiten Polen, Papst Benedikt im Weißen Haus oder Papst Franziskus vor dem Europaparlament in Straßburg, wenn sie im Namen Gottes Forderungen stellten, dachte ich immer das Gleiche: Was ist eigentlich, wenn dieser Gott gar nicht existiert?

Wenn man Jahrzehnte in der Umgebung von Päpsten lebt, kommt man nicht umhin, sich die Frage zu stellen: Gibt es Gott? Haben diese Männer in Weiß, die ich im Flugzeug, in der Mensa des Gästehauses der heiligen Martha oder auf dem Petersplatz gesehen habe, tatsächlich eine besondere Beziehung zu dem unerklärlichen Gott?

Es gibt zwei Geheimnisse in meinem Leben, die mich mit den Päpsten verbinden. Ich habe durch Papst Johannes Paul II. zum Glauben zurückgefunden, und durch Papst Franziskus habe ich dieses Wunder des Glaubens auf eine unfassbare Weise erlebt. Papst Franziskus hat mir etwas äußerst Ungewöhnliches beigebracht. Ich konnte nie an die Vorstellung der katholischen Kirche glauben, dass es Fürsprecher im Himmel gibt. Ich konnte nie glauben, dass es tatsächlich so sein könnte, dass ein Heiliger oder ein Verstorbener, der sich im wie auch immer gearteten Paradies befindet, auf die Bitten eines Menschen auf der Erde reagieren könnte. Ich konnte mir nie vorstellen, dass eine solche Fürsprecherin oder ein Fürsprecher tatsächlich existieren und Bitten bei Gott vorbringen könnte, der dann außergewöhnliche Ereignisse, Wunder gewährt. Ich hielt das lange für den totalen Humbug. Doch ich habe durch das Beispiel von Papst Franziskus etwas so Unglaubliches erlebt, dass ich jetzt anders darüber denke.

Doch der Reihe nach. Bevor ich von dem besonderen Erlebnis mit Papst Franziskus erzählen kann, muss ich zunächst einmal etwas Grundsätzliches klären: Wie es eigentlich dazu kam, dass ich an Gott glaube.

Glauben

Die Szene, die mein Leben veränderte und mich zum Glauben an Gott zurückbrachte, fand an einer Landstraße in Osteuropa statt vor einem Dorfpfarrer und seinem schlecht singenden Kirchenchor.

Wir, der Tross der Begleiter von Papst Johannes Paul II., waren vorgefahren und warteten am frühen Nachmittag an einer schmalen Landstraße auf das Papamobil. Ein Pfarrer hatte hier einen kleinen Altar aufgebaut und seinen Kirchenchor um sich geschart, in der Hoffnung, dass der Papst anhalten würde. Ich habe Hunderte solcher Szenen gesehen, und im Grunde ist das, was der Priester und die Gläubigen da taten, nämlich darauf zu hoffen, der Papst könnte außerprogrammmäßig anhalten, der reine Wahnsinn. Alle Eskorten der Polizei und des Militärs, die den Papst beschützen, haben überall auf der Welt den gleichen Befehl: auf keinen Fall anzuhalten, wenn das offizielle Programm es nicht vorsieht. Doch Papst Johannes Paul II. und Papst Franziskus sind, was das angeht, sehr ähnlich. Sobald Karol Wojtyła eine Gruppe Gläubiger oder Kranker entdeckte, die auf ihn gewartet hatten, klopfte er an die Scheibe der Fahrerkabine und bat darum, dass angehalten werde, egal, was die Polizeieskorte davon hielt.

Auch an diesem Tag war das so. Die singende Gemeinde erwartete einen Papst, der mittlerweile todkrank war und so gut wie unbeweglich, und dieser Papst hatte sie rechtzeitig am Straßenrand entdeckt und klopfte mit dem Stock gegen die Scheibe der Fahrerkabine. Was dann geschah, werde ich niemals vergessen. Wir alle wussten, dass Papst Johannes Paul II. nicht mehr in der Lage war zu sprechen. Selbst seinen Segen »Benedicat vos omnipotens Deus« (Es segne euch der allmächtige Gott) konnte er kaum noch krächzen. Ich stand mit einem Teil der Delegation und anderen Reportern in der Nähe der singenden Kirchengemeinde, als der Wagen des Papstes hielt. Die frommen Beter verdeckten uns die Sicht; wir konnten nur erahnen, was geschah. Auf der Straßenseite gegenüber lauerte ein Pulk Fotografen, die im Gegensatz zu uns Reportern eine hervorragende Sicht hatten auf den Papst und das, was da geschehen sollte.

Ich konnte zunächst nur hören, dass der Papst, nachdem der Wagen angehalten hatte, sich das Mikrofon geben ließ. Ein schriller Ton der Rückkopplung war zu hören, dann die tiefe Stimme des Papstsekretärs Don Stanislaw Dziwisz, der sagte, dass der Papst dem Chor danken wolle.

Sehen konnte ich wenig, aber ich hörte, dass der Papst schwer atmete und offensichtlich versuchte, seinen Stimmbändern irgendeinen Laut abzuringen, aber nur ein Krächzen entwich seinem Mund. Es war entsetzlich zu hören, wie er um einen Laut, eine Silbe kämpfte, aber sein Körper ließ ihn vollständig im Stich. An den schweren Atemgeräuschen des Papstes hörte man seine furchtbare Enttäuschung darüber, dass er jetzt endgültig in seinem verfallenden Körper eingesperrt war. Doch Karol Wojtyła war kein Mann, der rasch aufgab. Ich hörte, dass er das Mikrofon weiter fest in der Hand hielt und versuchte, mit aller Gewalt ein Wort zu sagen. Dann machte die Polizei immer deutlichere Zeichen, dass der Tross des Papstes weiterfahren müsse, und ich sah, wie der Sekretär des Papstes Don Stanislaw Dziwisz sich zu ihm beugte. Ich hörte an den knallenden Geräuschen, dass Don Dziwiz wohl versuchte, dem Papst das Mikrofon aus der Hand zu winden, doch der ließ nicht los.

Karol Wojtyła litt damals unter dem eigenartigen Effekt, dass sein gesamter Körper sich manchmal schlagartig verkrampfte, seine Hände schienen, als wären sie festgefroren, sodass sie den Bischofsstab oder ein Mikrofon umklammerten, ohne loslassen zu können. Dies war offenbar genauso ein Moment. Don Dziwisz versuchte weiter mit aller Kraft, dem Papst das Mikrofon und den Bischofsstab zu entwinden, doch er konnte oder wollte nicht loslassen. Was dann geschah, konnte ich immer noch nicht sehen, ich sah nur in die Gesichter der Fotografen, die widerspiegelten, was sich zutrug, und was immer es auch war, es musste spektakulär sein. Auf den Gesichtern der Fotografen war echtes Entsetzen und gleichzeitig eine starke Anspannung zu sehen; sie verfolgten gebannt und mit teilweise aufgerissenen Mündern, was sich da direkt vor ihnen abzuspielen schien. Ich sah nur, dass Stanislaw Dziwisz sich heftig bewegte, und plötzlich hörte ich, wie Papst Johannes Paul II. vor Schmerz in das Mikrofon schrie.

Was immer auch passiert war, es war das Ende des Marathonmannes Gottes; dieser Karol Wojtyła, der über 100 Auslandsreisen hinter sich gebracht hatte, schien jetzt endgültig am Ende. Er war nicht mehr in der Lage, einen Satz zu sagen. Das Ende des Mannes, der sich den Beinamen »eiliger Vater« verdient hatte, schien auf dieser Dorfstraße in Osteuropa gekommen zu sein. Die lange Reise des Jungen aus dem Dorf Wadowice in Polen näherte sich ihrem endgültigen Ziel. Der Jahrtausend-Papst konnte nicht mehr. Die Fotografen wussten, dass die Reporter die Szene nicht sehen konnten, aber ahnten, dass etwas sehr Berührendes geschehen war. Noch einmal bewegte sich Don Stanislaw Dziwisz heftig, und jetzt konnte ich zumindest erahnen, was da geschah. Er schlug den Papst, er schlug ihm wohl auf die Hand, damit er das Mikrofon loslasse.

In diesen Sekunden, die sich unendlich zu dehnen schienen, in denen Dziwisz dort stand und offenbar auf die Hand des Papstes schlug, geschah etwas, das mich bis heute sprachlos macht. Die Fotografen ließen ihre Objektive sinken. Sie taten etwas, was sie auf keinen Fall hätten tun dürfen, sie weigerten sich, ihre Arbeit abzuliefern und das zu fotografieren, was sich nur ein paar Meter vor ihnen ereignet hatte. Sie sprachen sich in diesem Augenblick keineswegs ab. Es war eine vollkommen stumme Szene. Niemand sagte etwas. Dann schlug Don Stanislaw Dziwisz ein letztes Mal zu, der Papst schrie erneut auf und ließ offensichtlich das Mikrofon los; das krachende Geräusch ließ vermuten, dass es auf den Boden gefallen war. Wenige Augenblicke später rollte das Papamobil davon. Die Menschen hatten stundenlang an der Straße ausgeharrt, um seinen Segen zu bekommen, einige wenige Worte von ihm zu hören. Die Menschen sahen enttäuscht dem Wagen nach, als wüssten sie, dass sie diesen Papst nie wiedersehen würden.

Wir liefen zurück zu unserem Bus, und ich setzte mich zufällig neben einen der Fotografen-Kollegen, den ich seit Jahrzehnten kenne, ein Bär von einem Mann, Spitzname: das Tier.

»Hast du gesehen, was passiert ist?«, fragte ich ihn. »Hat Dziwisz ihm das Mikrofon aus der Hand geschlagen?«

»Ja, hab ich gesehen«, brummte er.

»Aber du hast es nicht fotografiert, oder?«

»Hör mal zu«, schnauzte er mich an »kümmere du dich um deinen eigenen Dreck!« Dann wandte er sich von mir ab und starrte aus dem Fenster.

Er war sauer auf mich, und das war verständlich, weil er damit rechnen musste, dass meine Arbeit ihm erheblichen Ärger bereiten würde. Ich würde meine Geschichte schreiben und die Szene wiedergeben, so gut ich konnte. Meine Leute würden seine Agentur anrufen und für viel Geld dieses Foto kaufen wollen. Daraufhin würde sein Boss ihn anrufen und fragen: »Wo ist das Foto, auf dem Dziwisz den Papst schlägt?« Dann hatte er zwei Möglichkeiten: Er konnte sagen, dass er dieses Foto aus irgendeinem Grund nicht geschossen hatte, weil er es verschlafen hatte, weil alle seine Kameras gleichzeitig kaputt waren oder sonst etwas, und deswegen enormen Ärger bekommen. Dieser Ärger konnte dazu führen, dass er seinen Job los war. Die zweite Möglichkeit bestand darin, auf die absurde Möglichkeit zu hoffen, dass niemand diese Szene fotografiert hatte. Dann nämlich konnte er behaupten, dass das, was ich beschrieb, nie stattgefunden hatte, dass ich es einfach erfunden hatte. Und schon stand ich wie ein Lügner da.

Ich musste also erst einmal herausfinden, ob irgendein anderer Fotograf diese Szene aufgenommen hatte. Als wir ins Hotel zurückkamen, traf ich zwei der freien Fotografen, die auf dem Weg waren in den Pressesaal, der für Fotografen reserviert war. Eigentlich war dieser Pressesaal nichts weiter als ein großes Hotelzimmer, in dem alle Fotografen zusammen ihre Bilder übermittelten. Das musste immer sehr schnell gehen, und entsprechend war die Hektik im Raum. Überall lagen Kameras und tragbare Computer herum. Kollegen fluchten darüber, wie langsam die Leitungen waren, zwischendurch wurden Unmengen Kaffee und Coca-Cola konsumiert. Ich versuchte, mir Gehör zu verschaffen, und schrie, so laut ich konnte, in das Chaos: »Wer von euch hat die Szene ab-geschossen, als Dziwisz dem Papst auf die Hand schlägt?« Schlag-artig war es totenstill. Mit betretenen Gesichtern, als hätte ich verkündet, dass sie jetzt alle gleich aufs Schafott geführt würden, sahen sie sich erst gegenseitig an, dann schauten sie mich an, als wäre ich ein Geist.

»Was ist los?«, fragte ich, »ich will doch nur wissen, wer das Bild hat. Es war ja von euch aus nicht zu übersehen, was da pas-siert ist.«

Keiner sprach.

Ich ging zu den drei freien Fotografen, die an einem gemein-samen Tisch saßen vor einer Batterie aufgeklappter Laptops. Die freien Fotografen können es sich nicht leisten, aus irgendeinem Grund ein gutes Foto zu verpassen. Sie mussten nicht nur ihren Lebensunterhalt verdienen, sondern auch die Kosten für die sehr teuren Papstreisen aufbringen. Sie hatten gar keine andere Wahl, als alles zu fotografieren, was sich einigermaßen verkaufen ließ. Handys klingelten im Raum, aber keiner ging ran; ein paar Dut-zend Augenpaare verfolgten mich, bis ich vor dem Tisch der Freien angekommen war.

»Das Foto, das müsst ihr doch gesehen haben, als Dziwisz dem Papst das Mikrofon aus der Hand geschlagen hat. Habt ihr das?«

Da stand plötzlich ein alter Freund von mir auf, der stark wie ein Ochse war und ohne jede Anstrengung seine schwere Aus-rüstung schleppte. Er konnte sich durch jede erdenkliche Menge drängeln. »Andreas«, sagte er laut, »keiner von uns hat das Foto.« Dann schaute er in die Runde. »Es ist doch so. Keiner hat dieses Foto.« Alle nickten und schauten dann entschlossen zu mir.

Das ist ein gottverdammtes Wunder, dachte ich.

Wie alle anderen Reporter auch behalf ich mich an diesem Abend. Ich war gezwungen, die mit Abstand erschütterndste Szene des Tages zu übergehen, weil es kein Foto davon gab, was bedeutete, dass es diese Szene für die Öffentlichkeit nie gegeben hatte. Ich baute einen halbwegs anständigen Artikel zusammen und ging dann hinunter in das billigere der beiden Hotel-Restau-rants.

Marco, einer meiner alten Fotografen-Freunde, saß allein an

einem Tisch und schaufelte eine Portion Pasta in sich hinein, die er mit ein paar Bier hinunterspülte. Ich nickte ihm zu, und er winkte.

»Bis du fertig?«, fragte er. »Artikel abgeschickt?«

»Ja«, sagte ich.

»Dann setz dich doch.«

Ich setzte mich auf eine Art Holzbank ihm gegenüber in dem im mexikanischen Rodeo-Stil eingerichteten Restaurant, in dem es von Papp-Kakteen wimmelte.

»Also?«, fragte ich.

»Also was?«, fragte er zurück.

»Wieso habt ihr das Foto nicht gemacht?«

Er schaute mich entgeistert an.

»Ich denke, du bist fertig?«, fragte er.

»Ja, bin ich auch. Es geht auch gar nicht darum, das Foto zu bekommen, ich würde nur gern wissen, was passiert ist.«

»Ich habe keine Ahnung«, sagte er.

»Wie meinst du das?«

»Weil so was noch nie passiert ist und, wenn du mich fragst, auch nie wieder passieren wird.«

Er legte die Gabel weg und trank einen Schluck Bier, dann sah er mich an. »Erinnerst du dich an Max?«

»Sicher«, sagte ich.

Max war ein Kollege, der während des Krieges auf dem Balkan in eine Sperre von sehr jungen Soldaten geraten war. Sie waren fast noch Kinder, und als sie das Auto mit zwei Fotografen kommen sahen, fingen sie aus Angst oder Verwirrung oder was auch immer plötzlich ohne Vorwarnung an zu schießen. Max wurde an der Schulter, in der Brust und am Bein getroffen. Sie brachten ihn zu einer Rote-Kreuz-Station, wo jede Menge anderer Fotografen waren. Sie hatten versucht, sich darauf zu einigen, den schwerverletzten Max, der möglicherweise sterben würde, nicht zu fotografieren. Sie wollten seiner Frau und seinen Kindern ersparen, das Bild des mit dem Tode ringenden Max in irgendeiner Zeitung zu sehen. Doch der Versuch war gescheitert. Fotografen-Kollegen hatten abgedrückt. Das Bild war veröffentlicht worden, und seine Frau hatte versucht, sich das Leben zu nehmen, als sie das Bild sah, weil die Darstellung der Zeitung nahelegte, dass ihr Mann an den Verletzungen sterben würde. In Wirklichkeit hatte er schwer verletzt überlebt, aber auf dem Foto hatte er wie eine Leiche gewirkt. Seine Frau überlebte den Selbstmordversuch nur knapp, weil eine Nachbarin sie rettete.

»Damals haben wir versucht, uns abzusprechen, um eine arme Frau zu schützen, und es hat nicht geklappt. Diesmal ist etwas Unglaubliches passiert«, sagte er, »etwas, das nie wieder passieren wird.«

»Wie meinst du das?«

»Als es passierte, als der Papst aufschrie, als Dziwisz ihm wieder und wieder auf die Hand schlug, da haben wir uns angeschaut. Einen Sekundenbruchteil lang sahen wir uns an, und dann war irgendwie uns allen klar, das fotografieren wir nicht, keiner von uns.«

»Wieso nicht?«

Er zuckte mit den Schultern. »Keine Ahnung. Ich habe Menschen fotografiert, die in ihren Autos verbrannten, und Sterbende auf den Schlachtfeldern des Balkans, aber das heute war irgendwie anders.«

»Warum?«, insistierte ich.

»Weil da was ist«, sagte er plötzlich. Er sah mich eindringlich an. »Da ist was rund um diesen Karol Wojtyła, der wie ein Verrückter kämpft, obwohl er eigentlich nicht mehr weiterkann. Da ist irgendetwas, das kann man spüren, und ich hatte auf einmal das Gefühl, es meint mich. Das war das Komische. Wir hatten auf einmal alle im selben Augenblick das Gefühl, dass da was ist, und es meint uns.«

»Spinnst du?«

»Ja«, sagte er, »genau das ist es, genau das habe ich auch gedacht: Sag mal, spinnst du? Mach jetzt das verdammte Foto von der Erniedrigung des alten Kriegers Wojtyła, zeig seine verdammte Hilflosigkeit, zeig den geschlagenen alten Mann, der einmal der Marathonmann Gottes gewesen war, und dann konnte ich es nicht.«

»Wieso nicht?«

»Ich habe gespürt: Wenn du dieses Foto jetzt machst, dann

hast du das Gute verraten. Und auf einmal dachte ich: Ich habe das Gute schon so oft verraten, jetzt ist Schluss, ich mache das nicht mehr. Das hat nur einen Sekundenbruchteil gedauert, und als ich dann in die Augen der Kollegen schaute, passierte etwas Unglaubliches: Ich wusste plötzlich, dass die genau das Gleiche dachten, alle im selben Augenblick. Pitt, Andy, Walter, alle schauten mich an, nur einen Moment, und ich sah in ihren Augen, dass sie sagen wollten: Wir machen das nicht. Das nicht. Ich will dieses Mal das Gute nicht verraten, und ich will es eigentlich nie wieder tun. Ich schämte mich plötzlich für all das, was ich in den ganzen Jahren verbrochen habe, und komischerweise machte mich diese Scham total stark, weil ich dachte: diesmal nicht. Diesmal nicht, ich schaffe es, diesmal drücke ich nicht ab. So war es. Ich geh nicht in die Kirche, aber weißt du, was?«

»Nein.«

»Zum ersten Mal in meinem Leben habe ich mich heute geärgert, dass ich kein einziges Gebet kenne, denn ich hätte eins gesprochen, wenn ich wüsste, wie das geht.«

Fürsprache im Himmel?

Papstmaschine. Flug Straßburg – Rom, November 2014. Ich hatte an diesem Tag das Gefühl, einen Papst begleiten zu dürfen, der alles richtig machte. Ich war stolz auf Franziskus, immerhin das Oberhaupt auch meiner Kirche. Es hatte sich das Erfolgsrezept wiederholt, das schon Papst Johannes Paul II. erfolgreich angewendet hatte. Immer dann, wenn Päpste sich kleinmachen, können sie auch scheinbar Unmögliches erreichen. Papst Franziskus hatte sich kleingemacht, ganz klein. Nur mit der Aktentasche in der Hand, ohne pompöse Protokollchefs, ohne Sekretäre, ohne Zeremonienmeister an der Seite war er zum Rednerpult im Europäischen Parlament gegangen. Er hatte seine Aktentasche allein gepackt und seine Rede allein geschrieben und den Text aus dem Inneren der Tasche gewühlt, und dann hatte er losgelegt. Er hatte genau das getan, was Päpste tun müssen: denen eine Stimme geben, die keine haben.

Papst Franziskus hatte den Politikern vor Augen geführt, dass sie für die abertausenden Flüchtlinge, die auf ihrem Weg von Afrika in die Festung Europa ertranken, verantwortlich waren, dass sie für den massenhaften Tod im Massengrab Mittelmeer zur Rechenschaft gezogen werden würden. Der Papst hatte dabei etwas Einzigartiges erreicht. Selbst die Fraktionen, die von einer christlichen Gesinnung weit, weit entfernt sind, hatten diesem Papst applaudiert, seine Rede war ein Triumph gewesen. Es war ein beeindruckendes Bild, die zahlreichen Fraktionen im Parlament aufstehen zu sehen, die den Papst feierten. Natürlich war den Flüchtlingen durch diesen Applaus noch nicht konkret geholfen, aber eines war zweifellos erreicht worden: Der Papst hatte gezeigt, dass die Kirche auf der richtigen Seite stand, an der Seite der

Schwächsten und Ärmsten. Die Ära des protzigen Vatikans, der nur an das Seelenheil reicher europäischer Adeliger dachte, schien für immer vorbei. Ich war stolz und glücklich. Papst Johannes Paul II. hatte etwas Ähnliches erreicht, im März des Jahres 2000, als er als erster Papst der Geschichte an der Klagemauer in Jerusalem gebetet hatte. Er war als das Oberhaupt von einer Milliarde Katholiken wie ein kleiner Büßer zu dem älteren Bruder gekommen, um die Juden um Verzeihung zu bitten, für das, was Christen den Juden im Laufe der Geschichte angetan hatten.

Ich hatte auf dem Flug von Straßburg zurück nach Rom das Gefühl, dass Papst Franziskus der richtige Mann am richtigen Ort war. Ein Nachfolger Petri, der das Zeug dazu hatte, ein großer Papst zu werden. Schon die Reise auf die Insel Lampedusa, sofort nach seinem Amtsantritt, hatte gezeigt, dass er nicht daran dachte, sich im Vatikan verbiegen zu lassen. Er hatte die Nachfolge des heiligen Petrus angetreten, weil er die Menschen, die hungerten, die verzweifelt waren, die keine Aussicht auf medizinische Versorgung hatten, niemals vergessen würde. Dann aber geschah auf dem Rückflug noch etwas, das mich innerlich aus der Bahn warf. Es hatte nichts mit der politischen oder gesellschaftlichen Ausrichtung des Papstes zu tun, es hatte damit zu tun, wie der Papst an Gott glaubte.

Papst Franziskus antwortete auf die Frage eines Kollegen und fügte plötzlich zu meiner Überraschung etwas sehr Seltsames an: »Wenn ich den heiligen Josef um etwas gebeten habe, dann habe ich das auch immer bekommen.«

Da war es auf einmal wieder, in meinem Leben zum dritten Mal. War Karol Wojtyła ein Mann, in dessen Nähe Menschen so etwas wie Gott spüren konnten? Ich würde sagen: Ja. Was Papst Benedikt XVI. betrifft, muss ich passen. Im Fall von Papst Franziskus würde ich wieder uneingeschränkt sagen: Ja. Das war wieder jemand, dessen Wandlung so radikal und unerklärlich scheint, so nachhaltig und auch so kraftraubend, dass es sich eigentlich nicht erklären lässt, wenn es Gott gar nicht gibt.

Aber was immer Päpste auch tun und was immer sie auch angeht, nichts ist so spannend wie diese eine Frage, ob sie tatsächlich Gott näher sind als irgendwer sonst. Es ist eine sehr herausfordernde Frage. Und es ist schwer, neutral zu bleiben. Natürlich ist es durchaus möglich, dass ein unbegreiflicher Gott – sollte es ihn geben – allen Menschen gleich viel Gehör schenkt. Aber zweifellos ist die zweite Vorstellung weit spannender. Was ist, wenn die katholische Kirche recht hat und Gott einem Mann, seinem Stellvertreter auf Erden, mehr Gehör schenkt als allen anderen? Viele Millionen Menschen auf der Welt glauben daran, dass Gott nie genauer zuhört als in diesem Moment, wenn ein Papst, der Nachfolger eines der engsten Freunde von Gottes Sohn, sich an ihn wendet. Deswegen gehen im Vatikan seit Jahrhunderten täglich Briefe von Bittstellern ein, die sich direkt an den Papst wenden und ihn anflehen, sich in ihrem Namen an Gott zu wenden, weil ihrer Ansicht nach dadurch die Chancen steigen, von Gott gehört zu werden.

Als Papst Franziskus beschloss, nicht in das päpstliche Appartement einzuziehen, fragte ich mich, wo denn jetzt dieser faszinierendste aller Orte im Vatikan liegen möge, die Stelle, wo sich Himmel und Erde berühren. Nichts hat mich je so fasziniert wie das. Der Papst ist nahezu gezwungen, Bittstellern Gehör zu schenken, die an das Katholische der römisch-katholischen Kirche glauben, dass nämlich Gott auf Erden tatsächlich eine besondere Verbindung zu einer Vertrauensperson unterhält, zum Papst. In allen anderen christlichen Kirchen ist dieses Phänomen so gut wie unbekannt. Es gilt das einleuchtende Prinzip, dass jede Fürbitte gleich wertvoll ist und eine Frau, die in der U-Bahn von Bombay zu Jesus von Nazareth betet, um von einer schlimmen Krankheit geheilt zu werden, dieselben Chancen hat, gehört zu werden wie ein Eskimo, der zu Gott betet, weil ein Eisbär hinter ihm her ist. Nur in der katholischen Kirche gibt es die Vorstellung, dass ein einziger Mensch Gott ganz besonders nahe sein muss.

Während der Regierungszeit von Karol Wojtyła sammelten die Ordensfrauen im päpstlichen Appartement die stets dramatischen Bittbriefe, in denen es immer um Leben und Tod geht. Die Ordensfrauen hatten an jedem Morgen vor der Frühmesse diese Bündel von Bittbriefen in die Gebetsbank des Papstes gelegt, und während des Gebets am Morgen nahm der Papst die Bündel aus dem Fach unter der Gebetsbank, und wenn er es wieder schloss, fiel es mit einem leisen »Plopp« zu. Ich war jedes Mal fasziniert. Denn wenn die katholische Kirche recht hat, gibt es keinen Ort auf der Welt, wo ein Mensch Gott näher ist als hier in diesem Augenblick. Der Papst, den das unerklärliche Wesen Gott nach dem Glauben der Kirche auserwählt hatte, sprach zu ihm, brachte Bitten vor. Nirgendwo sonst sollen sich Himmel und Erde näher sein als an diesem Ort.

Nach Meinung der Päpste spricht Gott übrigens alle Menschen nur mit dem Vornamen, dem Taufnamen, an und nicht mit dem Nachnamen. Wenn ein Roberto Sanchez aus Mexiko den Papst bat, um das Leben seiner Frau zu bitten, die schwer krank sei, dann betet der Papst die Fürbitte nur für Roberto. Dass jener Herr Sanchez in Mexiko gemeint ist, das weiß nach der Ansicht der Päpste Gott bereits. Das Spannende an diesen Gebeten liegt in den unterschiedlichen Verbündeten der Päpste im Himmel. Karol Wojtyła wandte sich selbstverständlich ebenso an Gott, wie sein Nachfolger Benedikt XVI. und dessen Nachfolger Papst Franziskus dies tun. Aber ganz unterschiedlich sahen die Beziehungen zu denen aus, die Päpste für ihre Verbündeten im Paradies hielten beziehungsweise halten. Aus der Sicht von Karol Wojtyła schien das eindeutig. Er zählte auf eine Verbündete im Himmel, der er sich in seinem Wappen Totus Tuus (»Ganz Dein«) widmete, auf die Muttergottes Maria, die für ihn im Paradies die mit Abstand wichtigste Bundesgenossin sein sollte. Karol Wojtyła war überzeugt davon, dass die Muttergottes ihm während des Attentats vom 13. Mai 1981 das Leben gerettet hatte, indem sie die Kugel von lebenswichtigen Organen ablenkte.

Papst Benedikt XVI. war, was seine Verbündeten im Himmel anging, weit weniger auf eine Person fixiert als seine Vorgänger. Er machte aber keinen Hehl daraus, dass ihm die frühen Kirchenlehrer, vor allem der heilige Augustinus und der heilige Buonaventura, besonders nahestanden.

Bei Papst Franziskus schien es mir viel schwieriger zu erkennen, wer seine wichtigsten Verbündeten im Himmel sein könnten. Im Flugzeug zurück auf dem Weg von Straßburg nach Rom traf es mich wie ein Schlag gegen den Kopf. Das also war das Geheimnis des Papstes Franziskus: Der heilige Josef von Nazareth war es, den er für seinen Verbündeten im Himmel hielt. Da war er wieder, dieser alte »Aberglaube« an die Fürsprecher im Himmel. Auch »mein« Papst Franziskus verbreitete diese Vorstellung, die ich für Aberglauben halte. Es ist die Vorstellung, dass ein Fürsprecher, also ein Heiliger oder irgendein Verstorbener, im wie auch immer gearteten Paradies vor den unerklärlichen Gott tritt und sagt: Da unten auf der Erde ist diejenige oder derjenige, die oder der braucht gerade einmal Gottes Hilfe. Könntest du da bitte eingreifen. Diese Vorstellung hielt ich immer für absolut verrückt.

Musste das nicht mit dem höfischen Leben der Antike zu tun haben, als die römischen Kaiser noch existierten und das Vorbild für den Hof des Papstes schufen? Woher kam denn schließlich das Purpur, das die Päpste trugen, woher kam das Rot der Schuhe? Es war die Erinnerung an die meist ziemlich brutalen römischen Kaiser, die in ihren Basiliken, gigantischen Audienzhallen, den Vorbildern christlicher Basiliken, Hof hielten. Diese Tradition ging auf die Päpste über. Das Purpur der Päpste kommt vom Purpur des Saums der römischen Kaiser, und in deren Audienzhallen mag es vollkommen logisch gewesen sein, dass es Fürsprecher gab. Der eine oder andere römische Bittsteller trat vor den allmächtigen Herrscher und bat ihn um das Leben des in Ungnade gefallenen Höflings oder um ein Stück Land für einen zurückgekehrten Legionär oder um das Aussetzen einer schweren Strafe für einen ungehorsamen General.

Aber konnte sich eine solche Szene wirklich im Paradies abspielen? War nicht die Vorstellung von Fürsprechern an die Audienzhallen dieser antiken römischen Kaiser geknüpft, die auf ihrem Thron ruhend auf Fürbitten hin gewisse Gefallen gewährten? Musste man dann nicht die etwas naive Vorstellung eines Gottvaters auf einem Thron haben, der irgendwo über den Wolken schwebte, und vor diesen Gott traten die Fürsprecher? Das sollten nach katholischer Tradition Heilige wie Antonius sein, Schutzpatron derer, die etwas verloren hatten, und die sollten Gott bitten: Kannst du nicht Jimmy aus Boston seinen Schlüsselbund wiederfinden lassen, der hinter die Kommode gerutscht ist? Der hat sich nämlich gerade an mich um Hilfe gewandt. Daran also, an Fürsprecher, glaubte der Papst. Genau so hatte er es knapp zwei Meter vor mir in der päpstlichen Maschine gesagt: Er hatte klar und deutlich vor mir gesagt, dass er alles, was er vom Fürsprecher Josef je erbat, auch bekommen hatte. Glaubte der Papst tatsächlich, dass der Ehemann der Gottesmutter Maria sich im Himmel an Gott wandte und darum bat, dass einem gewissen Jorge Mario ein Gefallen gewährt werden sollte?

Nach Meinung der Kirche existiert also eine enge Verbindung zwischen einem Papst und Gott. Und in den vergangenen Jahrzehnten, die ich in Rom erlebt habe, gab es auch keinen Zweifel daran, wo dieser Berührungspunkt zwischen Papst und Gott lag: in der Privatkapelle im Apostolischen Palast. Es war ein geradezu magischer Moment, wenn Papst Johannes Paul II. auf der Gebetsbank in seiner Privatkapelle am frühen Morgen kniete und betete. Es war unmöglich, sich nicht die Frage zu stellen, was dort passierte. Sprach dieser Papst direkt in Gottes Ohr? War das unerklärliche Wesen, das die Bibel Jahwe nennt, in dieser Kapelle präsent und hörte dem Papst aufmerksam zu? Konnte das überhaupt anders sein? Schließlich hatte Gott diesen Mann als seinen Stellvertreter auf Erden auserwählt.

Doch Papst Franziskus benutzte die Privatkapelle der Päpste im Apostolischen Palast nicht mehr. Er zelebrierte wie ein Gemeindepfarrer jeden Morgen in der Kapelle des Gästehauses der heiligen Martha die Messe. Um zu verstehen, wem Franziskus sich im Paradies besonders verbunden fühlt, muss man den dunklen Treppenaufgang im Haus der heiligen Martha hinaufsteigen und zur braunen Holztür mit der Nummer 201, dem päpstlichen Hotelzimmer, gehen. Hinter der Tür liegt der in graublauen Farben gehaltene kleine Salon mit dem Schreibtisch aus braunem Holz. Dort steht die Aktentasche des Papstes, eine einfach Ledertasche, wie er sie schon zu Zeiten als Erzbischof von Buenos Aires packte. Darin liegen der Rosenkranz, das Gebetbuch der Priester mit den Stundengebeten und ein Notizbuch mit ein paar Stiften. Aber an der Wand des Wohnzimmers wartet jenes Geheimnis der Berührung zwischen Himmel und Erde, zwischen Gott und einem Papst. Dort hängt das Bild der Person, in der Franziskus im Paradies seinen wichtigsten Verbündeten sieht: Es ist nicht Maria und auch kein schlauer Kirchenlehrer, es ist einer der einfachsten

Heiligen, einer, der am wenigsten in Erscheinung tritt, der Handwerker Josef.

Dort also, in dem Zimmerchen im Gästehaus der heiligen Martha vor dem Bild des heiligen Josef, findet jetzt das seltsamste Gespräch statt, das der Planet Erde zu bieten hat. Dort spricht jetzt ein Papst zu dem eigenartigsten Wesen, dem Menschen einen Namen gegeben haben: Gott. Wenn dieser Jahwe existiert, dann hält er diesen Papst ja möglicherweise tatsächlich für seinen Stellvertreter auf Erden und hört ihm vielleicht tatsächlich besonders gut zu.

Was für einen seltsamen Heiligen hatte sich dieser Papst aus Argentinien für die persönliche Verehrung ausgesucht! In seinem Zimmer im Haus der heiligen Martha hängt an prominenter Stelle ein Abbild dieses Heiligen, der in der Bibel so gut wie nicht vorkommt und wie kaum ein anderer stiefmütterlich behandelt wird. Aber vielleicht passt dieser Heilige auch deshalb so gut zu dem Papst, der vom Rand der katholischen Welt kommt. Josef von Nazareth taucht nur in der Kindheitsgeschichte in der Bibel auf. Das Neue Testament verliert kein Wort mehr über ihn, sobald Jesus von Nazareth mit seinem öffentlichen Wirken beginnt. Jesus verliert über seinen Vater, der ihn nach katholischer Lehre großgezogen hat, kein Wort, weil er stets von seinem himmlischen Vater spricht. Das griechische Original der Bibel nennt Josef einen Mann, der mit Holz und Steinen arbeitet. Nach den Lesarten der Bibel kann er sowohl ein erfolgreicher Bauunternehmer als auch ein einfacher Bauarbeiter gewesen sein.

Das Verhältnis von Josef zu Maria bleibt im Neuen Testament im Dunkeln, es ist ein Geheimnis. Auf der einen Seit nimmt Josef die durch göttliches Wirken schwanger gewordene Maria zur Frau, auf der anderen Seite erwähnt die Bibel eindeutig Brüder Christi. Im Markus-Evangelium (Kapitel 6, Vers 3) nennt der Evangelist auch die Namen der Brüder Christi: »Jakobus, Joses, Judas und Simon«, und erwähnt auch Schwestern. Hatte Maria mit Josef also weitere Kinder oder meint die Bibel mit »Brüdern« nur Verwandte, aber keine leiblichen Geschwister? Verschweigt das Neue Testament das Schicksal des heiligen Josef, weil er stirbt, bevor Christus öffentlich auftritt? Niemand weiß das, das Schicksal des heiligen Josef bleibt ein Geheimnis. Und ausgerechnet diesem Heiligen fühlt sich der Papst so sehr verbunden, dass er die komplette Osterliturgie des Jahres 2015 auf diesen Josef von Nazareth konzentriert.

Es fiel mir immer sehr schwer anzunehmen, dass dieser Papst Franziskus tatsächlich daran glaubt, dass Josef von Nazareth in einem nur schwer vorstellbaren Himmel vor den noch weit weniger vorstellbaren Gott tritt, um ihn darum zu bitten, dass diesem Jorge Mario Bergoglio irgendein Gefallen auf dem Planeten Erde gewährt werden möge.

Als wir gelandet waren und ich vom Flughafen zurück nach Hause fuhr, dachte ich darüber nach, warum mich diese Vorstellung, dass Papst Franziskus sich an Josef von Nazareth wandte, so aufbrachte. Warum regte mich das so auf? Wenn ich nicht daran glaubte, warum war es mir nicht einfach egal? Warum dachte ich darüber so verächtlich?

Wenn ich ehrlich war, wusste ich die Antwort, auch wenn ich sie nicht hören wollte. In gewisser Weise war ich mein bisheriges Leben vor diesem Josef von Nazareth auf der Flucht gewesen. Ich trage sogar seinen Namen; ich heiße Andreas Walter Josef, denn meine Mutter wollte, dass ich die Namen meiner beiden Großväter bekomme. Aber ich habe diesen einen Namen, diesen Josef, den Fürsprecher der Arbeiter, immer wie die Pest gemieden. Ich wollte nichts anderes als raus aus dem Leben, das dieser Josef von Nazareth schützt, das Leben der Arbeiter. Ich wollte weg von meiner Familie, weil sie eine Arbeiterfamilie war, eine arme Arbeiterfamilie. Sie war genauso eine Art von Familie, wie der heilige Josef sie beschützen wollte. Aber ich wollte nicht auf einer Baustelle malochen und vom heiligen Josef beschützt werden. Ich wollte weg aus der Welt meines Vaters, der erschöpft in seinen staubigen, dreckigen Klamotten nach Hause kam und den mageren Lohn für seine Plackerei in bar hingeblättert bekam. Sorgfältig steckte er die wenigen Scheine in die abgewetzte schwarze Brieftasche. Ich wollte nur eins, weg aus diesem Leben.

Mein Vater begann nach einer Jugend in russischer Kriegsgefangenschaft, die ihn für sein Leben traumatisierte, als einfacher Handlanger der untersten Stufe auf der Baustelle.

Als junger Mann wollte ich aus diesem Leben, das das beste war, das meine Eltern mir ermöglichen konnten, ausbrechen. Dabei ging es mir vor allem um einen Punkt. Ich wollte im Gegensatz zu meinen Eltern nicht ein Leben führen, in dem ich ständig Angst haben musste vor Armut und Arbeitslosigkeit. Ich wollte kein Leben, in dem jeder Pfennig umgedreht werden musste aus Angst, dass das Geld wieder nicht einmal für das Allernötigste reichen könnte, damit meine Mutter sich endlich eine neue Schürze kaufen und ihre Eintöpfe kochen konnte.

Ich habe mein Ziel erreicht. Ich habe gute Jobs bekommen und wollte mich auf eine sicher nicht sonderlich geschickte Weise bei meinen Eltern bedanken. Ich wollte sie zu mir holen, immer wieder, ihnen zeigen, dass es mir gut ging in dem aus ihrer Sicht so unendlich weit entfernten Italien, einem Land, dessen Sprache sie nicht verstanden und dessen Küche sie nicht mochten. Meine Eltern, vor allem mein Vater, hatten Angst vor meiner Welt. Es war nicht seine Welt, seine Welt war die des heiligen Josef, die Welt der Männer, die grobe, raue Hände hatten, die schwere Balken wuchteten und am Ende des Tages die Freude erlebten, ein Haus zu sehen, das sie selber gebaut hatten.

Aber mit fremden Ländern wollten sie nichts zu tun haben. Mafiaorte nannte mein Vater verächtlich die Pizza. Er konnte nie verstehen, wie Italien mein Zuhause hatte werden können. Es gehört zu den Enttäuschungen meines Vaters, dass er mich nicht in seine Welt holen konnte, dass er mich nicht von ihr begeistern, mir nicht einmal die Anerkennung ihrer Würde abringen konnte. Für mich war das alles eine Plackerei, der ich so schnell wie möglich entfliehen wollte. Mein Vater hatte immer in der Welt eines Arbeiters gelebt.

Und nach dem Rückflug von Straßburg in der Maschine des Papstes wurde mir klar, warum es mich so aufbrachte, dass ein Papst sich an den heiligen Josef wandte. Hatte dieser heilige Josef, sofern es überhaupt einen Himmel voller Heiliger gab, meinem Vater geholfen, Fürsprache für ihn eingelegt, sich um ihn gekümmert, weit mehr, als ich das getan hatte, sein Sohn? Warum warf mich die Frage so aus der Bahn? Wenn ich nicht daran glaubte, dass es einen himmlischen Fürsprecher geben konnte, warum machte es mich dann so wütend, daran zu denken, dass ein heiliger Josef möglicherweise meinen Vater geschützt hatte, ohne dass ich es kapiert hatte. Warum also ärgerte mich diese Annahme so, dass dieser heilige Josef sich möglicherweise um meinen Vater gekümmert hatte? Was mich so erschütterte war, dass Papst Franziskus mit einem Bekenntnis zum heiligen Josef in mein Leben eingriff, mich zwang, mir eine Frage zu stellen. Hatte mir der heilige Josef nicht einen unglaublichen Gefallen getan, und ich hatte nicht den Mut, das einfach einzugestehen? Bevor Papst Franziskus mir sagte, dass er vom heiligen Josef immer alles bekommen hatte, scheute ich den Gedanken, dass ein seit zwei Jahrtausenden verstorbener Mensch, wenn er überhaupt je existiert hatte, bei Gott eine konkrete Änderung in meinem Leben bewirkt haben könnte. Du wirst verrückt, dachte ich. Du hast viel zu lange viel zu viel Kontakt mit dem Vatikan gehabt und zu viel Zeit mit Gedanken an Heilige verbracht, jetzt schnappst du über. Du darfst diesen Gedanken, dass das, was damals passiert ist, etwas anderes war als ein Zufall, nicht denken. An Fürsprache zu glauben, ist verrückt.

Aber dieser Papst Franziskus ist zweifellos nicht verrückt. Er ist im Gegenteil weit konkreter und unmittelbarer ein Kämpfer für die Gerechtigkeit auf dieser Welt als viele andere Oberhäupter von Religionen oder Organisationen und dabei weit überzeugender. Musste ich nicht zumindest die Möglichkeit zulassen, dass ich etwas absolut Außergewöhnliches erlebt hatte, die Folgen einer Fürsprache im Himmel, um einem einfachen Arbeiter, der unter dem Schutz des heiligen Josef stand, das größte Glück zu bescheren, das nur der Himmel bieten konnte? Ich weiß es nicht, aber ich glaube, dass es jetzt an der Zeit ist, diese Geschichte zu erzählen. Allerdings muss ich ein wenig ausholen.

Zufall?

Angefangen hat es nicht in einer Kirche, sondern in einer kleinen Bankfiliale. Es war eines dieser ordentlichen deutschen Büros mit Glastrennwänden und modernen Möbeln, großem Computer-Bildschirm und einer modernen Telefonanlage. Ich hatte nichts weiter zu tun, als für meinen betagten Vater eine neue Geldkarte in der Bank abzuholen, als mich der Bankangestellte plötzlich mit einem mitleidigen Blick ansah und sagte: »Na ja, für Ihren Vater ist es sicher auch nicht leicht mit der kleinen Rente, aber Ihre Familie ist es ja gewöhnt, mit sehr wenig auszukommen.«

Ich stutzte zunächst deshalb, weil mein Vater von sich selber niemals gesagt hätte, dass er von einer kleinen Rente leben musste. Er empfand sich am Abend seines Lebens als vollkommen ausreichend versorgt. Unbestritten bekam er eine kleine Rente, aber sie reichte für alles das, was mein Vater als ein komfortables Leben empfand. Er brauchte frisches Brot, irgendeine Form von Dauerwurst, Bier, Schnaps und ein bisschen Schokolade. Das 50er-Jahre-Haus, das mein Vater selber gebaut hatte, so gut es ging, genügte ihm vollkommen. Ich selbst wäre nie auf die Idee gekommen von meinem Vater als einem armen Mann zu sprechen, aber die Worte des Bankers machten mich nachdenklich, und ich frage mich zum ersten Mal: War das immer so gewesen? War meine Familie, die Englischs aus der Gerhart-Hauptmann-Straße in Werl, immer arm gewesen? Hatte ich die mitleidigen Blicke als Kind nur nicht bemerkt, hatte ich gar nicht verstanden, dass Nachbarn, Freunde, Verwandte uns als die arme Unterschichtfamilie sahen, hatte ich gar nicht mitbekommen, dass meine Kindheit durch Armut geprägt war?

Ich hatte es nicht so empfunden, obwohl es klare Anzeichen

gegeben hatte. Wir besaßen als einzige Familie, die ich kannte, nie ein Auto. Den Opel Kadett und VW-Käfern, die durch unsere Straße fuhren, sahen wir mit Neid nach. Mein Vater verdiente sein Geld als Arbeiter am Bauhof der Stadt. Er reparierte kaputte Zäune im Kurpark und zerschmetterte Tische in Schulen. Jeden Tag fuhr er mit dem Fahrrad zur Arbeit, meine Mutter fuhr mit dem Fahrrad zum Einkaufen, ich und meine Schwester fuhren mit dem Fahrrad in die Schule. Irgendetwas, das Benzin brauchte, haben meine Eltern nie besessen.

Den zweiten Luxusartikel, den sich meine Eltern nicht leisten wollten, war ein Telefon. Ich kann mich gut daran erinnern, dass ein Junge aus meiner Klasse mir seine Telefonnummer gab und nach meiner fragte. Ich war sprachlos und suchte fieberhaft nach einer Lösung, ohne zugeben zu müssen, dass wir kein Telefon hatten. Ich kam dann auf die dümmste aller Ausreden, dass ich die Nummer vergessen hätte, was völlig unglaubwürdig war, weil damals in meiner Heimatstadt Werl die Telefonnummern aus nur vier Ziffern bestanden, was es extrem unwahrscheinlich machte, dass ich die Zahlenfolge vergessen könnte. Der Junge kapierte natürlich, dass ich mich schämte zuzugeben, dass wir gar keinen Telefonanschluss hatten. Meine Eltern empfanden ein Telefon als überflüssig; schließlich konnte man sich Briefe schreiben oder mit dem Fahrrad jemanden besuchen fahren, wenn man mit ihm sprechen wollte.

Der nächste Luxusartikel, den wir uns vorenthielten, war ein Farbfernsehgerät. Wir hatten einen Schwarz-Weiß-Fernseher, und mein Vater konnte nicht begreifen, wieso man sich ein teures Farbfernsehgerät kaufen sollte, das sogar den extremen Luxus einer Fernbedienung hatte, wenn man schließlich auch auf einem Schwarzw-Weiß-Gerät eine Menge sah.

Während meinem Vater die Tatsache, dass wir von dem fortschreitenden Reichtum der aufstrebenden Bundesrepublik ausgeschlossen waren, egal war, litt meine Mutter darunter. Sie hatte bis zu ihrem Tod das Gefühl, vom Leben betrogen worden zu sein. Sie sprach offen mit mir darüber, dass sie eigentlich von ihrem Ehemann enttäuscht war. Sie erzählte mir, dass in der Zeit nach dem Zweiten Weltkrieg ein akuter Männermangel geherrscht hatte und dass sie keinen anderen, gesellschaftlich höher angesiedelten Partner gefunden hatte.

In ihrem tiefsten Innern sehnte sich meine Mutter danach, so etwas wie eine Prinzessin zu sein. Das hatte natürlich damit zu tun, dass ihr Alltag der einer hart arbeitenden Frau aus der Unterschicht war. Sie musste das raue Leben meines Vaters teilen, dessen Freunde und Bekannte aus der Arbeiterschicht kamen. Diese Männer hatten kein Interesse an Manieren, ihre Feste waren so rau wie sie selber. Von ihren Frauen verlangten sie, dass pünktlich ein angemessenes Mittagessen auf dem Tisch zu stehen hatte. Dass von meiner Mutter verlangt wurde, ausschließlich einfache und sehr deftige Speisen zuzubereiten, verletzte sie. Meine Mutter versuchte alles, um Tag für Tag die Lebenssituation zu verbessern und gesellschaftlich ein klein wenig aufzusteigen. Aber ihre Träume endeten nicht bei einer schöneren Tischdecke oder einem neuen Kleid. Ihre Träume waren viel radikaler, in ihren Träumen war sie eine Prinzessin.

Natürlich hatte das auch damit zu tun, dass der Klassiker über Kaiserin Sisi mit Romy Schneider in der Titelrolle einen tiefen Eindruck auf sie gemacht hatte. In ihrer kargen Welt war es nicht einfach, eine Spur ihrer Träume zu erahnen. Es gab ganz wenige Anzeichen, in denen sich ihr Wunsch, für ein paar Augenblicke eine Prinzessin zu sein, ausdrückte. Eines war das Wasser. Bei den äußerst seltenen Restaurantbesuchen, die es eigentlich nur zu Beerdigungen und Hochzeiten gab und die auf keinen Fall öfter als einmal im Jahr stattfanden, bestellte meine Mutter stets stilles Wasser. Für stilles Wasser ohne Kohlensäure, das man einfach aus dem Wasserhahn in der Küche hätte zapfen können, Geld auszugeben, schien meiner Mutter ein geradezu unfassbarer Luxus. Das Gleiche galt für Fisch. Das Angebot von Fisch in Werl war in meiner Kindheit eigentlich so gut wie nicht existent. Es gab Bücklinge, fette geräucherte Heringe, am Freitag, weil der katholische Christ am Freitag natürlich kein Fleisch aß. Einen anderen Fisch hat meine Mutter nie gesehen, sieht man von den viel späteren tiefgefrorenen Fischstäbchen ab. Da es ihr unmöglich war, auf einen der größeren Märkte oder in einen Supermarkt zu gelangen, den es in Werl nicht gab, mussten wir also ohne Fisch auskommen. Deshalb bestellte meine Mutter, wenn sie das seltene Glück hatte, etwa beim siebzigsten Geburtstag ihrer Mutter, in ein Restaurant eingeladen zu werden, konsequent Fisch. In ihrer Gedankenwelt gab es die »feinen Leute«, die schon sehr nahe dem Stand der Prinzessin waren und sich weigerten, gnadenlos durchgebratene Koteletts mit Unmengen Salzkartoffeln in einer fettigen Bratensoße sich auf die Teller schaufeln zu lassen; diese feinen Leute aßen fein filetierten Fisch. Dabei war es meiner Mutter egal, welcher Fisch serviert wurde. In einer Forelle steckte ihrer Ansicht nach ähnlich viel Eleganz wie in Seezungen oder Scampi.

Zu dem absoluten Luxus, den wir uns natürlich nicht leisten konnten, gehörten vor allem Reisen. Die Welt bestand für unsere Familie aus dem Teil, den wir mit dem Fahrrad erstrampeln konnten. Das bedeutete, dass die nächstgrößere Stadt, das knapp 17 Kilometer entfernte Hamm, weit außerhalb unserer Familien-Reichweite lag. Heute frage ich mich oft, wieso ich mich in Soest, der schönen Nachbarstadt meiner wenig ansehnlichen Heimatstadt, so wenig auskenne. Der Grund ist einfach, die Entfernung nach Soest, etwa 19 Kilometer, war zu weit für unsere Familie. Wir hätten natürlich mit dem Bus oder Zug dorthin zu einer der Attraktionen, wie der Kirmes, fahren können, aber dort hätten wir dann Geld ausgeben müssen, was nicht da war. Also blieben wir in Werl. Außer unserer Stadt kannten wir eigentlich nur noch die Dörfer ringsherum, Büderich, Westönnen und Osttönnen. Das war's. Wenn meine Mutter sich einmal im Jahr etwas gönnen wollte, nahm sie mich und meine Schwester mit, um mit dem Bus nach Hamm zu fahren. Hamm war für mich der Inbegriff der Großstadt, denn dort gab es ein richtiges Kaufhaus. Ich kann mich nicht daran erinnern, dass meine Mutter mir in Hamm je etwas gekauft hat. Ich hätte sie auch gar nicht darum gebeten; ich wusste, dass wir uns das nicht leisten konnten. Ich war dennoch alles andere als unzufrieden, im Gegenteil überglücklich, denn für meinen Blickwinkel bedeutete, durch die Spielwarenabteilung des Kaufhauses zu gehen, so etwas wie einen Ausflug ins Paradies zu machen.

Doch meine Mutter gönnte sich an diesem einen Tag im Jahr ein paar Stunden in ihrem Prinzessinnenreich. Sie kaufte zwar fast nie etwas ein, ging mit uns aber jedes Mal in das Kaufhausrestaurant, dessen Namen der Inbegriff des totalen Luxus meiner Kindheit war, es hieß Kupferspieß. Dort setzte sich meine Mutter an den gedeckten Tisch und bestellte stilles Wasser und aß Fisch.

Weitere Reisen unternahmen wir nie, es sei denn, es ließ sich nicht vermeiden wie zum 70. Geburtstag meiner Großmutter. Da fast die komplette Familie in Oldenburg lebte, gingen wir mit dem Gepäck zu Fuß zum Bahnhof, was etwa eine Stunde dauerte, da mein Vater stark schwitzend einen schweren Koffer schleppen musste. Er weigerte sich, den Koffer auf das Fahrrad zu laden, weil er es nicht, selbst doppelt abgeschlossen, am Bahnhof stehen lassen wollte, da es seiner Ansicht nach dort gestohlen werden könnte. Ein Taxi hätten sich meine Leute niemals geleistet, also gingen wir zu Fuß und schleppten unser Gepäck. Nach mehrmaligem Umsteigen brachte uns der Zug nach Oldenburg, wo ich mich über den sandigen Boden im Garten wunderte, der ganz anders war als bei uns. Weiter als nach Oldenburg kam ich in meiner Kindheit nie.

Ich kann nachvollziehen, dass junge Menschen sich eine solche Jugend nicht mehr vorstellen können. Ich weiß, dass heute für junge Menschen ein USA-Urlaub oder ein verlängertes Wochenende auf Mallorca ebenso normal ist, wie es hunderttausenden jungen Menschen möglich ist, zu einem Weltjugendtag bis nach Rio de Janeiro zu reisen. Für mich war das unvorstellbar. Als ich nach der weitesten Reise meines Lebens mit dem Zug in Rom aus dem Waggon stieg, hatte ich das Gefühl, eine andere Welt betreten zu haben, unvorstellbar weit weg von meiner Heimatstadt.

Für meine Familie bedeutete also Reisen einen unerreichbaren Luxus. Für meine Mutter gab es Schilderungen über das Ausland nur aus einer Quelle, aus den Berichten von zurückgekehrten Soldaten in der Familie. So schrecklich es auch ist, aber die Menschen der Arbeiterklasse aus der Generation meiner Großväter hatten nur zweimal in ihrem Leben eine Chance, ins Ausland zu kommen und fremde Städte und Länder zu sehen, im Ersten und im Zweiten Weltkrieg. Meine Mutter liebte Auslandsschilderungen, sie brannte darauf, Geschichten von Prinzessinnen zu hören, die zur Kur nach Meran fuhren und dort ihre perfekte weiße Haut pflegten. Was sie stattdessen bei Familienfeiern zu hören bekam, waren entsetzliche Geschichten ihres Vaters Joseph Hirmke, der sich im Ersten Weltkrieg von der Krim bis zurück nach Schlesien durchgeschlagen hatte. Sie wusste, dass er dabei mit der Waffe in der Hand jedes denkbare Transportmittel von der russischen Bevölkerung »beschafft« hatte, um den weiten Weg mitten im Krieg zurücklegen zu können. Die Reiseschilderungen aus der Nachbarschaft in der Arme-Leute-Siedlung in Werl waren nicht viel erbaulicher. Ein Nachbar, der sich damit rühmte, bei der SS gewesen zu sein, konnte immerhin berichten, wie es in Süditalien aussah, allerdings beschränkte sich der Großteil seiner Berichte auf seine Erlebnisse während der Schlacht in Montecassino, was meine Mutter überhaupt nicht interessierte. Sie wollte andere Italien-Geschichten hören, von elegant gekleideten Frauen, die Zitronensorbets in einem schicken Kurhaus in der Sonne kosteten. Im Grunde wartete sie ihr Leben lang darauf, dass ihr Mann sie einlud, sich endlich etwas zu gönnen in einer Stadt ihrer Träume, was vermutlich Meran, Wien oder Salzburg gewesen wäre. Aber solange wir Kinder im Haus waren, kam dieser Tag nie. Doch dann geschah das Unerwartete.

Meine Mutter rechnete nicht mit positiven Überraschungen, und sie tat gut daran, da die ohnehin nie eintraten. Aber als sie ein solch überraschendes Geschenk erhielt, kam es ausgerechnet von den Männern in dem Teil ihres Lebens, den sie am meisten hasste.

Meine Mutter war gegenüber uns Kindern und auch gegenüber meinem Vater ein ziemlich geduldiger und langmütiger Mensch. Das einzige, was sie wirklich auf die Palme brachte, war die Mitgliedschaft meines Vaters in der Feiwilligen Feuerwehr, weil bei den Treffen der Feuerwehrleute noch mehr und noch exzessiver Alkohol konsumiert wurde als ohnehin schon auf den Baustellen, auf denen mein Vater arbeitete.

Für meinen Vater war seine Aufnahme zum Feuerwehrmann der Aufstieg seines Lebens. Wenn Frank Sinatra singt, dass der, der es in New York schafft, es überall auf der Welt schafft, dann bedeutete für meinen Vater die Mitgliedschaft in der Feuerwehr seinen Durchbruch in seinem New York, dem beschaulichen Werl. Dies ist nur vor dem Hintergrund richtig zu verstehen, dass er als ausgemergelter Kriegsgefangener, unterernährt und verlaust, mit seinen Eltern und den fünf Geschwistern im westfälischen Werl angekommen war und dort einen traumatischen Empfang erlebt hatte: Die durch die Folgen des Zweiten Weltkriegs aus Schlesien vertriebenen Flüchtlinge hatten sich bei ihrer Ankunft in Werl den Beginn eines besseren Lebens vorgestellt. Stattdessen bekamen sie nur eine Art Behausung, wie sie für Gefangene gedacht waren: aus einfachen Holzbrettern gezimmerte Baracken, die von Läusen und Wanzen verseucht waren. Die Ankunft im verheißungsvollen Westen war eine bittere Enttäuschung, vor allem weil der Familie, Vater, Mutter, meinem Vater und seinem Bruder Max sowie den drei Schwestern Margarete, Edith und Hedi klargemacht wurde, dass sie alle zusammen in einem einzigen schmutzigen Raum würden hausen müssen, mit einer Außentoilette, ohne Badezimmer. Als Flüchtling in Baracken hausend bekam mein Vater auf dem Arbeitsmarkt in Werl natürlich keine Chance, weil er über keinerlei Kontakte verfügte. Ihm blieb nur ein Job auf unterstem Niveau, mein Vater wurde Pferdeknecht auf einem Bauernhof. Seine Bezahlung bestand zum größten Teil aus Lebensmitteln und wenigen Groschen der neuen Währung D-Mark. Nach einigen Jahren schaffte er den Sprung zum Handlanger, zum ungelernten Arbeiter der untersten Ebene auf der Baustelle, für ihn bedeutete das aber einen Aufstieg.

Es ist nicht sonderlich verwunderlich, dass die Familie Englisch aus den Baracken vom Rest der Werler Gesellschaft gemieden wurde. Mein Großvater war berüchtigt dafür, dass er zusammen mit seinem ältesten Sohn, meinem Vater, auf dem Gelände der ehemaligen Munitionsfabrik von Werl Holzkisten stahl, damit die Familie im Kanonenofen Brennholz hatte. Die üblichen Mechanismen zur Integration der Familie in die Gesellschaft der Stadt blieben den Englischs verwehrt; sie traten nicht dem elitären Gesangsverein bei, auch dass sie fleißig zur Kirche gingen, half ihnen nichts. Erst nach einigen Jahren kam die Rettung. Mein Vater wurde in die Freiwillige Feuerwehr aufgenommen; dies hat sein weiteres Leben nachhaltig geprägt. Er gehörte jetzt zum ersten Mal zu irgendetwas dazu.

Die Beschimpfungen meiner Mutter, wenn er betrunken von

einem Feuerwehrfest nach Hause kam, ertrug er mit Langmut. Ihre ständigen Versuche, ihn von der Feuerwehr abzubringen, ignorierte er. Für ihn war die Feuerwehr sein großer gesellschaftlicher Erfolg. Meine Mutter empfand die Feuerwehr als eine solche Bedrohung ihres Lebens, dass sie mir als Kind schon das Versprechen abnahm, nie und nimmer ein Feuerwehrmann werden zu wollen. Ich mochte daher meinen Ohren nicht trauen, als meine Mutter mich eines Tages mit der Nachricht überraschte, dass sie sich so sehr auf eine Veranstaltung der Feuerwehr freue.

»Mama«, fragte ich sie, »du gehst freiwillig zur Feuerwehr?« Sie nickte heftig und packte einen alten braunen Koffer. Sie war zum ersten Mal in die Ferien eingeladen worden. Natürlich wurde sie nicht in einen normalen Urlaub, in ein Hotel oder eine Pension gebucht. Sie sollte mit meinem Vater ein Zimmer bekommen, in etwas, das es heute nicht mehr gibt, in einem Feuerwehrerholungsheim. Das Heim lag in Bergneustadt, einem Ort, der nicht viel Exotisches zu bieten hat; die Stadt liegt östlich von Köln im Bergischen Land.

Meine Eltern kosteten den Zufall aus, dass meine Schwester irgendein Praktikum machte und ich in einem Schullandheim war, um den ersten gemeinsamen Urlaub ihres Lebens zu verbringen, denn nicht einmal für einen Kurzurlaub in den Flitterwochen hatte es 20 Jahre zuvor bei ihrer Hochzeit gereicht.

In den kommenden Jahren änderte sich in meinem Leben alles. Ich studierte in Hamburg, schloss das Studium ab, begann zu arbeiten, ging nach Rom, begann Bücher zu schreiben. Aber eines blieb gleich: der leuchtende Stern von Bergneustadt. Für meine Mutter blieben diese zehn Tage in dem Feuerwehrerholungsheim eine der wichtigsten Erinnerungen ihres Lebens. Sie erzählte von diesen Tagen wie von ihrer Zeit auf dem Thron von England. Wenn man meiner Mutter über die Tage von Bergneustadt zuhörte, bekam man den Eindruck, Grace Kelly vor sich zu haben, die von ihrem Einzug im Schloss von Monte Carlo berichtete.

Ich bekam nur bruchstückhaft mit, was ihr dort so gut gefallen hatte. Einer der wichtigsten Punkte bestand in einer simplen Tatsache: Meine Mutter hatte nach ihrer Hochzeit jahrzehntelang jeden Tag gekocht, jeden Tag den Tisch gedeckt, abgewaschen, geputzt, Betten gemacht und so weiter. Zum allerersten Mal wurde sie jetzt bedient. Ich weiß nicht genau, wie meine Eltern die Zeit in Bergneustadt verbrachten. Ich weiß aber sicher, dass es meiner Mutter gelang, sich in die Gruppe der zuvor so gehassten und bekämpften Feuerwehrleute und deren Frauen einzufügen. Sie erzählte mir davon in Begriffen, die mit ihrer Generation untergegangen sind, so die Beschreibung, dass sie das »gesellige Beisammensein« genossen habe, dass sie mit den anderen Urlaubern offenbar viel Spaß gehabt hatte. Ich habe keine Ahnung, was das gesellige Beisammensein genau war. Spielten sie Karten? Gingen sie auf die Kegelbahn, die es damals in dem Haus gab? Machten sie Ausflüge? Ich weiß es nicht. Ich nehme an, dass sie viel wanderten. Meine Eltern gingen damals gern im Wald spazieren, in Bergneustadt dürfte es sich angeboten haben.

Vielleicht war das Wichtigste aber eine Wiederannäherung meiner Eltern, die sich auf eine gewisse Weise wahrscheinlich neu verliebten, zumindest wirkte das auf mich so. Mein Vater konnte einen erstaunlichen Triumph feiern: Ausgerechnet die seit Jahrzehnten von meiner Mutter bekämpfte Mitgliedschaft in der Feuerwehr hatte sie für zehn Tage glücklich gemacht. Viele Jahre später, in einem April, starb meine Mutter, während ich meine Hand in ihre Armbeuge gelegt hatte, nach ein paar schlimmen Nächten. Für meinen Vater brach nicht nur die Welt zusammen, die ihn mit meiner Mutter verbunden hatte, sondern auch alles andere. Erst als meine Mutter gestorben war, wurde mir klar, wie sehr sie ihm die Welt erschlossen hatte. Alle, aber auch wirklich alle Bekannten, die zu uns nach Hause gekommen waren, blieben weg. Mein Vater erklärte das damit, dass alle seine Freunde und Bekannten mittlerweile gestorben waren, aber ich wusste, dass das nicht stimmte. Ich erinnere mich, dass ich genau vor unserem Haus einen alten Bekannten meines Vaters aus dem Auto steigen und zum Haus unserer Nachbarn gehen sah. Ich stoppte ihn und fragte, warum er nicht ab und zu meinen Vater besuche. Er antwortete nur: »Der Vater sieht mich immer so verrückt an.«

Mein Vater war ein Eigenbrötler geworden, depressiv, verschlossen und verbittert. Er hatte es in seinem Leben selten geschafft, Verbindungen zu anderen Menschen zu knüpfen, jetzt im hohen Alter gelang es ihm gar nicht mehr. Er bewohnte unser altes Familienhaus wie eine Burg, die ihn schützte. Im Sommer stellte er sich vor das Haus und starrte stundenlang auf die Straße, was die Nachbarn befremdlich fanden. Im Winter schaute er aus dem Wohnzimmerfenster nach draußen. Ich fragte mich, worauf er eigentlich wartete. Glaubte er, dass wie durch ein Wunder meine Mutter eines Tages wieder auftauchen würde, über die Straße kommen und zu unserer Haustür spazieren würde? Glaubte er wider alle Erfahrung, dass doch einer seiner Bekannten vorbeikommen würde? Wartete er auf meine Schwester und auf mich, der ich viel zu selten kam?

Meinen Vater aufzuheitern, war keine leichte Aufgabe. Man brauchte Unmengen Geduld. Er saß stundenlang auf seinem Stuhl in der Küche und schwieg. Irgendwann, durch irgendeinen Auslöser, irgendeinen Zufall, brach es plötzlich wie ein großer Strom von Worten aus ihm heraus, und er erzählte wieder und immer wieder die traumatischen Erlebnisse, die er während des Zweiten Weltkriegs durchleben musste. Diese wenigen Jahre hatten ihn mehr geprägt als das lange Leben, das ihm danach vergönnt war. Er war 16 Jahre alt gewesen, als die Rote Armee seine Heimatstadt in Schlesien erreichte. Ich weiß nicht, warum seine Familie nicht einmal versuchte, vor der heranrückenden russischen Armee zu fliehen. Vielleicht wusste er es selber nicht. Auf die Frage, warum sie geblieben waren, sagte mein Vater immer nur: Wir wussten ja nicht, wohin. Die Rote Armee zwang meinen Vater, seine Sachen zu packen, und verfrachtete ihn zusammen mit vielen hundert anderen Gefangenen nach Russland. Er kam in ein Arbeitslager, in dem so entsetzliche Bedingungen herrschten, dass von den etwa 700 Gefangenen des Lagers bei Minsk über 500 starben; es war eher ein Vernichtungs- als ein Gefangenenlager. Manchmal, wenn ich meinem Sohn zusehe, der gerade gedankenverloren in seinem Zimmer sitzt und malt, muss ich daran denken, was das für einen Jungen, der fast noch ein Kind war, bedeuten musste, in ein Lager zu kommen, in dem täglich Verhungerte begraben werden müssen.

Mein Vater überlebte. Er überlebte durch die Großzügigkeit der Russen, vor allem einer russischen Oma und einiger russischer Offiziere, die den zu einem Skelett abgemagerten 16-jährigen Walter Englisch nicht verhungern ließen, sodass er nicht wie sein bester Freund in der Gefangenschaft an einer Bahnböschung beerdigt werden musste.

Die Geschichte dieser entsetzlichen Monate erzählte mir mein Vater viele hunderte Male, verarbeiten konnte er sie dadurch nicht. Sie blieben sein Trauma, das ihn immer wieder aufs Neue quälte. Ich konnte zuhören, aber aufheitern konnte ich den alten Mann nicht mehr.

Wie viele Autoren luden auch mich immer wieder einmal Veranstalter ein, um mein neues Buch vorzustellen. Gemessen an vielen Kollegen waren meine Lesereisen aber kurz und überschaubar. Das hatte damit zu tun, dass ich in Rom lebe. Allein schon die Kosten für die Anreise, Mietwagen und die Kosten für meine Vertretung in Rom sind so hoch, dass sich nur wenige Veranstalter das leisten wollen. Deswegen reise ich in der Regel nur zu größeren Veranstaltern in größere Städte, Köln, Essen, München, Nürnberg. Wenn es irgendwie möglich war, verband ich Lesereisen mit einem Besuch bei meinem Vater. In Zeiten, in denen es ihm besser ging, nahm ich meinen Vater zu Veranstaltungen mit. Mein Vater saß dann hinten in einer Kirche oder einem Vortragssaal und hörte zu. Nach den Veranstaltungen fuhren wir zusammen wieder nach Hause. Doch immer öfter verlor mein Vater jedes Interesse. Wenn ich nach Haus kam und ihn fragte, ob er Lust habe, mit zu einer Lesung zu kommen, winkte er ab. Mir tat das leid; statt mit mir ein bisschen durch Deutschland zu fahren und etwas anderes zu sehen, blieb er zu Hause und starrte gegen die Wand. Wenn ich von einer Lesung kam, lag er fast immer schon im Bett.

Eines Tages erhielt ich einen kurzen Plan für eine Lesereise von meinem Verlag, und was für ein Zufall! Als der Termin näher rückte, kündigte ich mich bei meinem Vater an, flog nach Deutschland und fuhr mit dem Mietwagen zu ihm. Ich erzählte ihm, dass ich ihn auf eine Lesung mitnehmen wollte, aber er schüttelte energisch den Kopf, er wollte nicht, egal, wohin es ging. Dann sagte ich ihm: »Die Lesung ist in einer kleinen Buchhandlung in Bergneustadt.«

»Wo?«, fragte er mit aufgerissenen Augen.

»Bergneustadt«, wiederholte ich.

»Dann komme ich natürlich mit«, sagte er sofort.

Als wäre plötzlich so etwas wie ein Blitz voller Energie in sein Leben gefahren, begann er mit den Vorbereitungen. Er durchsuchte seinen Notfallkoffer im Schrank, in dem er seine Unterlagen aufbewahrte. Mir brach es jedes Mal das Herz, wenn ich ihn mit diesem Kunstlederkoffer sah, vollgestopft mit seinem Pass, den Geburtsurkunden, Sparbüchern mit geringen Beträgen, Unterlagen für das Haus und anderen Dokumenten, die er für wichtig hielt. Der Koffer wurde hinter einer Schranktür so aufbewahrt, dass mein Vater ihn in wenigen Sekunden schnappen und das Haus verlassen konnte, ohne etwas Wichtiges zurückzulassen.

Aber was erwartete er, das ihn zu einer solchen Flucht hätte zwingen können? Was stellte er sich vor? Dass wieder Männer mit Gewehrkolben an die Tür hämmern könnten, dass ein weiteres Mal in seinem Leben ihm wenige Stunden gegeben sein würden, um das Land zu verlassen, weil Deutschland einen Krieg verloren hatte? Ich bin mir sicher, dass er unter einer diffusen Angst vor einer neuen Kriegskatastrophe litt, als er seinen Koffer so vorbereitete, dass er für eine plötzliche Flucht geeignet war. Meine Mutter litt unter einem ähnlichen Tick. Sie sammelte Flaschen mit hochprozentigen alkoholischen Getränken; sie stapelte den Schnaps in einen Schrank in unserem Keller, niemand durfte ihn anrühren, geschweige denn austrinken. Warum sie diese Unmengen Schnaps hortete, erklärte sie auf ihre Art und Weise plausibel: Wenn wieder ein Krieg ausbricht, kann man gegen Schnaps alles tauschen.

Mein Vater wühlte und wühlte in dem Koffer, und nach ein paar Minuten schien er endlich gefunden zu haben, was er gesucht hatte. Ich konnte nicht sehen, was es war, es schien mir ein Umschlag zu sein; er steckte ihn wie einen Schatz in seine Jackentasche. Dann zog er sich seine beste dunkelblaue Hose an, suchte seinen Stock, setzte sich den Hut auf und war bereit.

Die Fahrt nach Bergneustadt dauerte nur etwas mehr als eine Stunde, und mein Vater schwieg zunächst, als dächte er über etwas nach. Dann sagte er plötzlich, kurz bevor wir in Bergneustadt ankamen: »Es war eine LF 20.«

»Wie bitte?«, fragte ich ihn verduzt.

»Wir hatten doch kein Auto«, sagte er, als erklärte das alles.

»Aber Papa. Ich weiß, dass wir nie ein Auto hatten.«

»Was denkst du denn, Junge, wie ich mit deiner Mutter nach Bergneustadt gekommen bin? Mit der LF 20.«

»Was ist eine LF 20?«

»Junge, du weißt aber auch gar nichts. LF heißt Löschfahrzeug. Eine LF 20 ist ein Löschfahrzeug. Damals hat kein Hahn danach gekräht, ob wir damit spazieren fuhren. Heute gäbe es natürlich einen Riesenkrach, wenn du privat mit dem Feuerwehrauto herumfährst. Aber damals brachte ein Kollege, der einen Führerschein hatte, deine Mutter und mich mit der LF nach Bergneustadt.«

Mit dem roten Feuerwehrwagen fuhren meine Eltern also in die einzigen Flitterwochen ihres Lebens. Ich stellte mir meine Mutter vor, wie sie mit ihrem Kunstlederkoffer und ihrem gepunkteten Ausgehkleid unter dem Popelinmantel peinlich berührt auf die Sitzbank im Führerhaus des Feuerwehrautos stieg. Natürlich war es ihr peinlich gewesen, dass die Englischs nicht einfach mit dem eigenen Auto vor dem Feuerwehrerholungsheim vorfahren konnten. Aber die Freude auf einen Urlaub muss so groß gewesen sein, dass sie in Kauf nahm, statt wie eine Prinzessin in der eigenen Kutsche der Lächerlichkeit preisgegeben auf dem Kutschbock des Feuerwehrautos in den Urlaub zu fahren.

Als wir in Bergneustadt ankamen, hatte mein Vater keine Ahnung, wo das Haus gewesen sein konnte. Als ich ihn danach fragte, sagte er nur: »Es war auf einem Berg.« Aber damit konnte ich nichts anfangen, Berge oder besser, Hügel, gab es in Bergneustadt reichlich. Ich fragte mich in der Stadt durch, beging zunächst den Fehler, mit jüngeren Leuten zu sprechen. Die hatten von einem Feuerwehrerholungsheim in ihrer Stadt noch nie gehört. Mein Vater sah unendlich enttäuscht aus, klopfte mit dem Stock verärgert auf den Boden meines Autos. »Es war hier. Irgendwo hier, die Leute haben keine Ahnung«, schimpfte er.

Ich parkte schließlich vor einer Bäckerei, in der sich mehrere ältere Damen unterhielten. Eine vermutlich etwa 70-jährige Frau schaute mich verwundert an, als ich sie fragte, wo das Feuerwehrerholungsheim sein könnte.

»Mein Gott«, antwortete sie. »Danach hat mich seit Jahrzehnten niemand mehr gefragt. Aber ja, es gab hier mal ein Feuerwehr-erholungsheim, aber das ist vor Jahrzehnten geschlossen worden.«

»Was ist daraus geworden, wurde es abgerissen?«

»So ähnlich, es ist total umgebaut worden, heute ist es ein modernes Vier-Sterne-Hotel. Von dem alten Erholungsheim ist nichts übrig geblieben außer ein paar Wänden.«.

Sie beschrieb mir den Weg zu dem Hotel, und ich ging zurück zum Auto. Wir sind umsonst gekommen, dachte ich. Das alte Erholungsheim gibt es nicht mehr.

Ich wusste nicht, wie ich es meinem Vater beibringen sollte, dass das Erholungsheim nicht mehr existierte. Ich beschloss, einfach gar nichts zu sagen. Er würde kein Feuerwehrheim mehr finden, und mit Sicherheit war auch von dem Inneren des Gebäudes nichts übrig geblieben Aber ich dachte, dass er mit seiner Enttäuschung allein fertig werden musste, wenn wir an dem ehemaligen Erholungsheim ankamen. Ich fand den Weg rasch, wir fuhren den Hügel hinauf und standen vor dem schicken Vier-Sterne-Hotel Phönix. Es hatte nichts, aber auch gar nichts mehr von einem Feuerwehrerholungsheim.

Mein Vater stieg aus, und ich erwartete, dass ihn die Enttäuschung nach der langen Fahrt überwältigen würde; aber ich hatte mich getäuscht. Er nahm seinen Hut und den Stock und ging wortlos auf das Hotel zu. Der Eingangsbereich war nobel, es sah so aus, als würden hier elegante junge Menschen an der Bar gern Party machen. Der Eingangsbereich war leer, die Rezeption schien im Moment nicht besetzt zu sein. Nur eine junge, attraktive Kellnerin machte sich in der leeren, aber sehr großen Bar zu schaffen. Als mein Vater sie sah, steuerte er direkt auf sie zu. Sie blickte ihn interessiert an, offensichtlich erwartete sie, dass er eine Bestellung aufgeben wollte. Doch mein Vater sagte nichts. Er kramte in seiner Jacke herum, zog schließlich etwas aus der Innentasche der Jacke und knallte es auf die Theke. Es war ein alter, vergilbter Ausweis. Die junge Frau sah jetzt mit einer gewissen Panik in den Augen zu mir, schaute dann wieder auf meinen immer noch stummen Vater, der mit einer herrischen Geste auf den Ausweis zeigte. Die Kellnerin konnte das vergilbte Papier nicht entziffern. Genervt zischte mein Vater die Kellnerin an und tippte mit seinen fleischigen Fingern auf den unleserlichen Ausweis. Die junge Kellnerin hatte jetzt offensichtlich Angst. Ich konnte in ihren Augen die Angst sehen, dass mein Vater ein Irrer sein und ein Messer ziehen oder etwas anderes Verrücktes tun könnte. Sie zog sich langsam, ohne meinen Vater auch nur einen Moment lang aus den Augen zu lassen, mit entschuldigendem Blick in meine Richtung in die Küche zurück. Einen Moment lang war ich mit meinem Vater allein, der aufgebracht schmollte und polterte: »Was soll das denn?«

Wenig später stand ein verärgert aussehender Mann in elegantem Anzug vor uns, zweifellos der Hotelmanager. Ich konnte seiner Miene ansehen, dass er vorhatte, etwas zu sagen wie: »Entweder Sie verschwinden auf der Stelle oder ich rufe die Polizei.«

Als der große, junge und schicke Mann auf meinen Vater zukam, schien der überhaupt nicht eingeschüchtert, sondern tippte erneut energisch mit seinen dicken Handwerkerfingern auf den Ausweis und sagte in herrischem Ton: »Hier!«

Der Manager sah mich mit einem Blick an, der besagte: Dachte ich es mir doch, ein Irrer macht Ärger. Weil ihm das deutlich anzusehen war, erklärte ich rasch: »Mein Vater war bei Ihnen als Gast.«

»Sind Sie sicher?«, fragte der Mann skeptisch

»Ja, ich bin sicher. Er war hier als Gast, vor 35 Jahren, als das Haus noch ein Feuerwehrerholungsheim war.«

Ich stellte mich neben meinen Vater und schaute auf das vergilbte Papier; jetzt erst erkannte ich es: Es war der Ausweis, der dem Walter Englisch, von Beruf ungelernter Arbeiter, bestätigte, ein Feuerwehrmann der Freiwilligen Feuerwehr der Stadt Werl zu sein. Ich zeigte dem Manager den Ausweis; er sah ihn ohne jedes Interesse an. »Das ist alles sehr lange her, und wir haben mit der Feuerwehr nichts mehr zu tun.«

»Das ist unser Haus hier«, brummte mein Vater empört.

Die Miene des Managers verfinsterte sich zusehends. Er dachte offensichtlich daran, uns einfach hinauszuwerfen, und fragte sich nur, wie schwierig das werden würde.

»Es ist besser, Sie gehen jetzt«, sagte er schließlich.

»Nein«, brüllte mein Vater. »Noch nicht. Erst will ich ins Zimmer.«

»Welches Zimmer?«, fragte der Manager genervt.

»Unser Zimmer natürlich, was denn sonst«, schnaubte mein Vater wutentbrannt, als wäre der Manager sehr schwer von Begriff. Dann ging er einfach los; er stieß den Stock energisch auf den Boden und durchquerte die elegante Lobby, die er nicht wahrzunehmen schien; wahrscheinlich sah er das, was längst untergegangen war, ein spärlicher Empfangsraum voller Erinnerungsstücke von Feuerwehrmännern. Mein Vater ging zielstrebig den Flur hinunter und klopfte mit dem Stock plötzlich an eine Tür.

»Hier!«, sagte er. »Aufmachen!«, als befehle er einem nichtsnutzigen Adjutanten.

»Aber nur eine einzige Minute bleiben Sie da drin, und Sie fassen nichts an. Ist das klar? Danach verschwinden Sie aus meinem Haus.«

Mein Vater sagte gar nichts, sondern klopfte mit dem Stock gegen die Tür. Der Manager schloss unwillig auf, und als wir in das Zimmer gingen, war sie da. Meine Mutter.

Ich konnte sie so deutlich spüren, wie ich als Kind ihre beschützende Nähe hatte spüren können. Ich sah, dass mein Vater das Gleiche empfand. Er stand wie vom Donner gerührt in dem Raum. Was mich aber am meisten schockierte, war der Manager. Er räusperte sich, wollte gerade den Mund aufmachen, um so etwas zu sagen wie: So, jetzt reicht's, raus hier, als irgendetwas sehr Mächtiges ihm auf einmal gebot zu schweigen. Er stand regungslos da.

Ich wehrte mich in dem Moment sofort gegen diesen Gedanken. Du bist nicht verrückt, sagte ich mir. Hier ist ein leeres Zimmer und weiter nichts. Alles ist nichts weiter als ein Zufall. Es gibt keine Fürbitten vor einem Gott und keine Fügung aus dem Jenseits. Ich sagte mir das, aber ich glaubte es nicht. Was ich glaubte, war etwas ganz anderes. Ich glaubte, dass meine Mutter in diesem Zimmer auf uns gewartet hatte. Plötzlich ging mein Vater zwei Schritte, durchquerte den Raum. In diesem modernen Hotelzimmer war nichts mehr, was an den Raum vor 35 Jahren erinnerte, absolut nichts. Sie hatten meinem Vater alles nehmen können, nichts erinnerte in dem Zimmer an die untergegangene Welt des Feuerwehrerholungsheims. Moderne Sessel, ein modernes Bett, lackierte Tische standen da, alles das hatte die Accessoires der untergegangenen Welt meines Vaters ersetzt. Doch eines hatten sie ihm nicht nehmen können. Er riss das Fenster auf und schaute hinaus und schaute auf dieselben Hügel, durch die Wanderwege verliefen, auf denen er mit meiner Mutter entlangspaziert war. Und dann sah ich, wie er zu weinen begann. Sie war jetzt bei ihm, sie war jetzt zurück. Das spürte ich genau. War sie hier, um sich zu verabschieden, weil in ihren letzten Momenten nur ich bei ihr gewesen war? Wollte sie das nachholen? Oder wollte sie uns mitteilen, dass es tatsächlich einen gütigen Gott gab, der sie in seine Arme genommen hatte, dass es tatsächlich ein Leben nach dem Tod gab? Hatte meine Mutter im Jenseits sich vor diesen unerklärlichen Gott gestellt und ihn gebeten, lass mich noch einmal zu meinem Mann, an dem Ort, an dem wir uns näher waren denn je? Lass zu, dass mein Sohn ihn dorthin bringt. Er ist zu dämlich, um allein darauf zu kommen, wie sehr ich mir wünsche, dass diese beiden Männer in diesem Zimmer stehen. Hatte der heilige Josef seinem Ziehsohn, dem Sohn Gottes gesagt: Dieser Arbeiter Walter Englisch hat ein karges, hartes Arbeiterleben geführt, bis auf dieses eine Mal. Er hat nie das Leben auf der Erde genießen können. Lass ihn noch einmal mit seiner Frau dort unten zusammentreffen.

Ich wollte anfangen zu beten. Lass diesen Unfug, schrie die innere Stimme des Verstandes. Das Ganze ist ein simpler Zufall. Es hat nichts mit einem Himmel zu tun. Es gibt keine Fürsprecher. Ich betete aber trotzdem, damals, und ahnte nicht, was für eine unglaubliche Konsequenz es haben würde. Ich betete: Herr, wenn es dich gibt, dann lass mich bitte bei meinem Vater sein, wenn er mich wirklich braucht. Ich bin viel zu selten bei ihm gewesen.

Es war still im Zimmer. Ich wusste nicht, wie viele Minuten verstrichen waren. Zu meiner Überraschung schwieg der Manager immer noch und stand bewegungslos am Eingang. Mein Vater stand am Fenster und sah hinaus. Und dann geschah etwas, das mir den Schauer über den Rücken laufen ließ: Er nahm seinen Hut ab, und das machte er nur dann, wenn er wieder zu Hause war.

Gibt es Gott?

Wenn ich im Mai 2015 danach gefragt worden wäre, ob ich an die Überzeugung von Papst Franziskus glaube, dass es himmlische Fürsprecher gibt, dann hätte ich wahrscheinlich geantwortet, dass ich es nicht weiß, aber ich hätte mit Sicherheit daran gedacht, was damals in Bergneustadt passiert war. Doch die Ereignisse in diesem Mai 2015 lassen mich jeden Tag darüber nachdenken, ob ich tatsächlich Gott oder eine Spur Gottes, einen Zipfel seiner unglaublichen Allmacht erlebt habe oder ob wieder einmal ein simpler Zufall mein Leben aus den Angeln gerissen hat. Ich muss sagen, ich schaffe es heute nicht mehr zu glauben, dass es ein Zufall war. Ich bin überzeugt davon, dass ich tatsächlich eine göttliche Fürsprache erlebt habe.

Ich hatte im Frühjahr 2015 in zahlreichen Kirchengemeinden ungewöhnlich viele Vorträge gehalten. Meine Familie hatte die Nase voll davon, dass ich nie zu Hause war, und meine Frau hatte mir völlig zu Recht klargemacht, dass ich auch Verpflichtungen gegenüber meinem Sohn hatte, der sich gerade mit seiner Pubertät herumplagte. Ich hatte allerdings eine Einladung der KAB Essen in die Sankt-Norbert-Kirche angenommen und versuchte jetzt, den Aufenthalt in Deutschland so kurz wie möglich zu gestalten, um meiner Familie endlich mal unter die Arme greifen zu können. Ich fand eine Lösung: Ich konnte mit dem Flugzeug am Tag des Vortrages anreisen und am nächsten Tag mit der ersten Maschine zurückfliegen. Das hätte bedeutet, dass ich nach dem Vortrag am späten Abend zum Flughafen gefahren wäre, um dort in einer Pension zu übernachten und den ersten Flug am kommenden Tag zu nehmen. Meinen Vater hätte ich dann zwar nicht gesehen, aber ich war im Frühjahr wochenlang bei ihm gewesen. Ich dachte, dass nun endlich mal meine Familie an der Reihe sei.

Zudem wäre mir, wenn ich alles so eingerichtet hätte, dass ich meinen Vater doch hätte sehen können, trotz aller Bemühungen nur ein einziger Abend mit ihm geblieben. Ich würde kreuz und quer durch Deutschland fahren, um den Vortrag in Sankt Norbert mit dem Besuch bei meinem Vater zu verbinden, und ihn am Abend, wenn er sowieso früh ins Bett ging, zwei oder maximal drei Stunden sehen. Das lohnt sich doch nicht, dachte ich, was in meinen Ohren plausibel klang. Doch irgendetwas ließ mir keine Ruhe, und so buchte ich doch noch um. Ich würde jetzt also den Abend mit meinem verwitweten Vater verbringen, am Tag darauf den Vortrag absolvieren und dann zurückfliegen. Ich war dann zwar wieder einen Tag länger weg als unbedingt nötig, aber ich hoffte auf die Nachsicht meiner Familie.

Als ich zu Hause in Werl ankam, war mein Vater bester Dinge. Er empfing mich wie immer. Er sagte nie »Hallo« oder »Willkommen«, er sagte stets zur Begrüßung nur ein Wort, meinen Namen, mit dem ich als Kind gerufen wurde, also »Andi«, was eher eine Feststellung als ein Gruß war. Aber er hatte sein Leben lang nicht allzu viele Worte gemacht. Ich stellte meine Tasche in der Küche an dieselbe Stelle, an der ich vor Jahrzehnten meine Schultasche täglich abgestellt hatte, wenn ich nach Hause kam. Dann fragte ich meinen Vater, ob ich ihm etwas zum Abendessen machen sollte. Die Frage war überflüssig, weil er jedes Mal die gleiche Antwort gab. Er sagte nur: »Kannste ja machen, Jäger oder Zigeuner«. Er brach die Worte in der Mitte regelrecht durch und sprach sie nie ganz aus, er meinte ein Jäger- oder Zigeunerschnitzel. Ich fuhr also kurz einkaufen, stellte mich in die Küche, um ihm Schnitzel zu brutzeln. Er setzte sich zu mir in die Küche und begann das Ritual. Ein wenig war es wie Gedichte aufsagen. Mein Vater wiederholte stets die Einzelheiten seines Lebenstraumas: Als 16-Jähriger in ein russisches Gefangenenlager bei Minsk eingesperrt worden zu sein, das nur etwa ein Drittel der Häftlinge überlebt hatte. Er trank ein Bier, während die Pommes frites im Backofen langsam kross wurden, und erzählte mir noch einmal alle Etappen: die Anordnung der Russen, dass er sich als Zivilist zu stellen habe, der Kampf gegen den Hungertod im Lager und die Bestattung der Toten, schließlich die lebensgefährliche Heimkehr, die er nur überlebte, weil russische Offiziere ihm etwas zu essen zusteckten. Dass die meisten Mitgefangenen um ihn herum an Hunger und Seuchen starben, er aber überlebte, hat meinen Vater nie mehr losgelassen. Er kehrte abgezehrt, aber physisch gesund aus der Kriegsgefangenschaft nach Hause zurück, war aber verstummt. Er sprach – so erzählte mir sein Bruder – monatelang kein Wort.

Erst im hohen Alter begann er, von seinen Erlebnissen zu berichten, wie ein Mantra wiederholte er die gleichen Geschichten mit den gleichen Worten, jahrelang. Mein Part bestand ausschließlich darin zuzuhören. Als das Essen fertig war, setzte ich mich zu ihm und hörte weiter zu, während er sich Schnitzel und Pommes frites schmecken ließ. Den größten Teil der Geschichte hatte ich hunderte Male gehört, aber ab und zu erinnerte er sich an ein Detail, das ich noch nicht kannte. So tauchte eine russische Bäuerin auf, die dem ausgemergelten Walter Englisch hin und wieder etwas zu essen zusteckte. Nach allem, was ich mir aus seinen Erzählungen zusammenreimen konnte, muss sie es gewesen sein, die ihm letztendlich das Leben gerettet hat.

Wir tranken noch ein Bier zusammen, dann räumte ich die Küche auf, und er setzte sich vor den Fernseher. Als ich fertig war, gesellte ich mich zu ihm. Mit meinem Vater fernzusehen, war eine ausgesprochene Strafe, weil er den Geschichten, die im Fernsehen erzählt wurden, nicht folgen konnte und es vor allem nicht wollte. Er wechselte also ununterbrochen die Kanäle, blieb nirgendwo länger als ein paar Sekunden hängen. In Wirklichkeit sahen wir abends eine absurde Collage aus einem bunten Fernsehbrei. Das Einzige, was ihn etwas länger fesselte, waren Nachrichtensendungen. Der Grund dafür, warum er so gern Nachrichten sah, war eigentlich erschütternd: Er lauerte seit Jahrzehnten ausschließlich auf Anzeichen eines neuen Krieges. Die Nachricht, dass ein Kontingent der Bundeswehr nach Afghanistan verlegt worden war, versetzte ihn in helle Aufregung, weil er dies absurderweise als Anzeichen eines neuen Weltkriegs sah, und er kommentierte: »Jetzt geht das alles wieder los.«

Alles in allem war es ein unspektakulärer Abend, aber dennoch ungewöhnlich. Normalerweise saß ich abends nie bei meinem Vater. Wenn ich ihn länger besuchte, blieb ich stets tagsüber bei ihm, abends musste ich immer zu einem Vortrag. Im Laufe eines Jahres war ich höchstens zwei Abende mit ihm zusammen. Das bedeutet grob geschätzt, dass es eine Chance von 1 zu 180 gab, dass ich einen Abend mit ihm verbrachte. So gegen 22 Uhr beendete mein Vater plötzlich die Fernseh-Umschalt-Orgie und erklärte, er sei müde. Das tat er ebenfalls immer mit einer äußerst knappen Mitteilung. Er stand einfach auf und sagte: »Nacht!«

Er legte wie immer seine Sachen im Wohnzimmer vor der Tür zu seinem Schlafzimmer ab und legte sich hin. Ich schaltete den Fernseher wieder ein und blieb noch eine Weile vor dem Apparat sitzen. Ich erwartete, dass das eintreten würde, was fast immer eintrat. Normalerweise schlief mein Vater kurz ein, so etwa eineinhalb Stunden, um dann aufzuschrecken und nachzuschauen, ob ich noch da war. Er kam kurz ins Wohnzimmer, mahnte mich, auch ins Bett zu gehen, und legte sich dann selbst wieder hin, um bis zum Morgen durchzuschlafen. Gegen 23 Uhr hörte ich ihn auf dem Flur schlurfend näher kommen. Plötzlich stand er vor mir, und ich kann mir bis heute nicht verzeihen, dass ich nicht prompter reagiert habe. Es gab überhaupt keinen Zweifel daran, dass in der Zeit, in der er im Bett gelegen hatte, irgendetwas Dramatisches mit ihm passiert sein musste. Ich nahm das entweder nicht wahr oder wollte es vielleicht nicht wahrnehmen, weil ich nur wollte, dass mit meinem Vater alles beim Alten blieb. Er stand mit vor Entsetzen weit aufgerissenen Augen vor mir, die eine unbeschreibliche Panik erfasst zu haben schien. Er ließ sich auf das Sofa neben mir fallen und fasste nach meiner Hand.

»Was ist los?«, fragte ich. »Was hast du?«

Er sagte nichts, stand aber auf und durchwühlte das Zimmer. Offensichtlich suchte er etwas, und irgendwie beruhigte mich das, denn das war im Gegensatz zu den vor Schrecken geweiteten Augen für ihn normal. Er gönnte sich auch tagsüber gegen Mittag immer ein Nickerchen, und danach war er stets ziemlich verwirrt und suchte immer das Gleiche: den Hausschlüssel. Er durchwühlte Schubladen und Schränke. Ich wusste, was zu tun war, etwas ganz Einfaches. Ich ging zur Haustür, zog den Schlüssel ab und hielt ihn meinem Vater hin. »Hier ist der Schlüssel«, sagte ich.

Er betrachtete den Schlüssel in seiner Hand, als hätte er ihn noch nie gesehen. Er beruhigte sich aber und stapfte schließlich zurück ins Schlafzimmer. Auch das beruhigte mich, denn augenscheinlich hatte er die Orientierung nicht verloren. Bei mir zu Hause, wenn mein Vater uns besucht hatte, war es öfter vorgekommen, dass er in der ungewohnten Umgebung völlig die Orientierung verloren hatte. Ich glaube, mir war schon klar, dass irgendetwas Ungewöhnliches vorgefallen war, aber ich gestand es mir einfach nicht ein und suchte nach Hinweisen dafür, dass alles wie immer war. Die nächste Stunde blieb alles ruhig, und ich ging ebenfalls schlafen.

Als ich am nächsten Morgen aufstand, sah ich, dass er in der Nacht noch einmal auf gewesen und gestürzt sein musste. Eine Pflanze war samt Blumentopf umgefallen. Ich schaute nach meinem Vater, der unverletzt schien und ruhig, aber ungewöhnlich lange schlief.

Ich wischte den Schmutz weg und wartete darauf, dass er aufstehen würde. Gegen 12 Uhr mittags war er immer noch nicht wach. Gegen 13 Uhr kam meine Schwester, und dann stand mein Vater auch auf. Es war entsetzlich. Der Mann, der sich durch das Wohnzimmer kämpfte, das vorbereitete Frühstück vom Tisch wischte und erfolglos versuchte, sich anzuziehen, hatte mit meinem Vater nicht mehr viel zu tun. Er stammelte unverständliche Worte, die ihn aber zu quälen schienen. Er sah mich an, sagte wieder und wieder »tata, tatata« und sah mich mit Unverständnis an. Seine Unruhe hatte noch stark zugenommen. Meine Schwester beruhigte mich und erklärte, sie werde bei ihm bleiben und ihn, wenn es nicht besser würde, ins Krankenhaus bringen. Ich fuhr unterdessen in die Sankt-Norbert-Kirche, wo ein paar hundert Leute auf mich warteten.

Als ich nach der Veranstaltung nach Hause kam, war mein Vater bereits im Krankenhaus in Neheim. Ich fuhr sofort hin. Er saß noch angezogen auf seinem Bett, stammelte wieder und wieder »so, so«, während die Ärzte mir erklärten, dass er in der Nacht einen Schlaganfall erlitten haben musste. Er war sehr weit entfernt von dem Menschen, der mir am Abend zuvor die Tür geöffnet hatte. Die Ärzte ließen keinen Zweifel daran, dass der Schaden sich nicht beheben lassen würde. Den klar denkenden Walter Englisch gab es nicht mehr.

Ich saß auf dem Krankenhausflur zusammen mit meiner Schwester und versuchte, mit meiner Erschütterung fertig zu werden. Ich betete zu Gott: Gib meinem Vater noch eine Chance, lass ihn noch einmal als klar denkenden Menschen zurückkommen. Aber meine tiefe Erschütterung hatte nicht nur damit zu tun, was mit meinem Vater aus medizinischer Sicht passiert war. Es gab da noch etwas. Als würde ich von einem Paar Augen, die sich in einem dunklen Winkel verbargen, beobachtet, belauerte mich ein Gefühl, das ich nicht in meinem Kopf freilassen wollte. Aber dieses Gefühl war zu stark, sodass ich es nicht wegdrängen konnte. Dich hat jemand geschickt, das war es, was ich dachte. Etwas oder jemand hat dich geschickt, damit der alte Walter Englisch den vermutlich letzten Abend als klar denkender Mensch nicht allein verbringen musste. Irgendetwas wollte, dass er noch einmal bei klarem Verstand einen Abend verbringt, sich noch einmal bekochen lässt und mit seinem Sohn ein Bier trinkt, jemand wollte, dass in dem Augenblick, in dem er von Todesangst gepackt werden würde, wenn er den Schlaganfall erlitt, nicht allein war.

Das ist Wahnsinn, was du denkst, sagte ich mir sofort. Wer hätte wissen können, dass dein Vater an diesem Abend einen Schlaganfall erleidet? Niemand. Zumindest niemand von dieser Welt. Wer hätte es so fügen können, dass du ausgerechnet an diesem Abend zu Hause bist? Es war einfach ein Zufall, unwahrscheinlich, zugegeben eine Chance von 1 zu 180, aber durchaus möglich. Dann erst dachte ich den fatalen Gedanken, den ich nicht hatte freilassen wollen. Wer hätte etwas davon gehabt? Wer hätte gewollt, dass du da bist, an diesem wahrscheinlich letzten Abend bei klarem Verstand für deinen Vater? Die Antwort war einfach. Nur einem Menschen wäre das ohne den geringsten Zweifel sehr wichtig gewesen: meiner Mutter. Der Haken an der Sache war, dass ihr Körper, zu einem Häuflein Asche reduziert, in einer Urne auf dem Werler Stadtfriedhof ruhte und sie nach landläufiger Meinung gar nichts mehr unternehmen konnte, also auch niemanden mehr zu meinem Vater schicken konnte.

Es sei denn, es gibt Gott doch. Was dann?, fragte ich mich. War das, was Papst Franziskus sagte, dass man von Heiligen einen Gefallen erbitten kann, Aberglauben, oder war das möglich? Aber selbst wenn es ein Paradies geben sollte, und selbst wenn es meine Mutter dorthin geschafft haben sollte, konnte ich mir beim besten Willen nicht vorstellen, an welchen Heiligen sie sich gewandt hätte, um ihn darum zu bitten, bei Gott einen Gefallen zu erwirken. Meiner Mutter waren die Heiligen egal gewesen. Meine Mutter scherte sich nicht einmal sonderlich um die heilige Walburga, obwohl sie regelmäßig in unsere Pfarrkirche gegangen war, die dieser Heiligen gewidmet ist. Bei uns zu Hause gab es, anders als in der Wohnung des Papstes, keinen heiligen Josef, den man um einen Gefallen bitten konnte. Es gab überhaupt keine Heiligenfiguren. Obwohl meine Heimatstadt Werl ein Wallfahrtsort der Muttergottes ist, bedeutete meiner Mutter nicht einmal diese Heilige etwas. Ich kann mich nicht daran erinnern, ein einziges Mal mit meiner Mutter über irgendeinen Heiligen gesprochen zu haben.

Doch dann durchfuhr es mich wie ein Blitz. Meine Mutter scherte sich nicht um Heilige, bis auf einen. Meine Mutter Martha Englisch hatte nie aufhören können, sich darüber zu wundern, dass ihr rebellischer und so lange ungläubiger Sohn von diesem Karol Wojtyła so fasziniert war. Sie sah mit Stolz, dass meine Bücher über diesen Papst Johannes Paul II. in zehn Ländern Bestseller wurden, wobei sie sich nicht erklären konnte, dass ausgerechnet ein Papst ihren Sohn so verändert hatte. Ich weiß noch, wie überrascht ich war, als sie in Rom plötzlich darauf bestand, am Grab des Karol Wojtyła beten zu wollen. Ich versuchte es ihr auszureden, weil dort eine so lange Schlange von Menschen wartete und wir eigentlich keine Zeit mehr hatten, weil wir zum Flughafen mussten. Aber sie setzte sich durch, sie wollte das unbedingt. Wenn es einen Heiligen gab, der sie interessierte, dann war es Karol Wojtyła.

Plötzlich auf diesem Krankenhausflur packte mich wie ein Zauber eine Mischung aus kaltem Entsetzen und einer einzigartigen Freude. Wenn Papst Franziskus recht hatte, wäre es immerhin möglich, dass meine Mutter sich an diesen Karol Wojtyła um

Hilfe gewandt hatte. Eine ungeheuerliche Frage. Ist es vorstellbar, dass sie sich an diesen Johannes Paul II. wandte, um ihn zu bitten, bei Gott zu erwirken, dass ihr Mann die letzten Stunden seines Lebens, die er noch klar denken konnte, nicht allein sein sollte? Was ist, wenn ich die Chance bekommen sollte, diese seltsame Verbindung zu verstehen?

Zwei Männern habe ich alles zu verdanken, meinem Vater verdanke ich mein Leben und Papst Johannes Paul II. alles, was ich in meinem Leben erreicht habe, und, wenn ich ehrlich bin, auch so gut wie jeden Pfennig, den ich verdient habe. Beide Männer haben einen Moment der Todesangst erlebt. Am 13. Mai des Jahres 1981 erlebte Karol Wojtyła während des Attentats auf dem Petersplatz einen Augenblick der Todesangst. Mein Vater erlitt 34 Jahre später seine Todesangst während des Schlaganfalls genau vor mir, das war ebenfalls an einem 13. Mai. Dieser »Zufall« lässt mich nicht mehr los, weil ich mich immer wieder frage: Wollte irgendwer oder irgendetwas aus dem Jenseits mir etwas sagen?

Abrechnung

Eine unzweifelhafte Gewissheit gab es nach der Wahl von Papst Franziskus: Dass sein Verhältnis zur Vatikanbank entscheidend für sein gesamtes Pontifikat werden würde. Mit der Bank war der Kernpunkt des Anliegens von Papst Franziskus verbunden: Wie vertrug sich ein Papst, der sich der Armut und der Hilfe für die Armen verschrieben hatte, damit, dass er gleichzeitig der oberste Chef einer großen Bank war, die sehr viel Geld hortete?

Seit über tausend Jahren plagt sich das Papsttum mit der Frage herum, wie ein wohlhabender Nachfolger des heiligen Petrus sich mit der Botschaft des bitterarmen Jesus von Nazareth vereinbaren lässt. Die logische Konsequenz, dass ein reicher Papst sich eben überhaupt nicht mit dem Zimmermannssohn aus Galiläa verträgt, haben die Päpste nie gezogen. Das Neue Testament lässt keinerlei Zweifel aufkommen, dass Jesus Christus sein Leben in Armut führen wollte. Er lehnte sogar den minimalen Luxus seiner Zeit ab, nämlich Sandalen zu tragen. Er ging barfuß. Der einzige Gegenstand, den Jesus besaß und der von einem gewissen Wert gewesen sein muss, war laut dem Evangelisten Johannes sein Unterkleid. In Kapitel 19, Vers 23 heißt es: »Als die Soldaten Jesus gekreuzigt hatten, nahmen sie seine Kleider und machten vier Teile daraus, für jeden Soldaten einen Teil, dazu kam noch das Untergewand. Es war ohne Naht, von oben an in einem Stück durchgewebt. Da sagten sie zueinander: Wir wollen es nicht zerteilen, sondern darum losen, wem es gehören soll.«

Dass dieses Untergewand besonders erwähnt wird und die Soldaten es nicht einfach zerschneiden wollen, deutet darauf hin, dass es damals einen gewissen Wert besaß. Natürlich ist auch möglich, dass Johannes dieses Detail erfunden hat, damit sich das Schriftwort erfüllen kann: »Sie haben meine Kleider unter sich verteilt und um mein Gewand das Los geworfen.«

Die Warnung des Jesus von Nazareth an die Reichen ist also unübersehbar. »Da blickte Jesus sich um und sagte zu seinen Jüngern: Wie schwer werden die Reichen in das Reich Gottes kommen. Die Jünger aber erschraken über seine Worte. Da wandte sich Jesus noch einmal an sie und sagte: Kinder, wie schwer ist es, in das Reich Gottes zu kommen. Leichter geht ein Kamel durch ein Nadelöhr, als dass ein Reicher in das Reich Gottes gelangt.« (Markus, Kapitel 10, Vers 25).

Jorge Mario Bergoglio hatte nun so deutlich, dass es deutlicher nicht mehr möglich war, unterstrichen, dass das Drama der Armut ihm ganz besonders am Herzen liege – mit der Wahl des Namens Franziskus. Doch ein Papst der Armen zu sein, schien für ihn eine kaum zu bewältigende Aufgabe. Das liegt vor allem daran, dass Päpste ein sehr seltsames Verhältnis zu ihrem Besitz haben. Ein gewöhnliches Staatsoberhaupt, der Präsident eines Landes oder der Kanzler, verfügt zwar häufig über eine große Machtfülle, aber er besitzt das Land nicht, das er regiert. Die Bundeskanzlerin kann das Pergamon-Museum Berlin ebenso wenig verkaufen, weil sie gerade Geld braucht, wie der US-Präsident das Weiße Haus nicht verscherbeln kann, weil sein Staatshaushalt knapp bemessen ist. Die deutsche Bundeskanzlerin kann nicht über unbeschränkte Mittel verfügen, das Kanzleramt muss sich an sein Budget halten. Das alles gilt in der absolutistischen Monarchie der Päpste nicht. Der wichtigste Unterschied besteht darin, dass der Papst nicht nur das Oberhaupt der Kirche ist, sondern auch der Besitzer des kompletten Vatikans. Wenn er es wollte, könnte er die Sixtinische Kapelle verkaufen.

Solche Veräußerungen oder Schenkungen aus dem Besitz der Päpste hat es mehrfach gegeben. Der letzte spektakuläre Fall betraf die Papstkrone, die Tiara. Papst Paul VI. ist der letzte Papst, der mit einer Tiara gekrönt wurde, und als ihm das Ausmaß des Elends in den Armenvierteln von Rom bewusst wurde, bot er die Tiara gegen erhebliche Spenden an. Die US-Katholiken schlugen alle aus dem Feld und spendeten Millionenbeträge. Aus Dankbarkeit schenkte der Papst die letzte Tiara, die seine Diözese Mailand für ihn hatte herstellen lassen, den US-Katholiken. Sie ist zu sehen in der riesigen Marienkirche in Washington, der Kirche National Shrine of Immaculate Conception.

Zweifellos erwarteten die katholischen Gläubigen aus aller Welt, dass Papst Franziskus ein Zeichen setzen würde. Nach der Wahl eines Papstes der Armen musste die katholische Kirche sich endlich und umgehend an die eigene Nase fassen. Der Papst musste zeigen, wie er mit dem Reichtum der Kirche umgehen wollte. Und einen Skandal musste der Papst sofort angehen: Die europäische Bankenaufsicht Moneyval hielt ausgerechnet die Bank des Papstes für kriminell; sie hatte ihr in acht Punkten irreguläres Geschäftsgebaren nachgewiesen und sie offen der Geldwäsche verdächtigt. Die Empörung der Kardinäle über diesen Eklat hatte wesentlich dazu beigetragen, dass Jorge Mario Bergoglio überhaupt zum Papst gewählt worden war. Der Vatikan erlebte zum ersten Mal, dass ein tiefer Abgrund klaffte zwischen der Vorstellung eines Papstes, wie mit Geld umgegangen werden soll, und seinem Apparat. Es war so, als hätte man einen überzeugten Fahrradfahrer zum Chef einer Edel-Sportwagen-Schmiede gemacht. Dieser neue Chef stellte nicht nur infrage, was in der Sportwagen-Schmiede ablief, er stellte infrage, ob überhaupt jemand Sportwagen brauchte.

Immer wenn ich Papst Franziskus zuhörte, wie er über Geld und die Armen sprach, dann malte ich mir aus, wie er sich fühlen mochte angesichts der Aufgabe, die Bank reformieren zu müssen. Es musste für ihn in etwa so sein, als wenn ein überzeugter Vegetarier plötzlich für einen der größten Schlachthöfe Europas verantwortlich wäre. Den Vegetarier überkäme wahrscheinlich der Impuls, rasch in die Schlachthöfe zu eilen, um die gestressten Tiere zu streicheln, zu beruhigen und sie freizulassen, statt darüber nachzudenken, wie ihnen noch effizienter die Kehle durchgeschnitten werden könnte.

Aufgefallen war der Vatikan in den vergangenen Jahrzehnten vor allem dadurch, dass er an einem kolossalen, illegal herbeigeführten Bankenzusammenbruch beteiligt gewesen war, was über 1,1 Milliarden US-Dollar Ersparnisse von Anlegern vernichtet hatte. Papst Franziskus aber denkt nicht in Kategorien von hunderten Millionen Dollar, sondern in Kategorien von 50, 100 oder 200 Euro. Papst Franziskus hat mit der Art und Weise, wie im Vatikan bisher mit Geld umgegangen wurde, nichts zu tun. Um zu verstehen, wie er über Geld denkt, und darüber, wie es ausgegeben werden sollte, muss man sich an Bischof Konrad Krajewski halten.

Ich kenne Konrad Krajewski seit 1997, als er Papst Johannes Paul II. während der Reisen durch Polen begleitete. Seit 1998 lebt Krajewski in Rom, im Stadtteil Borgo Pio direkt neben dem Vatikan. Er hatte schon damals diesen etwas miesepetrigen Gesichtsausdruck, als müsste er ständig über etwas nachdenken, das ihn zutiefst betrübt. Man muss zu seiner Verteidigung sagen, dass er in Rom auch nicht viel Grund zum Lachen hatte. Konrad gehörte zu der Mannschaft, die den schwer kranken Karol Wojtyła in seinen letzten Jahren als Papst pflegen und unterstützen musste.

Das war ein Knochenjob, weil der Papst kaum mehr gehen und stehen konnte und sich zum Schluss im Bett nicht einmal mehr umdrehen konnte, sodass seine Mitarbeiter über seinen Schlaf wachen mussten. Konrad blieb auch während der Amtszeit Papst Benedikts XVI. in Rom, plante dann aber seine Rückkehr nach Polen, bis Papst Franziskus ihm am 3. August 2013 die aus Sicht des Papstes wichtigste Aufgabe übertrug: sich um die Armen zu kümmern, im Namen des Papstes, ausgestattet mit der Geldschatulle des Vatikans.

Konrad Krajewski wurde Almosenier.

Während zuvor die Kirchenmänner im Vatikan darüber nachgedacht hatten, mit welcher Bank sie fusionieren, welches Aktienpaket sie abstoßen oder welches Off-Shore-Institut sie kaufen sollten, als Basis für Spekulationsgeschäfte, regiert jetzt im Vatikan ein Papst, der darüber nachdenkt, wie viel Brot und Schinken man für 1,59 Euro je 100 Gramm im Feinkostgeschäft Castroni einkaufen kann, um die Brote dann den Obdachlosen zu geben – und wie sich das finanzieren lässt.

Papst Franziskus hat also andere Vorstellungen vom Umgang mit Geld als im Vatikan bisher üblich. Der Staat des Papstes hat wegen des Bankenzusammenbruchs vor 25 Jahren freiwillig 241 Millionen Euro Wiedergutmachung gezahlt. Jetzt regiert

Papst Franziskus den Vatikan, der mit Konrad Krajewski ausrechnet, wie viele hundert Euro sie brauchen, um die einigen Dutzend Obdachlosen rund um den Vatikan mit Brot, Käse und frischer Seife zu versorgen.

Dass Franziskus seinen Almosenier ausgerechnet in das Feinkostgeschäft an der Via Cola di Rienzo schickte, wo die wohlhabenden Römer einkaufen, und nicht in einen billigen Discounter, erklärt Konrad Krajewski folgendermaßen: »Der Papst sagt, dass diese Obdachlosen für uns wie Christus sein müssen, also behandeln wir sie fürstlich.«

Hatte Jesus doch gesagt: »Und der König wird antworten und sagen zu ihnen: Was ihr getan habt einem unter diesen meinen geringsten Brüdern, das habt ihr mir getan« (Matthäus-Evangelium, Kapitel 25, Vers 40). Aber konnte ein solcher Papst, der um Mini-Beträge rang, um die Obdachlosen zu versorgen, eine große Bank sanieren, die im Verdacht stand, hochgradig kriminell zu sein?

Papst Paul VI. hatte Beziehungen zu dem Banker Roberto Calvi unterhalten, der ein krimineller Finanzjongleur war. Die Befähigung von Bischof Marcinkus, sich um das Geld des Papstes zu kümmern, hatte damit zu tun, dass Marcinkus den Chef der Franklin-Bank und späteren Schatzminister David Kennedy kannte. Als Papst Franziskus Konrad Krajewski erklärte, dass er sich vorstellen könne, ihn mit Geldbeträgen auszustatten, um die Armut zu bekämpfen, stellte er ihn auf die Probe mit einer Frage. Er fragte ihn nicht danach, ob er Erfahrungen an der Wall Street oder – wie Ex-Bankenchef Bischof Paul Marcinkus – Kontakt zu Offshorebanken habe. Er fragte ihn: Was für ein Auto fährst du? Konrad Krajewski bestand den Test. Er fährt einen uralten asiatischen Kleinwagen. Darum ging es dem Papst: um Glaubwürdigkeit, nicht darum, ob Krajewski in der Bankenwelt mithalten konnte.

Aber wie würde ein solcher Papst jemals die Vorgänge in einer Investmentbank wie der IOR verstehen und die richtigen Leute aussuchen, um die mutmaßliche Geldwäsche in der Bank zu bekämpfen?

Die katholische Kirche hat im Laufe der Jahrhunderte ungeheure Reichtümer angesammelt, und Papst Franziskus kann es drehen, wie er will, er ist das Oberhaupt einer der reichsten Institutionen der Welt. Das Vermögen der katholischen Kirche übersteigt laut Schätzungen die Rücklagen zahlreicher Staaten. Wie schwer es Papst Franziskus fällt, sein Amt mit seinem Anspruch in Einklang zu bringen, zeigt schon die Entscheidung des Papstes, nicht in den prächtigen Apostolischen Palast einzuziehen, einen Gebäudekomplex mit immerhin etwa 1400 Räumen. Den Reichtum der Kirche einfach abschaffen kann der Papst natürlich nicht, denn der Vatikan trägt auch die Verantwortung für die Instandhaltung einer ungeheuren Menge unschätzbar wertvoller Kunstwerke.

Es ist sicher richtig, dass Jesus von Nazareth einen so protzigen Komplex wie den Vatikan nie gewollt hätte. Richtig ist aber auch, dass es ohne die Unsummen, die die Päpste ausgegeben haben, keine Sixtinische Kapelle gäbe und keinen Freskenzyklus des Raffael. Auch wenn der Papst den Vatikan nicht verkaufen könnte, so blieb doch die eine Herausforderung: die Vatikanbank und damit das Geheimnis der Macht. Selbst wenn der Papst alles andere im Vatikan, was mit dem Reichtum der Kirche verbunden war, nicht antasten wollte, so konnte er kaum glaubwürdig bleiben, wenn er nicht das alte Problem der Bank anging, die seit Jahrzehnten immer wieder in Skandale verstrickt war.

Macht

Das Geheimnis der Macht im Vatikan entdeckt niemand rasch. Es gibt keine Pressekonferenzen zu dem Thema, um das es seit Jahrhunderten geht: warum die italienischen Bischöfe und Kardinäle die Macht im Vatikan unbedingt kontrollieren wollen. In den ersten Jahren ihrer Arbeit glauben Vatikan-Beobachter, dass es bei den Machtspielen im Staat des Papstes um Theologie oder um Weltpolitik geht. Darum geht es natürlich auch. Aber den wahren Grund dafür, dass die Kardinäle Italiens so bedingungslos an der Kontrolle der Macht im Vatikan festhalten wollen, erfährt man erst nach vielen Jahren. Denn zunächst einmal muss man einen langwierigen Prozess durchlaufen und eine gewisse Vertrauensbasis in römischen Adelskreisen aufbauen. Das ist vor allem deshalb so schwierig, weil der römische Adel noch weit eingebildeter ist als andere Adelige, die natürlich auch dazu neigen, sich für etwas Besseres zu halten.

Die römischen Adeligen gehen nicht, wie nahezu alle anderen adeligen Familien Europas, auf Ritter des Mittelalters zurück, ihre Wurzeln reichen nach eigenem Selbstverständnis zum Teil bis in jene Zeit zurück, als Rom fast die komplette bekannte Welt beherrschte. Die römische Familie Massimo etwa glaubt, von Fabius Maximus Cunctator abzustammen, dem Mann, der Hannibal besiegte vor über 2200 Jahren. Noch etwas zeichnet natürlich die römischen Adeligen aus, wie die Familien Colonna oder Borghese: Sie haben mindestens einen Papst, manchmal sogar mehrere Päpste hervorgebracht. Wegen ihrer Ursprünge im antiken Rom und aufgrund der Tatsache, Päpste in ihren Stammbäumen zu haben, halten sich die römischen Adelsfamilien für die ältesten und wichtigsten Europas.

Ich wurde auf einer Terrasse eines der schönsten Paläste der Welt zum ersten Mal in das Geheimnis des Vatikans eingeweiht. In jedem Architektur-Lexikon wird dieser Palast als eines der schönsten Bauwerke in der Geschichte der Architektur geführt. Dass es dennoch ausgesprochen ungewöhnlich war, in diesen Palast zu der Adelsfamilie eingeladen zu werden, wurde mir in dem Moment klar, als die Prinzessin der Familie mich zu sich nach Hause brachte. Erst da begriff ich, dass der komplette Palast Stück für Stück verkauft worden war, angesichts der geringen Begeisterung der Adelsfamilie für normale Arbeit. Nur die ehemaligen Dienstwohnungen auf der Dachterrasse gehören noch der Familie. Dort lebt die Prinzessin.

Ich habe es ihr zu verdanken, dass sie mich in die Gesellschaft einführte, langsam und bedächtig. Irgendwann bekam ich erste Einladungen zu verschwiegenen Festen des römischen Adels. Anfangs traute man mir nicht, und ich erfuhr gar nichts; aber irgendwann saß ich neben einem älteren Herrn aus dem römischen Hochadel, der mich in das Geheimnis des Vatikans einführte, das für mich so naheliegend und so plausibel klang, dass ich mich fragte, wieso ich nicht längst selbst darauf gekommen war.

Angefangen hatte alles im Jahr 1870 mit der Erstürmung des Kirchenstaates durch die italienischen Truppen. Nach dem Fall von Rom verloren die uralten römischen Adelsfamilien ihren Monarchen. Das war natürlich nicht der italienische König, sondern der Papst, der wie ein König über den Kirchenstaat regiert hatte. Er hatte sich dabei auch der Hinrichtung von mutmaßlichen Landesverrätern mithilfe der Guillotine bis kurz vor dem Zusammenbruch seines Staates 1869 bedient. Die adeligen Familien wussten, was der Zusammenbruch des Kirchenstaates für sie bedeutete: Dass das hungrige, aufstrebende Italien die alten Familien enteignen und sie um ihre enormen Ländereien bringen wollte. So verlor die Familie Borghese große Teile der Toskana. Das junge Italien wollte die Adeligen des alten Kirchenstaates aber nicht nur enteignen, sondern ihnen auch Steuern abknöpfen auf das über viele Generationen angehäufte Vermögen der Familien. Um die enormen Reichtümer der Familien vor dem Zugriff der Steuer des neu geschaffenen Staates Italien zu schützen, gab es nur eine Möglichkeit: Das Geld musste im Vatikan versteckt werden. Lange bevor der Staat der Vatikanstadt, wie er heute existiert, durch die Lateranverträge im Jahr 1929 geschaffen wurde, sorgte Papst Leo XIII. bereits dafür, dass im Vatikan eine Bank gegründet wurde. Am 11. Februar 1887 entstand die »Kardinalskommission für fromme Zwecke«, die Papst Pius X. im Jahr 1904 in die »Kardinalskommission für Werke der Religion (Opere di Religione)« umbenannte, aus der dann 1942 unter Papst Pius XII. die heutige Vatikanbank IOR (Istituto per le Opere di Religione) hervorging.

Ich erinnere mich gut an das Gespräch und an den empörten Unterton des adeligen Gesprächspartners. »Schon mein Großvater hat uns immer gesagt, dass wir dem räuberischen italienischen Staat, der den Papst zu Unrecht einfach entmachtet hatte, kein Geld geben dürfen. Mein Urgroßvater hatte mit angesehen, wie der Kirchenstaat zerschlagen wurde, um chaotische demokratische Strukturen einzuführen, statt die von Gott gewollte Monarchie zu erhalten. Einem solchen Staat Steuern zu bezahlen, das wollte meine Familie nie. Die uns enteignet haben, werden wir durch unsere Barschaften nicht auch noch reicher machen, sagte mein Großvater immer. Bringt das ganze Geld in den Vatikan, sagt er, dort ist es sicher.«

Ich weiß, dass ich selbstverständlich nicht der Einzige bin, der im Laufe der Jahrzehnte immer mehr Hinweise darauf bekam, dass ungeheure Summen in den Kassen des Vatikans schlummern, die illegal, um sie vor den Steuerbehörden zu schützen, in den Vatikan geschafft worden waren. Das Erstaunliche dabei war, dass die betroffenen Familien keinerlei Schuldgefühle empfanden. Es war für sie eine zum Teil über ein Jahrhundert zurückreichende Tradition, der italienischen Demokratie kein Geld zu geben. Sie fühlten sich weiterhin als Untertanen des Papstes, der wie ein König den Kirchenstaat regiert hatte.

Die Päpste, die die Zerschlagung des Kirchenstaates erlebt hatten, wie Papst Pius IX., hatten sich angewidert von den italienischen Eroberern abgewandt und sich in den Vatikan zurückgezogen. Ihre adeligen Unterstützer teilten selbstverständlich die Empörung über die Absetzung des Papstes. Sie sahen überhaupt nicht ein, mit Steuern aus ihrem Vermögen diesen italienischen Staat zu unterstützen. Es war für sie nur natürlich, ja geradezu loyal gegenüber dem Papst, die Steuern zu hinterziehen und das Geld im Vatikan zu verstecken. Diese Konten mit Schwarzgeld sind das am besten gehütete Geheimnis im Vatikan. Das Geld war deswegen so sicher, weil nicht einmal die, die in Erfahrung brachten, dass es diese Konten gab, darüber sprechen konnten. Denn die Vatikanbank nutzte zum Schutz dieser Schwarzgeldkonten eine international geächtete illegale Praxis: Es ließ sich nicht nachvollziehen, woher genau das Geld der Konten im Vatikan kam und wohin es ging, das perfekte Versteck.

Ich erfuhr im Laufe der Jahrzehnte, die ich im Vatikan verbrachte, von einem Dutzend stadtbekannter Familien, dass sie Konten im Vatikan besaßen. Das herauszufinden, war nicht einmal sonderlich schwer. Viele der Adelsfamilien vermieten den einen oder anderen Palast für private Feiern, zahlen musste man die Miete für diese Paläste auf ein Konto im Vatikan. Doch obwohl ich mit absoluter Sicherheit wusste, wer in welcher Höhe etwa den italienischen Staat mit Schwarzgeldkonten betrog, konnte ich nichts mit dieser Information anfangen, denn ich konnte es nicht beweisen. Hätte ich dennoch darüber berichtet, dass die eine oder andere Familie seit Jahrzehnten ihr Geld im Vatikan versteckte, wäre ich von den Betroffenen vor Gericht mit Sicherheit in Grund und Boden geklagt worden. Denn ich hatte nichts in der Hand, um meine Behauptungen zu stützen. Solange nicht irgendein Adeliger zugab, dass er den Staat betrog mit Unterstützung des Vatikans, und freiwillig Steuern nachzahlte, was bisher noch nie eingetreten war, würde dieses System fortbestehen.

Die Tatsache, dass die Adelsfamilien von Rom und aus anderen Teilen Italiens ein Konto in der Vatikanbank haben, verheimlichen die Betroffenen nicht einmal, im Gegenteil, sie rühmen sich dieses Privilegs. Männer einer adeligen Familie, die dem Vatikan nah war, also etwa die Päpste in den Kriegen der vergangenen Jahrhunderte unterstützt hatte, dürfen den Titel »Gentiluomo di Sua Santita« tragen, also Edelmann Seiner Heiligkeit. Ein solcher Edelmann darf ein Konto in der Bank des Vatikans, der IOR, eröffnen; das bestreiten weder der Vatikan noch die Betroffenen. Natürlich gibt niemand zu, was auf diesen Konten liegt und dass sie seit Jahrzehnten zur Steuerhinterziehung oder zur Geldwäsche benutzt werden.

Zahlreiche dieser Edelmänner waren wegen Betrugs schon festgenommen worden. Die berühmtesten Fälle betrafen Angelo Balducci, einen ranghohen Funktionär der Region Lazio, der ein Konto bei der Vatikanbank besaß. Dass er ein Betrüger war, entdeckte die Staatsanwaltschaft einen Monat nach der Wahl von Papst Franziskus im Mai 2013 und beschlagnahmte 13 Millionen Euro, die Balducci beiseitegeschafft hatte; dabei soll auch das Konto im Vatikan eine Rolle gespielt haben. Papst Franziskus ließ Balducci den Titel »Edelmann Seiner Heiligkeit« aberkennen. Das Gleiche gilt für Polizeichef Francesco La Motta, der kurz darauf, am 14. Juni 2013, verhaftet wurde, weil er 10 Millionen Euro aus öffentlichen Kassen hatte verschwinden lassen. Auch dieser Edelmann Seiner Heiligkeit besaß selbstverständlich ein Konto bei der Vatikanbank.

Als Papst Johannes Paul II. im Jahr 1978 gewählt wurde, der erste nicht italienische Papst seit Papst Hadrian VI., der im Jahr 1523 in Rom gestorben war, rätselten die Besitzer der Konten im Vatikan geradezu in Panik darüber, ob der erste slawische Papst der Geschichte die Besitzer der schwarzen Konten würde auffliegen lassen. Das Gefährliche an dieser Wahl von Papst Johannes Paul II. bestand natürlich darin, dass er keinerlei eigene Interessen zu vertreten hatte. Alle früheren Päpste waren irgendwie über Verwandtschaften oder zumindest Bekanntschaften mit mehreren Besitzern der Konten im Vatikan verbunden gewesen.

Ein klassisches Beispiel ist Papst Pius XII., Eugenio Pacelli. Ich glaube, ich habe nie zuvor so hautnah erlebt, worauf das größte Geheimnis des Vatikans, die illegalen Konten, basiert, wie im Fall Pacelli. Ich bin auf Recherchereisen oft im Norden Roms unterwegs gewesen, auch in der Nähe der Heimatstadt der Adelsfamilie Pacelli, Acquapendente. Ich kann die Stadt vom Balkon meines Hauses im Norden von Rom sehen. Im Laufe der Jahre habe ich in der Umgebung von Acquapendente viele Freundschaften geschlossen, auch mit adeligen Familien. Ich habe dabei etwas Erstaunliches gelernt: In welches Schloss auch immer ich in dieser Region, dem Südrand der Toskana und dem Norden Latiums, kam, überall wimmelte es von Erinnerungsstücken an den späteren Papst Pius XII. Es fanden sich Unmengen Briefe, Fotos, Kleidungsstücke von Eugenio Pacelli. Ich entdeckte, dass es dafür einen einfachen Grund gab. Eugenio Pacelli galt als Kind als kränklich und als schwach. Deswegen schickten ihn seine Eltern auf die Schlösser der Verwandtschaft, um ihn in der gesunden Landluft aufzupäppeln zu lassen. Das bedeutete: Als Papst Pius XII. schließlich im Jahr 1939 den Thron Petri bestieg, war ihm völlig klar, dass jene Tanten und Onkel seiner Verwandtschaft des Landadels, die ihn als Kind gehegt und gepflegt hatten, ihr Vermögen in den Kassen jenes Vatikans versteckt hatten, den er jetzt beherrschte. Es liegt doch auf der Hand, dass angesichts solcher Verbindungen niemals ein Papst gegen die Besitzer der illegalen Konten vorgehen würde. Warum sollte ein Papst diese verwandtschaftlichen Verbindungen brutal zerreißen, nur um dem italienischen Staat einen Gefallen zu tun und gleichzeitig öffentlich zuzugeben, dass ein über 100 Jahre altes System von Schwarzgeldkonten im Vatikan existiert?

Doch Karol Wojtyła hatte keine Verwandten, die Konten im Vatikan besaßen. Er wäre der Erste gewesen, der das verbrecherische System hätte bekannt machen und stoppen können. Aber er tat es nicht. Es gab nämlich ein Hindernis: die Verehrung des Karol Wojtyła für Adelige. Prinz Adam Stefan Stanislaw Bonifacy Jozef Sapieha aus dem polnischen Hochadel war der Mann, dem Karol Wojtyła sein Leben verdankte, und das hat Papst Johannes Paul II. bis an sein Lebensende nicht vergessen.

Die Nazi-Truppen jagten ab 1943 in Polen systematisch Seminaristen, die Priester werden wollten, und ermordeten sie. Auch Karol Wojtyła studierte unter Lebensgefahr. Prinz Sapieha schmuggelte ihn schließlich in den erzbischöflichen Palast und ließ ihn in dem großen Empfangsraum schlafen, was ihm das Leben rettete. Sapieha war es schließlich auch, der Karol Wojtyła zum Priester weihte. Später erinnerte Papst Johannes Paul II. immer wieder daran, wie die Beerdigung von Prinz Sapieha in Polen zu einer regelrechten politischen Demonstration wurde, gegen das sozialistische System von Leuten, die den Polen ihren Katholizismus und die Frömmigkeit austreiben wollten. Karol Wojtyła hatte kein Interesse daran, die italienischen Adeligen und ihre auf die ganze Welt verteilten Freunde zu verärgern, und kümmerte sich so gut wie nie um die Bank.

Als Papst Benedikt XVI. gewählt wurde, betonte er sofort, wie unglücklich er über diese Wahl war, verglich sie mit seiner Exekution und sagte wörtlich: »Als das Fallbeil fiel.« Benedikt XVI. überließ seinem engen Freund Kardinal Tarcisio Bertone zahlreiche kirchenpolitische Entscheidungen und auch die Kontrolle der Bank. Wie kaum anders zu erwarten, änderte sich gar nichts, weil das Geflecht italienischer Interessen rund um die Bank unverändert blieb. Es gab einen weiteren Grund dafür, gar nicht erst zu versuchen, hinter dem Rücken der italienischen Kardinäle die Verbrechen in der Bank dem Papst anzuzeigen: Auch Benedikt XVI. ist ein ausgesprochener Freund des Adels. Während seiner Deutschland-Besuche ließ er den beiden befreundeten Damen des Hochadels, Alessandra Borghese und Gloria von Thurn und Taxis, Ehrenplätze reservieren. Im Jahr 2008 hatte Papst Benedikt XVI. Gloria von Thurn und Taxis den Ritterorden Gregors des Großen verliehen.

Doch dann trat Papst Benedikt XVI. zurück, und wie nicht anders zu erwarten, löste die Wahl von Jorge Mario Bergoglio unter den Besitzern der illegalen Konten eine regelrechte Panik aus. Was hatte man von einem Papst zu befürchten, der sich nach dem Symbol für Armut in der Kirche, dem heiligen Franz von Assisi, benannte? Dass Jorge Mario Bergoglio wenig Sympathien für die Menschen hegen würde, die große Mengen Geld im Vatikan versteckt hatten, galt als sehr wahrscheinlich, aber würde er sie bekämpfen? Würde dieser erste Papst vom amerikanischen Kontinent, der 266. Nachfolger des heiligen Petrus, nach Jahrhunderten des Wohlwollens für Anleger, die ihr Geld im Vatikan verstecken wollten, jetzt Schluss machen mit der lieb gewonnenen Praxis?

Einige Anzeichen sprachen dagegen, und das Wichtigste war, dass Jorge Mario Bergoglio von der Bank und ihren Verschachtelungen keinen blassen Schimmer hatte. Zudem galt Bergoglio als ein Straßenkämpfer, ein Mann der Seelsorge, der sich in Slums auskannte. Würde sich so ein Mann tatsächlich für die Verästelungen der Vatikanbank interessieren oder sie überhaupt verstehen?

Es galt, so dachten die Anleger, zunächst einmal Ruhe zu bewahren und sich auf die Verteidigungsmechanismen zu verlassen, die schon so oft funktioniert hatten. Das Kontrollgremium der Bank bestand aus einer Kommission der Kardinäle, weil die Bank einst als eine Kommission der Kardinäle vom Papst ins Leben gerufen worden war. Das bedeutete: Der Papst kontrollierte die Bank gar nicht direkt, sondern die unmittelbare Kontrolle übte eine Gruppe von Kardinälen aus. Angesichts der Macht der italienischen Kardinäle war es äußerst wahrscheinlich, dass einige oder zumindest einer der freundlich gesinnten Kardinäle in dieser Kommission sitzen würden. Und es schien äußerst unwahrscheinlich, dass ein Papst tatsächlich versuchen könnte, über die Köpfe der Kontrollkommission der Kardinäle hinweg direkten Zugriff auf die Bank zu bekommen.

Den Inhabern der Konten war die Gefahr, die von Papst Franziskus ausging, allerdings von Anfang an klar. Es gab nicht den geringsten Zweifel, dass er auf niemanden würde Rücksicht nehmen müssen. Er besaß sehr wahrscheinlich weder irgendeinen Onkel noch eine Tante, die seit mehreren Generationen Geld im Vatikan horteten. Jorge Mario Bergoglio kam einfach von sehr weit her.

Und das war wiederum ein Problem. Er kannte die über Jahrhunderte gewachsene Struktur der Vatikanbank nicht. Er verstand vermutlich nicht mal, dass die italienischen Päpste nach dem Zusammenbruch des Vatikanstaates über ein Jahrhundert lang die Adeligen und den Geldadel geradezu ermuntert hatten, dem italienischen Staat die Steuerzahlungen zu verweigern. Das alles spielte für diesen Jorge Mario Bergoglio vermutlich keine Rolle mehr. Doch obwohl diese Bedrohung durch Bergoglio zweifellos existierte, hatten sich die Besitzer der Konten immer auf den Schutz durch das engmaschige Netz der italienischen Bischöfe und Kardinäle verlassen können. Es gab eigentlich nur eine echte Gefahr, dass dieser Papst, der sich weder auf italienische Familienbande noch adelige Traditionen stützte, einen Chef in die Bank schicken würde, den sie nicht kannten, einen Mann, der nie mit dem Netz der italienischen Bischöfe zu tun gehabt hatte und der auf nichts Rücksicht nehmen musste. Aber dass dieser Fall eintreten könnte, schien extrem unwahrscheinlich.

Als äußerst beunruhigend empfanden die Besitzer der Konten allerdings, dass Jorge Mario Bergoglio in seinem Amt als Erzbischof von Buenos Aires bereits die Konten seiner Diözese hatte kritisch prüfen lassen. Würde er jetzt etwas Ähnliches im Vatikan anstellen?

Ich bekam immer wieder am Rande mit, dass die Besitzer der Konten im Vatikan nervös wurden, allein weil der neue Papst immer wieder zur Armut mahnte. Allerdings formierte sich schon wenige Tage nach der Wahl ein nicht unerheblicher Widerstand gegen den Plan einer »armen Kirche«. Viele Beschützer der Konten in der Vatikanbank unter den Bischöfen und Kardinälen lehnten den Plan einer armen Kirche ab, denn wie sollte eine arme Kirche den Armen helfen?

Ein Punkt jedoch versetzte die Kurie in Aufruhr. Im Gegensatz zu seinen Vorgängern der vergangenen Jahrzehnte, im Gegensatz zu Papst Paul VI., Johannes Paul I. und Johannes Paul II. sowie auch im Gegensatz zu Benedikt XVI. hatte Papst Franziskus einen hochriskanten Plan: Er wollte als erster Papst genau wissen, was in der Bank vor sich ging. In Rom sorgte dieser Plan unter vielen reichen Familien der Stadt für schieres Entsetzen.

Der große Unbekannte

Dass die Kollegen aus Lateinamerika mich reinlegen wollten, konnte man ihnen nicht ansehen. Ein junges Kamerateam einer großen lateinamerikanischen Senderkette mit einer attraktiven Redakteurin wollte ein Interview mit mir machen. Kurz nach der Wahl von Papst Franziskus waren meine Bücher in Lateinamerika erschienen. Der dortige Verlag sah es natürlich gern, wenn ich Fernsehinterviews gab und dadurch auch die Bücher bewarb, und ich machte das auch brav. Doch dieses Mal hatten sie mir eine Falle gestellt, und ich brauchte eine ganze Weile, bis ich das merkte. Die Anfrage des Senders klang harmlos; es sollte darum gehen, ob es Papst Franziskus gelingen konnte, die von zahllosen Skandalen erschütterte Bank zu reformieren.

Sie holten mich in ein Studio, hinter mir war die Kuppel des Petersdoms zu sehen, und vor dieser Kulisse wollten sie mich ins Messer laufen lassen. Nach ein paar Fragen, die das übliche Geplänkel bildeten, um einen Interviewpartner zu entspannen, kamen sie zur Sache. »Sagen Sie«, fragte mich die Redakteurin, »haben Sie und die anderen Kollegen, die damals vor 25 Jahren schon in Rom waren, sich nicht lächerlich gemacht mit dem Verdacht, dass es eine große geheime Operation in der Vatikanbank gegeben habe, die zu Morden und Milliardenverlusten führte und von einem großen Unbekannten gedeckt wurde?«

Ich versuchte, gelassen zu bleiben, und sagte einfach nur: »Nein, ich glaube nicht, dass wir uns lächerlich gemacht haben.«

Die Redakteurin setzte nach: »Aber müssen Sie mit dem Abstand von 25 Jahren nicht zugeben, dass es idiotisch war, von einem rätselhaften, nie aufgedeckten Komplott auszugehen, hinter dem ein sehr hoher Kirchenmann gestanden hatte?«

»Ich sagte bereits, ich glaube nicht, dass wir uns lächerlich gemacht haben«, antwortete ich.

»Das ist doch Blödsinn, was Sie sagen«, erklärte die Redakteurin jetzt mit sichtlichem Spaß daran, es mir zu zeigen. »Wir haben ein paar Tage im Vatikan gedreht und nur nette ältere Leute kennengelernt und keine Spur von finsteren Machenschaften.«

»Ich bin auch schon eine Weile länger hier als ein paar Tage«, entgegnete ich.

»Wie kamen Sie darauf, dass in den 80er- und 90er-Jahren in der Vatikanbank eine Art gigantischer Verschwörung stattfand und nie herauskam, was wirklich passiert ist?«

»Das lässt sich kaum in wenigen Sätzen erklären«, antwortete ich einsilbig.

»Wer könnte denn Ihrer Ansicht nach der große Unbekannte gewesen sein?«

Die junge Dame sah mich herablassend an, aber ihre Frage war gar nicht so dumm. Genau das hatte ich mich zwanzig Jahre lang gefragt: Wer? Wer hatte wirklich dahintergesteckt? Vor meinem inneren Auge tauchte eine ganze Armee von Frauen und Männern auf, die damals die gleiche Antwort gesucht hatten. Einige von ihnen waren mittlerweile verstorben, andere hatten Italien verlassen, waren in ihre Heimatländer zurückgekehrt. Aber all die Zeit hatte uns ein kleines Detail nicht losgelassen.

Der Bankenskandal im Vatikan war in den Jahren 1981 bis 1982 in seiner ganzen Dimension aufgedeckt worden; aber die verantwortlichen Kirchenmänner hatten weitere 16 Jahre unbehelligt und durch die vatikanische Staatsbürgerschaft vor der italienischen Justiz geschützt im Vatikan leben können, bis zum Jahr 1997. Danach waren sie einfach verschwunden. Warum? Wer hatte sie geschützt? Wer war der große Unbekannte gewesen, der diese Männer gedeckt hatte, und warum hatte er das getan?

»Wie kamen Sie denn überhaupt darauf«, fragte die junge Redakteurin weiter, »dass es eine geheime Operation gab, die möglicherweise mit dem rätselhaften Tod von Papst Johannes Paul I. zu tun hatte?«

»Es hat damals eine Reihe ungeklärter Morde gegeben«, sagte ich.

»Das weiß ich«, blaffte sie. »Aber wie kamen Sie darauf, dass es diese geheime Operation gegeben haben könnte, die nie aufgedeckt wurde?«

Ich wusste die Antwort, aber ich wusste nicht genau, wie ich es sagen sollte. Ich hatte viele Jahre lang die falsche Frage gestellt, und erst, als ich das begriff, kam ich dem Geheimnis ein kleines Stück näher.

»Wird unser neuer Papst Franziskus jetzt Klarheit schaffen in der Bank? Wird er aufdecken, was damals passiert ist, den ganzen großen Skandal?«, insistierte sie.

Ich sah den Papst aus Argentinien plötzlich vor mir, so wie er im Haus der heiligen Martha mit den leicht hängenden Schultern und dem freundlichen Blick Besucher empfing. Wie ein Mann, der als Pilger nach Rom gekommen war, nicht wie eine Majestät. Ich versuchte ihn mir vorzustellen neben den Männern, die mit diesem Skandal zu tun gehabt hatten. Paul Casimir Marcinkus, der Bankchef des Vatikans, war damals mit großen Koffern voller Geld gekommen in ein Zimmer in einem Luxushotel in der römischen Innenstadt. Er hatte sich mit zwei Schwerverbrecher zusammengesetzt und die Bündel der Geldscheine aus dem Koffer geholt.

Wie hatte mir der Großmeister der P2 Licio Gelli selbst gesagt? »Marcinkus öffnete die Koffer und verteilte die Geldbündel an uns. Wir mussten die Banderolen der Geldbündel abreißen, denn die Geldbündel waren markiert mit dem Wappen der Vatikanbank. Der Name der Bank IOR stand auf den Banderolen. Marcinkus wollte nicht, dass an den Schaltern der Banken, an denen wir das Geld einzahlen würden, die Angestellten begriffen, woher das Geld wirklich kam, dass es aus dem Vatikan kam. Deswegen musste jede Banderole abgestreift und durch eine neue, neutrale, ersetzt werden.«

Konnte ich mir Papst Franziskus vorstellen in solch einer Hotelsuite an der Seite des Bankenchefs des Vatikans? Was hätte er getan? Hätte er sich nur fassungslos in einen Sessel fallen lassen angesichts der Tatsache, dass die Bank der Kirche des Jesus von Nazareth sich wie eine gut organisierte Mafia-Bande verhielt mit geheimer Bargeldübergabe in Hotelzimmern? Wäre der Papst aus

Argentinien ausgerastet? Hätte er diese ganze Bande der Kirchen-
leute aus der Kirche gejagt?

Aber sobald ich mir Papst Franziskus vorstellte zusammen mit
diesen Gangstern, kam mir auch anderes in den Sinn. Dieser Job,
mit den großen schweren Sünden der Spekulation des Vatikans
aufzuräumen, sich der Schuld der Kirche zu stellen, war keine
Aufgabe, auf die sich ein Mann wie Jorge Mario Bergoglio freuen
würde. Denn die Kirche hatte die Grundlage der Existenz tausender Gläubiger zerstört, die ihre Ersparnisse verloren hatten.

»Also, ich frage noch einmal«, sagte die Redakteurin fordernd.
»Wird der neue Papst das jetzt alles aufdecken?«

Ich schwieg, obwohl ich die Antwort kannte. Wenn das, was
wir in den 80er- und 90er-Jahren recherchiert und vermutet hatten, wirklich stimmte, würde auch Papst Franziskus nie aufdecken, was tatsächlich passiert war, denn dann war die ganze
schmutzige Operation der Vatikanbank durch einen sehr, sehr
wichtigen Mann gedeckt worden.

»Warum schreiben Sie heute nicht darüber, wie Sie zu diesen
Mutmaßungen einer tödlichen Verschwörung gekommen sind?«,
die Redakteurin ließ sich nicht beirren. Am liebsten hätte ich ihr
die Wahrheit gesagt. Dass ich über das, was damals den Vatikan so
erschütterte, nicht schreiben konnte, weil es noch gar nicht vorbei
war, weil die Männer, die damals die Fäden eines kolossalen kriminellen Komplotts gezogen hatten, noch am Leben und in ihren
Funktionen waren.

»Sie schrieben damals, dass der große Unbekannte, der hinter dem ganzen Komplott stecke, sehr, sehr mächtig gewesen sein
muss. Wieso eigentlich?«

Das war vielleicht die alles entscheidende Frage, dachte ich,
auch damals schon. Der Bankenskandal hatte den Vatikan schwer
getroffen. Es gab Mord, Verlust von einer Milliarde Dollar, und
dann geschah das Unfassbare: gar nichts! Diese Frage stelle ich
mir seit 25 Jahren: Wie war das möglich? Warum war es nicht
zum Naheliegenden gekommen, zum großen Reinemachen, wie
in jeder anderen Organisation oder jedem anderen Land, das ein
solches Desaster erlebte. Jede Bank würde einen Chef, der leicht-
sinnig eine Milliarde Dollar mit illegalen Machenschaften verlo-

ren hatte, feuern. Nur der Vatikan nicht. Er schützte ihn. Warum? Wer hatte verhindert, dass in der Vatikanbank eine große Untersuchung der Vergehen der Betroffenen stattfand? In einer Bank, die in solch kriminelle Machenschaften verwickelt war, dass die Staatsanwaltschaft ermittelte? Wer hat durchsetzen können, dass alles unter den Teppich gekehrt wurde, und warum eigentlich? Heute wird jedes kleine Vergehen eines Pfarrers angezeigt. Damals ließ man jahrzehntelang schwere Verbrechen geschehen. Wieso?

»Also«, fragte die Redakteurin wieder. »Wieso glauben Sie und viele Ihrer Kollegen an den großen Unbekannten und vermuten sogar einen Zusammenhang mit dem Tod Papst Johannes Pauls I.? Wieso?«

Weil das eine sehr lange Geschichte ist, dachte ich, und sie ist noch nicht zu Ende.

Trügerische Sicherheit

Dass die Vergangenheit dabei war, mich einzuholen, erfuhr ich durch einen Freund. Er gehörte zu den erfahrensten Vatikan-Fachmännern überhaupt. Wir hatten vor über zwanzig Jahren zusammen eine aufwendige, jahrelange Recherche betrieben über die Journalistenkollegen, die von Agenten des Sowjetimperiums bezahlt wurden, um den Vatikan auszuspionieren. Wir hatten damals – die Mauer in Berlin stand noch – viel mehr Kollegen gefunden, die den Vatikan im Auftrag Moskaus ausspionierten, als wir erwartet hätten. Dabei halfen uns, mehr als unsere Geschicklichkeit, die großen Mengen Alkohol, die wir in die Kehlen unserer Kollegen fließen ließen, bis ihre Zunge sich so weit gelockert hatte, dass sie darüber sprachen, wer sie bezahlte, um den Papst auszuspionieren.

Mein Freund klang am Telefon alarmiert und wollte mich unbedingt sehen. Es war ein warmer Tag im Frühsommer, und ich schlug meine absolute Lieblingsbar in Rom für das Treffen vor. Sie liegt auf dem Colle Oppio, man schaut vom Hügel hinunter in das Tal des Kolosseums, und obwohl die Bar wunderschön gelegen ist, verirren sich nur sehr selten Touristen hierher. Die Mamas und ihre Kinder aus dem Stadtteil Colle Oppio haben die Bar fest in ihrer Hand.

Ich war vor ihm da, bestellte einen Kaffee und eine Cola und schaute den Müttern zu. Die meisten kannte ich vom Sehen. Ich hatte selber lange in diesem wundervollen Stadtteil gelebt, und die Frauen grüßten mich fröhlich. Wir quatschten eine Weile über alles Mögliche, wie schnell Kinder groß werden, wie sehr sich das Stadtviertel durch die Gay-Street an der Via San Giovanni in Laterano verändert hatte und dass Gott sei Dank in der interessantesten Pizzeria Roms, bei Luzzi, alles beim Alten geblieben war.

Als mein Freund kam, setzten wir uns ein bisschen abseits. Ich sah seinem angespannten Gesicht an, dass er irgendetwas mit mir besprechen wollte, das ihn sichtlich elektrisierte. Er bestellte sich einen Kaffee, und wir plauderten eine Weile über unsere Familien, dann ließ er die Katze aus dem Sack.

»Ich glaube, dass die Mafia der Besitzer der dicken Konten im Vatikan den Papst mit irgendetwas in der Hand hat, und ich wüsste zu gern, was das ist.«

Ich schaute ihn verständnislos an. »Wie kommst du darauf, sie könnten ihn in der Hand haben?«

Er schnaubte ungeduldig: »Das ist doch absolut offensichtlich.« Seine Augen funkelten abschätzig, und ich begriff, dass er eigentlich hatte sagen wollen: Wie kannst du nur eine so dumme Frage stellen?

»Also, denk doch mal nach! Da wird ein Mann zum Papst gewählt, der sich auf den Balkon des Petersdoms stellt und sich den Namen Franziskus gibt. Er will sich vor allem für die Ärmsten der Armen einsetzen. Wer, denkst du, ist der natürliche Feind eines solchen Papstes im Vatikan?«

»Alle Reichen, die mithilfe der Vatikanbank jahrzehntelang krumme Geschäfte im Staat des Papstes gemacht haben«, antwortete ich.

»Genau! Also, was müssten die eigentlich tun?«

»Keine Ahnung«, sagte ich.

»Denk doch mal nach!«, meckerte er verärgert. »Wenn du ein Schwarzgeldkonto seit den Zeiten deines Opas im Vatikan hättest, und dann kommt ein Papst, der sich vor allem für die Armen einsetzen will und pausenlos den Luxus und den Reichtum verurteilt, was würdest du dann fürchten?«

»Dass es meinen Schwarzgeldkonten im Vatikan eventuell an den Kragen gehen könnte.«

»Exakt!«, sagte er. »Du ziehst das Geld ab. Alle haben mit dem Logischsten gerechnet: Dass mit dem Amtsantritt dieses Papstes die Inhaber der Konten im Vatikan ihr Geld abziehen und woanders verstecken würden. Aber es passiert gar nichts.«

»Bist du sicher?«

»Absolut. Die Info stammt aus einer absolut sicheren Quelle. Es gibt so gut wie keine Kontenbewegungen. Das bedeutet, dass die Besitzer diesen Papst nicht fürchten, und es gibt nur einen Grund, der das erklären könnte: Sie haben ihn mit irgendetwas in der Hand, und ich glaube, wir beide wüssten gern, was das ist.«

»Wenn sie wirklich etwas gegen ihn in der Hand haben, dann wüsste ich es gern, das stimmt.«

Er stürzte sein Glas Cola hinunter; dann sagte er: »Jetzt frag schon!«

»Was soll ich fragen?«

»Mann, bist du heute begriffsstutzig, es gibt doch nur eine Frage, die auf der Hand liegt, nämlich: Und was hat das mit mir zu tun?«

»Genau«, sagte ich. »Was hat das also mit mir zu tun?«

»Du kennst Sergio Giovanni?«

»Den jungen Fürsten?«

»Sein Vater, Seine Exzellenz, will mit einem Vaticanista sprechen, einem erfahrenen deutschen Vaticanista, wie ich so höre. Es gibt keinen, der länger hier ist als du. Er meint dich, er will mit dir sprechen. Aber du kennst ja die Regeln. Sie bitten ungern jemanden, der unter ihrem Rang steht, um einen Gefallen. Du weißt doch, wie sie sind. Du solltest um ein Gespräch beim Fürsten ersuchen, er wird es dir gewähren. Das soll ich dir sagen. Deswegen bin ich hier.«

Ich hatte nie die Ehre gehabt, dem Fürsten selbst vorgestellt zu werden; ich hatte nur seinen Sohn kennengelernt. Der Sohn des Fürsten hatte offensichtlich die Nase voll davon, in seinem Leben nur Geld auszugeben. Er hatte eine eigene Catering-Firma für Superreiche aufgebaut. Er wollte, dass ich darüber berichtete, was ich auch mit Vergnügen tat. Wir hatten beide etwas davon. Ich sorgte dafür, dass betuchte Deutsche erfuhren, dass man einige der Paläste der fürstlichen Familie für rauschende Feste mit Luxus-Catering mieten konnte. Er gewährte mir dafür einen Einblick in das Leben eines jungen Fürsten, der gegen den Wunsch der Familie auf einmal zu arbeiten beginnt. Er schilderte mir mehrfach den Dauerstreit mit seinem Vater, der allein die Tatsache, dass sein Sohn wie ein gewöhnlicher Geschäftsmann Geld verdiente, abstoßend fand und die Vorstellung, dass ein Sprössling seiner Familie arbeitete, verabscheute. Seiner Ansicht nach ziemte es sich für einen Adeligen nicht, zu arbeiten. Dass der Fürst mich jetzt sprechen wollte, obwohl er wusste, dass ich mich mit seinem rebellischen Sohn angefreundet hatte, konnte ich mir beim besten Willen nicht erklären.

»Was wollen die von mir?«, fragte ich.

»Das weiß ich doch nicht.«

»Und warum sollte ich dann da hingehen?«

»Verstehst du nicht? Es ist unsere einzige Chance, herauszufinden, was sie gegen ihn in der Hand haben.«

»Und warum sollte der Fürst mir das sagen?«

»Er will etwas von dir, sonst ließe er dich nicht rufen. Zeig dein Geschick!«

Adelige Kunden

Wie abgesprochen, ersuchte ich also um eine Audienz beim Fürsten. Die Einladung in den Palast der Familie am Stadtrand von Rom kam wenige Tage später. Eine dunkle Limousine mit dem Wappen der fürstlichen Familie rollte an unserem Mietshaus vor, ein Mann in einem schwarzen Anzug brachte eine handgeschriebene Einladung bis zu unserer Wohnungstür in den dritten Stock. Die alles andere als verschwiegene, ziemlich beleibte Römerin, die in der kleinen Glas-Portiersbox unten im Eingang saß, sorgte dafür, dass jeder, aber auch jeder in unserem Haus erfuhr, dass ich eine fürstliche Einladung erhalten haben musste, was mir ein paar Wochen lang neidische Blicke eintrug.

Ich fuhr zu dem noblen Landsitz der Familie, einem regelrechten Schloss. Der Fürst liebte es zu jagen und mied daher den Stadtpalast der Familie. Ich parkte meinen schäbigen Wagen am Rand der Mauer, die um das Schloss verlief, und ging den Rest des Weges zu Fuß. Mit meiner alten Kiste direkt am Schloss vorzufahren, traute ich mich nicht. Zwei Bedienstete erwarteten mich im kühlen Inneren des Hauses und brachten mich eine hochherrschaftliche Treppe hinauf. Mir war durchaus klar, dass mich diese Geste beeindrucken sollte. Der Fürst empfing mich im ersten Stock, dem »piano nobile«, der in jedem Palast nur der Familie und engen Freunden vorbehalten ist. Unwichtige Besucher empfangen Fürsten stets im Erdgeschoss.

Ich wurde in einen Raum geführt, in dem Wasser in einen aus einem antiken römischen Sarkophag gefertigten Brunnen plätscherte. Ich setzte mich in eines der enormen Stoffsofas. Nach ein paar Minuten kam der Fürst herein. Ein großer Mann, sehr schlank, fast hager. Er ähnelte einem riesigen, hungrigen Raben.

Ich überlegte, dass der Fürst wie ein klassisches Beispiel dafür wirkte, dass sehr reiche Menschen sehr häufig sehr schlank sind und vor allem arme Menschen zu Übergewicht neigen.

Er gab mir so gnädig die Hand, dass von Beginn an keinerlei Zweifel bestehen konnte, welche Ehre es für mich bedeutete, dass mir diese Audienz gewährt wurde. Er ließ sich mir gegenüber in ein Sofa fallen und schaute mich mit Interesse an. Die Situation war eindeutig. Wenn überhaupt, konnte ich ihm einen Gefallen tun; die Vorstellung, dass es mir gelingen könnte, aus ihm etwas herauszubekommen, was er nicht preisgeben wollte, gab ich gleich auf. Wir saßen wie vor einem Duell einander gegenüber, und ich fühlte mich hoffnungslos unterlegen und ohne jede Chance. Ich konnte mir beim besten Willen nicht vorstellen, was er von mir wollen könnte.

Ohne Umschweife begann der Fürst: »Was hat er vor?«

»Wer?«, fragte ich verwirrt.

»Der Papst selbstverständlich. Sie sind ein Vatikan-Kenner. Also wird Ihnen diese Frage sicher schon gestellt worden sein. Ich würde gern Ihre Antwort hören. Also noch mal: Was hat er vor?«

Sein Sohn hatte diese Marotte seines Vaters mehrmals erwähnt: Dass der nämlich eine Frage so lange wiederholte, bis er die Antwort bekam, die er hören wollte. Ein Nein akzeptierte er nicht.

Der Fürst und seine Freunde haben also keine Ahnung, was der Papst in den kommenden Monaten genau vorhat, dachte ich, während ich mir eine Antwort überlegte. Wenn ein Mann wie der Fürst, der wie seine Vorfahren im Vatikan bisher ein und aus ging, der zu den mit Auszeichnungen überhäuften Adeligen des päpstlichen Hofes zählte, jetzt, nach der Wahl des Argentiniers Bergoglio, ausgerechnet mich fragen muss, was der Papst vorhaben konnte, dann musste Papst Franziskus alle alten Verbindungen im vatikanischen Palast gekappt haben. Die römischen Adeligen hatten offenbar keinerlei Kontakt zu dem neuen Papst aufbauen können. Er zeigte ihnen die kalte Schulter. Die uralten Seilschaften im Vatikan mussten regelrecht kollabiert sein und funktionierten auf einmal nicht mehr. Ich glaube, dass mir selten so klar wurde, was für eine drastische Wandlung im Vatikan vor sich ging, wie in diesem Moment. Denn dieser ratlose Mann aus altem römischem

Adel saß vor mir und fragte mich, einen deutschen Journalisten ohne Stammbaum, griff also nach einem Strohhalm, um wenigstens ein klein bisschen über die Absichten des Papstes zu erfahren; wovon vermutlich sein Vermögen abhing und damit die komplette Zukunft seiner großen Familie. Er sah mich jetzt ungeduldig an.

»Was hat der Papst vor?«, fragte er wieder.

»Ich weiß nicht, ob ich Ihnen etwas sagen kann, das Sie nicht schon wissen. Ich fürchte, nein«, antwortete ich vorsichtig.

Zu meiner Überraschung sah mich der Fürst mit einer gewissen Genugtuung an; als hätte er unerwartet eine positive Nachricht erhalten.

»Danke, dass Sie mir Ihre Spekulationen ersparen«, sagte er.

Was, zum Henker, will er von dir?, fragte ich mich.

»Sie waren lange im Gefolge von Papst Johannes Paul II.«

»Ja«, sagte ich.

»Stimmt die Geschichte der Revolte wegen der teuren Hotelzimmer?«

Ich hätte alles Mögliche erwartet, das er mich hätte fragen können, aber dieses nicht.

Ich lachte. »Wieso wollen Sie das wissen?«

»Ich wüsste einfach gern, ob es stimmt.«

Wozu will er das wissen?, fragte ich mich. Was soll das? Vor über zwanzig Jahren hatte es eine Art Minirevolte unter den Journalisten am Hof des Papstes gegeben. Es hatte mit den explodierenden Hotelpreisen zu tun. Sobald der Vatikan bekannt gab, dass der Papst in diese oder jene Stadt reisen würde, explodierten dort die Hotelpreise. Mit der Konsequenz, dass die Journalisten, die dem Papst folgen mussten, weil das ihr Job war, ständig irrsinnig hohe Hotelpreise zu zahlen hatten. Ich erinnerte mich an einen Besuch in Pompeji bei Neapel. Dort kostete ein Hotelzimmer im Durchschnitt 50 Euro, nach der Ankündigung, dass der Papst kommen werde, gab es kein Zimmer mehr unter 500 Euro. Als Gegenmaßnahme baten die Journalisten den Vatikan, ihnen vorher bekannt zu geben, wohin der Papst fahren würde; dann konnten sie zu den üblichen Preisen ein Zimmer bekommen. Im Gegenzug versprachen wir absolutes Stillschweigen. Das klappte wunderbar.

»Ja, so ein Abkommen gab es.«

»Also, dann wissen Sie sicher, wann der Papst seine Verwandten im Piemont besuchen wird?«

»Ich weiß es nicht«, antwortete ich.

»Kommen Sie schon«, sagte er aufmunternd. »Sie wissen doch Bescheid, Sie können mir vertrauen.«

»Es ist kein Besuch geplant. Wenn ich wüsste, dass es einen Besuch geben wird, dann würde ich es Ihnen jetzt sagen, nur das Datum nicht verraten; aber es ist gar kein Besuch in absehbarer Zeit bei seinen Verwandten geplant.«

Er sah mich jetzt sehr entschlossen und ziemlich verärgert an. »Ich frage Sie noch einmal. Wann wird der Papst endlich nach Asti reisen, der Gegend, aus der sein Großvater kommt, und seine italienischen Blutsverwandten besuchen, so wie es sich gehört? Also, wann fährt er dorthin?«

»Es gibt keinen Besuch bei den Verwandten. Es ist nichts in Planung.«

Mein Gespräch mit dem Fürsten fand im Jahr 2013 statt, nicht lange nach der Wahl des Papstes. Damals war noch nicht absehbar, dass der Papst erst zwei Jahre später, im Sommer 2015, mit seinen Verwandten zusammentreffen würde. Allerdings würde er auch dann nicht in die Heimat seiner Vorfahren nach Asti reisen, sondern seine Verwandten lediglich in den bischöflichen Palast nach Turin einladen, am Ende seines Besuches in der Stadt.

Er stand plötzlich auf und ging nervös durch den Raum, dann stellte er sich mit dem Rücken zum Fenster, als müsste er über irgendetwas dringend nachdenken.

Ich zermarterte mir das Gehirn, wie ich dem aberwitzigen Ziel näher kommen könnte, etwas aus ihm herauszubekommen. Wie sollte ich das anstellen? Sollte ich ihn fragen: Sagen Sie mal, haben Sie und Ihre blaublütigen Kumpel, die ihr Geld im Vatikan versteckt haben, irgendetwas in der Hand, um Papst Franziskus unter Druck zu setzen? Hat der Papst ein paar Leichen im Keller, und Sie wissen davon?

»Wissen Sie, warum ich Sie sprechen wollte?«

»Nein«, sagte ich.

Er drehte sich um, kam zu mir und stellte sich vor mir mitten in den Raum. »Ich habe eine wichtige Frage an Sie, und ich möchte Sie um eine ehrliche Einschätzung bitten«, sagte er ernst.

»Soweit ich das kann, gern«, antwortete ich.

»Wie viel Druck hält von Freyberg aus?«

Deswegen wollte er mit einem deutschen Vaticanista sprechen. Jemand, der den noch von Papst Benedikt bestellten neuen Chef der Vatikanbank kannte.

»Ich glaube, dass Ernst von Freyberg einen guten Job und eine anständige Arbeit macht.«

»Das habe ich nicht gefragt«, sagte er. »Mir reicht der Name, um zu diesem Herrn von Freyberg Vertrauen zu haben. Er ist mit Sicherheit keiner der Spinner, die meinen, die Welt umkrempeln zu müssen. Aber der Papst?«

Jetzt hatte ich es kapiert. Er wollte mir signalisieren, dass seiner Ansicht nach die Ernennung Ernst von Freybergs vor allem eines bedeutete: keine Gefahr. Er erfüllte vor allem die wichtigste Voraussetzung, um dem Fürsten zu gefallen, er war ebenfalls ein Adeliger, also ein Mann, der sein Leben lang mit dem Respekt vor alteingesessenen Familien aufgewachsen war. Nach dem Prinzip, dass eine Krähe der anderen kein Auge aushackt, schien der Fürst darauf zu setzen, dass von Freyberg keinerlei unangenehme Überraschungen plante. Zudem schien ihm zu gefallen, dass von Freyberg ein Investmentbanker gewesen war. Geld zu haben und es im großen Stil gewinnbringend zu investieren, sah von Freyberg offensichtlich als eine Tugend an. Aber so positiv die Beurteilung von Freybergs durch den Fürsten auch ausfiel, es blieb immer noch eine Unbekannte: der Papst, der bei jeder Gelegenheit den Kapitalismus kritisierte.

»Also, wie viel Druck hält von Freyberg aus? Druck von ganz oben? Was halten Sie davon, zu ihm zu gehen und ihn direkt danach zu fragen?«

»Er ist ein erfahrener Banker, und ich denke nicht, dass er vor einem ersten Problem davonlaufen wird. Wenn es sich einrichten lässt, werde ich zu ihm gehen.«

»Hatte Papst Benedikt XVI. Vorbehalte gegen Adelige? Glauben Sie das?«

»Auf keinen Fall. Wie kommen Sie darauf? Im Gegenteil.

Sonst hätte er doch kaum einen Adeligen zum Chef der Bank gemacht.«

Die Antwort schien ihm zu gefallen.

»Es gibt etwas, das mich sehr beunruhigt«, sagte er plötzlich nachdenklich. »Ich glaube, dass mit Papst Franziskus im Vatikan eine andere Zeit anbricht. Ich weiß nur noch nicht, wie anders diese Zeit sein wird. Wissen Sie, woran ich im Vatikan die Veränderungen sehe, den neuen Kurs von Franziskus?«

»Nein.«

»Ich könnte Ihnen die Namen meiner Vorfahren aufzählen, die in der Armee oder Kriegsflotte eines Papstes in die Schlacht gezogen sind und dabei ihr Leben ließen. Glauben Sie mir, in meiner Familie sind das eine ganze Menge. Für diesen Blutzoll wurden wir von den italienischen Päpsten als Familie immer geehrt. Wissen Sie, wie der Vatikan des Papst Franziskus heute mit den Familien umgeht, die ihre Söhne auf dem Schlachtfeld im Auftrag eines Papstes haben sterben sehen? Ich werde es Ihnen sagen. Den Leuten um Papst Franziskus und Papst Franziskus selbst wäre es am liebsten, wenn es die Schlachten nie gegeben hätte. Wir sind überflüssig geworden. Wir sind ein eher peinliches Andenken an die Geschichte der Kirche. Ich glaube, dass es heute im Vatikan Kräfte gibt, die uns, die vielen alten italienischen Familien, die den Vatikan immer getragen haben, am liebsten weg hätten. Das beunruhigt mich. Deswegen danke ich Ihnen für Ihre Einschätzung zu Ernst von Freyberg.«

Er sah mich erneut streng an.

»Wissen Sie, was ich den Papst gern fragen würde?«

»Nein«, antwortete ich wahrheitsgemäß.

»Lieben Sie die Kirche? Das würde ich ihn fragen. Wissen Sie, ob ihm in der letzten Zeit jemand diese Frage gestellt hat?«

»Nein«, sagte ich.

Er sah enttäuscht aus und gab mir rasch die Hand, die Audienz war zu Ende. Er verließ, ohne sich umzudrehen, den Raum. Ein Angestellter brachte mich nach draußen. Ich fühlte mich erbärmlich. Ich hatte komplett versagt. Ich hatte gar nichts aus ihm herausbekommen. Das Treffen war ein einziger Schlag ins Wasser gewesen.

Was hat der Papst vor?

Die Tatsache, dass der Vatikan, das Hauptquartier der katholischen Kirche, in Rom liegt, hat für die Stadt viele Konsequenzen. Einige der seltsamsten Folgen dieser Tatsache, dass sich das Zentrum der Kirche um das mutmaßliche Grab Petri am Petersdom ausbreitet, sind kaum bekannt. Eine davon ist, dass man nirgendwo auf der Welt so hochkarätige Theologen mieten kann wie in Rom. Das Phänomen hängt damit zusammen, dass die Bischöfe der Diözesen der Welt ihre aussichtsreichsten Kandidaten zum Studium nach Rom schicken. An der päpstlichen Gregoriana-Universität, die den Spitznamen Bischofsschmiede trägt, werden die Top-Leute der katholischen Kirche für die ganze Welt ausgebildet. In der Regel geht alles gut, die Kandidaten kommen für ein paar Jahre nach Rom, studieren fleißig und gehen dann irgendwann in ihre Länder zurück, um eine Führungsposition wie die des Bischofs anzutreten. Aber manchmal geht alles schief: Der Kandidat verliebt sich in Rom ernsthaft, und dann ist die Hölle los.

Ich habe beides schon erlebt, sowohl, dass sich hochkarätige Theologen in Männer oder auch in Frauen verliebten, und zwar so ernsthaft, dass sie nicht mehr bereit waren, weiterhin Priester zu bleiben. Es gibt keine Statistiken darüber, aber meine Erfahrung sagt mir, dass sich etwa drei Viertel der Betroffenen in einen Mann verlieben und etwa ein Viertel in eine Frau. Weil die Bischöfe, die ihre Schützlinge nach Rom entsandt haben, natürlich furchtbar enttäuscht sind, wenn sie hören, dass der Betreffende in Rom eine Liebesbeziehung eingegangen ist und das Keuschheitsgelübde verletzte, brechen die Kontakte zu den Heimatdiözesen in der Regel schlagartig ab. Die Theologen verlieren oft auch den Kontakt zu ihren Müttern und Vätern, die es in der Regel nicht fassen können, dass ihr Sohn, der eine glänzende Karriere in der Kirche hätte machen können, wegen einer Liebesbeziehung alles hinschmeißt. Sofern der Betreffende homosexuell ist, verlässt er mit seinem Partner in der Regel früher oder später Rom. Aber die Top-Theologen, die Priester waren, ihr Keuschheitsgelübde brachen und eine Frau gefunden haben, diese heiraten und Kinder bekommen, bleiben häufig hier in der Stadt am Tiber. Sie haben nahezu alle das gleiche Problem: Sie haben fast alle über ein Jahrzehnt lang theologische Fachgebiete studiert und sind absolute Fachleute in ihrem Bereich. Mit dem, was sie wissen, beispielsweise über die Verfahrensordnung im Kirchenrecht, die philosophischen Grundlagen beim heiligen Augustinus oder die Grundlagen der Prozesse für eine Heiligsprechung, wäre ihnen innerhalb der katholischen Kirche eine glänzende Karriere sicher gewesen. Nur außerhalb der Kirche braucht dieses Wissen kein Mensch.

Viele dieser Theologen versuchen es mit Bücherschreiben. Das geht aber selten gut, weil katholische Verlage oft Bücher von gestrauchelten Theologen ablehnen und andere Verlage sich selten für theologische Fachliteratur interessieren. Fast alle diese Top-Theologen, die in Rom mit Frau und Kindern hängen bleiben, bestreiten ein hartes, wenig erfreuliches Leben. Viele müssen sich mit mehreren Jobs über Wasser halten. Sie helfen an der Kasse in katholischen Buchläden aus, arbeiten als Krankenpfleger oder versuchen eine Umschulung zum Lehrer, was ihnen am Ende der Ausbildung in Rom ein Einkommen von unter 1300 Euro monatlich einbringt. Im Grunde ist das Ganze eine unglaubliche Verschwendung von Wissen, denn die Betroffenen sind zweifellos hervorragende Wissenschaftler.

Viele zapfen aus Verzweiflung ihre alten Kollegen an, in den Hochschulen des Vatikans, in den Behörden der Kirche, in denen sie gearbeitet haben. Sie erklären ihre verzweifelte Situation den ehemaligen Mitpriestern und erbetteln sich kleine Gefälligkeiten. Viele von ihnen holen konsequent Informationen bei alten Bekannten im Vatikan ein und verkaufen sie dann an Journalisten. Es gab in Rom viele Jahre lang einen stadtbekannten Journalisten einer wichtigen Tageszeitung, der auf den Vatikan spezialisiert und ein solcher gestrauchelter Priester war, der sich in eine Frau verliebt hatte. Er war im Vatikan dafür bekannt, dass er darum bat, man möge ihm geheime Informationen zuflüstern, weil er sonst um seinen Job bei der Zeitung bangen müsse. Ich selber habe mich oft von einem dieser hochqualifizierten Expriester gegen die bescheidenen Honorare, die sie verlangen, beraten lassen. Wenn ich in irgendeiner Frage unsicher war, über die ich aber schreiben musste und die komplizierte Glaubensfragen behandelte, traf ich mich mit einem dieser Top-Leute; einige wurden über die Jahre meine Freunde, und ich versuche, ihnen Jobs zu verschaffen, so gut ich kann.

Manche von ihnen pflegen jahrzehntelange Beziehungen zu ihren alten Dienststellen wie dem Staatssekretariat und sind hervorragend informiert. Als kurz nach dem Amtsantritt von Papst Franziskus der Streit über das Sakrament der Ehe begann, holte ich mir mehrfach »Nachhilfe« in Sachen Sakramente bei einem meiner engsten Freunde unter den gestrauchelten Theologen. Die Frauen dieser Männer, die eigentlich irgendwo auf der Welt hätten Bischof werden sollen, haben meistens kein einfaches Schicksal. Erstens sind ihre Männer fast immer knapp bei Kasse, werden von einigen ehemaligen Priesterkollegen regelrecht gemobbt und sind oft verbittert. Hinzu kommt, dass diese Frauen einer seltsamen »Prüfung« unterliegen. Sie werden ganz besonders begutachtet. Diese Frauen neigen daher dazu, sich immer besonders aufzubrezeln. Denn gerade, wenn ehemalige Bekannte ihres Mannes zum ersten Mal zu Besuch kommen, wollen sie vor allem eins um jeden Preis vermeiden, diesen Blick der ehemaligen Priesterkollegen ihres Mannes, der besagt: Bist du bescheuert, dass du wegen einer solchen Vogelscheuche deine Spitzenkarriere in der Kirche hingeschmissen hast? Die Frauen wollen natürlich das Gegenteil erreichen: Dass die Besucher aus dem kirchlichen Umfeld, sobald sie die Dame sehen, für die ihr ehemaliger Priesterkollege sein Keuschheitsgelübde brach, anerkennend nicken und zu verstehen geben, dass sie angesichts einer solchen Versuchung auch nicht hätten widerstehen können.

Einen solchen Top-Theologen also brachte mein Freund zu unserem nächsten Treffen in die Bar am Colle Oppio mit; er sollte einschätzen, was ich über das Treffen mit dem Fürsten zu berichten hatte, nur dass es nichts zu berichten gab. Ich hatte von vornherein versucht, das Treffen abzusagen, weil ich nicht wusste, was ich hätte erzählen sollen, aber mein Freund wollte nichts davon wissen. Ich kannte den Fachmann gut. Als er noch Priester war und sich auf das Bischofamt vorbereitete, hieß er Don Pino, und so nannten wir ihn immer noch, obwohl er längst verheiratet und zweifacher Vater war. Don Pino verfügte nach wie vor über gute Kontakte ins Staatssekretariat, wenn auch unter der Hand; er kannte sich im Vatikan zweifellos gut aus.

Als ich die beiden kommen sah, sank meine Stimmung unter den Gefrierpunkt. Sie waren umsonst gekommen. Ich hatte auf der ganzen Linie versagt, ich hatte gar nichts für sie.

Ich beschloss, mit der Niederlage sofort herauszurücken.

»Ich habe nichts«, sagte ich, sobald sich mein bärtiger Freund und Don Pino gesetzt hatten. »Gar nichts. Er hat mir ein paar bedeutungslose Fragen gestellt, ich habe vage geantwortet, das war's.«

Meinem Freund fiel regelrecht die Klappe herunter. »Hast du nicht wenigstens einen Verdacht, was sie gegen ihn in der Hand haben könnten?«

»Ich habe gar nichts«, sagte ich, »nicht den Anflug eines Verdachts.«

»Mal langsam«, sagte der Theologe. »Ganz langsam. Was hat der Fürst denn nun gesagt?«

»Er hat mich nur nach Belanglosigkeiten gefragt.«

»Was für Belanglosigkeiten?«

»Er wollte mich anzapfen, wollte wissen, wohin der Papst reisen wird.«

»Wohin er reisen wird?«, fragte Don Pino irritiert nach.

»Um genau zu sein, wollte er wissen, wann der Papst endlich seine alte Heimat, die Stadt Asti im Piemont, besuchen wird, aus der sein Großvater stammt.«

»Und du?«

»Ich habe ihm gesagt, dass nichts geplant ist.«

»Was ist dann passiert?«

»Er sah regelrecht erschüttert aus. Er drehte mir den Rücken zu und starrte eine Weile aus dem Fenster, als müsste er sich beruhigen.«

»Da habt ihr, was ihr wissen wollt«, sagte Don Pino erfreut.

Wir sahen ihn verständnislos an.

»Der Fürst und seine Freunde haben gar nichts gegen den Papst in der Hand, im Gegenteil, sie plagt offenbar die nackte Panik.«

»Wieso das denn?«, fragte ich.

»Das ist doch offensichtlich. Seit Papst Franziskus gewählt wurde, wussten die alten italienischen Machthaber im Vatikan, dass sie nur eine Chance hatten, ihre Macht zu bewahren und weiter die Bank zu kontrollieren: Wenn der argentinische Papst sich wegen seiner Vorfahren aus dem Piemont als ein Italiener fühlen würde. Sie hoffen, er denkt, dass er in Wirklichkeit einer von ihnen ist, ein Mann der italienischen Kirche, der der Meinung ist, dass die Italiener das bisher alles prima gemacht haben und am besten alles beim Alten bleibt, nämlich in italienischer Hand, vor allem die Bank. Aber wenn dem nicht so ist, wenn er denkt wie ein Mann von einem anderen Kontinent, der meint, dass die Italiener lange genug der Kirche geschadet haben, dann wird es eng für sie. Für sie gab es einen klaren Indikator, um zu erkennen, ob er sich der italienischen Tradition verpflichtet fühlt. Er hätte sofort nach seiner Wahl seine Verwandten im Piemont besuchen müssen. Wären ihm seine italienischen Wurzeln wichtig, würde er das sofort tun. Aber die Zeit verstreicht, und er denkt nicht daran, nach Asti zu fliegen. Als du dem Fürsten gesagt hast, dass Franziskus noch nicht einmal eine Reise geplant hat, muss das ein harter Schlag für ihn gewesen sein.«

»Du hast recht«, sagte ich. »Er schien regelrecht bestürzt, nur weil ich ihm gesagt hatte, dass der Papst nicht nach Asti reisen will.«

»Verstehst du nicht?«, triumphierte der ehemalige Don Pino. »Du hast ihm gesagt, dass er allen Grund hat, sich um sein Familienvermögen große Sorgen zu machen.«

»Was wollte er denn noch wissen? Ich nehme an, dass er ab diesem Tiefpunkt nicht zimperlich war und klar gesagt hat, was er will.«

»Er hat nur gefragt, ob von Freyberg Druck von oben aushalten könne.«

Don Pino pfiff durch die Zähne.

»Unglaublich! Offenbar geht der Adel fest davon aus, dass der Papst sich an die alten Regeln halten wird.«

»Wie bitte?«, fragte ich.

»Im Vatikan galt ja vor allem eine Regel, die wichtiger war als alle anderen. Ein Papst betont stets die herausragende Weisheit seines Vorgängers und kann gar nicht oft genug sagen, wie großartig sein Vorgänger gewesen ist. Für Papst Franziskus bedeutet dieser Punkt besonders viel. Es ist unübersehbar, wie unterschiedlich seine Vorstellungen von Kirche verglichen mit denen seines Vorgängers Benedikt XVI. sind. Aber damit niemand entdeckt, dass er den Kurs seines Vorgängers für falsch hält und einen grundsätzlich anderen einschlägt, lässt Papst Franziskus keine Gelegenheit ungenutzt, um seine tiefe Hochachtung vor Papst Benedikt XVI. zu zeigen.«

»Ja und?« Ich kapierte nichts.

»Einen wichtigen Mitarbeiter, den Papst Benedikt XVI. gar zum Chef der Vatikanbank ernannt hat, kann er nicht einfach feuern, ohne dass dies als eine klare Kritik an seinem Vorgänger gewertet würde. Der Fürst denkt, dass Franziskus den adeligen Investmentbanker von Freyberg mindestens fünf weitere Jahre im Amt belassen muss. Alles andere würde bedeuten, dass Franziskus der Ansicht ist, sein Vorgänger habe mit der Ernennung von Freybergs einen sehr schweren Fehler begangen, der rasch korrigiert werden muss. Das wäre eine eindeutige Kritik an der Weisheit des Vorgängers und somit undenkbar.«

»Und der Fürst denkt, dass von Freyberg vor allem keine Revolte anzetteln wird?«

»Offensichtlich glaubt er, dass von Freybergs Ernennung vor allem Schutz für die adeligen Kunden der Bank bedeutet.«

»Ist das so?«

»Ich habe keine Ahnung. Der Fürst zählt nur zwei und zwei zusammen: Papst Benedikt XVI., ein Nachfolger Petri, der bekannt ist für seine Vorliebe für den Adel, setzt den Adeligen von Freyberg für die Vatikanbank ein. Nicht irgendeinen Sozi, der alten Adel und Geldadel kritisch sehen könnte. Der Fürst denkt, dass von Freyberg unantastbar ist.«

»Und ist von Freyberg unantastbar?«

»Sagen wir mal so, ihn anzutasten, würde eine herbe Ohrfeige von Papst Franziskus für seinen Vorgänger Benedikt XVI. bedeuten. Ich kann mir nicht vorstellen, dass er sich das traut.«

»Was hat er noch gesagt?«, fragte mich Don Pino. Er sah jetzt sehr gespannt aus. »Bitte sag es mir so genau wie möglich.«

»Es war gar nichts Wichtiges. Eine Kleinigkeit.«

»Was genau?«

»Er hat mir gesagt, was er den Papst gern fragen würde, und wollte wissen, ob irgendjemand ihm die Frage meines Wissens nach je gestellt hat.«

»Und was war das für eine Frage?«

»Es war irgendwas sehr Frommes.«

»Was genau?«

Ich dachte eine Weile nach: »Er wollte den Papst fragen, ob er die Kirche liebt.«

Don Pino schlug sich entsetzt vor die Stirn.

»Was?«, fragte er. »Das habe ich noch nie erlebt. Er will den Papst warnen!«

»Was?«, fragte ich. »Wie meinst du das?«

»Weißt du nicht, was sie im Vatikan über den Papst sagen?«

»Natürlich. Sie sagen ihm nach, dass er auch hinten Augen hat.«

»Und warum ist das so wichtig?«

»Weil es heißt, dass er ständig auf der Hut sein muss.«

»Was bedeutet das deiner Ansicht nach?«

»Dass der Papst Gefahren sofort erkennen will.«

»Nein«, sagte er. »Es heißt vor allem etwas anderes: Dass der Papst weiß, dass eine ganze Menge seiner eigenen Leute ihn hintergehen will. So wie dieser Fürst, sonst würde er ihm nicht so offensichtlich drohen wollen.«

»Wo soll denn da die Drohung sein?«

»Du bist heute ziemlich begriffsstutzig«, sagte Don Pino. »Denk doch mal nach. Was heißt das: Lieben Sie die Kirche? Das bedeutet: Sind Sie etwa so irre, Ihrer Kirche einen Riesenschaden zuzufügen? Die Frage lautet: Wollen Sie wirklich die Wahrheit über die Bank des Vatikans veröffentlichen, obwohl dies das Ansehen der katholischen Kirche weltweit zweifellos stark beschädigen würde. Sind Sie, dieser neue Papst, tatsächlich so verrückt, zuzugeben, was hinter den Mauern des Kirchenstaats zum Schutz von illegal angehäuftem Kapital in den vergangenen Jahrzehnten gelaufen ist? Damit die katholische Kirche weltweit dem Gespött preisgegeben wird?«

»Wow«, sagte ich. »Du hast recht.«

Don Pino dachte kurz nach, dann sagte er: »Ich verstehe, dass er darauf brennt zu erfahren, ob tatsächlich jemand dem Papst diese Frage gestellt hat. Aus seiner Sicht ist das entscheidend für das Schicksal seiner Familie. Wenn der Papst tatsächlich gefragt wird, ob er die Kirche liebt, und wenn er dann antwortet, dass ja, aber dass er zunächst den Schmutz aus der Kirche kehren müsse ...«

»Dann?«

»Dann hätte der Fürst seine Konten im Vatikan gelöscht und das Geld auf Konten ganz weit weg verlegt. Sehr schnell.«

»Aus dem, was du mir erzählt hast, scheint mir, dass sie sehr nervös sind, dass sie das Vermögen vielleicht schon verlegt haben. Der Fürst ist mit allen adeligen Familien Roms vernetzt, mit fast allen verwandt. Diese Familien haben natürlich auch dem Geldadel den Weg in den Vatikan geebnet. Ich bin mir sicher, dass nicht einer nach dem anderen sein Geld abziehen wird, sie werden es zusammen tun.«

»Oder sie haben es bereits getan?«

»Das werden sie uns aber leider nicht sagen.«

»O doch!«, sagte Don Pino. »Das werden sie.«

Wir sahen ihn entgeistert an.

»Nehmen wir an, Andreas schreibt ein Briefchen, um sich für die Audienz beim Fürsten zu bedanken. Wenn der Fürst sein Geld bereits transferiert hat oder dabei ist, es zu tun, wird er eine nichtssagende nette Antwort schicken. Aber wenn er auf das Briefchen reagiert und Andreas zu einer weiteren Unterredung bittet, dann ist er sich noch nicht sicher, was er tun soll, und wird hoffen, doch noch etwas über Freyberg zu erfahren.«

»Stimmt«, sagte ich. »Es macht für ihn keinerlei Sinn, sich mit mir zu treffen, wenn das Geld gar nicht mehr im Vatikan ist.«

»Richtig.«

Der Kampf um die Kontrolle der Vatikanbank

Ein paar Tage später, an einem Montag, setzte ich ein etwas schwülstiges Dankesschreiben für die letzte Unterredung im fürstlichen Palast auf. Am Mittwoch erhielt ich die Antwort, und sie sagte mir zweierlei: Das Geld der römischen Adelsfamilien war immer noch in der Vatikanbank, sonst hätte der Fürst mich niemals ein weiteres Mal zu sich gebeten. Und zweitens hatte er jemanden damit beauftragt, in meinem Leben herumzuschnüffeln, denn er lud mich ein, ihn bei seinem morgendlichen Ausritt zu begleiten. Er weiß, dass du reiten kannst und das gerne machst, dachte ich.

Ich parkte mein durch das Chaos des römischen Verkehrs arg in Mitleidenschaft gezogenes Auto wieder außerhalb der Mauern des Schlosses. Ein Diener brachte mich zu den Ställen, die sich in der Nähe des Palastes befanden. Es waren extrem gepflegte Luxusställe, mit allem Schnickschnack. Es gab die Luxus-Wärme-Bestrahlungslampen für Pferderücken und etwas, das mich verblüffte: ein Schwimmbad für die Pferde. Das war ein schmaler Kanal, in dem die Tiere schwimmen konnten, ohne sich zu verletzen, was die Pferdebeine extrem entspannen musste. Ein solches Schwimmbad hatte ich einmal in einer sehr teuren Pferdeklinik gesehen. Dass ein Privatmann sich so etwas leisten würde, überstieg meine Vorstellungskraft.

Ein Stallbursche brachte mich zu meinem bereits gesattelten Pferd. Der Kerl wirkte wie Frankensteins Kreatur, ein klobiger Riese mit furchtbarem Ausschlag. Aber von Pferden verstand er etwas und ging sehr liebevoll mit ihnen um. Meiner weißen Araberstute zog er behutsam den Sattelgurt nach. Beim ersten Blickkontakt mit dem wunderschönen Pferd war mir klar, was sie wollte. Sie war absolut scharf darauf, da draußen wie eine Irre umherzugaloppieren nach dem langweiligen Herumgestehe im Stall. Sie würde, einmal losgelassen, regelrecht explodieren, eher fliegen als rennen, ein Traum, aber der konnte auch lebensgefährlich sein.

Sie hatte einen bildschönen Kopf, ein zierliches Pferd, geboren für die Wüste. Ich strich ihr über die Mähne und sagte mehr zu mir als zu ihr: »Wir beide werden heute keinen Mist bauen. Okay?«

Ich hörte Huftrappeln. Der Fürst ritt auf einer aparten Araberstute mit weißer Blesse auf den Eingang des Stalls zu. Er deutete mit einer knappen Geste an, dass ich aufsteigen solle, und das tat ich dann auch.

Mein Pferd hieß Mistral, und es war eines dieser hochintelligenten Pferde, die man mit den Gedanken reiten kann. Nachdem sie mir einmal klargemacht hatte, dass sie durchaus erwägen würde, das zu tun, was ich wollte, wenn ich davon abließe, sie unbedingt am Zügel gehen zu lassen, ließ ich die Zügel extrem lose. Der Fürst ritt nur ein paar Meter aus dem Tor im Trab auf ein Waldstück zu und ließ seine Stute dann einfach das machen, was sie wollte, und was sie wollte, war, wie von Sinnen durch den Wald zu jagen. Mistral fand die Idee großartig und versuchte, an der Stute vorbeizukommen. Ich hielt sie zunächst hinter dem Fürsten, um zu verhindern, was man bei einem Ausritt immer verhindern muss, dass die Pferde sich ein Wettrennen lieferten. Aber der Fürst signalisierte mir zu meiner Überraschung, dass ich ihn ruhig überholen könne, dass er nichts dagegen habe, wenn die Pferde an den Rand des Durchgehens gebracht wurden. Den Fürsten schien zu amüsieren, dass wir auf zwei dahinrasenden Tieren saßen, die niemand ohne ernste Probleme hätte stoppen können. Dass das Ganze ziemlich gefährlich war und wir nur bedingt eine Chance hatten, zu überleben, sollte uns ein Auto auf dem Waldweg entgegenkommen, schien ihn nicht zu interessieren. Er hatte mich auch nicht danach gefragt, welche Gangart der Tiere ich bevorzugte. Nach ein paar Kilometern auf dem weichen Boden hatten die Pferde sich ausgepowert, und der Fürst fiel in einen leichten Trab. Ich wusste, dass er das Pferd jetzt gleich Schritt gehen lassen würde, denn der Fürst ritt wie jemand, der gern und gut ohne Sattel auf einem Pferd reitet, was nur im Galopp und im Schritt bequem ist. Ich verlangsamte Mistral ebenfalls und schloss zu ihm auf.

Er schien solche Galoppaden gewohnt zu sein; man spürte ihm kein bisschen erhöhten Adrenalin-Ausstoß an.

»Haben Sie den Papst gesehen in den letzten Tagen?«

»Ja, bei einem Besuch in einer römischen Gemeinde.«

»Wie hat er auf Sie gewirkt?«

»Entspannt«, sagte ich.

Er stoppte das Pferd und wandte sich mir zu. Ich stoppte meine Stute ebenfalls.

»Was hat von Freyberg gesagt?«

»Ich bin nicht bei ihm gewesen.«

Er seufzte unwillig. Es klang wie in einer Hundeschule, wenn der Besitzer eines Terriers mit ansehen muss, dass das Tier immer noch nicht Männchen machen kann.

Er sah missmutig in den Wald, richtete sich dann zu ganzer Größe auf und fragte: »Wissen Sie, warum Sie hier sind?«

»Um ehrlich zu sein, nein.«

»Ich werde es Ihnen sagen. Es gibt eine Menge Kollegen, die alles Mögliche über die angeblichen Verbrechen der Vatikanbank schreiben, und ich habe sie noch nie gesehen, schon gar nicht damals, als es wirklich Verbrecher in der Bank gab. Aber bei Ihnen ist das etwas anderes. Sie waren dabei, Sie haben damals mitbekommen, was gelaufen ist, und Sie haben die Leute gekannt, persönlich gekannt, die beteiligt waren, auch die Wichtigen, die wirklich gefährlich waren, wie der alte Verbindungsoffizier zu Hermann Göring.«

Mir wurde plötzlich eiskalt.

»Haben Sie ihn eigentlich je nach seinen Gesprächen mit Göring und den Aufträgen von Hitler gefragt?«

»Ja«, sagte ich, »aber das ist lange her. Es war abscheulich.«

»Sie sehen, ich kenne die Liste der Besucher in der Villa Wanda. Ihr Name steht darauf.«

»Was wollen Sie von mir?«, fragte ich.

»Sie kennen die Leute, die ihre Finger seit Langem in der Bank im Vatikan haben.«

»Viele sind tot.«

»Sie sind ermordet worden.«

»Ja, sie sind ermordet worden, aber auch das ist lange her.«

»Aber einige sind noch am Leben. Ich möchte, dass Sie Ihre alten, sehr alten Kontakte wieder aufnehmen.«

»Warum?«

»Hören Sie, Sie sind doch nicht begriffsstutzig, muss ich wirklich so deutlich werden? Ich will wissen, woran ich bin, das ist doch offensichtlich. Es gibt da jemanden in der Umgebung des Papstes, der bereit sein soll, die Wahrheit zu sagen, es soll ein Lateinamerikaner sein. Ich muss wissen, wer das ist. Beschaffen Sie mir den Namen.«

»Warum sollte ich das tun?«, fragte ich ihn.

»Weil ich Ihnen dann etwas verraten werde, das Sie sehr interessiert. Sie haben einmal im Zusammenhang mit der Vatikanbank einen schweren Fehler begangen und deswegen nie verstanden, was wirklich so geheimnisvoll an der Betrugsserie der IOR war.«

Ich hätte natürlich die Falle erkennen müssen und ihm sagen, dass er seine Geheimniskrämerei für sich behalten kann, aber er hatte mich überrumpelt.

»Okay«, sagte ich, »ich werde versuchen, den Namen herauszubekommen. Was habe ich also falsch gemacht?«

»Damals haben Sie Licio Gelli und seinen Leuten die falsche Frage gestellt.«

»Wie meinen Sie das?«

»Gehen Sie zurück zu diesen Leuten, sagen Sie ihnen, Sie wüssten jetzt, dass Sie damals die falsche Frage gestellt haben. Die Antwort wird Sie überraschen.«

Ich nickte.

»Besorgen Sie mir den Namen!«

Er presste die Beine an sein Pferd, und wir rasten zurück.

Der Weg zurück

Als ich im Jahr 1987 nach Rom kam, bemühte ich mich um einen engen Kontakt zu dem damals siebenfachen italienischen Ministerpräsidenten Giulio Andreotti, und das aus einem Grund, der heute kurios wirkt. Andreotti verlangte aus deutscher Sicht damals eine Ungeheuerlichkeit: Er setzte sich für den Erhalt der DDR ein, wiederholte stets, dass er sich gegen eine mögliche Wiedervereinigung der beiden deutschen Staaten ausspreche.

1987 erschien die Wiedervereinigung Deutschlands als unerreichbarer Traum. Dass ein christdemokratischer Ministerpräsident wie Andreotti ganz offen den Erhalt der beiden getrennten deutschen Staaten befürwortete, löste in Deutschland allerdings Unverständnis und Verärgerung aus. Wegen seiner Haltung waren Interviews mit Andreotti sehr begehrt. Ich besuchte ihn häufig, die Zeitungen konnten gar nicht genug von dem Gruselgefühl bekommen, dass Giulio Andreotti, einer der Architekten der EWG, die zur Gründung der EU führte, sich für die dauerhafte Teilung Deutschlands aussprach. Im Laufe der Monate freundeten wir uns ein wenig an. Andreotti gab sich alle Mühe, mir, einem damals 24-jährigen jungen Mann, klarzumachen, dass der Zweite Weltkrieg, der von deutschem Boden ausgegangen war, ihn zu der Ansicht gebracht hatte, ein zu starkes Deutschland könnte eine Bedrohung für Europa sein. Andreotti sagte klipp und klar: »Ein zu starkes Deutschland macht mir einfach Angst.«

Andreotti war nicht nur siebenmal Ministerpräsident für die Christdemokraten, sondern auch mehrfach Außen- und Verteidigungsminister gewesen. Um es mit den Worten des ehemaligen Staatspräsidenten Francesco Cossiga zu sagen: Andreotti war nicht ein Minister der Christdemokraten, Andreotti war die italienische Christdemokratie. In diesem Jahr 1987 tauchten immer mehr Einzelheiten auf über die Skandale, in die offenbar die Vatikanbank verwickelt war, und ich hatte einen Traum: Ich wollte den Drahtzieher all dieser kriminellen Geschäfte, den großen Boss der Vatikanbank Paul Casimir Marcinkus, kennenlernen. Er war damals der interessanteste Mann der Stadt. Reporter aus der ganzen Welt jagten den Hünen aus Chicago, der seit 1971 Chef der Vatikanbank war und in die Geschichte eingehen sollte als erster Kirchenmann des Vatikans, der mit einem Haftbefehl der italienischen Polizei gesucht wurde. Er stand im Verdacht, am betrügerischen Bankrott der Banco Ambrosiano beteiligt gewesen zu sein, und unangenehmerweise sah selbst der Vatikan seine Schuld als erwiesen an. Der Papst ließ 241 Millionen Dollar Wiedergutmachung an die Gläubiger der zusammengebrochenen Bank überweisen, was nur ein Tropfen auf den heißen Stein war.

Im Jahr 1982 hatte der damalige Finanzminister Beniamino Andreatta bereits klargestellt, welches Ausmaß der Bankrott der Bank angenommen hatte. Die Bank hatte einen Verlust von etwa 2 Milliarden Dollar aufgehäuft, für 1,15 Milliarden hatte die Vatikanbank garantiert. Die Staatsanwaltschaft hatte keinen Zweifel daran, dass die Kurie und die sizilianische Mafia Cosa Nostra in die schmutzigen Geschäfte der Vatikanbank involviert waren, weil einer der Banker, Roberto Calvi, nach Mafia-Art am 18. Juni 1982 unter der Blackfriars Bridge in London erhängt aufgefunden worden war. Seine Vertraute und Sekretärin Graziella Corrocher war am Tag zuvor aus ungeklärter Ursache aus einem Gebäude in den Tod gestürzt. Der zweite in die Affäre verstrickte Banker Michele Sindona verstarb am 22. März 1986 im Hochsicherheitsgefängnis in Voghera an einer Zyanid-Vergiftung. Es konnte nie geklärt werden, wer ihn vergiftet hatte. Die Ermittlungen förderten schließlich zutage, dass die Manager der Banco Ambrosiano, also auch Paul Marcinkus, über 200 Phantom-Banken gegründet und das Geld in verschiedene Steuerparadiese, so auf die Bahamas, verschoben hatten, doch bei allen Spekulationsgeschäften riesige Verluste erlitten.

Nach dem Erlass des Haftbefehls am 20. Februar 1987 durch den Mailänder Ermittlungsrichter Renato Bricchetto drohte der italienische Staat dem Vatikan, Marcinkus festzunehmen, sobald er auch nur einen Fuß aus dem Vatikan heraussetzen würde. Paul Marcinkus blieb wochenlang nichts anderes übrig, als sich im Vatikan vor der italienischen Justiz zu verstecken. Die Vorstellung, dass ein so hoher Kirchenmann in Handschellen abgeführt werden könnte, entsetzte den Vatikan. Das Staatssekretariat pochte schließlich darauf, dass die Lateranverträge aus dem Jahr 1929 Anwendung finden müssten, die den Besitzern eines Vatikanpasses absolute diplomatische Immunität zusicherten. Mit dieser Rechtsauffassung konnte sich der Vatikan durchsetzen. Paul Casimir Marcinkus konnte wieder durch Rom spazieren, ohne von der Polizei behelligt zu werden.

Ich wusste, dass Giulio Andreotti über fantastische Kontakte zum Vatikan verfügte. Er sollte später Chef der Vatikan-Zeitschrift *30 Tage* werden. Andreotti nahm grundsätzlich jeden Kirchenmann in Schutz, er war ein zutiefst frommer Mann. Ich bin ein paar Mal mit ihm im Frühgottesdienst gewesen. Er ging immer in die Kirche der Jesuiten, die gegenüber der damaligen Zentrale seiner Christdemokratischen Partei lag. Jedes Mal, wenn er zur Kirche ging, schenkte er den Bettlern, die davor auf ihn warteten, 10.000 Lire (etwa 10 Euro) und sagte dann immer zu mir: »Nehmen Sie das bitte nicht zur Kenntnis!«

Damals, im Jahr 1987, war der Chef der Vatikanbank die ganz große Story, vor allem seit dem Haftbefehl vom 20. Februar. Hunderte Reporter aus aller Welt waren hinter ihm her, und es schien unmöglich, ihn zu erwischen. Sein Büro im Vatikan lehnte Interviews grundsätzlich ab. Da Paul Marcinkus Angst hatte, angesichts des Haftbefehls und trotz vatikanischer Immunität festgenommen zu werden, verließ er so gut wie nie den Vatikan.

Irgendwann wagte ich gegenüber Andreotti, die Katze aus dem Sack zu lassen. Er war gerade wieder einmal Außenminister geworden. Ich sprach ihn stets mit dem Titel »Presidente« an, das war in Italien üblich. Wer einmal im Leben Ministerpräsident gewesen war, wurde bis zu seinem Tod so angesprochen. »Presidente«, sagte ich, »ich habe einen großen Wunsch, ich möchte Paul Casimir Marcinkus kennenlernen.«

»Wieso?«, fragte Andreotti.

»Es gibt derzeit wohl kaum eine faszinierendere Persönlichkeit in Rom«, antwortete ich.

Andreotti winkte ab und reagierte ganz anders, als ich erwartet hatte. Ich hatte fest damit gerechnet, dass er Marcinkus gegen alle Anfeindungen verteidigen würde. Er antwortete relativ schroff: »Marcinkus hatte keine Ahnung von Geld, verstehen Sie das?«

»Nein«, sagte ich. »Er ist seit 1971, also seit 16 Jahren, Chef einer großen Bank. Wie kann er das sein, wenn er keine Ahnung von Geld hat?«

»Wahrscheinlich hat er sich irgendwann eingeredet, er verstünde etwas davon; aber glauben Sie mir, ich kenne Marcinkus gut. Ich hätte ihm nie auch nur eine Lira meines Geldes anvertraut.«

»Wieso bitte hat er sich dann in äußerst komplizierte Bankspekulationen verwickeln lassen?«

Andreotti schwieg eine Weile, und dann sagte er: »Das Gleiche frage ich mich seit Jahren. Warum hat er plötzlich angefangen, mit so riesigen Geldsummen aus dem Schatz der Kirche zu spielen? Ich glaube nicht, dass er ohne Rückendeckung der Kurie Bürgschaften von mehr als einer Milliarde Dollar übernommen hätte.«

»Sie meinen, dass es ein Komplott der Kurie gab und Marcinkus nur der ausführende Teil war?«

»Ich meine gar nichts«, sagte Andreotti. »Aber ich kenne einen wichtigen Mann in der Kurie, im Vatikan, der an eine solche Verschwörung glaubt und auch daran, dass Papst Johannes Paul I. sie möglicherweise aufdecken wollte und Marcinkus mit Sicherheit nicht der Einzige ist, der von den illegalen Geldtransfers wusste.«

»Musste Johannes Paul I. sterben, weil er ein solches Komplott aufdecken wollte?«, fragte ich Andreotti damals.

Er antwortete nicht darauf, sondern sagte: »Ich frage mich nur, wer etwas davon hat, dass die katholische Kirche dank des irregeleiteten Marcinkus dasteht wie eine Bande Verbrecher, deren oberster Finanzchef sogar von der italienischen Justiz gesucht wird. Wer hat etwas davon, außer extrem kirchenfeindliche Kreise oder Länder? Aber wer wäre in der Lage, die Vatikanbank in einen so kolossalen Betrug zu verwickeln und zwei Banker, Calvi Sindona und dessen Sekretärin, hinzurichten, ohne Spuren zu hinterlassen? Es müsste eine sehr große, sehr gut organisierte Gruppe sein.«

»Und wer könnte das sein?«

»Schauen Sie mit Ihren eigenen Mitteln nach, drehen Sie die Steine noch einmal um, vielleicht finden Sie ja aus eigener Kraft etwas.«

»Können Sie mir einen Termin bei Marcinkus besorgen?«

Er sah mich mit seinem schmallippigen Lächeln an. »Nein, das kann ich nicht, aber so etwas Ähnliches.«

Giulio Andreotti ging auf meine Bitte tatsächlich ein, zumindest teilweise. Einen Termin bei Paul Marcinkus bekam ich nicht, zumindest nicht direkt. Ich erhielt eine Einladung zu einem Sportfest für wenige Eingeweihte im römischen Edel-Golfclub Acquasanta. Dort spielte Marcinkus, und Andreotti hatte mir mitteilen lassen, dass Marcinkus möglicherweise bei der Feier auftauchen würde. Allerdings war ich dann auf mich allein gestellt. Andreotti war ein sehr vorsichtiger Mann. Und er wollte nicht das Risiko eingehen, dass ich mit meiner Fragerei Paul Marcinkus verärgerte, der sich dann bei Andreotti beschwert hätte, weil er ihm einen deutschen Journalisten auf den Hals gehetzt hatte. Offiziell hatte Andreotti mit mir nichts zu tun. Ich wusste, dass ich mich auch nicht auf ihn berufen durfte, das hätte mich den Kontakt zu ihm gekostet.

Ich würde bei dem Ereignis nicht sonderlich auffallen, weil wahrscheinlich andere Reporter aus dem Sportbereich im Golfclub auftauchen würden. Alles, wozu mir Andreotti verholfen hatte, war, dass mein Name auf der Liste der Gäste stand, die an diesem Abend in den Golfclub spazieren konnten. Ich fuhr mit meiner heiß geliebten himmelblauen 50-Kubikzentimeter-Vespa zum Golfclub und dachte die ganze Zeit darüber nach, was ich Marcinkus fragen konnte, ohne ihn so zu verärgern, dass er das Gespräch abbrechen würde. Aber wie fragte man einen Bischof, der einen Haftbefehl wegen betrügerischen Bankrotts einer Bank bekommen hatte, nach seinen Vergehen, ohne ihn zu verärgern?

Paul Casimir Marcinkus erfüllte zu einhundert Prozent das Bild eines Priesters, wie ihn Papst Franziskus verabscheut. Marcinkus verbrachte seine Zeit nur sehr selten mit Gläubigen, die Hilfe und

Beistand von einem Priester brauchen konnten. Stattdessen verbrachte er Jahre seines Lebens auf dem Golfplatz und verbesserte sein Spiel. Ich hatte damals (wie heute auch) keine Ahnung von Golf und brauchte eine Weile, bis ich verstand, dass Marcinkus mit einem Handicap 5 spielte, was darauf hindeutete, dass er ein ausgezeichneter Spieler war.

Der Parkplatz des Clubs war an diesem Abend abgesperrt. Ich schaute mich um, ob ich Kollegen sah, die auf Marcinkus lauerten, konnte aber keine entdecken. Offensichtlich war die Tatsache, dass Paul Marcinkus möglicherweise zu dem Sportfest kommen könnte, sorgfältig geheimgehalten worden. Ich parkte die Vespa unter einem Baum und marschierte in meinem für den Anlass neu erworbenen Anzug mit wattierten Schultern auf den Eingang zu. Im Kopf spielte ich das Horrorszenario durch, dass man mich an der Tür einfach stoppen und wieder wegschicken würde. Als ich zum Eingang kam, blätterte ein ziemlich förmlich gekleideter Herr in einer Liste, nickte dann und ließ mich eintreten. Fast alle anderen Gäste kannte er und begrüßte sie überschwänglich. Ich erinnere mich, dass er mir hinterherschaute und sich offensichtlich fragte, wer, zum Henker, mir diese Einladung verschafft hatte.

Ich ging so unauffällig wie möglich durch das Clubhaus und vergegenwärtigte mir noch einmal, was ich eigentlich von Marcinkus wissen wollte. Ich hatte vor, mit einer Frage über den ersten aller Skandale zu beginnen. Im Jahr 1973 hatte die Staatsanwaltschaft von New York den Verdacht, dass Paul Marcinkus an einem gigantischen Betrug beteiligt gewesen sein könnte. Die New Yorker Mafia hatte Falschgeld und falsche Obligationen im Wert von 950 Millionen Dollar in den Vatikan geschmuggelt. Marcinkus war freigesprochen worden aus Mangel an Beweisen. Ich dachte, dass er sich in diesem Fall gern verteidigen würde, und hoffte, über dieses Thema mit ihm ins Gespräch über den aktuellen Haftbefehl zu kommen.

Ich war damals auch aus einem einleuchtenden Grund so nervös. Ich glaubte, dass ich nur diese eine Chance haben würde, mit Paul Marcinkus zu sprechen. Alle im Vatikan, wirklich alle, waren sich sicher, dass Papst Johannes Paul II. den unbequemen Paul Marcinkus umgehend versetzen würde. Es schien eher un-

gewöhnlich, dass der Papst trotz des Haftbefehls gegen Marcinkus vom Februar den Bischof noch nicht versetzt hatte. Niemand zweifelte daran, dass spätestens mit dem Beginn des Jahres
1988 Paul Marcinkus irgendwohin in die Wüste geschickt werden
würde. Dass eintreten könnte, was dann tatsächlich geschah, dass
nämlich Paul Marcinkus bis zum Oktober 1990 als Präsident der
Kommission für den Vatikanstaat im Amt bleiben und noch weit
länger, bis zum Jahr 1997, im Vatikan leben würde, hielt damals
niemand für möglich.

Ich versuchte, im Club nicht aufzufallen, was relativ einfach
war. Ich war so jung, dass alle Gäste annahmen, ich sei der Sohn
eines der Clubmitglieder, der heute zum ersten Mal mit seinem
Vater aufgekreuzt war. Ich glaube, dass etwa eine halbe Stunde
verstrich, bis ich Marcinkus kommen sah. Er schien bester Laune
zu sein und die Clubmitglieder sehr gut zu kennen. Er sah keineswegs wie ein Mann aus, der sich verstecken wollte, weil er per
Haftbefehl gesucht wurde, er schien keineswegs eingeschüchtert, sondern äußerst selbstbewusst und noch größer, als ich ihn
mir vorgestellt hatte. Ein Hüne. Ich wusste, dass er den Beinamen »Der Gorilla« trug, aber ich hatte nicht erwartet, dass der
Sprössling einer litauischen Einwandererfamilie aus Chicago so
groß sein würde. Ich konnte mir gut vorstellen, dass dieser Mann
am 27. November 1970 auf dem Flughafen von Manila auf den
Philippinen den Attentäter entwaffnen konnte, der mit einem
Messer Papst Paul VI. verletzt hatte.

Marcinkus hatte ein energisches Gesicht; man sah ihm seine
Zielstrebigkeit an. Dieser Mann hat sich vom Sohn eines Fens-
terputzers aus Cicero/Chicago in das elegante Staatssekretariat
im Vatikan hochgekämpft und das Vertrauen Papst Pauls VI. gewonnen. Ich sah, dass Marcinkus sich ein Glas Whiskey geben
ließ, und beschloss, nichts zu tun, bis er nicht ein zweites oder ein
drittes Glas getrunken hatte. Um die Zeit totzuschlagen, schaute
ich aus den Fenstern auf die Pinien und den Stadtrand von Rom.
Hinauszugehen traute ich mich nicht, weil ich fürchtete, dass man
mich nicht wieder hineinlassen würde. Ich weiß nicht mehr, wie
viel Zeit verging; ich sah auf jeden Fall Paul Marcinkus das eine
oder andere Glas trinken, blieb an dem Fenster stehen und ver-

suchte, meinen Mut zusammenzunehmen. Plötzlich stand er neben mir.

»Was wollen Sie von mir?«, fragte er mich mit seiner tiefen Stimme.

Ich fuhr zusammen.

»Sie starren mich die ganze Zeit an, und keiner im Club kennt Sie, also müssen Sie ein Journalist sein. Was wollen Sie von mir? Bringen wir es hinter uns, und dann gehen Sie bitte.«

Ich war so perplex, dass ich nur unverständliches Zeug stotterte.

»Ich werde Ihnen jetzt was sagen, und merken Sie sich das gut. Alles Geld, das ich zu verantworten hatte, stand immer ausschließlich und allein im Dienst des Papstes. Verstehen Sie das?«

Ich hatte in dem Moment keine Ahnung, was er meinte.

»Das Geld stand immer nur dem Papst zur Verfügung. Verstehen Sie das?«

Ich nickte und nahm dann meinen ganzen Mut zusammen.

»In den Ermittlungsakten der Staatsanwaltschaft steht der Verdacht, dass Sie an der mutmaßlichen Ermordung von Papst Johannes Paul I. beteiligt gewesen sein könnten.«

Er schnaubte verächtlich: »So ein Unsinn! Ich bin der Letzte, der ein Motiv gehabt hätte, den Heiligen Vater zu töten. So ein Schwachsinn!«

Mordkomplott gegen den Papst?

In den ausgehenden 80er-Jahren war es ein Kinderspiel gewesen, Interviewpartner zu bekommen, die darüber spekulierten, dass ein Streit innerhalb der Vatikanbank der Grund dafür gewesen sei, dass Papst Johannes Paul I. ermordet worden war. Die Menschen stellten gar nicht mehr die Frage, ob Johannes Paul I. tatsächlich ermordet wurde. Der Mord am Papst erschien als Fakt. Das hatte natürlich auch mit dem sensationell erfolgreichen Buch *Im Namen Gottes?* von David Yallop zu tun, in dem er eine Mordkomplott-Theorie gegen Papst Johannes Paul I. sehr glaubwürdig schilderte. Dass die Vatikanbank und die gesamte Kirche am Pranger standen, hatten sie sich allerdings selbst zuzuschreiben.

Um die Umstände des Todes von Papst Johannes Paul I. zu verschleiern, hatte der Vatikan gnadenlos gelogen. Die Kurie wollte die Öffentlichkeit nicht wissen lassen, dass die Ordensschwester Vincenza, Vorsteherin des päpstlichen Haushaltes, den toten Papst in seinem Bett gefunden hatte. Sie erfanden daher die Version, dass der Sekretär John Magee den Papst gefunden habe. Die Wahrheit kam natürlich ans Licht, und da die Kirche schamlos gelogen hatte, hagelte es Kritik, was kein Wunder war. Schließlich hatte die Kirche oft genug der Welt vorgehalten, wie schwer die Sünde der Lüge wiege.

Storys in die Zeitung zu bekommen, die immer aufs Neue der Mordtheorie an Papst Johannes Paul I. nachgingen, war ein Leichtes. Das Publikum gierte nach neuen Einzelheiten, wer die bösen Schergen im Vatikan sein könnten, die den Papst umgebracht hatten. Und der Vatikan trug entscheidend zu dieser Sensationslust bei, weil er die Umstände des Todes nicht aufklären wollte, sodass sich die Menschen fragen mussten, warum eigentlich nicht? Eine

Obduktion hätte die Todesursache eindeutig geklärt. Die lehnte der Vatikan aber ab. Einer Untersuchung der Todesursache zuzustimmen oder nicht, bedeutete für den Vatikan eine Wahl zwischen Pest und Cholera. Entweder konnte bei der Obduktion herauskommen, dass der Papst vergiftet worden war, oder aber, dass er an seinem schweren Herzleiden verstorben war. Im letzteren Fall stellte sich die Frage, wieso die Kardinäle einen todkranken Mann im Konklave zum Papst gewählt hatten. Sie hatten sich also geirrt und mit ihnen der Heilige Geist, der nach der Doktrin der Kirche den Kardinälen den Namen des zu wählenden Papstes eingibt.

An der Geschichte des Mordkomplotts gab es einen einzigen Haken. Alle, die den Papst wirklich gekannt hatten, glaubten nicht an Mord. Das wollte allerdings niemand hören. Wenn der Papst einfach an einem Herzanfall gestorben war, brach das Interesse des Publikums zusammen. Trotzdem versuchte ich, glaubwürdige Zeugen aufzutreiben, die den Papst gekannt hatten, obwohl ich wusste, dass ich mit deren Aussagen keinen Artikel in die Zeitungen bekommen würde. Eine meiner wichtigsten Quellen war natürlich Außenminister Giulio Andreotti. Er hatte Albino Luciani sehr gut gekannt und auch in den Tagen nach seiner Wahl zum Papst mit ihm gesprochen. Er bestätigte, dass Johannes Paul I. einen gesundheitlich angeschlagenen Eindruck gemacht hatte. Andreotti konnte sich an ein Treffen mit dem Papst nach dessen Wahl erinnern. »Er sah schrecklich aus«, sagte Andreotti. »Er war bleich wie ein Gespenst. Es war unübersehbar, dass es ihm nicht gut ging. Der Papst war sehr krank, und das wussten alle. Er hatte deswegen die Ernennung zum Patriarchen von Venedig abgelehnt, aber Papst Paul VI. hatte ihn dennoch zum Patriarchen gemacht und ihm gesagt: Dann stirbst du eben als Kardinal. Alle wussten, dass er ein sehr schwaches Herz hatte.«

»Aber schließt das ganz sicher aus, dass er ermordet wurde?«

»Ich glaube, er litt unter Stress«, meinte Andreotti. Und schließlich brachte mich Giulio Andreotti auch auf die richtige Spur. Einer der letzten Menschen, mit denen Papst Johannes Paul I. ein freundschaftliches Gespräch geführt hatte, vor seinem plötzlichen Tod am 28. September 1978, war sein Bruder Edoardo Luciani gewesen. Wenn es etwas gegeben hatte, das Papst Johannes Paul I. belastete, dann hätte er es wahrscheinlich eher seinem Bruder anvertraut als irgendeinem Kardinal im Vatikan. Ich hielt den Bruder für eine wichtige Quelle; doch leider sträubte sich Edoardo Luciani damals, mit Journalisten zu sprechen. Er hatte ganze Armeen von Reportern abgewimmelt, die sich mit ihm hatten unterhalten wollen.

Auch ich hätte nach den ersten entschlossenen Absagen wahrscheinlich aufgegeben, wenn er nicht eine so eigenartige Begründung für sein Schweigen vorgebracht hätte. Auf meine Anrufe und Briefe reagierte er immer mit demselben Satz: Dass er zu den Umständen des Todes seines Bruders nichts zu sagen habe, weil »er der Kirche nicht schaden« wolle. Das begriff ich beim besten Willen nicht. Ich ging fest davon aus, dass Luciani das Wahrscheinlichste und leider auch Langweiligste sagen würde. Nämlich dass er davon überzeugt sei, alle Spekulationen über ein Komplott der Kurie gegen seinen Bruder und alle Theorien über einen angeblichen Mordanschlag auf ihn seien völliger Blödsinn. Wenn er dieser Meinung war, dann konnte er damit der Kirche kaum schaden. Im Gegenteil, er würde der Kirche einen Gefallen tun. Er würde mit der Autorität des Papstbruders sagen können, dass er keinerlei Zweifel hege, dass sein Bruder aufgrund seiner angegriffenen Gesundheit eines normalen Todes gestorben sei. Wenn er dieser Meinung war, warum sagte er sie nicht? Er konnte der Kirche doch nur in dem Fall schaden, falls er anderer Meinung war, falls er also etwas über den Tod seines Bruders wusste, etwas, das für die Kirche unbequem sein konnte. Aber was sollte das sein?

Ich weiß nicht mehr genau, wie lange mich Edoardo Luciani abwimmelte; es waren aber sicher mehrere Monate. Mir platzte irgendwann der Kragen, und ich fuhr in seine Heimatstadt. Der Bruder des Papstes arbeitete als Lehrer in Cadore und war Bürgermeister für die Christdemokraten. In dem Ort war er bekannt wie ein bunter Hund. Ich rief ihn von einer Bushaltestelle aus an und sagte, dass ich hierhergekommen sei und nicht daran denke, mich abschütteln zu lassen. Ich würde so lange in der Stadt bleiben, bis er mich empfinge. Er war genervt, hatte offensichtlich keine Lust, sich von einem Journalisten belagern zu lassen, und plauderte nur mit mir am Telefon. Ich weiß nicht mehr, warum er Vertrauen zu mir fasste und einem Treffen zustimmte. Jedenfalls trafen wir uns in einer Kaffeebar.

Dort sagte er mir endlich das, was er hatte für sich behalten wollen. Er schilderte das letzte Treffen mit seinem Bruder, das Abendessen im Apostolischen Palast und schließlich den entscheidenden Moment, als er mit seinem Bruder zum Fahrstuhl der päpstlichen Wohnung ging. Mit einer gewissen Schüchternheit erzählte er mir, dass er und sein Bruder zu den zurückhaltenden Norditalienern gehörten, dass sie sich auch in ihrer Kindheit so gut wie nie berührt hatten. Die Menschen des Veneto seien eben anders als die Bewohner Mittel- und Süditaliens, die sich ständig abküssten und in den Armen lägen. Er habe seinen Bruder nie in den Arm genommen, bis auf ein einziges Mal. »Als wir am Fahrstuhl im Apostolischen Palast ankamen, nahm mich mein Bruder plötzlich in den Arm. Das hatte er nie zuvor getan. Ich hatte das Gefühl, dass das ein Abschied sein sollte. Mein Bruder wusste ...«

»Was?«, fragte ich, »was wusste Ihr Bruder?«

»Ich glaube, mein Bruder wusste, dass er sehr bald sterben würde.«

»Aber wieso?«

Er druckste nur herum.

Also fragte ich ihn: »Glauben Sie, dass der Tod Ihres Bruders etwas mit der Bank zu tun hat? Damit, dass es Leute gab, die verhindern wollten, dass er die Vatikanbank umbaute?«

Ich war mir so sicher, dass er empört antworten würde, »verschonen Sie mich mit Ihren Komplott-Theorien«, dass ich regelrecht zusammenzuckte, als er sagte: »Am besten wenden Sie sich an seine alten Mitarbeiter in Venedig, die wissen viel mehr als ich.« Das war's. Das Treffen war vorbei.

Ich beschloss, in das nahe Venedig zu fahren. Wenn mir damals auf dieser Reise jemand gesagt hätte, dass es über zwanzig Jahre später einen Papst mit Namen Franziskus geben würde, der sich mit demselben Problem wird herumschlagen müssen, einer Vatikanbank, die bis zum Hals im Dreck steckte, ich hätte es niemals geglaubt. Aus damaliger Sicht hatte die Vatikanbank spätestens seit dem Haftbefehl gegen Bankchef Paul Marcinkus dermaßen viel Ärger, dass ich niemals gezweifelt hätte: Der Vatikan würde eine totale Reform der Bank durchziehen, ja, er musste sie durchziehen. Es schien dazu keinerlei Alternative zu geben. Die Verfehlungen der Bank hatten das Ansehen der katholischen Kirche weltweit so massiv beschädigt, dass jetzt radikal in der Bank aufgeräumt werden würde.

Es war so weit gekommen, dass die Staatsanwaltschaft glaubte, die Vatikanbank habe das Geld der Mafia, des Clans von Pippo Calo, investiert, das Geld von organisierten Mörderbanden. Die Mitschuld des Vatikans am verbrecherischen Zusammenbruch der Banco Ambrosiano war nachgewiesen. Schlimmer konnte es ja gar nicht mehr kommen. Aus meiner Sicht damals hätte das, was tatsächlich eintrat, idiotisch geklungen: Dass die Bank nämlich einfach immer weitermachen konnte mit krummen Geschäften im großen Stil, bis erneut ein Papst einen radikalen Umbau versuchen würde. Ich ging in jenem Sommer dem Verdacht nach, ob die Vatikanbank tatsächlich etwas mit dem mutmaßlichen Mord an einem Papst zu tun haben könnte. Aber ich hielt die Ereignisse von damals für ein einmaliges, einzigartiges Geschehnis in der Geschichte der Kirche, das sich niemals wiederholen könnte.

Nach allem, was geschehen war, schien es für den Vatikan nicht die geringste Alternative dazu zu geben, die Bank des Papstes komplett auszumisten. Ich hätte mir niemals vorstellen können, dass über zwanzig Jahre später in meinen Vorträgen regelmäßig Zuhörer aufstehen könnten, um zu fragen, ob sich Papst Franziskus durch den radikalen Umbau der Bank nicht in Lebensgefahr bringen würde. Und ich hätte nicht geglaubt, dass ich zwanzig Jahre später auf diese Frage antworten würde: Ja, ich kann es mir vorstellen, dass ein Papst in Lebensgefahr gerät, wenn er anfängt, die Bank radikal zu reformieren. Denn wer auch immer diese Bank beherrscht, muss so stark sein, dass er alle Skandale überstand, ohne dass je ein Papst wagte, gegen ihn vorzugehen.

Auf dem Weg nach Venedig damals ging mir das Gespräch mit Edoardo Luciani nicht aus dem Kopf. Wenn Edoardo Luciani der Meinung war, dass sein Bruder Papst Johannes Paul I. fürchtete, das anstrengende Amt des Papstes könnte ihn umbringen, warum hatte er, sein Bruder, das dann nicht einfach viel früher allen gesagt? Warum hatte er die Schilderung dieses letzten Abends und die Umarmung am Fahrstuhl nicht offen erzählt? Warum hatte er erst nach endlosen Belagerungen durch mich die harmlose Information preisgegeben, dass sein Bruder ihn am letzten Abend umarmt hatte? Es konnte nur eine Erklärung dafür geben: Edoardo Luciani glaubte gar nicht daran, dass sein Bruder aus reiner Schwäche gestorben war. Er glaubte, dass sein Bruder Angst davor hatte, bald sterben zu müssen, weil ihn irgendetwas im Vatikan bedrohte, und deswegen hatte er die Schilderung des letzten Abends für sich behalten wollen. Denn sie legte nahe, dass Albino Luciani irgendeine üble Vorahnung gehabt hatte, und genau das war es gewesen, was Edoardo Luciani hatte verheimlichen wollen.

Ich habe seit Mitte der 8oer-Jahre eine gute Freundin in Venedig, bei der ich zwar ein paar Tage wohnen konnte, aber mit einem Kontakt zum Patriarchat konnte sie mir nicht weiterhelfen. Sie war damals noch überzeugte Kommunistin. Ich wusste genau, dass es sinnlos war, im Palast des Patriarchen herumzuschnüffeln. Wenn ich zum Pressesprecher des Bistums Venedig gegangen wäre, um zu fragen: Hey, sagt mal, habt ihr vielleicht ein paar Hinweise darauf, ob die finsteren Banker des Vatikans euren armen Patriarchen und späteren Papst Johannes Paul I. umlegen wollten, dann hätten sie mich zweifellos einfach rausgeschmissen. Auf Fragen, die auch nur die Möglichkeit andeuten, dass in der Kirche etwas schiefläuft, antwortet ein Pressesprecher eines so wichtigen Bistums wie Venedig grundsätzlich nicht. Das konnte ich vergessen.

Es gab nur einen Weg, weiterzukommen. In den Diözesen genauso wie im Vatikan zieht nur eine Methode, um an brauchbare Informationen heranzukommen: Man musste jemanden finden, der aus irgendeinem Grund auf das Bistum und dessen Chef sehr, sehr sauer war. Das war zwar eine mühsame Methode, funktionierte aber fast immer. Der Vorteil der katholischen Kirche ist, dass sie so hierarchisch organisiert ist. Das bedeutet vor allem eins: Dass man die aus journalistischer Sicht unschätzbar wertvollen, schwer verärgerten Priester oder Bischöfe relativ leicht zu Gesicht bekommt, denn früher oder später wenden sie sich alle an Rom, um sich beim Papst über erlittenes Unrecht zu beklagen.

Ich hatte einen Freund im Umfeld der Sekretäre von Papst Johannes Paul II., der mich ab und zu mit den für mich äußerst wichtigen Informationen versorgte, wo gerade wer auf wen sauer war. Ich nahm meinen Mut zusammen und rief ihn von Venedig aus an. Er war gut gelaunt, und ich fragte ihn, ob es nicht einmal Ärger in der Diözese Venedig gegeben habe.

»Ja«, sagte er, »da war mal was. Ein Pfarrer war stinksauer nach dem Besuch des Papstes im Jahr 1985 in Venedig. Der Pfarrer hatte irgendwas entdeckt, irgendeine Unregelmäßigkeit, und die dann auch gemeldet. Aber der Patriarch hat alles unter den Teppich gekehrt, das machte den Pfarrer fuchsteufelswild; aber ich glaube, sie haben ihn dann beruhigt und in irgendeine kleine Pfarrei abgeschoben.«

»Noch mal langsam. Worum handelte es sich?«

»Keine Ahnung. Er hatte etwas entdeckt, ich weiß nicht mehr, was es war. Es hatte aber mit dem Papstbesuch in Venedig zu tun; dabei ist irgendetwas schiefgegangen. Der Pfarrer...«

»Wie hieß er?«

»Keine Ahnung. Also, der Pfarrer meldete diese Unregelmäßigkeit beim Patriarchen und wollte natürlich dafür gelobt werden, stattdessen befahl der Patriarch ihm nur, die Klappe zu halten. Das ist wirklich alles, was ich weiß.«

»Vielen Dank«, sagte ich und dachte, dass ich mit der Information nur mit sehr viel Glück weiterkommen würde. Ich überprüfte die Listen aller Priester der Diözese, die in irgendeiner Funktion an dem Papstbesuch damals beteiligt gewesen waren, was nahezu die komplette Diözese war. Dann stellte ich mich im Büro des Patriarchen vor mit einer Ausrede, die keine Lüge war: Ich wolle den Besuch des Papstes Johannes Paul II. in Venedig aus dem Jahr 1985 rekonstruieren, für ein neues Buch. Das Büro des Patriarchen schickte mich zu einem jungen Priester, der damals den Papstbesuch organisiert hatte. Ich traf einen etwas dicklichen Pfarrer, der gutmütig wirkte und mir voller Begeisterung Fotos von Papst Johannes Paul II. in einer Gondel zeigte. Ich ratterte rasch Namen von Priestern herunter, die damals bei dem Papstbesuch dabei gewesen waren: Ich verlangte Don Giuseppe und Don Franco zu sprechen, Don Luigi und Don Sebastiano und so weiter und so weiter. Der gutmütige Pfarrer nickte stets und betonte jedes Mal, dass es eine wundervolle Idee sei, diesen oder jenen Pfarrer zu sprechen. Endlich kam ich bei Don Vincenzo an, und plötzlich schaute mich der Pfarrer irritiert an. Das ginge leider nicht, mit ihm könne ich nicht sprechen, sagte der Pfarrer, und ich hoffte, dass es ein Treffer sein würde. Don Vincenzo diente als Pfarrer in einer kleinen, düsteren Kirche in Venedig. Als ich gegen 10.30 Uhr in seine Kirche kam, war er gerade damit beschäftigt, in schlechtem Englisch drei junge Skandinavierinnen zusammenzuscheißen, die sich im Minirock und durchsichtigen Tops, die ihre Brüste sehr deutlich erahnen ließen, in seiner Kirche in indiskutablen Positionen fotografierten. Er sah mich misstrauisch an, als ich ihm die Hand gab.

Ich sagte einfach: »Ich komme aus Rom.« Dieser Satz hatte immer und überall auf der Welt eine gewisse Wirkung auf Pfarrer der römisch-katholischen Kirche. »Ich arbeite als Journalist im Vatikan. Ich weiß, dass Ihnen 1985 beim Papstbesuch Unrecht widerfahren ist.« Er sah mich an. Als ich mich vorgestellt hatte, war er kreidebleich geworden, als hätte er lange darauf gewartet, dass jemand kommt und diesen Satz sagt, und jetzt, da es soweit war, schien er sich zu fürchten.

»Ich möchte mit Ihnen darüber sprechen«, fuhr ich fort.

»Wer sind Sie?«, fragte er. Ich nannte ihm meinen Namen und die von ein paar Bekannten im Vatikan.

»Wer hat Sie zu mir geschickt?«, fragte er.

»Ich kann seinen Namen nicht sagen, aber es ist jemand in Rom, der weiß, dass Ihnen großes Unrecht angetan wurde.« Er sah mich misstrauisch an und schaute sich dann in der Kirche um, als ob uns jemand belauschen könnte. Schließlich sagte er: »Kommen Sie!«

Er schloss die Tür auf, die zur Sakristei führte, und wir schlüpften in den angenehm kühlen Raum. Hinter uns schloss er ab.

Es war eine schäbige alte Sakristei, die dringend einen neuen Anstrich gebraucht hätte. Ein verblichener Kirchenkalender und ein Bild von Papst Johannes Paul II. hingen an der Wand.

Auf dem Tisch lag ein ausgebreitetes Messgewand, daneben standen zwei schäbige Plastikstühle. Er schob mir einen hin und setzte sich auf den anderen.

»Was wollen Sie von mir?«

»Ich habe gehört, dass Sie sehr unter dem gelitten haben, was im Jahr 1985 hier passiert ist, als der Papst kam. Ich arbeite an einem Buch über Papst Johannes Paul II.«

»Wissen Sie, was passiert ist?«, fragte er mich.

»Nicht genau. Ich weiß, dass Sie es beim Patriarchen angezeigt haben.«

So rasch wie eine Ampel auf Rot schaltet, lief sein Gesicht jetzt knallrot an.

»Sie haben mich gedemütigt, wie einen räudigen Hund weggejagt.«

»Ich kann Ihnen nur so viel sagen, dass es im Vatikan auch Priester gibt, die denken, dass Sie ungerecht behandelt wurden.«

»Nun gut« sagte er, »wer immer das auch sein mag. Es ging um Simonie.«

»Wie bitte? Handel mit dem Heiligen?«

Er nickte.

Das Wort Simonie stammt von Simon dem Zauberer, der in der Apostelgeschichte der Bibel auftaucht. Er sieht, dass Petrus und Paulus Wunder wirken, und bietet ihnen Geld an, wenn sie ihm den Trick verraten würden, damit er auch Wunder wirken könne. Seitdem nennt man den Handel mit Heiligem Simonie.

»Papst Johannes Paul II. las damals bei seinem Besuch in Venedig die Heilige Messe und sollte, wie immer, genau 100 Mal die Kommunion an ausgewählte Persönlichkeiten austeilen.«

»Ja und?«, fragte ich.

»Ich stand zufällig in der Nähe des Papstes und habe mitgezählt.«

»Und?«

»Es waren 112 Hostien, die der Papst austeilte, zwölf zu viel. Irgendjemand hat Druck ausgeübt und vielleicht sogar Geld bezahlt, um die Kommunion vom Papst zu bekommen.«

»Und dann?«

»Ich bin nach der Messe zum Patriarchen gegangen und habe alles gemeldet. Ich war der Meinung, dass wir sofort eingreifen müssten, um herauszubekommen, wer die zwölf zusätzlichen Hostien in die Schale des Papstes gelegt hatte und was er dafür bekommen hat. Aber der Patriarch wollte nichts davon wissen, er hat mich an mein Gelübde des Gehorsams erinnert und zwang mich zu schweigen. Seitdem denke ich, dass der Patriarch an der ganzen Sache beteiligt war. Simonie ist ein schweres Verbrechen, und wenn es stimmte, dass ein paar Politiker oder gar Kirchenmänner dafür bezahlt haben, vom Papst die Kommunion zu erhalten, dann musste der Patriarch dem nachgehen.«

Ich setzte eine sehr ernste Miene auf. Aber in meinem Inneren dachte ich, wie kann der sich so darüber aufregen? Der Patriarch hatte einfach zwölf Leuten einen Gefallen tun wollen und ein paar Hostien mehr in die Schale gelegt. Johannes Paul II. wäre das egal gewesen, ob er zwölf Hostien mehr verteilen musste. Wahrscheinlich war es nur eine bösartige Unterstellung, dass der Patriarch Geld dafür verlangt hatte.

»Und Sie sind dann gedemütigt worden.«

»Ja«, sagte er. »Sie haben mein Leben zerstört.« Er begann zu erzählen. Es war eine Aneinanderreihung von Demütigungen, die im Grunde nur daraus erwachsen waren, dass der Pfarrer darauf beharrte, eine kleine Verfehlung müsste unbedingt aufgeklärt werden. Hätte er darüber hinweggesehen, wäre nichts passiert. Das Tragische an der Situation war, dass er recht hatte. Er hatte einfach mitgezählt und die Verantwortlichen im Patriarchat erwischt. Die hatten nicht die Größe zuzugeben, dass sie ein paar Hostien zu viel in die Schale gelegt hatten, um mächtigen Leuten einen Gefallen zu tun. Das war zweifellos eine Sünde, da hatte der Pfarrer auch recht. »Seit der Sache bin ich das schwarze Schaf der Diözese. Sie haben mich hierhergeschickt, aber die Gläubigen haben Venedig verlassen. Nur ein paar alte Leute sind mir noch geblieben, die Familien sind alle fort. Sie haben mich auf diesen Posten hier gesetzt, weil ihn niemand haben wollte. Ich halte hier nur die Stellung. Ich habe keine Freunde mehr im Patriarchat, die mich unterstützen, dabei habe ich nur meine Pflicht getan.«

»Es tut mir sehr leid. Die Kirche hat Ihnen unrecht getan. Möchten Sie, dass ich darüber schreibe?«

»Ja«, sagte er, »aber lassen Sie bitte meinen echten Namen weg; wenn Sie darüber schreiben, wird eh jeder wissen, wer gemeint ist.«

»Ich habe auch eine Bitte«, sagte ich.

Er sah mich interessiert an, wir waren jetzt keine Fremden mehr. »Können Sie sich vorstellen, dass die Bank des Vatikans irgendetwas mit dem Tod von Papst Johannes Paul I. zu tun hatte, Ihrem alten Patriarchen von Venedig?«

Er sah mich eine Weile stumm an, dann lachte er plötzlich; nicht fröhlich, sondern auf eine grimmige Art und Weise. »Wissen Sie nicht, dass Sie einem Priester der Diözese Venedig niemals diese Frage stellen dürfen? Wissen Sie nicht, dass er dann gezwungen ist, das Patriarchat anzurufen, um vor dem Mann zu warnen, der wissen will, ob es nicht Zweifel daran gibt, wie der Papst gestorben ist? Wissen Sie das nicht?«

»Nein«, sagte ich, »das wusste ich nicht.«

»Ich habe aber niemanden mehr, den ich davor warnen könnte, dass Sie mit mir sprechen; sie wollen alle nichts mehr mit mir zu tun haben. Deswegen bleibt mir wohl nichts anderes übrig, als Ihnen die Wahrheit zu sagen.«

Er stockte einen Moment, dann sagte er: »Im Jahr 1972 gab es einen heftigen Streit zwischen Albino Luciani, dem damaligen Bischof der Stadt Vittorio Veneto, und Paul Marcinkus. Es ging um die Banca Cattolica del Veneto, die den Bischöfen Norditaliens gehörte. Marcinkus setzte durch, dass die Banco Ambrosiano sich in die Banca Cattolica einkaufen konnte. Marcinkus operierte vom Vatikan aus, hinter dem Rücken der Bischöfe, und brachte die Bank unter die Kontrolle der später zusammengebrochenen Banco Ambrosiano. Albino Luciani war über diese Nacht-und-Nebel-Aktion, vor allem über die undurchsichtigen Finanzgeschäfte des Vatikans, empört.«

»Wie bitte?«, sagte ich überrascht.

»Als Albino Luciani im Jahr 1978 zum Papst gewählt wurde, sah er den alten Bekannten Paul Marcinkus wieder, der immer noch Chef der Vatikanbank war. Der Krach war vorprogrammiert, weil Albino Luciani jetzt als Papst natürlich endlich auch die Macht hatte, die Bank nach illegalen Machenschaften durchleuchten zu lassen, die später dann ja auch entdeckt wurden. Es gab also eine ganze Menge Menschen, die gern verhindert hätten, dass der Papst sich die Vatikanbank genauer ansah. Zudem wollte er einen Teil der Gewinne der Bank den Armen zufließen lassen. Wenn er das getan hätte, dann wäre unweigerlich aufgeflogen, in was für kriminelle Geschäfte die Bank verwickelt war. Er hatte einen großen Kampf vor sich, und dann war er auf einmal tot. Seltsamer Zufall, oder?«

»Ja«, sagte ich, »seltsamer Zufall.«

»Ich habe viele Jahre mit Albino Luciani in Finanzdingen zusammengearbeitet, auch als es um den Streit um die Banca Cattolica del Veneto ging. Ich konnte nie begreifen, wie der Vatikan eine so gesunde Bank ausgerechnet einer so kriminellen Gruppe wie dem Aufsichtsrat der Banco Ambrosiano überlassen konnte.«

Mir wurde eiskalt. Warum hatte Paul Casimir Marcinkus mir gesagt, dass er der Letzte gewesen wäre, der ein Motiv gehabt hätte, wenn er doch hatte wissen müssen, dass er eine harte Auseinandersetzung mit Albino Luciani gehabt hatte und dass er zweifellos fürchten musste, vom Papst in die Wüste geschickt zu werden? Er hatte also sehr wohl ein Motiv, den Papst zu fürchten. Wenn dieser ihn aus der Bank entfernen sollte, was äußerst wahrscheinlich schien, könnte Paul Marcinkus niemals das verbrannte Geld ersetzen. Die Mafia-Clans, von denen Teile dieses Geldes stammten, würden das nicht hinnehmen und ihn möglicherweise ermorden wie Michele Sindona und Roberto Calvi. Paul Marcinkus musste also damit rechnen, in Todesgefahr zu schweben, wenn der Papst ihn jetzt entließ. Wieso hatte er mir dann gesagt, dass er der Letzte wäre, der ein Motiv hatte?

Franziskus gegen die Kurie

Papst Franziskus berief bereits kurz nach seiner Wahl, am Samstag, dem 12. April 2013, eine Sonderkommission von acht Kardinälen ein, die den Papst beraten sollten. Das war eine Sensation. Niemand drückte das so klar aus wie Papstsprecher Federico Lombardi, allerdings, ohne es zu wollen. Die Berufung dieser Kommission war eine derart schallende Ohrfeige für die Kurie der Kardinäle, dass Lombardi regelrecht die Worte fehlten, um eine so dramatische Entscheidung des Papstes bekannt zu geben. Er mühte sich nach Kräften, sprach davon, dass es ja nur eine Arbeitsgruppe sei. Aber es ließ sich nun einmal nicht schönreden. Der Papst hatte keineswegs eine wenig höfliche Kritik angebracht, nein, er hatte die Keule rausgeholt gegen die Kurie. Laut ihrer Definition ist die Kurie dazu da, den Papst zu beraten und zu unterstützen. Ernennt aber ein Papst einen Beraterstab zusätzlich zur Kurie, heißt das vor allem eines: Er traut seinen, laut Statuten des Vatikans, bestellten Beratern in der Kurie überhaupt nicht. Doch wenn der Papst den Beratern nicht traut, haben die ihre Existenzberechtigung verloren und sind überflüssig. Diese brutale Tatsache war Pater Lombardi derart peinlich, dass er alles daransetzte, sie so harmlos wie möglich erscheinen zu lassen, was ihm nicht wirklich gelang.

Viele meiner Bekannten in der Kirche empfanden diesen Schritt als extrem hart und ungerecht. Eine regelrechte Welle der Abneigung gegen den Papst schwappte über. Denn diese Entscheidung, die Kurie durch einen Beraterstab zu entmachten, war öffentlich, vor der Welt getroffen worden und ließ bis dahin sehr einflussreiche Herren mit entsprechendem Selbstbewusstsein schlagartig in die Bedeutungslosigkeit abstürzen. Viele Kardinäle werteten das als einen persönlichen Angriff. Die meisten Kurienkardinäle waren über den Papst vor allem deswegen so empört, weil sie ihrer Meinung nach in den vergangenen Jahren hervorragende Ergebnisse erzielt hatten. Er behandelte sie aber wie Verbrecher. Um es salopp zu sagen: Papst Franziskus hatte den bisher großen Bossen der Kirche klargemacht, dass sie eine Truppe von höchst gefährlichen Versagern seien, die dringend der Kontrolle bedurften. Eine Unverschämtheit!

Kein anderes Thema zeigt so deutlich die Notwendigkeit eines äußerst harten Vorgehens gegen die Kurie wie die Entwicklung der Bank des Vatikans. Ein Papst hat keine Zeit dazu, die Kunden der Vatikanbank zu kontrollieren. Die Päpste müssen, seitdem Papst Johannes Paul II. das Amt des Papstes von Grund auf veränderte, einen sehr großen Teil ihrer Zeit in der Öffentlichkeit verbringen. Es reicht schon lange nicht mehr aus, dass die Päpste sich zu Weihnachten und zu Ostern auf dem Balkon des Petersdoms zeigen, um den Urbi-et-orbi-Segen zu spenden. Die Erfindung des Weltjugendtages, des Weltfamilientages, die Notwendigkeit für die Päpste, lange Reisen zu unternehmen, all das hat das Amt des Papstes zu einem öffentlichen Amt gemacht. Es ist nicht mehr möglich, sich im Vatikan zurückzuziehen und abgewandt von der bösen Welt zu schmollen, wie das der heilige Pius IX. und Leo XIII. taten. Selbst wenn ein Papst wollte, könnte er das, was im Vatikan geschieht, allein nicht kontrollieren, weil er keine Zeit dazu hat. Deswegen ist eine verlässliche Führungsmannschaft, also die Kurie, unerlässlich. Natürlich begehen alle Führungsmannschaften Fehler, und Papst Franziskus hätte mit vorsichtigen Änderungen versuchen können, die Kurie zu reformieren, aber das tat er nicht, sondern ging mit einer brachialen Entscheidung gegen sie vor.

Was haben wir eigentlich so Schreckliches verbrochen, um so hart bestraft zu werden?, fragten sich natürlich die Kardinäle der Kurie. Die deutlichste Antwort darauf gibt die Entwicklung der Vatikanbank der vergangenen Jahrzehnte, die laut Satzung von den Kardinälen kontrolliert werden sollte mithilfe einer eigenen Kommission. Die Führung der Bank durch die Kardinäle war eine solche Katastrophe gewesen, dass sie einen gigantischen

Vertrauensverlust in der katholischen Kirche ausgelöst hatte. Nur durch und durch kriminelle Geldinstitute konnten ein solches Desaster anrichten.

Nach meinem damaligen Ausflug nach Venedig wusste ich, dass im Jahr 1978 im Vatikan ein Papst gelebt hatte, der davon träumte, Teile der Gewinne seiner Bank an die Armen auszuzahlen, und der sich mit einem Bankchef auseinandersetzen musste, der ihn schwer hintergangen und betrogen hatte, den er sehr wahrscheinlich verabscheute, und vor allem, den er fürchtete.

Ich will Paul Casimir Marcinkus gar nichts unterstellen. Er starb im Jahr 2006, und es ist nicht fair, Menschen zu beschuldigen, die sich nicht wehren können. Aber es ist auch unumgänglich, die Fakten nicht zu verheimlichen, und es war eine Tatsache, dass Paul Casimir Marcinkus und Albino Luciani vor dessen Wahl zum Papst wegen des aggressiven Verhaltens von Marcinkus und der Vatikanbank aneinandergeraten waren und die Bank während der kurzen Amtszeit des Papstes eine Phase durchlief, in der sie in schweren kriminellen Verwicklungen steckte.

Immer wenn mir Kirchenvertreter vorwerfen, ich würde maßlos übertreiben, und behaupten, das sei alles gar nicht so schlimm gewesen, muss ich an diese Zeit Ende der 80er-Jahre denken und an einen Mann: Licio Gelli. Der Vatikan, die Institution, die sich darauf beruft, von Gottes Sohn selber gegründet worden zu sein, versuchte in jener Zeit, ihr Geld zu mehren mithilfe eines Mannes, der Verbindungsoffizier von Hermann Göring gewesen war, der als Freiwilliger im Faschisten-Korps in Spanien gekämpft und Adolf Hitler offen bewundert hatte. Es gab keine andere Bank auf der Welt, die mit einem Mann Geschäfte machen wollte, der zu Hermann Görings Schergen gehört hatte, dem Nazi-Boss, der die Ermordung von sechs Millionen Juden vorbereitet hatte, außer dem Vatikan. Das Geld, das dieser ehemalige hochrangige Offizier des Faschisten-Staates von Hitlers Gnaden, der Salò-Republik, einsetzte, um den Vatikan zu bereichern, stammte zweifelsfrei auch von Konten der Mafia. Konnte man tiefer sinken? Wie konnte eine Kontrollkommission aus Kardinälen so viele so katastrophale Fehler machen? Musste da nicht eines Tages ein Papst wie Franziskus kommen und einen radikalen Schnitt, einen drastischen Schlag gegen die Kurie führen, die solche Verbrechen zugelassen hatte, nämlich das Geld des Vatikans mithilfe eines Kontaktoffiziers eines der schlimmsten Verbrecher der Menschheit, Hermann Göring, und der Mafia zu mehren?

Es gibt im Fall Licio Gelli einige Vertreter der Kirche, die einen verzweifelten Verteidigungsversuch wagen und behaupten, die Kirche hätte nicht abschätzen können, dass eine Zusammenarbeit mit einem ehemaligen Schlüsselmann der Faschisten und Hitlers Nazi-Diktatur dem Ansehen des Vatikans extrem schaden konnte und die Kurie auf Jahre in Misskredit bringen würde. Das Argument lässt sich schon deshalb kaum nachvollziehen, weil die katholische Kirche bereits extrem schlechte Erfahrungen damit gemacht hatte, mit einem Bewunderer Adolf Hitlers zusammenzuarbeiten. Der Fall Alois Hudal hatte die katholische Kirche nach dem Zweiten Weltkrieg schwer erschüttert. Alois Hudal ist eines der eindrucksvollsten Beispiele dafür, dass man ein hochgelobter Theologe sein kann, ein Fachmann für Liturgie und Spiritualität, ohne das Geringste von der Botschaft des Jesus von Nazareth verstanden zu haben. Bischof Alois Hudal war ein bekennender Rassist; er hetzte in seinen Schriften gegen die »Neger«, die für ihn Untermenschen waren und es wagten, gegen Hitlers Armee zu kämpfen. Alois Hudal träumte von einer Aussöhnung zwischen Papst Pius XII. und Adolf Hitler. Dass es nicht möglich ist, der christlichen Botschaft »Liebe deinen Nächsten« zu folgen, wenn man Rassist ist und Menschen anderer Hautfarbe niedermacht, hat Alois Hudal nicht verstanden. Die Kirche schritt nie konsequent gegen ihn ein; er liegt heute begraben auf einem Ehrenplatz auf dem Friedhof Campo Santo Teutonico in Rom, direkt neben dem Petersdom, ein Privileg, das nur ganz wenigen zuteil wird. Da niemand im Vatikan Alois Hudal stoppte, konnte er schon gegen Ende des Zweiten Weltkriegs mit dem Aufbau der sogenannten Rattenlinie oder Klosterrouten, wie der US-Geheimdienst sie nannte, beginnen. Hudal half über das österreichische Büro und dank Visa, die im Vatikan ausgegeben wurden, flüchtigen Nazi-Verbrechern, sich nach Lateinamerika, vor allem nach Argentinien, abzusetzen. Den schlimmsten Massenmördern des

Nazi-Terrors, Adolf Eichmann, Josef Mengele und Klaus Barbie, sowie zahlreichen Leitern und Mitverantwortlichen der Todesfabriken der Konzentrationslager gelang über Genua die Flucht. Die meisten bekamen ihre gefälschten Papiere aus dem Vatikan, um über den Hafen Genua dem sicheren Todesurteil zu entkommen. Jahrzehntelang hat diese Tatsache, dass die katholische Kirche den Massenmördern der Nazis bei der Flucht half, das Verhältnis zwischen den Päpsten und dem Staat Israel nachhaltig gestört, verständlicherweise. Hätten die Kurienkardinäle nach dieser Erfahrung nicht verstehen müssen, dass es die Gläubigen aufs Äußerste verschrecken würde, einen Verbindungsoffizier zu Hermann Göring zu beschäftigen, der sich um die Mehrung des Vatikanvermögens kümmerte?

Aus Sicht der alten Seilschaften in der Kurie war die Wahl von Papst Franziskus aus zwei Gründen eine Katastrophe. Er stammte aus Argentinien, dem wichtigsten Ziel der Nazi-Verbrecher, die mithilfe von Vatikanpapieren Europa verlassen hatten. Jorge Mario Bergoglio hatte selber miterlebt, wie ein Nazi-Verbrecher nach dem anderen, den die Helfershelfer der römischen Kurie über Genua hatten fliehen lassen, in Argentinien aufkreuzte, und wie Adolf Eichmann und Erich Priebke dann doch noch verhaftet wurden. Bergoglio wuchs mit der Überzeugung auf, dass die Massenmörder nur deswegen fliehen konnten, weil Teile der Kurie des Vatikans, vor allem Bischof Alois Hudal, aktiv geholfen hatten. Selbstverständlich musste dieser argentinische Pfarrer schon früh begriffen haben, dass etwas vollkommen schieflief in der Zentrale der katholischen Kirche.

Der zweite Eklat verbindet sich mit der Wahl des Namens Franziskus. Dieser Papst drückte damit seinen Willen aus, die katholische Kirche an die Seite derer zu führen, zu denen sie seiner Ansicht nach gehörte, an die Seite der Armen. Dass die Kurie damit ein Problem hat, liegt in derselben Ursache begründet, weshalb die Kontrollmechanismen der Kurie sich auf die verbrecherischen Machenschaften der Bank mit Unterstützung von ranghohen Faschisten und Mafiosi eingelassen hatten: Habgier.

Der Vatikan der 80er-Jahre brauchte kein Geld. Es gab genug Geld, um alle Aktivitäten zu finanzieren. Es bestand, mal abgesehen von der moralischen und christlichen Wertung, keinerlei Notwendigkeit, sich auf riskante oder kriminelle Machenschaften einzulassen. Die in Deutschland erhobenen Kirchensteuern erlaubten den deutschen Diözesen, enorme Summen an den Vatikan abzuführen. Gleichzeitig war die Spendenfreudigkeit der katholischen US-Amerikaner sehr groß, sodass Deutsche und US-Bürger allein über die Hälfte des Etats des Vatikans finanzierten, alle anderen katholischen Länder zusammen finanzierten den fehlenden Rest. Aber wenn die katholische Kirche gar kein Geld brauchte, warum investierte sie Unsummen in extrem riskante Geschäfte mit Off-Shore-Banken, die immense Schulden anhäuften? Das machte sie nur mit Aussicht auf enorme Gewinne. Im Bankensektor gibt es eine einfache Regel: Die Gewinnspanne drückt das Risiko aus, je höher das Risiko, desto höher der zu erwartende Gewinn. Also gab es nur einen Grund, um die riskanten Geschäfte einzugehen: den Wunsch nach enormen Gewinnen, nach noch mehr Geld. Das also bewegte die Kontrollkommission der Bank: Habgier. Im Zentrum der Organisation, die sich auf die Gründung durch Jesus von Nazareth beruft, regierte der Wille, sich skrupellos zu bereichern. Der Papst der Armen konnte nicht anders, als das angewidert zur Kenntnis zu nehmen und zu dem Schluss zu kommen, dass nur ein extrem hartes Vorgehen und eine totale Umbesetzung der Kurie irgendwann Erfolge bringen würden.

Das Böse in der Bank

Im Grunde ist es unfassbar, dass ausgerechnet die Ereignisse, die sich in einer kleinen, relativ unscheinbaren Bank abspielen, es schaffen, die mächtige katholische Kirche weltweit so in Misskredit zu bringen, dass eines Tages ein Papst mit dem Namen Franziskus sich genötigt sieht, seine komplette Kurie mit äußerster Härte zu maßregeln, damit sich so etwas niemals wiederholt. Die katholische Kirche hatte insofern Pech, als dass Starregisseur Francis Ford Coppola die Ereignisse dieser lange Zeit weltweit unbekannten Banco Ambrosiano im dritten Teil des Films *Der Pate* nacherzählt. Damit wurde auch noch im letzten Winkel auf dem Globus diese für den Vatikan so katastrophale Geschichte bekannt. Später werden amerikanische Drehbuchautoren darüber rätseln, wie es überhaupt dazu kommen konnte, dass der Vatikan ausgerechnet in den Skandal mit der Banco Ambrosiano schlitterte, also einer Bank aus Mailand, die weit weg liegt vom Vatikan.

Seit dem Gründungsjahr 1896 konzentrierte sich die Banco Ambrosiano auf die Umgebung von Mailand. Auf den ersten Blick sollte man meinen, dass es weit logischer wäre, wenn der Vatikan sich mit der Bank vor der Haustür des Vatikans, der viel größeren Banco di Roma, eingelassen hätte. Wieso das Unheil überhaupt beginnen kann, wieso sich der Vatikan also für die Banco Ambrosiano interessiert, lässt sich leicht erklären. Die Banco Ambrosiano ist eine katholische Bank, wobei das Katholische nicht nur ein Etikett ist. Die Bank war gegründet worden, um katholische Kunden bedienen zu können. Ein Neffe von Papst Pius IX. saß im Aufsichtsrat der Bank. In den Anfangsjahren musste jeder Bewerber, der in der Bank angestellt werden wollte, nicht nur ein Taufzeugnis vorweisen, sondern auch ein Führungszeugnis seines

Pfarrers, in dem bestätigt werden musste, ob der oder die Betroffene regelmäßig die Gottesdienste besuchte, zur Beichte ging und auch ansonsten ein anständiges katholisches Leben führte.

In den ersten Jahrzehnten erlebte die Bank kaum etwas Spektakuläres. Im Grunde ging es darum, den Aufstieg des prosperierenden Italiens zu finanzieren. Katholische Kunden liehen sich bei der Bank Geld, um im Umfeld von Mailand immer mehr und immer rascher Häuser zu bauen. Dass es die Bank schaffen könnte, ganze Kapitel im dicken Buch der Geschichte der katholischen Kirche zu füllen, hängt damit zusammen, dass sich ein ehrgeiziger Angestellter in der Bank, Roberto Calvi, vom kleinen Angestellten zum Generaldirektor des Aufsichtsrats der Bank hochgearbeitet hatte. Wenn Calvi die traditionellen Geschäfte der Banco Ambrosiano einfach weitergeführt hätte, wäre gar nichts geschehen. Aber Calvi wollte mehr, viel mehr.

Am 6. Januar 1969 hatte Papst Paul VI. den aus Chicago stammenden Priester Paul Casimir Marcinkus zum Bischof geweiht. Marcinkus lernte zufällig in seiner Heimat in den USA den Banker David Matthew Kennedy kennen, einen Banker, der es später in der Regierung von Richard Nixon sogar zum Schatzminister bringen sollte.

Kennedy brachte Paul Marcinkus mit Michele Sindona zusammen, einem Banker, der im Kontakt stand mit der sizilianisch-amerikanischen Mafia. Bereits im Jahr 1962 hatte die Vatikanbank einen 24,5-prozentigen Anteil an der von Michele Sindona kontrollierten Banca Privata Finanziara gekauft. Der damals regierende Papst Johannes XXIII. verließ sich auf Berater, die Michele Sindona und seine Privatbank als vertrauenswürdig einschätzten.

Was dann geschieht, ist einer der rätselhaftesten Vorgänge im Vatikan. Bereits im Jahr 1967 klagte die US-Justiz Michele Sindona an wegen Geldwäsche und Drogenhandel. Dennoch vergibt die Vatikanbank (IOR) 1969 mit Wissen von Papst Paul VI. an Michele Sindona den Auftrag, die IOR zu modernisieren. Eines muss man Paul Casimir Marcinkus zugutehalten, als er 1971 zum Chef der Vatikanbank ernannt wird. Die Verbindung zu Michele Sindona, der die Bank in den Untergang reißen wird, existierte bereits. Geknüpft hatte sie schon Kardinal Giovanni Battista Montini, der spätere Papst Paul VI. Paul Casimir Marcinkus ist kaum vorzuwerfen, dass er sich auf Sindona verlässt, der doch das Vertrauen des Papstes genießt.

Mit der Ernennung von Paul Casimir Marcinkus zum Chef der Vatikanbank beginnt das Drama. Der ehrgeizige Roberto Calvi und der mit Kontakten in die USA hervorragend vernetzte Paul Marcinkus beginnen, Briefkastenfirmen und Scheinbanken einzurichten; die erste ist die Cisalpina-Bank auf den Bahamas. Diese Scheinbanken wurden von der Banco Ambrosiano und von der Vatikanbank IOR gemeinsam kontrolliert.

Das Unheil, das in den nächsten zehn Jahren heraufziehen sollte, hatte seinen Ursprung in Gier und nochmals Gier. Die Banker Michele Sindona und Roberto Calvi gingen gewaltige Risiken ein, in der Hoffnung auf Riesengewinne. Reines Zocken, Glücksspiel im großen Stil. Calvi und Sindona ließen dabei aber außer Acht, dass es bei diesen Spielen immer auch Verlierer gibt, und sie verloren. Und weil sie große Summen verloren hatten bei riskanten Geschäften, setzten sie immer neue Summen ein, für noch riskantere Geschäfte. Der Anfang vom Ende war die Entscheidung von Michele Sindona, 1972 die riesige Franklin National Bank zu kaufen. Weil Michele Sindona sich mit diesem Kauf übernahm und sich anschließend hoffnungslos verspekulierte, musste die Bank zunächst einen Kredit von 1 Milliarde US-Dollar von der US-Staatsbank Federal Reserve aufnehmen, was aber nicht reichte, um den Bankrott abzuwenden. Am 8. Oktober des Jahres 1974 musste die Franklin National Bank ihren Bankrott erklären. Der Untergang der Bank riss auch die Banco Ambrosiano mit. Die risikoreichen Geschäfte der Cisalpina-Bank hatten sich als extrem verlustreich erwiesen. Die Bank war im Jahr 1972 eigentlich pleite. Paul Casimir Marcinkus hatte sich zusammen mit Roberto Calvi und Michele Sindona verzockt. Er brauchte dringend frisches Geld. Um das für die Banco Ambrosiano zu beschaffen, übergibt Marcinkus die Konten der Banca Cattolica del Veneto an die Banco Ambrosiano. Damit hofft Paul Marcinkus, die Löcher gestopft zu haben. Doch die Rettungsaktion reicht nicht, und Michele Sindona und Roberto Calvi verfallen auf einen neuen Trick.

Um die Banco Ambrosiano zu retten, muss eine Bürgschaft einer glaubwürdigen Bank her, und wer könnte schon an der Glaubwürdigkeit der Vatikanbank zweifeln? Also deponieren Roberto Calvi und Michele Sindona falsche Dollarnoten und falsche Wertpapiere eines Nennwertes von 950 Millionen Dollar, die sie bei der Mafia beschaffen, in der Vatikanbank. Doch der Betrug fliegt auf. Bis heute ist unklar, ob Paul Marcinkus in die Aktion eingeweiht war oder nicht. Paul Marcinkus wird am 26. April 1973 in der Sache vor dem Justiz-Departement der USA, das sich mit organisiertem Verbrechen beschäftigt, verhört, aber aus Mangel an Beweisen bleibt er unbehelligt.

Fest steht, dass in den Kassen der Vatikanbank gefälschtes Bargeld und Wertpapiere im Wert von 950 Millionen Dollar gefunden werden. Für eine saubere Geschäftsführung durch den Bankchef Paul Marcinkus spricht das nicht.

Zum Vergleich: In den 17 Jahren zwischen 1970 und 1987, dem endgültigen Zusammenbruch der Banco Ambrosiano, sterben allein in der Sahelzone in Westafrika über 3 Millionen Menschen an Hunger. Sie hatten nicht einmal den einen Dollar pro Tag, der nötig gewesen wäre, um ihr Leben zu retten. Gleichzeitig verspielt die Vatikanbank mit ihren kriminellen Helfershelfern 1 Milliarde Dollar. Mit dem Geld hätte man die 3 Millionen Opfer der Hungersnot 300 Tage lang, also knapp ein Jahr, ernähren können, was bei Weitem gereicht hätte, um die Dürre zu überstehen. Das ist es, was Papst Franziskus meint mit der Schuld der Kurie. Der Vatikan hat sich jahrzehntelang um das größte Elend auf dieser Welt nicht geschert. Das Signal, das aus dem Vatikan kommt, besagt nicht, dass Priester zu denen gehen sollen, die in bitterster Not leben. Stattdessen schreitet niemand ein, obwohl Paul Marcinkus Milliarden Dollar verspielt und seine Zeit mit Mafiosi verbringt. Das ging nicht ein paar Tage so, sondern Jahrzehnte. Paul Casimir Marcinkus war zwischen 1971 und 1989 Chef der Bank, fast zwei Jahrzehnte lang. Es wäre die Aufgabe der Kurie gewesen, die Geschäfte von Paul Marcinkus zu kontrollieren und zu stoppen, doch nichts geschah. Es ist also überhaupt kein Wunder, dass Papst Franziskus ein tiefes Misstrauen gegen die alten Seilschaften dieser Kurie hegt.

Als die Banco Ambrosiano 1987 endgültig zusammenbricht, wird der Schaden auf 3 Milliarden Dollar Schulden und nicht mehr eintreibbare Außenstände beziffert. Der Vatikan entzieht sich durch seinen Sonderstatus der Gerichtsbarkeit, zahlt aber zum ersten Mal in seiner Geschichte 241 Millionen Dollar Wiedergutmachung an die Gläubiger der Bank.

Papst Franziskus und die Gangster

Als Papst Franziskus am 13. März 2013 gewählt wird, leben viele der Drahtzieher des großen Betrugs durch die Vatikanbank und die Banco Ambrosiano noch, vor allem der wichtigste von ihnen, der Drahtzieher, Licio Gelli. Der Spitzname des Mannes, »Das Phantom«, sagt alles über ihn aus. Über Jahrzehnte war es unmöglich, den entweder gerade inhaftierten oder vor der Polizei der Welt flüchtenden Licio Gelli zu sprechen. Das bedeutete aber vor allem eines: Dass die wahren Hintergründe des Bankenskandals um die Banco Ambrosiano im Dunkeln blieben. Vor allem ein Punkt ließ sich ohne Licio Gellis Aussagen nicht klären. War Bischof Paul Marcinkus klar, was er tat? War er ein Krimineller, beteiligte er sich freiwillig an dem gigantischen Betrug, und vor allem, was sollte das alles? Was hatte der Vatikan davon, so große Risiken einzugehen? Warum wollte die Vatikanbank sehr rasch auf sehr riskante Weise viel Geld zusammenraffen?

Da Marcinkus schwieg und Italiens Justiz trotz Haftbefehl nicht gegen ihn vorgehen konnte, blieb die Frage offen, wie weit der Vatikan sich die Finger schmutzig gemacht hatte. Außer Licio Gelli hatte niemand mehr umfassende Kenntnisse. Denn Licio Gelli wusste als Einziger, was Paul Casimir Marcinkus und die beiden kriminellen Banker Calvi und Sindona wirklich taten: Licio Gelli hatte im Aufsichtsrat der Cisalpina Overseas Nassau Bank gesessen. Paul Marcinkus verwaltete die Bank zusammen mit Roberto Calvi, kontrolliert wurde sie von Michele Sindona und Licio Gelli. Nach dem Zusammenbruch der Bank und dem Aufflammen des Skandals waren Michele Sindona und Roberto Calvi ermordet worden, Paul Marcinkus schwieg eisern und konnte auch nicht zur Rechenschaft gezogen oder zu einer Aussage gezwungen werden. Es blieb also nur noch ein Mann über, der Bescheid wusste und sprechen konnte: Licio Gelli. Gelli war zweifelsohne ein anderes Kaliber als die anderen drei. Es gibt nicht viele Verbrecher, die so nachhaltig in die Geschichte Italiens eingegriffen haben wie er. Sein Ziel bestand nicht nur darin, einen groß angelegten Betrug zu organisieren. Er wollte alles, die Macht in Italien, und plante deshalb einen Staatsstreich. Die von ihm aufgebaute Organisation gehörte zu den wichtigsten Drahtziehern um die Vatikanbank und die Banco Ambrosiano, und noch am Tag des Amtsantritts von Papst Franziskus besaßen zahlreiche Mitglieder der Organisation von Gelli Konten in der Vatikanbank.

Licio Gelli war eine der schillerndsten Gangstergestalten in der italienischen Geschichte. Er wurde 1919 in Pistoia geboren und zog als 18-Jähriger an der Seite der faschistischen Truppen von General Franco in den Bürgerkrieg gegen die »bolschewistischen Truppen«, was er auch in einem Buch festhalten wird. Als er 1939 nach Italien zurückkehrt, nachdem er im Krieg in Spanien seinen Bruder Raffael verloren hat, steigt er rasch in der Hierarchie der faschistischen Partei Mussolinis auf. Im Juli 1942 erhält er als faschistischer Inspektor den Auftrag, den Goldschatz des jugoslawischen Königs Peter II. nach Italien zu schaffen, über 60 Tonnen Gold. Als Mussolinis faschistisches Italien zusammenbricht und der italienische König die Allianz mit Hitler kündigt, was tausende italienische Soldaten das Leben kostet, wird Licio Gelli Verbindungsoffizier zu Deutschland und arbeitet Hermann Göring zu. Als der Krieg dem Ende zugeht, wechselt er rasch und unerkannt die Seiten und schlägt sich mit einer Partisanengruppe durch, die den hohen ehemaligen faschistischen Funktionär nicht erkennen. Nach dem Zweiten Weltkrieg soll der US-Geheimdienst CIA Licio Gelli angeheuert haben. Ob Licio Gelli jahrzehntelang als Spion für die CIA tätig war, ist bis heute ein Geheimnis. Der Verdacht hält sich aber vor allem deswegen so hartnäckig, weil er der einzige Italiener ohne Regierungsverantwortung ist, der zur Vereidigung von drei US-Präsidenten eingeladen wurde.

Im Jahr 1970 beginnt Licio Gelli, eine der schlagkräftigsten und gefährlichsten kriminellen Organisationen aller Zeiten in Italien aufzubauen, die Propaganda 2. Die Idee ist alt. Bereits Ende des 19. Jahrhunderts hatten sich die mächtigsten Männer Italiens in einer Geheimloge zusammengetan. Sie wollten unter der Hand alle wichtigen Geschäfte in Italien abwickeln, geschützt vor den Augen der Öffentlichkeit; diese erste große Organisation nannte sich schlicht Propaganda, Deckname »P«. Gellis neue Organisation trägt den Namen Propaganda 2 und vereint nach und nach alle Spitzen der Gesellschaft. Zwei Minister, fünf Staatssekretäre, 51 Generäle und Admirale; der italienische Thronanwärter Viktor Emanuel von Savoyen und zahlreiche Persönlichkeiten des öffentlichen Lebens gehören dazu. Der Plan besteht darin, den Staatspräsidenten festzunehmen, ebenso den Ministerpräsidenten, und eine Diktatur aufzubauen. Zu der Geheimloge gehören auch die Banker Michele Sindona und Roberto Calvi. Bei den Sitzungen der Geheimloge lernt sich das Trio kennen. Nach Informationen der Zeitung *Osservatore Politico* gehörte Paul Marcinkus ebenfalls der P2 an, seine Mitgliedsnummer sei 43/649 gewesen, sein Deckname: Marpa. Bewiesen werden konnte das aber nie. Sicher ist, dass Licio Gelli, Roberto Calvi und Michele Sindona sich in der Loge treffen; sie haben alle eines gemeinsam, was auch Paul Marcinkus teilt: Sie sind alle gut bekannt mit dem Ministerpräsidenten Giulio Andreotti. Nachdem die Loge auffliegt, setzt sich Gelli in die Schweiz ab, um sich dort mit ein paar Millionen Schweizer Franken für eine längere Flucht zu versorgen.

Am 13. September 1982 wird Licio Gelli in Genf verhaftet, ein Jahr danach flieht er aus dem Champ-Dollon-Gefängnis und verschwindet in Lateinamerika.

Als ich 1987 nach Italien kam, hatte sich Gelli gerade gestellt und saß in Haft. Wie die meisten Kollegen, die in den 80er-Jahren den Fall der Vatikanbank recherchiert hatten, ging ich fest davon aus, dass Licio Gelli seine Haft nicht überleben würde. Alle, die mit dem Fall IOR/Banco Ambrosiano zu tun gehabt hatten, waren auf eine rätselhafte Art und Weise zu Tode gekommen.

Am 11. Juli 1979 wird Giorgio Ambrosoli erschossen, er hatte den Auftrag gehabt, die Geschäfte der Banken des Michele Sindona zu überwachen. Er findet eine Unmenge von Unregelmäßigkeiten, deswegen beschließt Michele Sindona, den Mordauftrag an den Mafia-Killer William Joseph Arico zu geben, der den Ermittlungsrichter mit vier Schüssen aus einer Magnum-Pistole aus nächster Nähe hinrichtet. Michele Sindona zahlte 25 000 Dollar in bar und 90 000 Dollar durch eine Banküberweisung auf ein Schweizer Bankkonto für den Mord.

Am 17. Juni 1982 hatte sich Graziella Corrocher, die persönliche Sekretärin von Roberto Calvi, aus dem vierten Stock des Hauptquartiers der Bank in den Tod gestürzt. Ihr Motiv für den Selbstmord konnte nie genau geklärt werden.

Am 18. Juni 1982 wird die Leiche von Roberto Calvi entdeckt, erhängt unter der Blackfriars Bridge in London. Der gehbehinderte Mann hatte mehrere Steine in der Tasche und konnte aus eigener Kraft nicht bis unter die Brücke klettern, um sich aufzuhängen. Die Polizei geht von einem bis heute ungeklärten Mord aus.

Am 20. März 1986 ist Michele Sindona unter nie geklärten Umständen im Hochsicherheitsgefängnis von Voghera mit Gift im Kaffee ermordet worden.

Von allen Beteiligten waren damit nur noch zwei Männer am Leben. Einer von ihnen wollte unter keinen Umständen reden: Paul Casimir Marcinkus. Der zweite, Licio Gelli, saß in Haft, und ich hatte keinen Zweifel daran, dass er ähnlich wie Michele Sindona auf ungeklärte Weise zu Tode kommen würde. Dann würde es keinen direkten Zeugen des Bankenskandals der katholischen Kirche mehr geben.

Gefährlich, weil er recht hat

Sieben Jahre lang versuchte ich, einen Kontakt zu Licio Gelli aufzubauen, ohne Erfolg. Zwischen den Jahren 1987 und dem Frühjahr 1994 schrieb ich seinen Anwälten, seinen Kindern, seinen Mitarbeitern, dem zuständigen Richter, immer in der Hoffnung auf ein Gespräch mit dem ehemaligen Großmeister, aber alles ohne Erfolg. Zugang zu Gelli zu bekommen, war noch schwieriger geworden, seitdem die Staatsanwaltschaft gegen ihn auch wegen des Attentats vom 2. August 1980 ermittelte, bei dem 85 Menschen ums Leben kamen und 200 verletzt wurden. Das oberste Berufungsgericht sollte ihn deswegen am 23. November 1995 wegen Behinderungen der Ermittlungen verurteilen. Natürlich dachte ich daran, dass ich versuchte, in Kontakt mit einem Mann zu kommen, der den Verbrecher Hermann Göring direkt unterstützt hatte. War, was immer er sagen würde, tatsächlich von Belang? Mein Freund André Heller hatte ein paar Jahre zuvor etwas Ähnliches unternommen, indem er die Sekretärin von Adolf Hitler erfolgreich belagerte.

In meiner Verzweiflung versuchte ich, alle meine Kontakte einzusetzen; das bedeutete, dass ich nach jedem Interview alle meine wichtigen Interviewpartner in Italien fragte: Können Sie mir helfen? Ich möchte mit Licio Gelli sprechen. Ich sagte das Andreotti, der über Jahrzehnte ein enger Freund von Licio Gelli gewesen war, darüber aber ungern sprach, ob er mir ein Treffen mit ihm ermöglichen würde, ohne Erfolg. Ich sprach mit dem Staatspräsidenten und langjährigen Innenminister Francesco Cossiga, der Licio Gelli gut kannte, keine Reaktion. Ich fragte den nach Tunesien geflohenen ehemaligen Ministerpräsidenten Bettino Craxi, der mich als ersten Journalisten in seiner Fluchtburg in Hammamet empfing, und dessen guten Freund, der auch ein enger Freund von Licio Gelli war, PLO-Chef Yassir Arafat. Das ging jahraus, jahrein so, ohne dass ich je weiterkam.

Deswegen konnte ich es fast nicht glauben, als ich im Februar 1994 eine Einladung in die Villa Wanda von Licio Gelli bekam. Der Brief war mit der Hand geschrieben, ein Lageplan zur Anfahrt an die Villa war beigefügt und der Zusatz, ich möge um 11 Uhr kommen und pünktlich sein. Er war aus gesundheitlichen Gründen kurz zuvor unter Hausarrest gestellt worden und hatte sich vom zuständigen Richter den Antrag genehmigen lassen, mich empfangen zu dürfen. Irgendjemand hatte zu meinen Gunsten auf ihn Druck gemacht, ich habe nie erfahren, wer das war. So begannen meine Kontakte zu Licio Gelli. Auf dem Weg zu ihm wunderte ich mich zunächst immer über die Campingwagen mit den extrem hohen Antennen, die in der Nähe der Villa Wanda parkten, bis ich erfuhr, dass die Villa immer noch systematisch überwacht wurde, von den Italienern und von den Israelis. Es gab immer noch genug Länder, denen Gelli Angst machte. Ich war damals mit einer einzigen Frage zu ihm gefahren: Hatte Paul Marcinkus den Auftrag gegeben, Papst Johannes Paul I. umzubringen, um die illegalen Bankgeschäfte, die er mit Gelli betrieb, vor der Kontrolle des Papstes zu schützen? Gelli hatte es verneint.

Er hatte sich damals viel Zeit genommen, um mit mir zu reden. Er erklärte mir genau, wie der Staatsstreich, den er mithilfe der P2 hatte anführen wollen, ablaufen sollte; als Erstes wollten sie die Fernsehsender besetzen, mit Waffengewalt. Ich wunderte mich damals zunächst, warum Gelli überhaupt so lange und so offen mit mir sprach. Über seine Zeit als faschistischer Befehlshaber, seine Begegnung mit Benito Mussolini, über seinen Kontakt zu Hermann Göring, über den Aufbau der P2. Ich begriff erst nach einer Weile, dass er sich vor allem als Schriftsteller sah. Er schrieb Gedichte an seine verstorbene Frau Wanda. Ich war für ihn interessant, weil ich auch Schriftsteller war, der Romane veröffentlicht hatte. Ich glaube, er wollte einfach die Anerkennung eines Kollegen. Deswegen tat er mir den Gefallen und breitete sein Leben noch einmal vor mir aus.

Elf Jahre später machte ich mich wieder auf den Weg, diesmal wollte ich nicht in die Villa Wanda, Licio Gellis Gesundheitszustand ließ ein langes Gespräch nicht mehr zu. Er schickte mich zu einem seiner engsten Verbündeten aus der P2, der im Süden von Florenz in einem Schloss wohnt. Nennen wir ihn Signor T. Ich hatte ihn 1994 bei den ersten Gesprächen mit Licio Gelli kennengelernt. Ich fuhr die Auffahrt hoch, und eine Angestellte brachte mich in den weitläufigen, herrlichen Park voller Orangenbäume. Er war alt geworden, und ich erschrak fast, als ich ihn sah. Wir hatten uns seit ein paar Jahren nicht mehr getroffen.

Sein Bart war schlohweiß. Er lud mich ein, neben ihm auf einer Parkbank Platz zu nehmen. Es war ein wunderschöner Frühsommertag.

»Was führt dich zu mir, warum wolltest du mit uns sprechen?«, fragte er.

»Ich möchte nur wissen, ob ihr jetzt vor dem neuen Papst zittert.«

Er lachte. »Wegen der Konten in der Vatikanbank?«

Ich nickte.

»Gute Frage«, sagte er. »Mich betrifft es nicht mehr, aber ich muss sagen, dass unsere Freunde, die es betrifft, sich sehr wenig Sorgen machen.«

»Denken Sie, dass er keine Ahnung hat, was in der Bank läuft?«

»Sie denken, dass alles beim Alten bleiben wird, wie immer, dass er, selbst wenn er erfahren sollte, was da läuft, nichts sagen wird.«

»Um nicht vor der ganzen Welt hinauszuposaunen, dass der Vatikan seit über hundert Jahren auf kriminelle Weise schwarze Konten deckt.«

»So in etwa.«

»Ich möchte Sie etwas fragen«, sagte ich.

»Bitte.«

»Ich habe mich vor Kurzem mit einem Adeligen unterhalten, der damals die ganze Geschichte mit dem Skandal der Vatikanbank verfolgt hat. Er sagte mir etwas, das mir keine Ruhe lässt. Ich hätte damals Ihnen und Gelli die falsche Frage gestellt.«

Er lachte. »Stimmt«, sagte er. »Das hast du.«

»Lass uns ein Stück gehen«, setzte er hinzu.

Ich half ihm aufzustehen, und wir gingen ein paar Schritte auf den großen Swimming-Pool zu, in eine Art Labyrinth-Garten, der nebenan lag. Der alte Fuchs, dachte ich, er traut immer noch niemandem; er will nicht, dass seine Hausangestellten hören könnten, was er sagt.

»Du hast damals tatsächlich die falsche Frage gestellt. Und ich glaube, ich weiß, wer der Adelige ist, mit dem du gesprochen hast, aber das tut nichts zur Sache. Du bist damals gekommen, weil du wissen wolltest, ob Paul Marcinkus den Auftrag gegeben haben könnte, Papst Johannes Paul I. umzubringen.«

»Ja, das war für mich die Frage aller Fragen, und ich wusste damals noch nicht, dass Marcinkus ein Motiv hatte. Er hatte den Bischof von Vittorio Veneto, den späteren Papst Johannes Paul I., hintergangen und ohne dessen Wissen die kerngesunde Bank der Bischöfe Venetiens in den Rachen der maroden Banco Ambrosiano geworfen, weil er dringend die Schulden decken musste, die durch seine Spekulationen entstanden waren.«

Der alte Mann an meiner Seite lächelte auf eine böse Weise amüsiert. »Und dann ereignete sich aus der Sicht von Marcinkus eine Katastrophe: Der einzige Bischof, der stinksauer auf ihn war, bestieg den Thron des Papstes. Er musste jetzt diesem neuen Papst erklären, dass er das Geld beider Banken auf illegale Weise verzockt hatte und ein Milliardenschaden entstanden war.«

»Genau«, sagte ich, »Marcinkus musste befürchten, dass der Papst ihn in die Wüste schicken würde, was sehr wahrscheinlich sein sicherer Tod gewesen wäre, angesichts der Tatsache, dass er auch Geld der Mafia verspielt hatte. Im Fall seiner Partner, die alle starben, wie Calvi und Sindona, sollte sich das ja auch bewahrheiten.«

»Das ist richtig«, sagte er. »Aber es war trotzdem die falsche Frage.«

»Welche wäre denn Ihrer Ansicht nach die richtige gewesen?«

»Warum?«, sagte er. »Das wäre die richtige Frage gewesen.«

»Ich verstehe nicht.«

»Warum ging Paul Casimir Marcinkus ein so gewaltiges Risiko ein? Warum war er bereit, Unmengen Geld der Vatikanbank in hochriskante Operationen der Banco Ambrosiano zu stecken, mit der Aussicht auf gigantische Gewinne? Was wollte er mit dem vielen Geld? Nehmen wir an, es hätte geklappt, was hätte Marcinkus davon gehabt? Er war ein Bischof, er konnte sich nicht für ein paar hundert Millionen Dollar Riesenyachten, Supervillen, Privatjets kaufen. Also warum machte er das überhaupt?«

»Keine Ahnung«, sagte ich.

Er blieb stehen und sah mich an. »Als ich zusammen mit Licio Gelli Roberto Calvi kennenlernte, weißt du, was er da gesagt hat?«

»Nein.«

»Er sagte mir, dass er dringend 80 Millionen Dollar brauche.«

»Für die Banco Ambrosiano.«

»Nein, für die polnische Solidarnosc-Gewerkschaft. Der Papst wollte, dass er das Geld beschaffte.«

»Das war gelogen«, sagte ich. »Ich habe mich mit dem langjährigen Sekretär von Papst Johannes Paul II. Kardinal Stanislaw Dziwisz lange in Krakau unterhalten, er hat wieder und wieder betont, dass der Vatikan Solidarnosc mit Gebeten, aber nie mit Geld unterstützt hat.«

»Bist du absolut sicher, dass Monsignore Stanislaw Dziwisz alles darüber weiß, wie der Papst Polen gegen die Sowjets geholfen hat? War es nicht viel zu gefährlich, dem Sekretär diese Einzelheiten anzuvertrauen? Paul Marcinkus hat stets das Gleiche gesagt.«

Jetzt erinnerte ich mich wieder. Als ich Marcinkus in dem Golfclub getroffen hatte, bestand er darauf, dass egal, was geschah, er vor allem zu sagen habe, dass das ganze Geld immer nur dem Papst zur Verfügung gestanden hatte.

»Alle Operationen der Banco Ambrosiano, die Spekulationen, die Off-Shore-Banken, die illegalen Einlagen der Mafia in der Vatikanbank, alles das hat möglicherweise nur dazu gedient, um sehr schnell sehr viel Geld für den Kampf der Polen für die Freiheit zu beschaffen. Das sagten Paul Marcinkus und Licio Gelli.«

»Ich kann mir das nicht vorstellen; Papst Johannes Paul II. war ein Heiliger für die Kirche. Paul Marcinkus und Licio Gelli haben doch Papst Johannes Paul II. die Schuld nur in die Schuhe schieben wollen. Sie waren geldgierig, und als alles verloren war, haben sie gesagt, dass der Auftrag vom Papst kam, um sich reinzuwaschen.«

Er sah mich an. »Das kann sein, möglicherweise hat Johannes Paul II. nichts damit zu tun. Es kann sein, dass Marcinkus einfach ein unfähiger, gieriger Banker war, der ohne das Wissen des Papstes sehr viel Geld machen wollte, aber ein Detail passt nicht dazu. Warum schützte Papst Johannes Paul II. Marcinkus so lange, wenn der einfach ein habgieriger, krimineller Bischof war? 1987 fängt sich Marcinkus den Haftbefehl ein, und erst zehn Jahre später, im Jahr 1997, lässt Papst Johannes Paul II. den Banker gehen. Warum? Als unter Papst Franziskus ein ähnlicher Betrug auffliegt, sitzt der betroffene Prälat Scarano Stunden später in einem römischen Knast. Aber Paul Marcinkus wird 10 lange Jahre geschützt, darf sogar nach dem Zusammenbruch der Banco Ambrosiano bis 1989 Bankchef der IOR bleiben. Wieso zog ihn Papst Johannes Paul II. nicht zur Rechenschaft?«

»Ich weiß es nicht«, sagte ich.

»Ich auch nicht«, behauptete er. »Aber ich frage mich seit über zwanzig Jahren, was wirklich passiert ist. Entweder haben Calvi, Gelli und Marcinkus gelogen, um dem Papst die Schuld in die Schuhe zu schieben, oder sie waren nur Marionetten in einem viel größeren Spiel: um die Macht in Europa, das der kleine Vatikan gegen die große Sowjetunion gewinnen musste.«

»Ich habe Papst Johannes Paul II. gekannt, und ich halte ihn für einen Heiligen.«

Er blieb wieder stehen und sah mich an. »Stell dir mal folgende Frage: Was hätte Karol Wojtyła getan, um die Polen, denen die Russen ihren Glauben an Gott für immer ausprügeln wollten, was hätte er getan, um die Gläubigen zu schützen?«

»Alles«, sagte ich, »absolut alles.«

»Darüber solltest du mal nachdenken. Ich weiß genauso wenig wie du, was damals wirklich passiert ist, aber ich kann mir vorstellen, dass in der Vatikanbank noch ein besonderes Geheimnis schlummert, dass Marcinkus, Calvi, Sindona, Gelli sogar die P2 nur benutzt wurden, um den Kampf gegen die Sowjetunion zu gewinnen. Das könnte dabei herauskommen, wenn Papst Franziskus in der Bank reinen Tisch macht.«

»Meinen Sie, er wird reinen Tisch machen?«, fragte ich.

»Ich weiß es nicht, ob er den Mut dazu hat, einzugestehen, dass die Kirche daran beteiligt war, illegale Konten zu verstecken, und möglicherweise das Andenken an seinen Vorgänger Papst Johannes Paul II. zu beschädigen. Aber wenn er den Mut hat, dann erfahren wir endlich, wer die Interessen der dunklen Seite der Vatikanbank schützen will.«

»Wie meinen Sie das?«

»Wenn der Papst zuschlägt und öffentlich sagen lässt, dass in der Bank illegale Konten geführt wurden, dann wird es eine Gegenreaktion geben. Die, die hinter den Machenschaften der Bank stecken, werden sich wehren. Sie werden sagen, dass es nichts in der Bank zu beanstanden gebe. Ich bin gespannt, wer das sein wird. Ich tippe auf den Adel. Vielleicht lassen sie den italienischen Thronanwärter sagen, dass die Behauptung gelogen ist, in der Bank laufe etwas schief. Ich könnte mir vorstellen, dass es sogar die italienische Regierung ist, die scharf zurückweist, dass es in der Bank nicht mit rechten Dingen zugeht. Ich wette, dass es jede Menge Politiker gibt, die ihr Geld da versteckt haben. Es kann natürlich auch sein, dass, wenn der Papst ankündigen sollte, reinen Tisch in der Bank zu machen, es sogleich ernst gemeinte Bombendrohungen gibt, weil die Mafia nicht will, dass man an ihre Konten im Vatikan geht. Ich weiß es nicht, aber wir werden sehen, wer hinter allem gesteckt hat, weil er protestieren wird.«

Wir standen in dem Labyrinth, und er hielt mich plötzlich am Arm. »Nun sag schon, was willst du?«

»Ich will wissen, vor wem Ihre Freunde, die Konten in der Bank haben, sich fürchten.«

Er sah regelrecht amüsiert aus. »Deswegen bist du da, sie haben dich geschickt, weil sie wissen wollen, wie gefährlich die Lage ist.«

»So in etwa.«

»Willst du sie warnen?«

»Eigentlich nicht«, sagte ich.

»Der Mann, vor dem alle zittern, ist ein Argentinier, aber nicht der Papst. Du kennst ihn, er wohnt in einem der schönsten Paläste der Welt.« Ich verstand jetzt, wen er meinte.

»Er weiß Bescheid, und er hat keine Angst, und er hat den Respekt des Papstes. Weißt du: Sie haben die Armut gesehen, den Hunger mit eigenen Augen. Das macht sie anders. Sie werden dafür kämpfen, dass die, die wir ausschließen, eine Chance bekommen. Und weißt du, warum dieser Papst Franziskus so gefährlich ist?«

»Ich bin gespannt, was Sie jetzt sagen werden.«

»Er ist gefährlich, weil er recht hat, und er hat Gott auf seiner Seite. Er sagt, dass die Menschen arm gemacht werden; sie werden nicht arm geboren, sondern ihrer Chancen und Rechte beraubt. Das stimmt. Meine Familie hat immer behauptet, dass eine Riesenfläche dieses schönen Italiens ihr durch Gottes Willen gehört, und die Bauern sind als Pächter verhungert. Das war ein grauenhafter Fehler. Ich bin alt, und jetzt wünsche ich mir, dass Papst Franziskus gegen Leute wie mich gewinnt.«

Ich wusste vor Überraschung nicht, was ich sagen sollte.

»Eines noch«, fügte er hinzu. »Wenn sie zuschlagen werden gegen die Bank, dann werden sie das Gegenteil von Kennedy tun.«

»Kennedy?«

»Du bist doch Deutscher.«

»Ja, und?«

»Als Kennedy sagte, ich bin ein Berliner, wollte er sagen, ich bin einer von euch. Sollte es der Bank an den Kragen gehen, werden sie sagen: Wir wollen mit euch nichts zu tun haben, und dann wird das Großreinemachen anfangen.«

Der Mann ohne Angst

Selbst wenn ich es gewollt hätte, ich wäre nicht mehr dazu gekommen, den Fürsten zu warnen. Die Revolte in der Bank des Vatikans begann viel früher, als ich erwartet hatte. Mein Bekannter in Florenz behielt übrigens recht. Es war tatsächlich Marcelo Sanchez Sorondo, der sich traute, die Bombe platzen zu lassen. Und in noch etwas behielt er recht. Er war sich sicher gewesen, dass das Signal besagen würde, der Papst werde mit der Clique, die bisher die Bank kontrolliert hatte, nicht gemeinsame Sache machen. Am 26. April 2013 sagte Marcelo Sanchez Sorondo klipp und klar in einem Interview mit der Tageszeitung *Clarin*: »Der Papst ist kein Italiener.« Das allein hätte als Auslöser für eine Panik ausgereicht, aber Sanchez Sorondo ging noch viel weiter. »Es ist sicher, dass die Vatikanbank das Geld reicher Italiener wäscht«, sagte der Chef der Päpstlichen Akademie der Wissenschaften. Danach brachen bei den Besitzern der Konten der Vatikanbank alle Dämme. Hunderte Kunden verschoben rasch ihr Geld. Mir blieb nur noch das letzte Kapitel, die letzte spannende Frage: Wer hinter allem gesteckt hatte und jetzt versuchen würde, in letzter Sekunde die Reißleine zu ziehen.

Ich lenkte den Wagen am Bahnhof des Vatikans vorbei den Hügel hinauf, vorbei am protzigen Brunnen Papst Paul V. und stoppte vor dem wunderschönen Palast der Päpstlichen Akademie der Wissenschaften. Die leicht verstörte Mitarbeiterin, die mir aufmachte, zeigte mir, dass der Bischof sich aufgeregt hatte. Sie führte mich durch die Büros in das elegante Besprechungszimmer.

Ich setzte mich und versuchte mich zu beruhigen. Sanchez Sorondo hatte den Spuk beendet. Die Erklärungen, dass der Papst kein Italiener sei und reiche Italiener ihr Geld in der Bank wuschen, hatten zu einem massenhaften Abzug des Kapitals geführt. Die Strategie von Papst Franziskus war aufgegangen: Nur Männer, die von sehr weit her kamen, wie eben Sanchez Sorondo, der wie Papst Franziskus in Buenos Aires aufgewachsen war, würden den Mut aufbringen, das alte System der Bank zu zerschlagen. Denn sie oder ihre Familien hatten, im Gegensatz zu manchen ihrer europäischen Kollegen, niemals Geld in der Bank versteckt. Die spannende Frage war jetzt, nachdem die Machenschaften mithilfe der Bank in großem Tempo beendet wurden, ob die Drahtzieher noch einmal zurückschlagen würden. Konnten die Hintermänner einfach hinnehmen, dass Männer wie Sanchez Sorondo mit ihren Erklärungen das jahrhundertealte kriminelle System der Bank auseinandernahmen? War die Furcht vor Franziskus und seinen Leuten jetzt groß genug, um die Drahtzieher des großen Bankenbetrugs endlich zu vertreiben?

Die Tür wurde aufgerissen und ein schwer verärgerter Marcelo Sanchez Sorondo kam herein. Sein forsches Auftreten war wie immer ziemlich einschüchternd. Ich verlor rasch meinen Mut. Wenn jemand diesem Bischof gedroht hatte, dann musste er extrem entschlossen gewesen sein, denn Sanchez Sorondo machte nicht den Eindruck, dass er ein Mann war, der sich leicht einschüchtern ließ.

»Sie haben etwas ziemlich Mutiges über die Bank gesagt«, begann ich vorsichtig.

»Sie wollen mir den Mund verbieten! Ich soll zurücknehmen, was ich über die Bank gesagt habe.«

Mein Bekannter hat recht gehabt. Endlich, dachte ich, endlich erfahre ich, wer tatsächlich in der Bank die Fäden gezogen hat.

»Haben Sie eine Drohung erhalten?«

»So in etwa«, sagte er. »Aber ich werde mich dem nicht beugen, ich nehme gar nichts zurück.«

Ich hatte das Gefühl, zum ersten Mal seit Jahrzehnten ganz nahe dran zu sein. Irgendwer hatte dem Bischof gedroht, und mit ein ganz klein bisschen Glück würde er mir sagen, wer das gewesen war – wenn ich jetzt keine falsche Frage stellte.

Ich dachte mir eine möglichst höfliche Formulierung aus, dann sagte ich: »Ich finde es ein ziemlich starkes Stück, von wem auch immer, erst den Vatikan zu hintergehen und sein Geld in der Bank der Kirche zu waschen und dann auch noch zu wagen, Ihnen, Herr Bischof, den Mund verbieten zu wollen.«

Er sah mich verwundert an.

»Wie meinst du das?«, fragte er.

»Ich meine, ich weiß ja nicht, wer Ihnen sagte, Sie sollten nicht über die Bank sprechen. Ich meine, es ist doch unverfroren, zunächst den Vatikan zu missbrauchen und dann auch noch zu fordern, dass Sie nicht darüber sprechen sollen.«

»Du verstehst das nicht«, sagte er.

Wenn ich Glück hatte, ließ er die Katze jetzt aus dem Sack.

»Die Drohung kam nicht von außen. Die Aufforderung, alles zurückzunehmen und zu schweigen, kam aus dem Vatikan, von ganz oben – aus dem Staatssekretariat.«

Ich spürte, dass ich blass wurde. Mir stockte der Atem. Mit allem hatte ich gerechnet: Dass das italienische Königshaus dahintersteckte oder die bekanntesten Familien der Mafia, aber dass ausgerechnet der Vatikan selbst, die Kurie, den Mann aufgefordert hatte, zu den illegalen Geschäften zu schweigen, machte mich sprachlos. Es war also alles gar nicht hinter ihrem Rücken geschehen, der Vatikan war gar nicht von den finsteren Mächten missbraucht worden, der Vatikan hatte die ganze Zeit davon gewusst – und mitgemacht. Es waren keine Gangstersyndikate gewesen, die das illegale Geschäft schützen wollten; es war die alte Riege des Vatikans selbst.

Das war es, was Papst Franziskus entdeckt haben musste. Das war der innerste Kern des Geheimnisses, das war auch der Grund, weshalb er mit solcher Brutalität gegen die Kurie und die eigene Mannschaft vorging. Er wusste, dass sie nicht nur weggeschaut hatten, als die Mächte der Finsternis dunkle Geschäfte mit dem Vatikan gemacht hatten, sie hatten mitgemacht und sicher auch mitverdient. Deshalb schlug der Papst jetzt mit aller Härte zu.

Bis zum Herbst des Jahres 2015 schloss die Vatikanbank IOR 4614 Konten, davon 2600 Konten von Langzeitkunden, die ihr Geld im Vatikan geparkt hatten. 556 wurden geschlossen, weil die Inhaber gar kein Recht auf ein Konto im Vatikan hatten. 1460 Kunden zogen es vor, von allein zu gehen. Papst Franziskus entließ überraschend vorzeitig im Sommer 2014 Ernst von Freyberg.

Franziskus beendet eine Epoche

Immer, wenn Kritiker des Papstes wieder einmal loslegen und zum tausendsten Mal behaupten, dass Papst Franziskus ja viel rede, aber im Vatikan nichts verändert und nichts bewegt habe, muss ich an diesen Flughafen-Terminal in Ciampino denken. Die Behauptung, der Papst aus Argentinien habe nichts verändert, ist allein deswegen schon absurd, weil er eine so epochale Veränderung eingeführt hat, dass in diesem ersten Sommer seiner Regierungszeit im Jahr 2013 die Kurie unter einem regelrechten Schock stand. Denn Papst Franziskus nimmt den Kurienkardinälen das bisher wichtigste Privileg, auf das sie sich seit Jahrhunderten verlassen konnten: über dem Gesetz zu stehen. Ab jetzt müssen sie damit leben, wie alle anderen Sterblichen auch in ein normales Gefängnis zu wandern, wenn sie ein Verbrechen begehen.

Die Zeiten, in denen ein Vatikanpass Männer wie Paul Casimir Marcinkus rettete oder den wegen Verdachts der Verschleierung des Missbrauchs von Kindern und Jugendlichen in den USA verdächtigten Kardinal Bernard Francis Law, sind vorbei. Mit Papst Franziskus beginnt eine neue Zeit. Das wichtigste Privileg, Mitglied der Kurie und damit selbst für die Strafverfolgung unangreifbar zu sein, gibt es nicht mehr.

Der Ort, an dem die Entzauberung der Kurie beginnt, ist ein Gebäude, mit dem Jorge Mario Bergoglio nichts zu tun haben will: dem für Superreiche reservierten Teil des römischen Flughafens Ciampino. Der Papst der Armen, Franziskus, kann mit den reichen Nutzern von Privatjets nichts anfangen. Er hält selbst Reisen in der Touristenklasse in Flugzeugen für einen überflüssigen Luxus und bat seine Landsleute, zu seiner möglichen Wahl nicht nach Rom zu kommen, sondern das Geld für die Armen zu spenden. Dass die Priester der Kirche, deren Oberhaupt er bald sein wird, mit Privatjets herumfliegen und offensichtlich etwas zu verbergen haben, wird dieser Papst nicht gutheißen. Die meisten Privatjets kommen nicht am römischen Großflughafen Fiumicino an, wo Tag und Nacht starker Verkehr herrscht und Landegenehmigungen für Privatjets nur selten und ungern erteilt werden, sondern ausgerechnet auf dem von Billigfliegern genutzten Teil des römischen Flughafens Ciampino. Auf dem Parkplatz vor dem Flughafen drängeln sich die Busse, die für ein paar Euro die Passagiere, die vor allem aus England und Spanien hier landen, nach Rom ins Stadtzentrum bringen.

Das Terminal für Privatjets liegt etwas abseits, hinter den ersten großen Parkplätzen für Passagiere, auf der rechten Seite. In diesem winzigen Terminal geht es familiär zu. Ein gelangweilter Polizist sitzt den ganzen Tag über an der winzigen Grenzkontrolle und fertigt die wenigen Passagiere ab. Es gibt auffallend wenige Stühle, mehr als sechs Personen können sich nicht setzen. Aber an diesem Terminal muss auch niemand sitzen und auf den Abflug warten. Wer hier abfliegt, marschiert nach einer äußerst zügigen Passkontrolle zu dem wartenden Flugzeug, wo der Kapitän selbst per Handschlag die Gäste begrüßt. Angesichts der Kosten von mehreren zehntausend Euro für einen Flug in einem Privatjet ist der Weg durch das Terminal für die reichen Passagiere in Rom-Ciampino ausgesprochen schäbig. Wahrscheinlich ist diese kurze Strecke, nachdem die Gäste aus einer Luxus-Limousine aussteigen und in das eigene oder gecharterte Flugzeug einsteigen, die einzige, auf der sie mit der schäbigen Realität behelligt werden. Es scheint so einfach, durch die Kontrollen des für Privatjets reservierten Teils des Flughafens zu marschieren. Dabei vergisst man leicht, dass es aus der Sicht des Zolls kaum etwas Verdächtigeres gibt, als mit dem Privatjet zu reisen; deswegen sind Kontrollen häufig.

Im Februar 2013 landete auf dem Flughafen Rom-Ciampino eine Privatmaschine, die aus Turin kam. An Bord saß ein wichtiger Geistlicher, ein Mitarbeiter des Staatssekretariats, Monsignore Roberto Lucchini, zusammen mit einem jungen Banker, Michele Briamonte, aus der Chefetage der Bank Monte dei Paschi di Siena.

Die Zollbeamten verlangten, dass die beiden Männer ihre Koffer öffnen sollten; doch die legten einen im Vatikan ausgestellten Diplomatenpass vor. Der Zoll insistierte, der Monsignore und der Banker weigerten sich weiter hartnäckig, den Inhalt ihres Gepäcks zu zeigen. Banker Michele Briamonte berief sich darauf, dass er seit Jahren Vertreter der Vatikanbank IOR sei. Die Zöllner brachten das naheliegende Argument vor, dass die beiden Männer doch ihr Gepäck kontrollieren lassen könnten, wenn sie nichts zu verbergen hätten. Aber sie weigerten sich weiterhin. Nach einem Anruf der Vorgesetzten der Zöllner im Vatikan stellte sich heraus, dass sie tatsächlich das Gepäck nicht öffnen mussten. Sie gingen unbehelligt ihres Wegs. Der Verdacht blieb. Warum benutzte der Vatikan Privatjets, um, durch Diplomatenpässe geschützt, den Zoll zu passieren? Was hatten die Monsignori aus dem Vatikan zu verbergen? Dass ein Monsignore so kriminell sein könnte und mit dem Privatjet 20 Millionen Euro Schwarzgeld in bar aus der Schweiz holt, um es in der Vatikanbank einzuzahlen, hätten sich auch die Zollbeamten nicht ausmalen können.

Die Festnahme des Vatikan-Rechnungsprüfers Nunzio Scarano am 28. Juni 2013 wäre weit weniger spektakulär gewesen, wenn der Monsignore nicht ein für die Ermittler kaum vorstellbares Maß an krimineller Energie aufgebracht hätte. Was die Beamten wundert, ist, dass Scarano sich verhält wie ein erfahrener Krimineller, urteilt das römische Untersuchungsgericht. Denn Nunzio Scarano benutzt, wie in Kreisen des organisierten Verbrechens üblich, Code-Namen während seiner Telefonate. Er rechnet also damit, abgehört zu werden. Die Codes sind geschickt gewählt. Ein Buch bedeutet 1 Million Euro. Wenn Scarano am Telefon also davon spricht, 5 Bücher abholen zu wollen, meint er 5 Millionen Euro. Die Staatsanwaltschaft glaubt, dass Nunzio Scarano eine beachtliche kriminelle Karriere aufzuweisen hat.

Der Prälat mit dem Spitznamen »Mister 500«, weil er so gern 500-Euro-Scheine bei sich hat, wird im Jahr 1952 in eine kinderreiche Familie in Salerno (Süditalien) geboren. Von klein an verspürt er den Drang nach oben. Er ackert sich aus den ärmlichen Verhältnissen hoch, besteht die Universität und schafft eine Banker-Laufbahn. Nunzio Scarano lässt sich zum Bankkaufmann ausbilden, arbeitet für die von der Deutschen Bank übernommene Banca d'America e d'Italia. Im Jahr 1987 lässt er sich als Spätberufener zum Priester weihen. Er wird in einer Gemeinde in Empoli eingesetzt. Nunzio Scarano sorgt aber rechtzeitig dafür, dass er mit den richtigen, den mächtigen Männern im Vatikan in Kontakt kommt. Er betont seine Fähigkeiten als Verwalter und Banker. Im Jahr 1992 schafft er den Sprung; er steigt bei der Vermögensverwaltung des Vatikans, der APSA, ein. Von jetzt an hat er einen direkten Zugriff auf die Vatikanbank IOR, die Bankgeschäfte für etwa 20 000 exklusive Kunden abwickelt.

Er steigt in der Vatikan-Hierarchie zum Rechnungsprüfer der APSA auf. Seltsamerweise bringt Monsignore Scarano die Polizei selber auf seine Spur. Nach einem Einbruch in seiner Wohnung in Salerno ruft der Prälat aus dem Vatikan die Polizei. Die Beamten entdecken, dass der Kirchenmann in einem riesigen 400-Quadratmeter-Appartement wohnt. Der Prälat beschuldigt seinen Cousin Domenico Scarano, in seine Wohnung eingebrochen zu sein und Wertsachen, vor allem Bilder, im Wert von mehreren Millionen Euro gestohlen zu haben. Die Polizei wird stutzig: Wie kann ein Mann, der arm geboren wurde und der Armut gelobt hat, als er sich zum Priester weihen ließ, ein Appartement besitzen, in dem Wertsachen lagern, die Millionen Euro wert sind?

Während der Ermittlungen stellt sich heraus, dass es einen Familienstreit gab um Bauunternehmen, die Nunzio Scarano zusammen mit seinem Cousin besaß. Dabei wurden hohe Gewinne erwirtschaftet. Die Polizei stößt aber auch auf Spuren von Geldwäsche mithilfe von getarnten Spendenzahlungen. Ab dem 13. Juni 2013 wird offiziell gegen Nunzio Scarano ermittelt. Der zuständige Richter genehmigt das Abhören der Telefonate des Prälaten. Was die Polizisten suchen, sind Geldwäschegeschäfte in Höhe einiger zehntausend Euro, doch was sie beim Abhören des Telefons dieses sauberen Kirchenmannes finden, sind die Spuren eines ganz großen Coups.

Nach Ermittlungen der Staatsanwaltschaft geht es darum, dass Nunzio Scarano einer mit ihm befreundeten Reederfamilie, die eine Öltankerflotte betreibt, einen illegalen Gefallen tun will. Er will nicht versteuertes Geld aus einem Schweizer Bankhaus holen, in bar. Das Geld soll nach Rom geschafft werden, um dann in der Vatikanbank zu verschwinden, unerreichbar für die Steuerfahndung.

Nunzio Scarano erkundigt sich, wie viel Geld er denn holen soll. Er stellt dann zufrieden fest, dass es sich um 20 Bücher handelt, also 20 Millionen Euro. Er beteuert am Telefon, dass nur die Vatikanbank und er garantieren können, dass das Geld für die Steuerbehörden unsichtbar wird, aber in Italien eingesetzt werden kann. Abgemacht wird auch, wer das Geld in einem Privatjet nach Rom bringen soll: der ehemalige Geheimagent Giovanni Maria Zito. Für den Kurierdienst will Nunzio Scarano 400 000 Euro zahlen. Wieder soll der Flughafen Rom-Ciampino benutzt werden, und wieder soll die Sendung durch die Immunität der IOR gedeckt werden. Als der Schweizer Banker, der das Geld in bar auszahlen soll, Skrupel bekommt, schlägt die Polizei zu, und genau jetzt kommt es zu einer Sensation, dem Ende einer Epoche.

Seit vielen Jahrhunderten hatten Kardinäle wie Fürsten gelebt, mit großem internationalem Einfluss. So hatten sie, wie Kardinal della Rovere, erfolgreich Könige dazu verleitet, Kriege zu führen; sie hatten eine enorme Macht in ihren Heimatländern und im Vatikan. Als selbstverständlich nahmen sie an, dass sie weit über den gewöhnlichen Menschen stünden, und wie alle wirklich Mächtigen genossen sie gern ihr wichtigstes Privileg: über dem Gesetz zu stehen.

Wenn es hart auf hart ging, pochte der Vatikan jedes Mal auf die Immunität der Mitarbeiter der Kurie. Selbst als die italienische Justiz gegen den langjährigen Bankenchef Paul Casimir Marcinkus einen Haftbefehl erließ, weigerte sich der Vatikan, ihn auszuliefern. Der Chef der Bank lebte weiterhin, geschützt durch die vatikanische Immunität, in Rom und später in Sun City, Arizona, USA, ohne je von der Justiz behelligt zu werden. Dabei hatte die Justiz ihn beschuldigt, am betrügerischen Bankrott der Banco Ambrosiano beteiligt gewesen zu sein, und der Vatikan hatte die Schuld sogar zugegeben und eine Wiedergutmachung gezahlt. Aber daran, den Schuldigen auszuliefern, dachte Papst Johannes Paul II. nicht.

Das war normal. Niemand im Vatikan wäre auf die Idee gekommen, dass es auch anders sein könnte. Kardinäle und Bischöfe, die im Vatikan beschäftigt waren, lebten mit dem Gefühl, dass ihnen persönlich niemals etwas passieren könnte. Dass ihnen dieses Privileg genommen wurde, traf die komplette Kurie bis ins Mark. Als am 28. Juni 2013 Nunzio Scarano verhaftet wurde, hegte niemand in der Kurie den geringsten Zweifel daran, dass es nur wenige Stunden dauern würde, bis der Monsignore der heiligen katholischen Kirche wieder auf freiem Fuß sein würde.

Jeder Papst hatte bisher auf die Immunität der Mitglieder der Kurie vor dem Gesetz gepocht, deswegen löste es einen Schock aus, als Papst Franziskus sich weigerte, das Gleiche zu tun. Zum Entsetzen der Kirchenmänner musste sich Monsignore Nunzio Scarano, der als Finanzprüfer des Vatikans ein Mitglied der Kurie ist, im Juni 2013 in einem ganz normalen Knast mit ganz normalen Häftlingen einsperren lassen. Scarano wurden Geldwäsche und schwerer Betrug vorgeworfen. Das war zwar kein Pappenstiel, aber Paul Casimir Marcinkus hatte immerhin im Verdacht gestanden, in weit Schlimmeres, die Morde an den Bankern Roberto Calvi und Michele Sindona, verwickelt gewesen zu sein. Zum Entsetzen der Kurie blieb der Papst hart, er pochte nicht auf Immunität, ließ Scarano wie einen ganz gewöhnlichen Verbrecher wegschließen, obwohl er ein Mann der Kurie war. Was für ein Skandal.

Als es den Anwälten von Nunzio Scarano gelang, ihn nach ein paar Wochen aus dem Gefängnis zu pauken, hoffte die Kurie, dass dieser Albtraum endgültig vorbei sei und sich nie wiederholen werde. Doch dem war nicht so. Im Januar 2014 ließ die Staatsanwaltschaft Salerno den vatikanischen Wirtschaftsprüfer Nunzio Scarano, dessen Büro mitten im Apostolischen Palast liegt, erneut verhaften. Wieder wanderte der hochrangige Würdenträger der Kurie ins Gefängnis. Diesmal warf man ihm fingierte Spenden vor, die in Wirklichkeit auf Bankkonten landeten, die Scarano kontrollierte. Selbst nach der zweiten Verhaftung von Nunzio Scarano hoffte ein Großteil der Kurie noch, dass Scarano eben ein unrühmlicher Einzelfall bleiben werde, aber eben ein Einzelfall.

Dann kam es zur Verhaftung von Bischof Jozef Wesolowski, dem langjährigen vatikanischen Nuntius. Dem wird vorgeworfen, in der Dominikanischen Republik sieben Jungs missbraucht und für Sex bezahlt zu haben. Mit Schrecken sahen die Mitglieder der Kurie, dass der Papst auch im Fall Wesolowski nie daran dachte, auf vatikanische Immunität zu plädieren, obwohl Wesolowski als Mitglied des Staatssekretariats zur Kurie gehörte. Im Gegenteil: Wesolowski wurde wegen Fluchtgefahr im Vatikan unter Hausarrest gestellt, und der Vatikan nahm Kontakt mit dem zuständigen Staatsanwalt der Dominikanischen Republik Francisco Dominguez Brito auf. Auch der im Jahr 1948 geborene polnische Bischof sollte seiner Strafe nicht entgehen. Damit war eine epochale Umwälzung besiegelt: Die Männer der Kurie standen nicht mehr über dem Gesetz.

Im Vatikan war das ein bis dato unbekanntes Gefühl. Seit meinem ersten Arbeitstag im Vatikan im Herbst 1987 hatte ich den Staat des Papstes immer mit dem Gefühl betreten, dass dort Menschen lebten, die sich für etwas Besseres hielten, und es möglicherweise ja auch waren. Ich kann mich an zahlreiche Begegnungen und Gespräche mit Papst Johannes Paul II. über diesen Punkt erinnern: Der Papst war keineswegs unhöflich zu Menschen, die nicht daran dachten, Priester zu werden; er sah sie mit einem gewissen Mitleid. Dass ein Mann auf die Idee kommen könnte, nicht Priester zu werden, war Karol Wojtyła in seinem tiefsten Innersten fremd. Der Papst lebte mit der Gewissheit, dass es nichts im Leben gab, das auch nur annähernd so wichtig war, wie die Beziehung zu Gott zu pflegen. Für den Papst gab es nur einen zentralen Punkt im Leben: zu beten. Alles andere war nebensächlich. Dass man sich auf dieser Erde auch mit anderen interessanten Seiten des Lebens beschäftigen könnte, war Papst Johannes Paul II. im Grunde suspekt.

In der Amtszeit von Papst Benedikt XVI. änderte sich in dieser Beziehung gar nichts. Im Gegenteil, Papst Benedikt XVI. vermittelte den Priestern das Gefühl, dass sie eine Art Wagenburg bauen mussten gegen die feindselige Welt da draußen. Immer wieder warnte er, dass die Priester sich nicht auf bestimmte Laien verlassen dürften. Papst Benedikt XVI. prägte die Idee der kleinen Herde, die vollkommen im Einklang mit dem Evangelium lebte und deren obere Elite die Priester waren.

Dass ein Mann wie Franziskus kommen könnte, mit einem völlig anderen Denken, schien ausgeschlossen. Franziskus kam und entschied sich bald zu dem extremen Schritt, der Kurie erstmals ihre Immunität vor dem Gesetz zu nehmen. Damit war eines unmissverständlich klar: Er sieht die Kurie als Diener der Gläubigen, keineswegs als eine besonders schützenswerte Elite.

Der Fall Scarano zeigte dem Papst vor allem eines: Dass sich innerhalb der Vatikanbank seit den Zeiten des Paul Marcinkus nichts geändert hatte und dass er noch oft sehr hart würde durchgreifen müssen, um die alten kriminellen Machenschaften für die Zukunft zu beenden.

Hochverrat um die »grüne« Enzyklika

Nach der erfolgreichen Reform der Vatikanbank durch Papst Franziskus, entwickelte das Pontifikat des Jorge Bergoglio eine Besonderheit, die es so im Vatikan seit sehr langer Zeit nicht gegeben hat. Die Menschen weltweit bewegt mit Blick auf Franziskus vor allem eines: Würden die Reformen dieses Papstes verpuffen? Würde der Vatikan die Umwälzungen nach dem Ende des Pontifikats von Papst Franziskus zurücknehmen und zurückkehren zum alten Kurs? Ich wurde und werde immer wieder gefragt: Wer wird gewinnen? Wird der Papst sich gegen die Kurie durchsetzen können oder werden die Kirchenfürsten nur so lange gute Miene zum bösen Spiel machen, solange der Papst aus Argentinien regiert?

Ausgerechnet die »grüne« Enzyklika *Laudato si* des Papstes sollte enthüllen, wie tief der Graben zwischen Papst und Kurie inzwischen ist und mit welch harten Bandagen gekämpft wird.

Die Welt hätte vermutlich nie erfahren, mit welcher Brutalität Teile der Spitze der Kirche gegen den Papst vorzugehen versuchen, wenn Jorge Bergoglio im Sommer 2015 nicht einen riskanten Entschluss gefasst hätte. Er wollte, dass seine »grüne Enzyklika«, die die Verteidigung der Schöpfung gegen die Zerstörung durch den Menschen zum Thema hat, mit der größtmöglichen Wirkung verbreitet würde. Der Papst wollte die Enzyklika nicht nur durch den Pressesaal veröffentlichen lassen, er wollte weltweite Aufmerksamkeit. Die Veröffentlichung der Enzyklika sollte die 1,2 Milliarden Katholiken und, wenn möglich, alle Menschen auf dem Globus aufrütteln und klarstellen, dass es für die Erde fünf vor zwölf ist. Nur sofortige tiefgreifende Veränderungen würden dieser Erde, Gottes Schöpfung, die Chance gewähren, auch von kommenden Generationen bewohnt zu werden. Der

Papst wollte den Menschen unmissverständlich vor Augen führen, dass mit der Zerstörung der Erde der Mensch dabei war, Selbstmord zu begehen. Dieser Entschluss, seinem Anliegen weltweite Aufmerksamkeit zu sichern, barg ein gewaltiges Risiko und bot den Gegnern des Papstes eine einmalige Chance zu zeigen, wie groß der Widerstand gegen den Papst im Inneren des Vatikan war: durch Verrat. Während nach der Veröffentlichung der 192 Seiten starken *Laudato si* (Gelobt-sei-)Enzyklika die ganze Welt über die grünen Ansichten des Papstes diskutierte, ging es im Inneren des Vatikans überhaupt nicht um den Inhalt der Enzyklika und um die päpstliche Haltung zur Rettung der Erde, sondern ausschließlich um eine Frage: Wie groß und wie mächtig war die Gruppe, die gezeigt hatte, dass sie bereit war, den Papst zu verraten.

Das Risiko, das ein Papst eingeht, wenn er vor der Welt einen epochalen Text, eine sehr wichtige Schrift ankündigt, besteht darin, dass er mit dem Erscheinen des Textes automatisch erkennen lässt, wie gut oder wie wenig er den Vatikan im Griff hat. Denn an einem solch wichtigen Text müssen mehrere Männer der Kirchenspitze mitarbeiten. Nur äußerst selten entscheiden sich Päpste dazu, einen Text allein und ohne jede Beratung zu verfassen. Aber selbst wenn sie das tun, besteht immer noch die Gefahr, dass der Inhalt vorab verraten wird, weil das Original des Papsttextes zwangsläufig vor dem Erscheinen durch mehrere Hände gehen wird, schon allein weil er übersetzt werden muss.

Ein Papst, der den Vatikan nicht im Griff hat, der im Gegenteil weiß, dass er sehr viele, sehr mächtige Feinde hat, sollte sich genau überlegen, ob er dieses Risiko mit der spektakulären Veröffentlichung eines solchen Textes aus seiner Feder wirklich eingehen kann. Denn wenn das Experiment schiefgeht, weiß alle Welt, dass seine wichtigsten Leute gegen ihn arbeiten. Und genau das traf im Fall von Papst Franziskus zu. Papst Franziskus war also volles Risiko gegangen und hatte eine Pressekonferenz für die Medien der ganzen Welt am 18. Juni 2015 anberaumt, dann sollte die Enzyklika *Laudato si* veröffentlicht werden. Die Gegner des Papstes ließen sich die Chance auf Hochverrat nicht entgehen und spielten den Text vorab der Wochenzeitschrift *L'Espresso* zu, die den Text drei Tage vor dem öffentlichen Erscheinen am 15. Juni im Internet vollständig bekannt machte. Der Text entsprach tatsächlich bis auf drei kleine Änderungen dem Original. Was das bedeutete, war im Vatikan vollkommen klar. Nur sehr wichtige und sehr hohe Würdenträger der Kirche hatten Zugang zu dem Text vor dessen Veröffentlichung. Einem Text, der dem Papst sehr am Herzen lag und den er der Welt exklusiv und persönlich hatte vorstellen wollen. Alle diese hohen Kirchenmänner waren selbstverständlich an das Gelübde des Gehorsams gegenüber dem Papst gebunden. Sie wollten aber vor der ganzen Welt deutlich machen, dass sie dem Kurs dieses Papstes nicht folgen wollten, dass sie sich gegen ihn wehrten und – noch schlimmer – ihm ihren Gehorsam verweigerten. Ein ungeheurer Vorgang.

Erschwerend kam hinzu, dass ein Mann, der gute Kontakte zur Kirche besaß, diesen Text in die Hand bekommen hatte. Es war also kein Zweifel möglich, dass der Text nur mit Unterstützung von hohen Würdenträgern hinausgeschmuggelt worden sein konnte – mit einer zentralen Botschaft: Seht her! Der Papst hat den Vatikan nicht im Griff. Es war ein weltweites Signal an alle Franziskus-Gegner in den Diözesen. Sie sollten wissen: Es gibt sogar hier, in der Zentrale der katholischen Kirche, entschlossenen Widerstand gegen den Kurs des Papstes. Papst Franziskus hat es noch nicht geschafft, den Widerstand zu zerschlagen.

Der Angriff auf den Papst erfolgte in erster Linie deswegen, weil er die Gelegenheit dazu geboten hatte. Wenn diese Enzyklika nur beiläufig angekündigt worden wäre, hätte sich niemand darüber aufgeregt, dass der Text aus dem Vatikan geschmuggelt worden war. Erst dadurch, dass der Papst diese weltweite Präsentation für den 18. Juni festgesetzt hatte, sahen die Verräter eine lang erwartete Möglichkeit, den Papst bloßzustellen. Mit dem Inhalt der Enzyklika hatte das erst auf den zweiten Blick zu tun. Denn es gab einen Punkt, den entscheidenden, der seine Widersacher endgültig auf den Plan rief.

Zur Erinnerung: Papst Franziskus ist nicht der erste »grüne« Papst, er ist der dritte Papst mit »grünen« Ansichten in Folge. Dass Papst Franziskus schreibt, »die Erde, unser Haus, scheint sich immer mehr in eine unermessliche Mülldeponie zu verwandeln«, ist nicht neu. Auch die Klage, dass die Regierungen nicht genug tun, um die Erde zu retten, haben die Vorgänger von Papst Franziskus bereits geführt. In der Amtszeit von Papst Paul VI. beschäftigte sich die Welt noch nicht wirklich mit der Frage der Bedrohung des Planeten durch die Umweltzerstörung. Der Protest der Intellektuellen und Studenten richtete sich damals noch gegen den Vietnam-Krieg, nicht gegen die Verschmutzung der Meere. Der erste »grüne« Papst der Geschichte war somit auch erst Papst Johannes Paul II.

Karol Wojtyła predigte nicht nur die Verteidigung der göttlichen Schöpfung, sondern lebte sie auch. Seine Besuche in den Alpen und die Gottesdienste in freier Natur gehören zu den bekanntesten Bildern des Pontifikats. Johannes Paul II. ist der erste Papst, der seine Freude am Leben in der Natur mit seiner tiefen Verehrung der Natur als Schöpfung Gottes verbindet und der Welt zeigt. Als erster Papst fährt er mit Begeisterung Ski, begibt sich auf lange Wanderungen in den Bergen. Er »bricht aus« und verbringt den Urlaub nicht mehr nur im päpstlichen Sommerpalast in Castel Gandolfo, sondern lässt sich mitten in unverfälschter Natur eine bescheidene Berghütte in der Diözese von Aosta zuweisen. Die Natur zu genießen in den Bergen über Aosta gehört zu den glücklichsten Momenten im Leben des Karol Wojtyła.

So groß der Unterschied zwischen Papst Benedikt XVI. und Papst Johannes Paul II. auch war, im Punkt Naturschutz waren sie auf derselben Linie. Papst Benedikt XVI. ist ohne Zweifel ein »grüner« Papst, der Schutz der Natur bedeutet ihm sehr viel. Auch er hat als Kardinal lange Spaziergänge in den Alpen geliebt, auch er bricht aus und verbringt seinen Urlaub in den Bergen bei Brixen. Diese grüne Haltung ist ihm so wichtig, dass er während seiner Rede im Bundestag in Berlin scherzhaft erklären muss, dass er sich nicht als bedingungsloser Unterstützer der Partei der Grünen sieht, sehr wohl aber als Unterstützer des Umweltschutzes. Papst Benedikt lobt ausdrücklich die Bewegungen und Parteien der Umweltschützer als »einen Schrei nach frischer Luft«. Bei Franziskus hört sich die Kritik an den Regierungen, die nicht genug tun zur Rettung der Erde, so an: »Wenn die Politik nicht imstande ist, eine perverse Logik zu durchbrechen, und wenn sie auch nicht über armselige Reden hinauskommt, werden wir weitermachen, ohne die großen Probleme der Menschheit in Angriff zu nehmen« (Enzyklika *Laudato si*).

Das alles unterscheidet sich also noch nicht von seinen Vorgängern. Aber Papst Franziskus geht einen entscheidenden Schritt weiter. Es ist aus Sicht seiner Gegner ein so verhängnisvoller Schritt, dass sie sich zum Angriff auf den Papst entschlossen. Es ging um die Gründe für die Entstehung der Umweltverschmutzung. Papst Franziskus wagte, was kein Papst bisher so klar auszusprechen gewagt hatte: eine scharfe Kritik am Kapitalismus. »Wir wissen, dass das Verhalten derer, die mehr und mehr konsumieren und zerstören, während andere noch nicht ihrer Menschenwürde entsprechend leben können, unvertretbar ist.«

Der Papst sprach eine der seit über einhundert Jahren diskutierten Grundfragen an. Produzieren kapitalistische Systeme die falschen Waren? Der Papst ist der Meinung, dass spritfressende Super-Luxus-Autos, die kein Mensch braucht und die nur die Erde schneller zerstören, nicht gebaut werden sollten. Die meisten Arbeiter und Angestellten, die in einer solchen Fabrik, die Luxus-Autos baut, arbeiten, werden hingegen vor allem darauf bedacht sein, ihren Arbeitsplatz zu schützen, und werden es begrüßen, dass sich die Autos gut verkaufen, auch wenn sie keiner braucht. Der Papst ist da radikal, fordert wirtschaftliche Einbußen, Demut und Bescheidenheit.

»Es ist die Stunde gekommen, in einigen Teilen der Welt eine gewisse Rezession zu akzeptieren und Hilfen zu geben, damit in anderen Teilen der Welt ein gesunder Aufschwung stattfinden kann.« Der Papst will offensichtlich das Schrumpfen einer erfolgreichen Wirtschaft in den reichen Ländern einklagen, nach Meinung der Verfechter des reinen Kapitalismus klingt das verdächtig nach Planwirtschaft. Vor allem das die freie Marktwirtschaft weltweit verteidigende US-amerikanische Acton-Institute kritisierte den Papst. Das Institut ließ über ihr Mitglied Pater Roberto Sirico an die Adresse des Papstes antworten, Franziskus argumentiere mit seiner Kapitalismus-Kritik »unvorsichtig«. Ein Großteil der Kurie teilt diese Einschätzung, dass der Papst »unvorsichtig« sei. Ein Papst, der so offen das kapitalistische System als eine Wirtschaft darstellt, die »Menschen tötet«, widersprach ihrer Grundeinstellung.

Regeln für die Menschen,
nicht Menschen für die Regeln

Den Kern seines Anliegens macht Papst Franziskus am 1. September 2015 völlig unerwartet auf eine so spektakuläre Weise klar, dass die Kurie ihr Entsetzen nicht verbergen kann. Im Grunde ging es um eine unspektakuläre Ankündigung. Wie im Fall eines jeden Heiligen Jahres verkündet der Papst einen besonderen Segen. Wie seit Jahrhunderten üblich, können Gläubige in einem Heiligen Jahr den Ablass der Sünden für Verwandte erreichen, die möglicherweise im Fegefeuer büßen, sofern es das geben sollte. Diese uralte Gelegenheit, festzulegen, welche Vorteile Gläubige bei einer Pilgerreise im Heiligen Jahr nach Rom erlangen können, nutzt Papst Franziskus für eine einzigartige Geste. Dabei gehen gleich zwei Schläge auf die internen Gegner nieder. Für die Öffentlichkeit sind die päpstlichen Entscheidungen, die das Heilige Jahr betreffen, auf den ersten Blick absolut unverständlich. Doch diejenigen, die verstehen sollen, was der Papst will, müssen zähneknirschend hinnehmen, dass Franziskus einen weiteren Schritt unternimmt, um eine neue katholische Kirche zu schaffen.

Auf dem Papier scheinen die Entscheidungen von Papst Franziskus geradezu aberwitzig. Der Papst erklärt, dass Katholiken, die bei den Abtrünnigen der ultrakonservativen Priester der Pius-Bruderschaft ihre Beichte ablegen, darauf vertrauen können, dass diese Bitte um Vergebung der Sünden und die Lossprechung durch den Priester auch gültig ist. Das Absurde an dieser Entscheidung besteht darin, dass es so aussieht, als wollte ausgerechnet der Revolutionär Papst Franziskus den Ultrakonservativen einen Gefallen tun. Er erklärt, dass die Absolution von den Sünden durch einen Priester gültig sei, den die katholische Kirche als abtrünnig ansieht. Diese Regel soll das ganze Heilige Jahr ab dem

8. Dezember 2015 gelten. Was aber hat der fortschrittliche Papst mit den Ewiggestrigen der Pius-Bruderschaft zu schaffen?

Die Bemühungen von Papst Benedikt XVI., die etwa 1000 Priester und Ordensleute, die zu der von dem abtrünnigen Bischof Marcel Lefebvre gegründeten Bruderschaft Pius X. gehören, in die katholische Kirche zurückzuholen, hatte im Januar 2009 mit einem Desaster geendet. Die Rehabilitierung des Holocaust-Leugners Bischof Richard Williamson, der zu den Pius-Brüdern gehört, hatte das komplette Pontifikat von Papst Benedikt XVI. in eine schwere Krise gestürzt. Diese Krise hatte vor allem eines gezeigt: dass die überwiegende Mehrheit der Katholiken mit den Pius-Brüdern nichts zu schaffen haben will. Nur eine verschwindend geringe Minderheit in der katholischen Kirche kann mit den Erklärungen der Pius-Brüder, wie etwa der von Richard Williamson, dass Frauen biologisch nicht für höhere Bildung, wie den Besuch von Universitäten, geeignet seien, irgendwas anfangen, die meisten halten solche Erklärungen für das, was sie sind: totaler, beleidigender Schwachsinn.

Warum also hat der Papst diese Ausnahmeregelung verhängt? Die, die verstehen sollen, was der Papst meint, verstehen das nur zu gut. Dem Papst geht es nicht in erster Linie um die katholische Kirche, deren oberster Chef er ist; es geht ihm – und das ist die radikale Botschaft – immer um die Menschen. Wenn ein Gläubiger seine Sünden in dem aus katholischer Sicht falschen Beichtstuhl, nämlich bei den nicht anerkannten konservativen Pius-Brüdern, beichtet, dann, so erklärt der Papst, soll eine solche Beichte gültig sein im Heiligen Jahr. Das bedeutet: Die katholische Kirche hat sich nicht dazwischenzudrängen, wenn ein Mensch bereuen will, selbst wenn er das in der, nach Ansicht der katholischen Kirche, falschen Einrichtung tut. Der Papst erklärt damit aus Sicht der konservativen Teile der Kurie etwas Erschütterndes: Es ist nicht so wichtig, vor welchem Priester ein Mensch beichtet. Gott ist es egal, ob es ein Priester ist, den wir aus katholischer Sicht anerkennen. Die Beichte gilt Gott, und die Kirche hat sich nicht so sehr einzumischen.

Die zweite Entscheidung verpasst den Konservativen einen weiteren Hieb. Der Papst erlaubt allen katholischen Priestern der

Erde, ab dem 8. Dezember 2015 für das ganze Heilige Jahr Vergebung für die Sünde der Abtreibung zu erteilen, sofern die betroffenen Frauen wirklich bereuen. Bisher dürfen nur Bischöfe oder von Bischöfen mit besonderen Befugnissen ausgestattete Priester diese Sünde vergeben. Der Papst entschied also, dass im Heiligen Jahr alle katholischen Priester diese Lossprechung von der Sünde der Abtreibung aussprechen dürfen.

Für konservative Kreise bedeutete das einen Schock, vor allem in den USA. Seit Jahrzehnten versucht sich ein großer Teil der katholischen Kirche in den USA als Fürsprecher für die Abschaffung jener Gesetze, die Abtreibung in den USA legalisieren. Dass ausgerechnet der Papst ihnen jetzt in den Rücken fällt, empfinden viele Gläubige dort als ein Desaster; es kam zu Protesten gegen den Papst. Aber auch in diesem Fall will der Papst zeigen, worum es ihm geht. Ein Mensch, der einen Fehler gemacht hatte vor Gott, auch einen großen Fehler wie die Tötung werdenden Lebens, kann sich der Barmherzigkeit Gottes sicher sein, wenn er ehrlich bereut.

Das ist das Geheimnis der innersten Überzeugung des Franziskus: Dass es um die Gläubigen und um Gott geht, um ehrliche Reue, und dass die Regeln der katholischen Kirche nicht dazu da sein können, das Suchen eines Menschen nach Gott, gleichgültig, wer auch immer er oder sie ist und was immer er oder sie getan haben mag, zu stören oder zu behindern.

Ausblick: Die große Frage

Die Frage, die die Menschen nach dem Erscheinen der Enzyklika mehr denn je beschäftigt, ist also: Würde dieser Papst sich durchsetzen können? Würde er grundsätzliche Änderungen im Vatikan etablieren können oder würden seine Änderungen zurückgenommen werden, werden können? Zweifellos taten vielen Spitzenmännern der Kirche die revolutionären Reformen des Papstes im Alltag des Vatikans, in der Forderung nach einer Kirche an der Seite der Armen, in der Menschenliebe als Maßstab für theologische Ausrichtungen weh, und viele wollten das lieber heute als morgen vergessen.

Doch ist das überhaupt noch denkbar? Kann all das, was Franziskus in den wenigen Jahren seines Pontifikats bisher erreicht hat, zurückgenommen werden?

1. Die Aufhebung der Immunität vor der Strafverfolgung für die Kardinäle und Bischöfe sowie für alle Würdenträger der Kurie im Vatikan bedeutet eine epochale Änderung. Die Kirchenfürsten stehen nicht mehr über dem Gesetz.
2. Die Einführung eines Gerichts für Bischöfe, die Missbrauchsfälle gedeckt hatten, was am 10. Juni 2015 bekannt gegeben wurde, zeigt, wie ernst dem Papst die Strafverfolgung gerade der großen Fische ist. Er stellt unmissverständlich klar, dass mithilfe dieses neuen Gerichts auch die Spitzen der Kirche strafrechtlich verfolgt werden können. Der Schutzmantel des Vatikans für hohe Würdenträger vor Strafverfolgung existiert damit nicht mehr.
3. Der Lebensstil des Papstes, die Entscheidung, im Gästehaus des Vatikans zu wohnen und in der Mensa mit allen zu essen,

diese Art der Bescheidenheit hat dem Papst Glaubwürdigkeit eingetragen. Die katholische Kirche steht zum ersten Mal seit über einem Jahrtausend als entschlossene Nachfolgerin Christi vor der Welt, die in den eigenen Spitzenpositionen einen armen Lebensstil pflegt, wie es der Religionsstifter Jesus von Nazareth vorgelebt hatte.

4. Papst Franziskus hat die katholische Kirche »kleiner« gemacht, sie zurückgestutzt auf Augenhöhe mit anderen christlichen Kirchen. Die Vorstellung, dass Gläubige »objektiv« eine bessere Chance hätten in den Himmel zu kommen, wenn sie katholisch sind, gab der Papst auf. Damit ist der »Krieg« der katholischen Kirche gegen die Konkurrenz, vor allem die als »Sekten« beschimpften Freikirchen, vorbei. Im Gegenteil, der Besuch bei seinem Freund, einem freikirchlichen Priester in Caserta, hat gezeigt, dass Papst Franziskus nicht nur ein Ende der Feindseligkeiten, sondern eine Freundschaft mit konkurrierenden Kirchen möchte.

5. Die grundsätzlich feindselige Haltung gegenüber anderen Religionen, vor allem gegenüber dem Islam, ist vorbei. Der Papst hat mit seiner Hochachtung vor der Religiosität des Islam einen neuen Kurs eingeleitet.

6. Die klare Verurteilung von Homosexualität als wider Gottes Gebot der katholischen Kirche gibt es nicht mehr. Der Satz von Papst Franziskus: »Wer bin ich, einen Homosexuellen, der Gott sucht, zu verurteilen?«, hat eine neue Zeit eingeläutet. Bisher hatte die katholische Kirche eindeutig das Ausleben von Homosexualität als verwerflich und gegen die Gebote der Bibel gerichtet verurteilt.

7. Die Erklärung des Papstes Franziskus, dass Ehescheidungen notwendig sein könnten, nicht nur im Fall von Gewaltanwendung, sondern auch im Fall der Gleichgültigkeit, hat ein neues Kapitel für das Verhalten der Kirche gegenüber Geschiedenen eingeleitet. Der Wille des Papstes, dass wiederverheiratete Geschiedene zu den Sakramenten zugelassen werden sollten, in überprüften Fällen, ließ sich nicht mehr leugnen.

8. Die katholische Kirche gehört an die Seite der Armen. Den seit Jahrhunderten währenden innerkirchlichen Streit wollte Papst

Franziskus für immer beenden. In allen Teilen der Welt hat sich die Kirche gespalten in die Unterstützer der Reichen und Mächtigen und in die Pfarrer, die sich um die Armen und Ausgestoßenen kümmern. Durch Papst Franziskus ist jetzt klar, dass die Kirche an der Seite der Reichen nichts verloren hat.

9. Die katholische Kirche mischt sich politisch ein. Der Kurs einer strikten politischen Neutralität des Vatikans ist vorbei. Den Kurs, den Papst Johannes Paul II. in seiner politischen Auseinandersetzung mit dem Reich der Sowjets eingeschlagen hatte, setzt Papst Franziskus fort. Sein Friedensgebet vor dem Petersdom, um ein militärisches Eingreifen der USA in Syrien zu verhindern, hat ein neues, politisches Zeitalter des Vatikans eingeläutet.

Herbst 2015: Es war kalt gewesen in jenem März vor zwei Jahren, als ein Mann aus Argentinien durch das nächtliche Rom zurück zum Priesterheim in der Via della Scrofa gegangen war mit diesem seltsamen Gang, der an ein Schiff in stürmischer See erinnerte. Er hatte damals befürchtet, dass diese Stadt mit ihrer riesigen Arena des Glaubens, dem Petersplatz, sein Schicksal werden könnte, für den Rest seiner Tage. Er hatte sich gefürchtet, sein Leben in Buenos Aires aufzugeben und an diesem Petersplatz einzuziehen. Er hatte vor allem Angst, dass das Leben im Apostolischen Palast ihn verbiegen könnte, dass er sein wichtigstes Anliegen, die Armen, vergessen könnte, weil er sich so vielen anderen Fragen würde widmen müssen.

Aber das war nicht geschehen. Er hatte sich nicht verbiegen lassen, er hatte es geschafft. Er hatte als erster Papst seit Jahrhunderten die Armut nicht nur gepredigt, sondern sie auch gelebt. Er hatte vor der ganzen Welt gezeigt, dass die katholische Kirche sich an die eigene Nase fassen muss und nicht mehr Wasser predigen darf, um dann Wein zu trinken. Er hatte dem Vatikan gezeigt, dass Schluss sein musste mit den illegalen Geldgeschäften, den Luxus-Limousinen, den Prunk-Appartements. Er hatte die prächtigen Kirchenmänner regelrecht vorgeführt, so sahen sie das zumindest, und genau das hatten sie ihm nicht verziehen. Er hatte ihnen den Spiegel vorgehalten, und im Bild dieses Spiegels war eine privilegierte Kaste von Menschen in prächtigen Roben zu sehen gewesen.

Aber es gab noch einen anderen Grund, weshalb so viele begonnen hatten, ihn zu hassen. Weil er ihnen das Gefühl gab, dass er ihnen die Zukunft gestohlen hatte. Denn wie sollte nach diesem Pontifikat jemals die alte Ordnung wiederhergestellt werden? Wie sollte ein Papst je wieder den Mut aufbringen, zum bewährten, alten Leben im Vatikan zurückzukehren? Wie sollte je wieder ein Papst in den Apostolischen Palast zurückkehren können, um das bisherige prächtige Leben des Nachfolgers Petri aufzunehmen, der selbstverständlich wieder die Unterstützung von Sekretären, Kammerdienern und Köchinnen in Anspruch nehmen würde? Hatte Papst Franziskus diese Rückkehr zur Normalität vollkommen verbaut? Würde jetzt jeder Papst, der zurück in das Apostolische Appartement zog, sich dem Vorwurf aussetzen müssen, dass er eben doch den Prunk liebte und nicht so bescheiden war, wie Papst Franziskus es gewesen war? Hatte dieser Papst Franziskus das alte Amt der Päpste, wie es jahrhundertelang ausgeübt worden war, für immer abgeschafft? Würde man die moderne Geschichte des Vatikans einteilen in die Zeit vor Franziskus und die danach, würde er der Mann sein, der die Bescheidenheit Christi zurück in den Vatikan gebracht hatte?

Der Mann aus Argentinien hatte damals auf dem Weg in das Priesterheim Angst davor gehabt, gegen die Macht der Kurie und gegen die Stärke der alteingesessenen italienischen Kardinäle anzutreten. Er mochte sich auf seine Kämpfernatur verlassen können, doch den Körper eines Kämpfers besaß er nicht mehr. Der alte Mann, der nur noch einen Lungenflügel hatte, war damals, im Frühjahr 2013, bei schneidendem Wind durch das nächtliche Rom gegangen und hatte sich gefragt, ob er noch einmal in seinem Leben einen solch harten Kampf, wie er ihn bereits gegen den eigenen Orden und gegen die Kurie geführt hatte, würde ausfechten können.

Jetzt, im Herbst 2015, wusste er: Er hatte es vermocht, gegen die geschlossene Phalanx der Kardinäle der Kurie; er hatte sie in den Griff bekommen und die alten Machtstrukturen zerschlagen. Er hatte die katholische Kirche globalisiert, die Macht der Europäer gebrochen – und auch das verziehen sie ihm nicht. Denn die

Kräfteverhältnisse erlaubten jetzt die Frage, ob es in absehbarer Zeit überhaupt wieder einen Papst aus Europa geben würde.

Der Jorge Mario Bergoglio, der damals an dem regenverhangenen Abend des Jahres 2013 zum Papst gewählt worden war, hatte ein Geheimnis in sich getragen. Nur er hatte damals gewusst, dass dieser in sich gekehrte, ernste, auf die Menschen mürrisch und verstockt wirkende Mann keine Chance haben würde, ein würdiger und geliebter Papst zu sein. Dieser Jorge Mario Bergoglio musste verschwinden und einem ganz neuen Mann Platz machen, einem Mann, dem die vielen Niederlagen und die Traurigkeit verlorener Schlachten nicht mehr anzusehen waren, der mit seinem Lächeln und seiner Menschlichkeit die Menschen überall auf dem Globus bezaubern musste. Damals wusste nur dieser Jorge Mario Bergoglio, dass eine unglaubliche Wandlung nötig sein würde, und auch das hatte er geschafft. Er hatte wie aus dem Nichts einen Papst herbeigezaubert, der mit seiner bestechenden Sympathie weltweit die Menschen beeindruckt, den die Massen und die Medien lieben. Diese Wandlung war so radikal ausgefallen, dass seine engsten Vertrauten, die den alten Jorge Mario Bergoglio gut gekannt hatten, daran glaubten, dieser 266. Nachfolger des heiligen Petrus sei ein sichtbares Zeichen für das Eingreifen des heiligen Geistes, weil ihrer Ansicht nach ein alter Mann allein einen solchen Wandel niemals hätte bewirken können.

Er hatte damals Angst gehabt vor dem Kampf, der ihm bevorstand. Es war ein harter Kampf geworden, und er war noch lange nicht vorbei. Seine Gegner wollen jene katholische Kirche zurückhaben, die auf viele so überheblich gewirkt hatte. Eine Kirche, die vor allem überzeugt davon war, etwas Besseres, Einzigartiges zu sein, die Freikirchen als aggressive Sekten bekämpfte statt den Dialog mit ihnen zu suchen. Sie wollen eine Kirche zurück, die eine italienische Institution war, eine europäische Kirche, die ihre Macht mit den andren Kontinenten nicht wirklich teilen wollte. Er hatte selbst die Schlacht um die Vatikanbank gewonnen, die illegalen Machenschaften hatten aufgehört; er hatte sich durchgesetzt und damit in sehr kurzer Zeit begonnen, jene Institution des Vatikans, die kein Papst vor ihm je anzurühren gewagt hatte, in ihren Grundfesten zu erneuern.

Er wohnte in einem bescheidenen Zimmer mitten im Vatikan und kämpfte. Aber manchmal vermisste er jenen Jorge Mario Bergoglio, der seinen Platz in seinem langen Leben gefunden hatte. Dieser Platz lag nicht inmitten der um ihre Macht fürchtenden Kardinäle, dieser Platz war auf den Straßen der Armenviertel von Buenos Aires gewesen, wo sie ihn »ihren Bischof« genannt hatten. Dort war er zu Hause gewesen, dort hatte er wie ein Großvater einfach nur zugehört. Dort hatte er versucht, das Geld für einen neuen Schulranzen aufzutreiben, dort hatte er versucht, Männern Mut zu machen, die ihre Arbeit verloren hatten, Eltern zu helfen, wenn sie entdeckt hatten, dass ihre Kinder aus der bitteren Armut in den Drogenrausch geflohen waren. Das war dieser Jorge Mario Bergoglio gewesen, und dort hatte er seinen Platz gefunden. Aber der Argentinier aus Buenos Aires war für immer gegangen und hatte einen Mann zurückgelassen, dessen Schicksal es jetzt war, Papst Franziskus zu sein.

Viele Menschen auf der Welt haben einen Papst wie diesen herbeigesehnt. Es ist der 3. September 2015, und ich kann es nicht fassen, dass der Mann, den ich intensiv beobachte, dieser Papst Franziskus, in den kleinen wie den großen Entscheidungen so überraschend bleibt. An diesem Abend ist Jorge Mario Bergoglio wie ein Jedermann in ein Brillengeschäft mitten in der Innenstadt an der Via del Babuino marschiert. Ausgerechnet die Via del Babuino, der Präsentierteller der Stadt Rom. Und hier hat der Papst um eine besonders billige Lösung dafür gebeten, die Gläser seiner Brille auszutauschen, weil er nicht mehr gut sieht. Das Gestell, die alte Brille, tue es natürlich noch, meint Franziskus. Hunderte Menschen haben fassungslos durch die Fenster zugesehen, wie der Papst in dem Brillengeschäft wie ein Bittsteller darum bat, dass man die Gläser ersetzen möge.

Da war er wieder, dieser lächelnde, gewinnende, positive Papst Franziskus, der mit dem Besuch eines Brillengeschäftes alle Regeln des Kurienapparates ignoriert und in aller Selbstverständlichkeit das lebt, was er als Botschaft des Jesus von Nazareth sieht. Nur ganz wenige wissen, wie schwer dieses Selbstverständliche für den Mann aus Argentinien, der zum Papst berufen wurde, ist. Dass es auch weiterhin jenen müden, enttäuschten, stillen Jorge

Mario Bergoglio gibt, der irgendwann, wenn es endlich Abend wird, in der Einsamkeit des nächtlichen Zimmers im Haus der heiligen Martha sitzt und weiß, dass er jeden einzelnen Tag diesen gewinnenden, lächelnden, vor christlicher Freude sprühenden Papst herbeizaubern muss. Denn nur dann hat er eine Chance, getragen von der Kraft der Menschen, die ihn herbeigesehnt haben, weiter zu kämpfen.

Petersplatz, 2015: Ich gehe manchmal zu der Stelle am Petersplatz, an der ich oft gesessen habe, nachdem ich im Herbst 1987 in Rom angekommen war. Ich habe von dort aus drei Päpste kämpfen sehen, Karol Wojtyła gegen die Macht der Sowjetunion, Papst Benedikt XVI. gegen eine durch einen Kinderschänder-Skandal erschütterte Kirche. Und ich habe Papst Franziskus kommen sehen: Ich stand dort auf dem verregneten Platz, als er zum ersten Mal auf den Balkon trat und jenes »Buonasera« eines bescheidenen Papstes sagte, der keine arrogante Kirche mehr wollte. Ich habe ihn kämpfen sehen, in Rom und in andern Ländern. Ich war an der Copacabana in Rio de Janeiro, als er seinen ersten großen Triumph erlebte, den sensationellen Weltjugendtag. Und ich habe seine Niederlagen gesehen. Ich war in Bethlehem, als dieser Papst Franziskus erleben musste, dass der Dialog mit dem Islam alles andere als einfach sein würde, als der Iman der Moschee vor der Geburtskirche genau dann anfing sein Allahu akbar zu schreien, als der Papst den Schlusssegen erteilen wollte.

Es ist mein dritter Papst, und es war mein erster, Johannes Paul II., der mich zu einem gläubigen Christen werden ließ. Ich erinnere mich, dass ich ihn kommen sah, am Stock oder im Rollstuhl, wenn er seinen Kampf kämpfte gegen einen Körper, der sein Gefängnis geworden war, wenn er versuchte, sich ein einziges Wort abzuringen. In solchen Augenblicken habe ich gebetet: Gott stehe dir bei, alter Mann. Ich weiß nicht, ob das, was du machst, deinem Gott gefällt. Aber ich weiß, dass du mit all der Kraft, die dir noch bleibt, für das kämpfst, woran du glaubst, und deswegen bitte ich Gott, er möge dir beistehen.

Wenn ich jetzt Papst Franziskus sehe, dann bete ich das Gleiche: Gott stehe dir bei, alter Mann. Es ist ein harter Kampf, den du noch vor dir hast gegen eine verkrustete und arrogante Kirche, die tief in der Krise steckt und zu oft die Ärmsten und die Schwächsten vergessen hat. Es wird nie einfach sein. Noch gibt es zu viele, die all das vergessen machen wollen, was du angestrengt hast. Ich weiß auch bei dir nicht, ob du das tust, was Gott gefällt, aber ich sehe, dass auch du mit allem, was du aufbringen kannst, für das kämpfst, woran du glaubst, jeden einzelnen Tag – und deswegen bitte ich: Stehe Gott dir bei.

Epilog

Das Buch ist fertig, das hier ist der Schluss, und ich frage mich, was jetzt noch zu tun bleibt. Ich habe alles noch einmal durchgesehen, habe darüber nachgedacht, was ich ändern sollte – und auf einmal wurde mir klar, was noch fehlt. Es ist keine weitere Ergänzung, es ist etwas viel Wichtigeres. Mein Vater, dem ich einen Teil dieses Buches gewidmet habe, lebt mittlerweile an einem Ort, von dem ich denke, dass er dort eine gute Pflege erhält. In den kommenden Wochen werde ich wohl eine ganze Weile seinen Rollstuhl fahren, und ich weiß jetzt, was ich noch tun muss. Bevor er diese Welt verlässt, muss ich ihn noch einmal in ein Auto setzen und noch einmal mit ihm nach Bergneustadt fahren. Ich werde ihn in das Zimmer bringen, das es nur für ihn und für mich noch gibt, ein Zimmer in einem nicht mehr existierenden Feuerwehr-Erholungsheim, das für alle anderen Menschen der Welt nur ein schickes Hotelzimmer ist. Ich werde ihn dorthin bringen, weil ich glaube, dass wir beide – er auf seine, ich auf meine Art – uns bis an unser Lebensende fragen werden, ob ein gütiger Gott uns beide zusammen in dieses Zimmer geführt hat, weil meine Mutter dort immer auf uns beide warten wird.

Dank

Dies ist mein zehntes Buch, und ich möchte diesen Anlass nutzen, um Danke zu sagen.

Mein Dank gilt vor allem Kardinal Stanislaw Dziwisz, Erzbischof von Krakau, für seine Freundschaft, seine Geduld und seine Hilfe. Insbesondere aber möchte ich ihm danken, weil er immer Don Stanislaw geblieben ist und mich auch dann noch mit der Offenheit und der ihm eigenen Bescheidenheit empfangen hat, als er längst Seine Eminenz Kardinal Dziwisz, Erzbischof von Krakau, war.

Kardinal Kelvin Felix danke ich dafür, dass er seine Erfahrungen und seinen Wein mit mir geteilt und mir profunde Einblicke in die Kirche Mittelamerikas gewährt hat.

Ich möchte den beiden Papstsprechern Joaquin Navarro-Valls und Pater Federico Lombardi für ihre seit Jahrzehnten währende Freundschaft, für ihre Geduld und ihre professionelle Hilfe danken.

Dank schulde ich auch dem langjährigen Kommandanten der Schweizergarde, Elmar Mäder, für seine Unterstützung; ohne ihn hätte ich nie einen so tiefen Einblick in einen der spannendsten Teile des Vatikans erhalten.

Meinen Freunden Arturo Mari und Francesco Sforza vom *Osservatore Romano* möchte ich danken für ihre Herzlichkeit und ihre Hilfe, auf die ich immer zählen konnte.

Unter den vielen Kollegen, die in den vergangenen drei Jahrzehnten großzügig ihre Erfahrungen und manches Abenteuer mit mir geteilt haben, möchte ich hier drei nennen: Der Kollegin Cindy Wooden von CNS, die die bestinformierte und erfahrenste weibliche Vatikanjournalistin der Welt ist, danke ich für ihre Freundschaft in stürmischen und stillen Zeiten, meinen italienischen Gefährten auf vielen Reisen Bruno Bartoloni und Marco Politi danke ich für ihre Einsichten, Einblicke und Hintergrundinformationen.

Bedanken möchte ich mich auch bei Marialuise und Georg vom Thurnstein-Schloss, wo schon Joseph Ratzinger nächtigte, für ihre Herzlichkeit und Freundschaft.

Auch in Deutschland gibt es viele Menschen, denen ich Dank schulde: dem Papstvertrauten und Vatikankenner Dr. Peter Marx. Meiner klugen und unermüdlichen Weggefährtin Heidrun Gebhardt und meinem Wegweiser Johannes Jacob vom Verlag C. Bertelsmann. Danken möchte ich meiner unermüdlichen Helferin Sinja Bohn, die mich noch nie vergessen hat, und Fabiola Zecha. Für die komplizierte Planung der zahlreichen Lesereisen bin ich tief in der Schuld bei Dr. Burkhard Löher und Iska Peller. Vor allem möchte ich aber meinen fantastischen Leserinnen und Lesern für ihre Treue danken.

Ich danke meiner wunderbaren Lektorin Eva Rosenkranz für ihre Geduld, ihre Nachtschichten, ihre Ideen.

Roman Hocke von meiner Agentur AVA International danke ich dafür, dass er mir seit 25 Jahren die Treue hält, auch wenn ich es ihm manchmal wirklich nicht leicht mache. Seiner Frau Andrea möchte ich an dieser Stelle einmal sagen, wie sehr ich sie schätze, das gilt auch für die Mannschaft der Agentur.

Vor allem aber möchte ich auch dieses Buch meiner Frau Kerstin widmen, die seit beinahe drei Jahrzehnten meine verlässlichste Beraterin, schärfste Kritikerin und strengste Lektorin ist, und meinem Sohn Leonardo, den ich voller Stolz aufwachsen sehe.

Register

Bildnachweis

Corbis Images, London: 7 (Alessandra Benedetti/Vatican Pool)

Getty Images, München: 14 (Massimo Sestini),
15 (AFP/Patrick Hertzog), 23 (AFP/Filippo Monteforte)

Grzegorz Galazka: 3, 4, 5, 9, 11, 16, 17, 18, 19, 21

L'Osservatore Romano: 20, 22

Picture Alliance, Frankfurt: 2 (dpa)

Privat: 1, 8, 9, 12, 13 o., 13 u.

Reuters, Berlin: 6 (Yves Herman), 10 (Alessandro Bianchi)